마음으로 보고 눈으로 느끼는

명화 속의 심리 이해

박완용 저

학지사

머리말

이 책의 제목은 '명화 속의 심리 이해'입니다. '명화는 그림인데 그림이 사람처럼 마음이 있고 그것을 이해해야 한다는 건가?' 하고 의아해하시는 분도 있으리라 생각됩니다. 심리란 심리학의 준말로 생물체의 의식 현상과 행동을 연구한다는 의미에서 명화와 심리가 어울리지 않는 것이 당연할 수도 있겠지요. 그럼에도 그림에 심리라는 인간의 특성을 부여한 것은 그림을 작품으로만 대하지 말고 작품을 만든 작가의 마음과 소통하는 것에 주안점을 두고 싶었기 때문입니다. 우리가 그림을 보는 과정은 먼저 작가가 그림에 자신의 생각과 느낌을 표현하고, 감상자는 그림을 통해서 작가의 마음과 소통을 해야 그림에 대한 감동과 공감이 일어나는 구조라고 할 수 있습니다. 따라서 그림은 작가와 감상자가 소통하는 매개체이며, 감상자는 그림을 보고 있지만 작가의 마음을 이해해야 공감이 일어납니다. 이와 같이 우리가 흔히 명화라고 하는 것은 공감과 소통이 다수의 사람에게 일어날 때 일컬어지는 것이며, 명화는 강력한 보편성을 갖는 그림입니다.

그림의 의사소통은 형과 색이 언어나 문자의 역할을 하고 그것이 어떻게 사용되느냐에 따라 특유의 스타일과 양식이 만들어집니다. 그렇지만 형과 색이라는 조형언어가 다른 사람들에게 의사를 전달하고 자신의 마음을 보여 주기 위해서는 상징을 필요로 합니다. 여기에서의 상징은 단순히 무엇을 대신하는 것이 아니라 나타내는 것으로 긍정적인 면과 부정적인 면을 포함하고 있습니다. 따라서 형과 색에 의한 심리표현은 자신의 마음속에 있는 생각이나 감정을 드러내는 데 필요한 독특한 방편의 하나이지만 언어나 문자와는 다른 전달방법입니다. 조형언어의 다중적 의미는 표현의 안전성은 어느 정도 보장하지만 이로 인해 조형언어의 이해와 소통에는 훈련과 연습이 필요합니다.

이러한 의미에서 감상자 자신을 '원초인'의 시점으로 두고 명화와 어떻게 소통하고 체험하는지에 대한 가이드 역할을 목적으로 이 책을 개발하였습니다. 예술은 '원래 그렇다'라거나 '그럴 것이다'라고 하는 교조적 입장이 아닌, 자신의 오감에 기반한 형과 색의 소통이자, 명화를 자신의 눈으로 확인하는 시도입니다. 이것은 자기가 좋아하는 화가의 감성에 공감하는 것이며 새로운 시점으로 그림을 보고 체험하는 것으로 마음으로 보고 눈으로 느끼는 것이라고도 할 수 있습니다. 구체적으로는 형과 색이라는 조형언어를 통해 강력한 보편성을 갖고 있는 명화를 감상해 보는 것이고 언어만의 서술이 아닌 조형언어에 대한 체험을 통하여 명화를 느끼고 소통하자는 의미입니다.

일반적으로 그림은 작가의 삶에서 연속되어 온 자극에 대한 반응방식이자 그 방식에 영향을 미치는 생각과 느낌, 즉 인지와 정서에 의한 심리적 작용의 결과물이며, 그 작가가 살아온 방식의 산물이라 할 수 있습니다. 따라서 이 책에서는 인간이 세상을 이해하고 체험하는 일반적인 심리적 반응 요인이라고 할 수 있는 인지와 정서의 이해와 적용을 통해서 조형언어의 소통을 시도해 보고자 합니다.

인지는 사물을 알게 되는 과정이나 문제를 해결하는 정신적 활동이고 그 범위는 사고, 지능, 기억, 지각 등을 말합니다. 따라서 사람들 간의 개인차가 정서에 비하여 크지 않아 미술에서의 인지적 표현은 대체로 이상미나 변치 않고 전체적으로 공통되는 아름다움을 추구합니다. 그러나 정서는 자극에 직면하여 발생하거나 수반되는 여러 가지 생리적 변화 또는 눈에 보이는 행동 등의 개인적인 반응을 말하는 것으로 대인관계나 생존의 기능을 갖습니다. 따라서 정서적 표현은 개인차가 크고 각 개인의 감정 변화와 관련된 상대적 아름다움을 추구합니다. 이에 작가가 형과 색이라는 조형언어를 사용하여 당시의 삶에서 느끼고 생각했던 것을 인지와 정서로 반응하고 표현하지만 그 특성에 따라 비중을 달리하면서 우리와 소통을 시도하고 있는 것입니다. 미술의 전체 흐름도 개인의 경우와 마찬가지로 인지와 정서의 적용에 따른 변화와 차이의 결과라 할 수 있습니다. 따라서 그림제작의 결정적 근거인 인지와 정서의 적용 스타일과 제작의도를 알게 되면 그림감상과 소통에도 많은 도움이 됩니다.

인간은 누구나 실현 가능성을 가지고 태어난다고 하지만 세상을 살아가면서 욕구와 본능을 충족하고 생각하고 느낀 대로, 즉 인지와 정서를 균형 있게 적용하고 실현하면서 살아가기란 쉽지 않습니다. 대부분의 인간은 욕구와 본능을 억제하고 억압하면서 현실의 원칙을 지키려고 노력합니다. 그래서 프로이트는 참다운 예술표현을 억압된 욕구의 승화라고 했습니다. 또한 예술이란 인간의 욕구충족에서 나타나는 것으로, 현실에서 이룰 수 없었던 다양한 욕구가 여러 가지 방법으로 표출되어 공상적인 측면과 대리만족의 모습을 보이는 것이라 했습니다. 인간이 본능적으로 욕구와 욕망을 가지고 태어나지만 그것을 실현하고 충족하기에는 주어진 현실이 한계가 있다는 것입니다. 따라서 프로이트는 예술작품의 주요한 심리적 재료들을 유년기의 성욕과 복합적인 감정, 환상, 불안 등을 해소하려는 회귀의 욕망이라고 보았고 예술가적 자질은 억압된 욕구가 있느냐 없느냐가 관건이라고 했습니다. 우리가 명화라고 하는 그림을 그린 작가들 중에는 억압된 욕구를 그림으로 승화한 사례들이 적지 않게 보입니다. 이 책에서 거론하고자 하는 고흐와 뭉크, 달리와 마그리트, 추사와 대원군도 그 대표적 사례에 속한다고 할 수 있습니다. 이와 같이 예술의 창작에는 억압된 욕구와 인간의 삶, 그리고 그것을 바라보고 적용하는 인지와 정서라는 심리적 작용이 주요한 역할을 합니다.

이와 같이 작가가 작품활동을 할 때, 무의식의 억압된 심리세계가 표출되고 인지와 정서에 의한 자기표현이 이루어짐으로써 억압된 내면세계가 성장하는 데 도움을 줍니다. 또한 억눌렸던 파괴적 에너지를 창작과정에서 분출함으로써 긍정적인 원동력으로 전환시켜 승화할 수 있게 합니다. 이것이 예술의 의미이고 인간에게는 꼭 필요한 활동으로 억압된 욕망의 표현은 본능이라고도 할 수 있습니다. 우리는 명화감상을 통해 나와 비슷한 상황에 처했던 화가의 감정을 공유함으로써 자신을 되돌아보고 내면의 상처를 스스로 극복할 수 있게 됩니다.

이러한 의미에서 이 책은 명화의 감상활동을 이해와 소통, 체험으로 구성했습니다. 미술과 인간의 기본적 이해와 미술의 역사를 알아보고 조형심리, 색채심리, 인지와 정서의 적용을 통한 명화감상으로 조형언어의 의사소통 능력을 가질 수 있도록 하였습니다. 이것을 기반으로 명화의 수동적인 감상만이 아닌 작가의 심리를 이해하고 공감체험을 경험할 수 있도록 구성하였습니다. 구체적으로는 동서양의 미술을 통하여 작가의 심리연구 및 그 대별성을 공감하고 체험할 수 있도록 하여 작가들에 대한 입체적이고 포괄적인 시각을 제공하고 작가의 마음에 공감할 수 있도록 하였습니다.

요즈음 MZ세대를 중심으로 미술에 대한 관심과 투자가 활발하다는 반가운 소식이 들리지만 경제적 이득과 투자에 앞서 작가와 소통하고자 하는 마음이 우선되어야 할 것이며, 그러한 의미에서 이 책이 미력하나마 도움이 되었으면 합니다.

끝으로 이 책이 마무리될 수 있도록 헌신적으로 도와준 가족들과 건양대학교 관계자 및 제자들, 그리고 학지사의 김진환 대표님과 관계자 여러분께 감사를 드리며 앞으로도 미술을 무겁지도 않고 가볍지도 않으면서 좀 더 쉽게 이해하고 소통과 공감으로 다가가게 하는 일에 더욱 정진하고자 합니다.

2023년

박완용

차례

제2부 소통 편

제1부

이해 편

마음으로 보고 눈으로 느끼는 **명화 속의 심리 이해**

제1장

들어가기

1. 명화의 의미와 조건

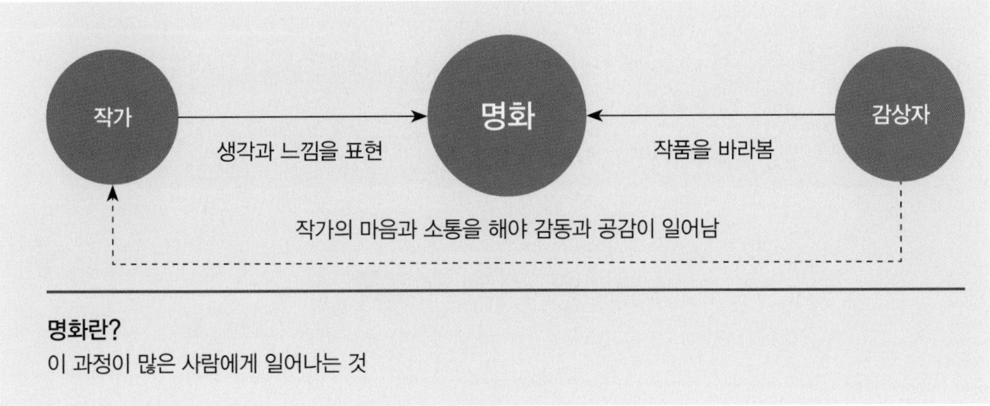

[그림 1-1] 명화를 감상하는 과정

명화란 그리는 사람의 생각과 느낌이 형과 색이라는 조형언어를 통해 많은 사람에게 감동과 공감을 주는 작품이다. 그럼에도 많은 사람이 납득할 만한 명화의 구체적인 이유와 근거를 찾기는 쉽지 않다. 그러한 면에서 이 책은 전문가가 추천하는 명화감상이나 명화는 '원래 그런 것'이라는 막연하고 수동적인 감상을 지양하고 감상자인 자기 자신의 마음과 시점을 통해 명화를 단순히 감상만 하는 것이 아니라 체험하고자 하는 것에서 시작되었다. 그렇게 하기 위해서는 먼저 형과 색이라는 조형언어 소통능력을 기반으로 작가가 그 시점에서 표현하고자 했던 생각과 느낌의 의도와 원리를 공유하는 것으로부터 시작해야 할 것이다. 왜냐하면 작품은 작가와 감상자가 소통하는 매개체이며 감상자는 작품을 보고 있지만 작가의 마음을 이해해야 공감이 일어나는 것이라 할 수 있기 때문이다([그림 1-1] 참조).

여기에서 우리는 인간과 마음에 대한 이해가 필요하리라 생각된다. 인간의 본질, 즉 다른 생물체에 비해 두드러진 특징은 여러 가지가 있을 것이다. 그중에서도 이성적 사고를 하는 데 있다고 하는 철학적 입장에서는 호모사피엔스를 거론하지만 표현욕구를 인간의 본능으로 보는 호모 픽토르도 인간의 특징이라고 할 수 있다. 이것은 우리의 경험에서도 자주 보이는데, 예를 들면 바닷가의 모래사장이나 하얗게 쌓인 눈을 봤을 때 그냥 지나치

현실과 교류하고픈 욕망

자기를 표현하고자 하는 욕구

지 않고 자국을 남기거나 그렇게 하고 싶은 충동을 느낀 경험에서 찾아볼 수 있다. 물론 낙서가 바로 회화가 되고 흙을 주무르는 것이 조소가 되는 것은 아니지만 현실과 교류하고픈 욕망과 자기를 표현하고자 하는 욕구에서 미술의 기원은 시작되었다고 할 수 있다.

이 책은 감상자 자신을 표현욕구를 가진 인간이라는 '원초인'의 시점에서, 즉 미술표현활동이 인간의 본능적 욕구라는 시점에서 명화를 어떻게 체험하고 소통하는지에 대한 가이드 역할을 목적으로 개발되었다. 이것은 예술이란 '원래 그렇다', '그럴 것이다'라고 하는 교조적 입장이 아니고 자신의 오감을 통해서 명화를 자신의 눈으로 확인하는 것이다. 즉, 자기가 좋아하는 화가의 감성에 공감하는 것이며 그림을 여러 가지 시점으로 새롭게 보고 체험하는 것이다. 구체적으로는 그림 제작과정을 자극에 대한 반응과정으로 보고, 인간이 세상의 자극을 이해하고 체험하는 심리적 요인인 인지와 정서의 이해와 적용을 통해서 명화감상을 시도해 보고자 한다. 우리의 삶과 같이 그림의 제작과정도 자극에 대한 심리적 반응의 주축인 인지와 정서의 이해와 적용을 통해서 이루어진다. 그림 제작의 결정적 근거와 제작의도를 알게 되면 그림감상과 소통이 보다 원활해질 것이다.

일반적으로 인지는 사물을 알게 되는 과정이나 문제를 해결하는 정신적 활동이고 그 범위는 사고, 지능, 기억 등을 말한다. 또한 정서는 자극에 직면하여 발생하거나 수반되는 여러 가지 생리적 변화나 눈에 보이는 행동 등의 개인적인 반응을 말하는 것으로 이들의 적용에 따라 그림의 표현은 달라진다. 예를 들면, 그림에 인지, 즉 생각을 표현하고자 한다면

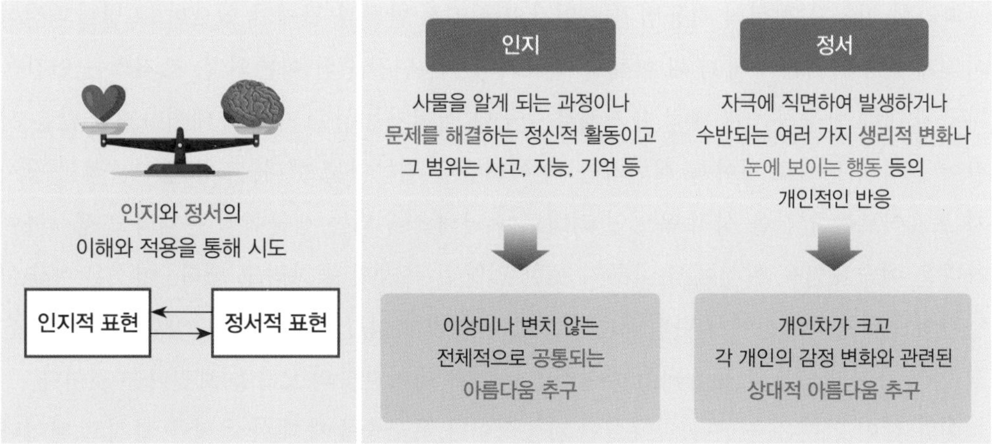

[그림 1-2] 인지와 정서

사람들 간의 개인차가 정서에 비하여 크지 않아 인지적 표현은 대체적으로 영원한 아름다움의 추구인 이상미나 쉽게 변하지 않고 대부분의 사람에게 공통되는 아름다움을 추구하게 될 것이다. 반면에 정서적 표현은 개인차가 크고 각 개인의 감정 변화와 관련된 상대적 아름다움을 추구하게 된다고 할 수 있다.

2. 인간심리의 이해

- 심리적 작용의 결과물
- 각자의 삶에서 만들어진 자극에 대한 반응방식
- 성격
- 그 사람만의 살아가는 방식

따라서 인지와 정서의 적용범위는 인간의 심리적 발달과 관계가 있으며 그 발달과정이 어떻게 이루어지는지에 대해 이해할 필요가 있다. 인간중심 이론의 칼 로저스는 인간을 자극에 대해 반응하는 총체적 유기체로 누구나 실현가능성을 가지고 태어나지만 많은 사람이 심리적 문제로 자아를 실현하는 데 어려움을 겪는다고 했다. 또한 정신분석의 창시자 프로이트는 인간을 성적 욕망인 리비도에 의해 좌우되는 생물학적 존재라고 생각하여 참다운 예술표현을 현실에서 이루지 못한 억압된 욕망의 승화라고 했다. 이것은 예술이 인간의 욕구충족과정에서 나타나는 것으로 현실에서 이룰 수 없었던 다양한 욕구가 예술의 여러 가지 방법으로 표출되어 공상적인 측면과 대리만족의 모습을 보인다는 것이다.

이와 같이 인간은 누구나 자아실현 가능성이나 욕구충족에 대한 욕망을 가지고 태어나지만 그것을 실현하고 충족하기에는 주어진 현실에 한계가 있다. 여기에 프로이트는 예술작품의 주요한 심리적 재료들을 유년기의 성욕과 복합적인 감정, 환상, 불안 등을 해소하려는 회귀의 욕망이라고 보았고 그에게 있어 예술가적 자질은 억압된 욕구가 있느냐 없느냐가 관건이었다. 우리가 명화라고 칭하는 그림을 그린 작가들 중에는 억압된 욕구를 그림으로 승화한 사례들이 적지 않게 보인다. 여기에서 거론하고자 하는 고흐와 뭉크, 달리와 마그리트, 추사와 대원군도 그 대표적 사례에 속한다.

프로이트 외에도 많은 심리학자는 예술의 창작에는 인간의 삶과 그것을 바라보는 심리의 작용이 주요한 역할을 하고 있다고 보았다. 그렇다면 인간심리의 특징은 어떤 것이고 세상을 살아가면서 생각과 느낌이라는 인지와 정서로 어떻게 상황을 인식하고 다른 사람

프로이트

참다운 예술 표현
'억압된 욕구의 승화'

- 예술이란 인간의 욕구충족에서 나타나는 것
- 현실에서 이룰 수 없던 다양한 욕구가 여러 가지 방법으로 표출되어 공상적인 측면과 대리만족의 모습을 보이는 것

예술작품의 주요한 심리적 재료

유년기의 성욕

복합적인 감정, 환상, 불안 등을 해소하려는 회귀의 욕망

프로이트의 예술가적 자질
'억압된 욕구가 있느냐, 없느냐'

과 관계를 맺는 것일까. 여기에서 말하고자 하는 그림은 이러한 심리적 작용의 결과물이고 각자의 삶에서 만들어진 자극에 대한 반응방식이라고 한다면 그림의 표현방식은 그 사람만의 살아가는 반응방식이라고 할 수 있다.

그렇다면 인간은 구체적으로 어떻게 살아야 하는 것일까. 일반적으로 인간은 자극에 반응하는 유기체로 주로 인지와 정서인 생각과 느낌으로 반응하면서 세상을 살아간다.

심리학자 에릭슨은 인간이란 살아가면서 누구나 시기마다 위기를 맞고 그때마다 적절한 반응을 해야 한다고 보았다. 심리학적으로는 그것을 발달과업이라고 하는데 태어나서 18개월까지는 앞으로 살아갈 이 세상을 신뢰할 수 있느냐 하는 신뢰감을 가져야 하고, 3세까지는 자신의 행동을 처음으로 통제하면서 환경에 대한 기본통제력을 행사하는 자율성이 필요하다. 6세까지는 목표를 설정하고 그 목적에 따른 활동을 하는 자기주도성을 가져야 한다. 그 후 12세까지는 사회에서 성공적으로 기능하고 경쟁하는 데 필요한 기술을 습득하는 근면성을 가져야 하고 18세까지는 '나란 누구냐'라는 위기에서 '나는 누구다'라고 하는 수행을 하게 되는 자아정체감을 찾게 된다. 여기에는 급격한 성적 호르몬의 증가와 자아를 볼 수 있게 되는 추상적 사고, 과도기적 상황과 맞물리면서 자기를 확인하고자 하는 자아정체감의 확립이 필요해지는 것이다. 이렇게 나를 알고 정의할 수 있게 되는 자아정체감은 다음 단계인 성인기 과업인 친밀감의 전제조건이며, 타인을 이해하고 공감할 수 있는 수용력과 '누구와 함께'라는 관계를 요구받게 된다.

중년기에는 '무엇을'이라는 일과 '누구를'이라는 대상을 통하여 다음 세대를 구축하고 이끄는 데 관심을 갖게 되고 사회의 존속과 유지라는 의미에서 생물학적 생산성, 직업적 생산성, 문화적 생산성과 연관된 것으로 그것을 해결하면 생산성을 갖게 된다. 마지막인 노년기는 인생의 의미를 정리하는 시간으로 인생의 보람과 의미를 느끼며 인생을 마무리하게 된다.

이러한 에릭슨의 이론이 모든 사람에게 적용되는 완벽한 이론은 아니지만 대체적으로 발달시기에 따른 과업을 잘 수행하게 되면 억압된 욕구를 시기마다 어느 정도 해소하면서 행복한 삶을 살아갈 수 있다. 그러나 이러한 과업은 자극에 대한 인지와 정서의 적절한 반응으로 환경에 대한 적응과 나이에 따른 심리적 성장과도 관계가 있다.

심리적 성장은 주로 인지와 정서의 발달에서 이루어지며 그것은 [그림 1-3]과 같은 과정을 보인다. 여기서 조작이라는 말은 주어진 정보를 특정한 목적에 맞게 변형 · 통합하는

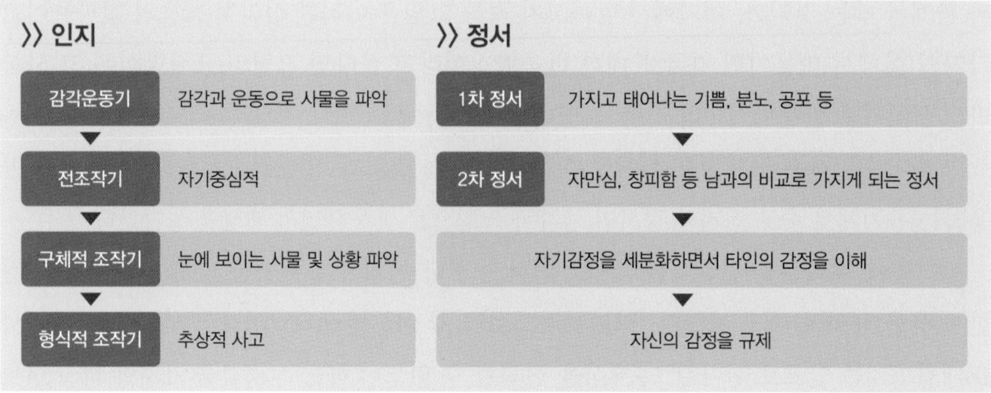

[그림 1-3] 인지와 정서의 개별적 발달과정

정신적 활동을 말한다. 전조작기는 조작을 못한다는 뜻이고 구체적 조작기는 눈에 보이는 구체적인 것만 조작이 가능하다는 것으로, 어떤 대상의 외양이 바뀌어도 그 속성은 바뀌지 않음을 아는 보존개념을 획득하는 시기이다. 형식적 조작기는 추상적 개념을 이해할 수 있는 시기로 그동안 보이지 않았던 자아 등의 내면이 보이기 시작한다.

정서의 발달은 태어나면서부터 느끼는 기쁨, 분노, 공포 등의 1차 정서로부터 18개월 이후에는 자기를 어렴풋이 느끼면서 갖게 되는 자만심, 창피함 등 남과 비교하며 가지게 되는 2차 정서로 폭이 넓어진다. 이후 자기감정을 더욱 세분화해서 이해하고, 타인의 감정을 이해하게 되면서 타인의 입장에서 자신의 감정을 조절하는 순서로 발달한다.

결론적으로 인지와 정서는 나이가 들면서 자기중심에서 탈중심화하고 구체적인 외형에서 내면적이고 추상적으로 알고 느끼게 되면서 성장·변화한다. 이로 인해 인간은 자기 본위로부터 다른 사람을 이해하면서 배려하게 되고 상대방 입장에서 생각하고 느끼게 된다. 이는 대부분 최초 양육자와의 관계로부터 시작되어 사회로 넓어지고, 세상에 대한 신뢰감과 믿음, 안정된 정서를 가지면서 생활의 범위를 넓혀 간다.

그러나 누구나 완벽하게 시기마다 과업을 해결하고 세상과 관계를 맺는 능력을 갖추기는 쉽지 않다. 특히 예술가 중 이것이 제대로 작동하지 않은 예를 고흐와 뭉크, 달리 등의 생애에서 살펴볼 수 있으며, 이들은 미해결된 욕구를 예술로 승화하여 작품으로 보여 주었다.

인생을 살아가면서 본인만 다른 사람들처럼 수월하게 과업을 해결하지 못하고 낙오된

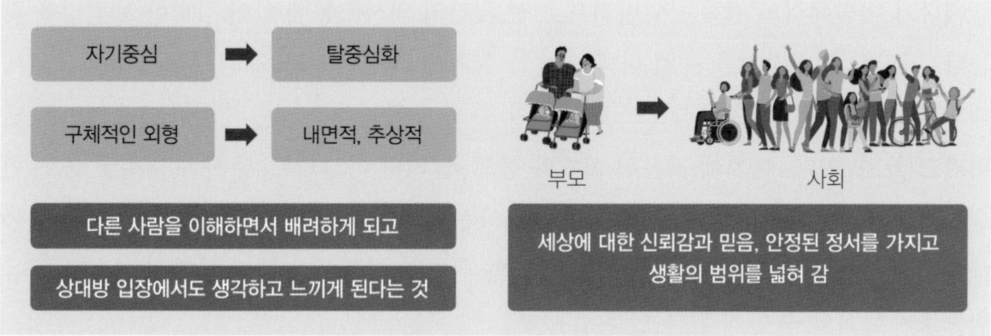

[그림 1-4] 인지와 정서의 일반적 발달과정

것 같았던 감상자들은 이들의 작품을 보면서 다른 사람들도 마찬가지라는 것을 알게 되고 위로를 받는다. 또한 작가는 작품활동을 하면서 무의식의 억압된 세계가 표출되고 자기표현이 이루어짐으로써 억압된 내면세계가 성장하는 데 도움을 준다. 억눌렸던 파괴적인 에너지를 창작과정에서 분출함으로써 긍정적인 원동력으로 전환시켜 승화할 수 있게 되는 것이다. 이것이 예술의 치유적 의미이고 인간에게는 꼭 필요한 활동으로 살기 위한 본능이라고 할 수 있다. 현실과의 교감활동과 자기표현 욕구가 합쳐지면서 오감을 활용한 미술이나 음악, 무용동작, 문학 등의 예술이라는 인간만의 특별한 활동이 발생하였다. 이러한 예술의 발생과 전개에 대하여 톨스토이는 '예술은 인간이 경험한 감정을 타인에게 옮길 목적으로 재차 이를 자기 속에 불러일으켜, 일정한 외면적인 부호로 이를 표현하는 것이다.'라고 정의하였다. 이는 예술을 인간 상호 간의 교류수단이자 모든 사람과 감정을 소통하는 수단으로, 세상을 살아가면서 필수 불가결한 활동으로 여기는 것이다.

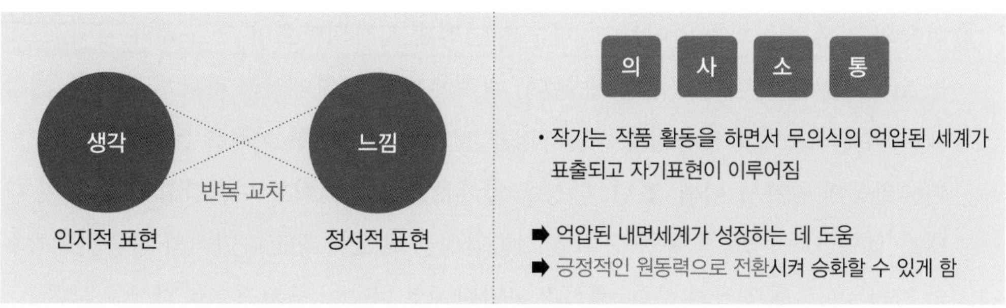

[그림 1-5] 명화 감상의 의미와 제작의도

게다가 미술에서의 명화는 일반적으로 상호 간의 의사소통에 있어 강력한 보편성을 갖는다. 따라서 명화감상을 통해 나와 비슷한 상황에 처했던 화가의 감정을 공유함으로써 내면의 상처와 심리적 문제를 스스로 극복할 수 있게 돕는다는 것이 명화감상의 일반적 의미라고 할 수 있다. 여기에 거론된 고흐와 뭉크, 달리와 마그리트, 추사와 대원군 등도 현실에서 충족되지 못한 욕망을 그림으로 승화시킨 작가들로, 많은 사람이 그들의 그림을 통해 내면의 상처를 위로받는다. 이것은 자기와 비슷한 상황에 처했던 화가의 마음을 공유함으로써 극복할 수 있게 된다는 것이다.

3. 구성 및 진행

이 책의 구성은 이해와 소통, 체험으로 이루어져 있다. 미술과 인간의 기본적 이해와 미술의 역사를 알아보고 형과 색을 통한 조형언어의 의사소통 능력을 가질 수 있도록 하였다. 또한 이것을 기반으로 명화의 수동적인 감상만이 아닌 작가의 심리를 이해하고 오감을 활용한 공감체험을 경험할 수 있도록 하였다. 동서양의 작가 연구를 미술을 통한 심리 연구 및 그 대별성에 대하여 공감하고 체험할 수 있도록 함으로써 작가들에 대한 입체적이고 포괄적인 시각을 제공하고 그림을 통해서 작가의 마음에 공감하도록 하는 것이다. 좀 더 구체적으로, 제1부 이해 편에서는 제1장 들어가기, 제2장 미술의 의미와 특성으로 나누어 살펴본다.

① 명화와 인간심리의 이해를 통해서 명화와 심리와의 관계를 살펴본다.
② 미술의 기본적 정의를 알아보고, 미술은 어떻게 시작되었으며 그 종류와 지역, 그리는 소재와 재료에 따른 구분을 해 본다. 재료에 따른 구분에서는 바탕재와 매체, 접착제를 이해하고 매체의 특성과 발달과정을 살펴 미술에 대한 이해를 돕는다.
③ 미술활동의 종류인 이해, 표현, 감상을 알아보고 그중에서도 미술감상의 의미 및 단계를 설명한다. 명화를 통한 단계별 미술감상은 레오나르도 다빈치의 작품인 〈최후의 만찬〉을 통해 직관과 분석, 해석과 판단단계로 나누어 구체적으로 감상해 본다.

제2부 소통 편에서는 미술의 주요한 소통기관인 시각과 소통언어인 제3장 조형심리, 제4장 색채심리, 그리고 그 응용으로 제5장 서양미술의 전체적인 흐름에 대한 해석을 살펴본다.

● **시각**

① 인간의 감각과 특성을 알아보고 그중에서도 시각의 특성과 눈의 발달, 그리고 본다는 것의 의미에 대하여 카메라와 사람의 눈의 비교를 통해 살펴본다.

② 시각활동의 결과로 나타난 재현의 의미와 지역과 시대에 따른 차이를 알아본다.

● **조형심리**

① 소통에 본격적인 도움을 주는 조형심리에서는 형의 분화와 통합으로 생기는 그림과 배경의 의미를 통하여 조형심리의 원리를 살펴본다.

② 그림의 필수요소인 공간상징을 해석해 보고 그에 따른 조형심리이론과 조형예술에 대한 심리적 영역의 이론적 배경 및 조형요소의 종류와 심리를 연관지어 본다.

③ '난화로 희로애락 표현하기'라는 실습활동으로 조형언어의 의사소통능력을 향상시킨다.

● **색채심리**

① 색의 정의와 색이 보이는 과정, 색의 3속성, 가산혼합과 감산혼합을 살펴본다.

② 색채의 심리효과인 색의 대비와 동화, 색채와 이미지, 색채의 감각과 감정을 알아본다.

③ 색채의 심리와 색채의 개념, 색채의 감정과 색채별 심리분석에 대하여 살펴본다.

④ 작품을 통한 색의 심리를 구체적으로 살펴보기 위해 고흐, 뭉크, 세잔, 피카소의 주요 작품을 통해 색채를 활용한 소통에 대하여 알아본다.

● **서양미술의 전체적인 흐름**

① 원시시대에서 추상표현주의와 팝아트까지 서양미술사의 개괄적 흐름을 살펴본다. 그동안 익혔던 조형언어의 소통능력과 인지와 정서라는 심리적 요소로 대입하여 감상해 본다.

② 인지와 정서에 따른 형과 색의 사용 특성을 비교해 본다.

③ 서양미술의 또 하나의 흐름인 다다에서 초현실주의를 알아보고 그 중심적인 표현요소인 무의식에 대하여 살펴본다.

제3부 체험 편에서는 이제까지 알아보았던 이해와 소통을 기본으로 좀 더 구체적이고 상세한 명화감상을 해 본다. 제6장에서 제9장까지 주제별로 비교하고, 실습을 통하여 체험할 수 있도록 진행한다.

● 명화를 통해 본 부모 역할

여기에서는 명화를 통해 본 부모의 역할로 빈센트 반 고흐와 에드바르 뭉크를 비교하여 그들 그림에 나타난 부모의 영향에 대하여 생각하고 그 느낌을 공감해 보도록 한다.

인간은 태어날 때부터 대상과 관계를 형성하고 적극적으로 관계를 맺을 수 있는 능력을 가지고 태어난다. 그러나 생애초기의 관계 형성에 문제가 생기면 내면세계와 외부세계를 구별하지 못하고, 좋고 나쁨에 대한 분리된 양극적 사고를 형성한다. 또한 강한 자기애적 성향을 보이며 다시 어머니와의 행복한 하나 됨의 상태로 돌아가고자 하는 강한 욕구를 가진다.

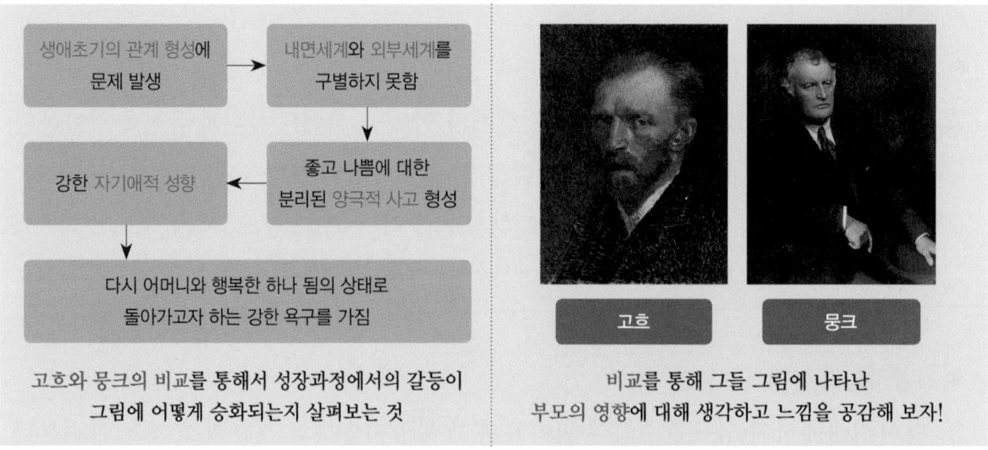

[그림 1-6] 명화를 통해 본 부모의 역할

이와 같이 부모 역할은 인간 성장과정에서 지대한 영향력을 끼친다. 대상관계 측면에서 개인적 상실의 유아기 경험을 가졌던 고흐와 뭉크의 비교를 통해 성장과정에서의 갈등이 그림에서 어떻게 승화되는지를 살펴본다. 이것이 그들의 그림을 구체적으로 이해하고 공감하는 데 도움을 줄 것이다.

① 먼저, 인간심리의 발달과정과 부모의 역할을 살펴보고 그 대표적 이론인 대상관계이론과 시기별 부모 역할에 대하여 알아본다.
② 부모 역할과 관련된 트라우마를 지닌 작가 고흐와 뭉크의 미술사적 의미를 그들이 살았던 시기인 서양회화사의 전환기와 시대적 배경 그리고 고흐와 뭉크의 미술사적 의미를 통해 살펴봄으로써 체험을 위한 이해를 돕는다.
③ 빈센트 반 고흐와 에드바르 뭉크의 생애를 알아보고 작품활동의 시대적 구분과 대표작을 살펴보며 작품의 색채심리를 통한 심리를 이해한다.
④ 고흐와 뭉크의 비교를 형식(색채, 톤, 마티에르, 빛, 크기)과 내용(제작태도와 삶의 자세)으로 분석하여 체험적 감상으로 다가갈 수 있도록 시도해 본다.
⑤ 체험활동에서는 감상자 자신의 부모에 대한 이미지와 살면서 느꼈던 불안을 형과 색으로 직접 표현해 보는 경험을 함으로써 조형언어에 의한 소통과 이를 통한 자신의 이해를 시도해 본다.

● 명화를 통해 본 무의식 연구

무의식을 표현했던 초현실주의 작가 중 대표라 할 수 있는 살바도르 달리와 르네 마그리트의 생애와 대표작을 알아보고 이를 통해 무의식 표현의 공통점과 차이점에 대해 살펴본다.

① 달리와 마그리트의 작품을 통해 다다와 초현실주의를 이해하고 공통점과 차이점을 살펴본다.
② 무의식과 의식에 대하여 이해하고 무의식과 초현실주의와의 관계, 무의식의 표현방법을 살펴본다.
③ 살바도르 달리와 마그리트의 생애를 시기별로 구분하고 대표작을 통하여 작품의 주

제 및 심리를 이해한다.

④ 달리와 마그리트의 작품을 트라우마(자기과시와 우울증), 표현기법, 어머니, 아버지, 기억, 변신, 예감, 삶의 태도라는 주제별로 비교 · 분석하여 체험적 감상으로 다가갈 수 있도록 시도해 본다.

⑤ 무의식의 체험을 위한 실습활동으로 콜라주, 데칼코마니, 마블링, 프로타주 중 두 가지를 선정하여 진행하고, 참고작품을 통하여 무의식의 언어화를 통한 의식화를 시도해 본다.

● 명화를 통해 본 한국화 감상

① 한국화의 전체적인 흐름을 알아보고 이제까지 살펴봤던 서양미술과는 다른 한국화 감상의 포인트를 짚어 본다.

② 한국화 특징 중 하나인 매체에 대해 문방사우를 중심으로 살펴본다.

③ 사군자 그림의 역사적 고찰과 그림에 나타난 심리표현을 한국의 매화, 난초, 국화, 대나무 그림을 통하여 살펴본다.

④ 사군자 그림의 조형언어를 점과 선, 먹색, 수묵화의 원리로 설명하여 한국화의 이해와 감상을 체험할 수 있도록 시도한다.

⑤ 추사 김정희와 대원군 이하응의 비교를 인생과 환경, 묵란화라는 주제로 분석하여 체험적 감상으로 다가갈 수 있도록 시도해 본다.

⑥ 한국화 체험 및 실습활동으로 수묵을 이용한 '희, 로, 애, 락'의 감정표현을 시도해 본다.

● 전통그림을 통해 본 한국인의 심리연구

① 우리의 민화를 통하여 한국의 전통미와 한국인의 심리특성을 살펴본다.

② 호랑이, 화조, 물고기, 용, 꽃병, 소나무, 윤리문자 그림 등 민화 대표작에 대한 해석을 시도한다.

③ 체험활동으로는 민화를 모사해 봄으로써 모양과 형태뿐만 아니라 제작의도와 느낌, 기법을 체험할 수 있도록 시도해 본다.

제2장

미술의 의미와 특성

1. 미술의 이해

〉〉 미술이란

- 형과 색을 사용하여 사람의 감정이나 뜻을 나타내는 시각적 예술
- 원시시대부터 이루어진 시각에 의한 커뮤니케이션

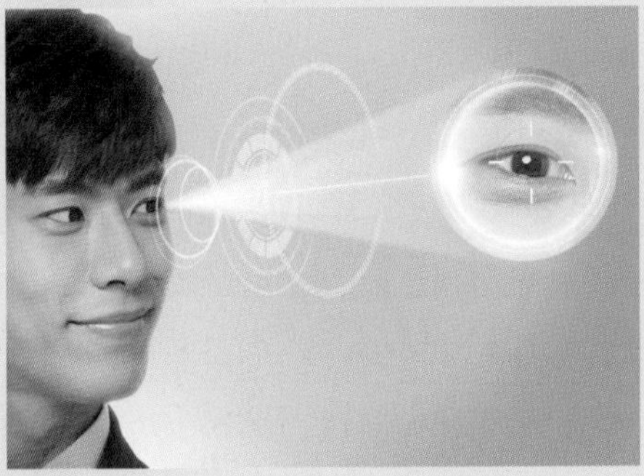

인간에게 매우 중요한 감각
= 시각

미술에는 아름다움에 대한 의지가 필요

1) 미술이란

미술이란 형과 색을 사용하여 사람의 감정이나 뜻을 나타내는 시각적 예술이다. 시각이라는 감각은 다른 감각에 비해서 인간에게 매우 중요한 것으로 시각에 의한 커뮤니케이션은 원시시대부터 매우 빈번하게 이루어져 왔다. 그러나 시각적으로 표현된 모든 형상이 미술이라고 할 수는 없으며 미술, 즉 art가 되기 위해서는 아름다움에 대한 의지가 필요하다. 무엇이 아름다움인지는 시대에 따라 다르지만 인간은 항상 일상적이고 실용적인 것을 넘어선 아름다움을 추구해 왔으며 단순한 소통을 넘어서 아름다움의 형상이나 나아가 초월적, 영적인 것을 느끼고자 했다. 이것은 인간의 본질적 욕구이며 다른 분야에서는 찾기 힘든 미술만이 갖는 고유한 영역이다.

2) 미술의 시작과 흐름

미술의 시작은 본능적이고 유희적인 행동이었을 것이다. 어린아이가 흙을 주무르고, 나무에 무언가를 새기고, 낙서를 하고, 거울을 보며 장난치고, 하얀 벽이나 흰 눈에 손이나 발의 흔적을 내는 이러한 유희적 행동은 먹거나 달리거나 울거나 웃거나 하는 행동과 같은 인간의 본연적인 행동이며 예술적인 창조활동으로 바뀔 수 있는 조짐을 내포하고 있다.

물론 흙을 주무르는 것이 조각이 되고 낙서가 바로 회화가 되는 것은 아니지만 여기에는 현실과 교류하고자 하는 욕망과 자기를 표현하고자 하는 욕망, 이 두 가지 의도가 관찰된다. 조형예술은 이 두 가지의 계기가 없이는 성립되기 어려울 것이다. 구석기 시대의 동굴이나 원시인들의 암벽에서 붉은 손 모양이나 손으로 그린 자국이 자주 발견된다. 이러한 자기의 흔적이 최초의 조형이고 눈으로 확인되는 서명이나 사인과 같은 자기표현이다. 이 자기의 흔적인 형으로부터 서서히 조형예술이 나타나기 시작했고 여기에 몇 개의 새로운, 그리고 자기표현과 같은 기본적인 요소가 더해지는데 그것이 자연의, 혹은 초자연의 이미지 재현이다.

현실의 이미지를 재현하면서 보다 높은 단계에서 현실과의 교류가 이루어진다. 눈으로 본 것을 재현하는 것은 보다 광범위한 현실과의 접촉이고 보다 강력한 자기표현일 것이다. 피카소는 그린다고 하는 것은 현실을 소유하는 것이라고 하였다. 우리가 경제적인 활동을 통하여 무언가를 소유하고 교류하지만 이미지에 의해서도 가능하다는 것을 보여 준다. 이것을 흔히 '유희'라고 하지만 고도의 객관적인 인식의 하나로 조형예술활동이 이에 속한다고 할 수 있다.

이러한 조형예술에 꼭 필요한 것은 '아름다움의 의지'이다. 어떤 것이 아름다움인지는 시대나 사회에 따라 다르지만 일반적으로 아름다움을 '얼마간의 감각적인 억양'이라 생각할 때, 조형은 항상 그러한 억양을 향해서 전개된다. 예를 들면, 하나의 선이 반복이나 교차, 리듬의 원리에 의해서 마름모 문양이나 줄무늬나 체크 모양이 되면 우리의 감각은 보다 큰 만족을 얻는다. 특히 인체나 생물 등에서 획득된 유기적인 선이나 형태 등은 우리의 감각을 더욱 자극한다. 따라서 미술의 성립은 자기표현으로서의 조형 충동과 미에의 의지가 합쳐질 때 성립된다고 할 수 있다.

이와 같이 미술의 시작은 현실과의 교감이나 자기표현을 중심으로 이루어졌고 이것이

>> **미술의 시작**

붉은 손모양이나 손으로 그린 자국

- 최초의 조형
- 눈으로 확인되는 서명
- 사인과 같은 자기표현

조형 예술이 나타나기 시작

점차 자연, 초자연의 이미지를 '재현'하는 것에 초점이 맞춰지다가 시간이 흐를수록 '미'에 대한 추구가 일어나면서 미술이 본격적으로 발생하게 되었다. 그 후 미술을 어떻게 표현하느냐에 관심을 갖기 시작했고, 이것이 점차 확대 발전하면서 시대나 지역에 따른 미적 가치 기준의 양식이 성립된 것이다.

이러한 특유의 양식은 개인만의 것에 한정되지 않고 특정 집단이 하나의 공통 양식을 갖거나 어느 지역이나 시대에 한해서 같은 양식이 유행하기도 했다. 메소포타미아나 이집트, 인도, 중국의 큰 강에서 생겨난 고대문명은 큰 강의 혜택으로 강대한 국가권력을 결집시켰다. 이에 개인의 생활이 규제되고 조직적인 사회가 편성되어, 신앙의 국가 종교화는 시각이나 조형의 인습화와 양식화를 가져왔다.

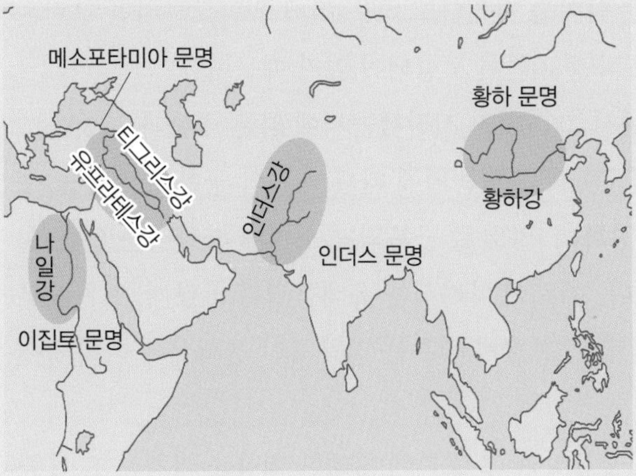

>> **고대 문명의 발전**

- 강대한 국가 권력 결집
- 조직적인 사회편성 진행
- 신앙의 국가 종교화 → 시각이나 조형의 인습화, 양식화
- 그리스도교를 축으로 하는 유럽 중세 미술이 교회 건축을 중심으로 성립
- 르네상스(유통경제의 발전) 이후의 미술이 회화를 중심으로 성립

⬇

집단화된 미술

구체적으로 그리스의 고전미술은 조각을 중심으로, 그리스도교를 축으로 하는 유럽 중세 미술은 교회 건축을 중심으로, 유통경제가 발전했던 르네상스 이후의 미술은 회화를 중심으로 성립되었고 이는 조형의 인습화나 양식화 측면에서 의미가 깊다고 할 수 있다. 이렇게 집단화된 미술은 국력의 과시나 왕의 권위를 높이는 데 사용되었지만 서양의 근대미술은 특정 계급의 전유물에서 해방되면서 시작하였다. 그동안 교회, 왕실, 귀족, 부유층에 봉사했던 미술에서 중소 시민계급으로 미술이 보급되기 시작하면서 근대 시민회화가 성립하였다.

서양미술사에 있어서 들라크루아의 낭만주의, 쿠르베의 사실주의, 모네의 인상주의 등은 모두 시민들 시각의 독자성을 대변하고 있다. 그러나 인상파 이후의 화가들은 당시에 실용화되기 시작했던 사진기의 영향과 동양미술에 대한 관심으로 동양과 서양의 미술이 서로 교류하게 되고 회화의 흐름은 방향을 전환하기 시작한다.

3) 미술의 종류

미술의 종류에는 평면에 해당하는 회화, 사진, 서예, 디자인 등이 있고 입체에 속하는 조각, 건축, 공예 등의 분야가 있다.

그중에서도 여기에서 주로 다루게 될 회화는 평면상에 여러 가지 선이나 색채로 모양을 그려 시각적 표현을 한 그림이다. 인류사에 있어 회화의 시작에 대하여 그림이 먼저인지 문자가 먼저인지 의문이 제기되고 있지만 그림이 먼저일 것이다. 하나의 문자가 소통되기 위해서는 적어도 같은 사회에서 같은 의미를 가진다고 하는 전제가 필요하지만 그림은 의미 전달보다는 감정이나 의지의 원초적인 표현이 포함되어 있기 때문이다.

이러한 회화의 종류는 어느 지역에서 그려지기 시작했는지에 따른 구분과 무엇을 그렸는지에 따른 소재의 구분, 무엇을 이용하여 그렸는지에 따른 재료의 구분으로 나눌 수 있다. 지역에 따라서는 일반적으로 동양화, 서양화로 구분되고 소재에 따라서는 인물화, 정물화, 풍경화, 동물화 등으로 구분된다. 재료에 따라서는 유색물질과 바탕재, 접착제로 이루어지지만 결과적으로는 물질과 바탕을 접착시켜 주는 접착제인 전색제에 따라 구분된다고 할 수 있다.

여기에서는 재료에 따른 구분이 미술감상과 그 흐름에 지대한 영향을 미치는 요소 중 하나라고 보고 매체의 발달과 특성에 대하여 보다 상세히 살펴보고자 한다.

2. 미술의 재료

[그림 2-1] 재료에 따른 구분

재료에 따른 구분은 작가가 어떠한 재료를 선택하고, 그것을 어떻게 활용하고자 하는가에 대해 항상 고민한다는 측면에서 매우 중요하다. 좋은 아이디어와 아름다운 이미지도 점토라든가 유화물감 등의 재료로 눈에 보이는 형으로 하지 않으면 표현되지 않기 때문이다. 따라서 기술과 재료는 분리할 수 없는 관계로 새로운 재료가 만들어지면 반드시 새로운 기술도 요구된다. 미술의 우수한 기술이라고 하는 것은 재료가 갖고 있는 가능성을 살리는 것이라 할 수 있다.

1) 매체의 특성과 발달과정

재료에 따른 구분은 바탕재와 매체인 유색물질, 접착제인 전색제의 이해로부터 시작된다. 우리가 회화의 시작이라고 하는 원시인들의 동굴벽화도 주위에서 얻어진 색깔 있는 흙이나 돌을 빻아 아교라는 접착제를 사용하여 동굴 벽면에 그린 것이다. 이렇게 자연에서 얻어지는 재료들은 사용이 불편하고 제한이 있어 여러 가지 연구를 통해서 사용의 편리함과 발색, 보존성을 기준으로 다양한 재료가 고안되었다.

인류회화사에서 가장 오래된 기법으로는 프레스코를 꼽는다. 기원전 약 3000년에 미노스문명의 중심지인 크레타섬의 크노소스 벽화는 프레스코로 그려졌으며 기원전 5세기이래 중국, 한국, 일본에서 그려진 벽화의 대부분은 프레스코화에 속한다고 할 수 있다. 프레스코는 '신선하다'는 뜻으로 매일 새로운 벽을 만들고 거기에 물감을 칠하는 방식이었다. 이것은 분말안료를 물과 혼합하여 석회와 모래, 대리석가루를 섞어 만든 젖은 회반죽의 바탕에 그리는 것으로 석회가 마르고 물기가 증발하면 색상이 굳으면서 딱딱한 표면을 형성한다. 따라서 색채를 빨리 칠해야만 하고 그렇지 않으면 색조는 더욱 어두워지고 색채가 석회나 물과 화학 반응하기 때문에 많은 색깔을 함께 사용할 수 없다.

이 고대미술의 방식을 르네상스에서 부활시킨 사람은 지오토와 마사치오였다. 서양미술의 흐름에서 르네상스의 시작을 알렸던 지오토는 〈그리스도에 대한 애도〉라는 작품에서 중세시대의 평면적 그림에 비해 전경과 배경의 공간적 깊이감, 원근에 따른 비례, 자연스러운 배치, 다양한 인간 감정을 표현하려고 하는 등의 현실감을 높였다. 지오토는 당시로서는 혁신적인 방법인 접시방식을 통해서 표현하였는데 이것은 색채를 하얀 접시에서 섞어 보고 정확한 색채를 구사하는 방법이다. 프레스코가 그날 그려질 부분만큼의 밑칠을 한 후 그 부분이 마르기 전에 그리게 되면서, 전에 그렸던 부분과 이어지는 부분의 색조를 자연스럽게 표현하기 위해서는 정확한 색조가 필요했다. 또한 칠한 물감에 흰색을 더 섞으면 자연스러운 빛을 표현하기도 용이했다. 1508년에서 1512년까지 그렸다고 하는 미켈란젤로의 〈천지창조〉는 300여 조각으로 나뉘어 있지만 자연스러움을 보여 주는 것은 이러한 연구에서 비롯되었다. 레오나르도 다빈치의 〈최후의 만찬〉은 단시간에 마무리 지어야 하고 수정이 안 되는 프레스코의 한계를 넘어 보고자 마른 벽 위에 템페라와 유화로 그렸지만 오래지 않아 손상이 시작되었다는 것은 재료와 기법이 화가의 의도를 실현해 주는 필수적인 것이라는 반증이다.

템페라는 기원전 이집트 미라의 관에 그려진 초상에서 보이고, 중세에도 많이 사용되었으며 달걀노른자를 접착제로 하여 젖은 안료를 달라붙게 하는 기법이다. 달걀의 단백질이 굳으면서 색채는 부드러운 광택과 조개껍질처럼 거친 표면을 갖게 되지만 제한점은 물기

▲ 프레스코　▲ 템페라　▲ 유화

[그림 2-2] 여러 가지 재료

가 빨리 마르기 때문에 물감이 거의 칠하는 순간부터 마르기 시작한다. 따라서 색채혼합이 쉽지 않아 미리 혼합해 놓아야 하고 물감이 수축하거나 금이 가는 경향이 있기 때문에 질감효과를 내기 위해서 두껍게 바르는 것보다 얇게 여러 번 정성 들여 덧칠해야만 한다. 그리고 달걀노른자가 색채의 명료성에 영향을 주기 때문에 색이 엷은 도시 달걀의 노른자를 권장한다. 템페라는 주로 판넬 위에 그리는데 보티첼리의 〈비너스의 탄생〉에서 투명한 전색제의 성질을 활용하여 여성 피부의 깨끗함을 잘 살리고 있다.

유화는 15세기 초에 이러한 프레스코와 템페라의 제한점을 해결하고자 고안되었다. 유화는 무한한 색채의 가능성을 열었고 명암법을 해결하여 2차원의 평면에 3차원의 입체를 가능하게 하였다. 유화는 가루안료를 아마유나 호두유 등 서서히 건조되는 기름과 섞어 공기에서 산소를 흡수시킴으로써 투명한 표면을 형성하고 색채를 고착시킨다. 또한 여러 층으로 칠할 수 있고 밑칠이 안 보이게 두껍게 칠할 수도 있으며 간단하게 수정할 수도 있다. 서너 가지의 물감만으로 20가지가 넘는 다른 색조를 만들어 낼 수도 있어 후일의 화가들은 점점 더 자유롭게 유화물감으로 풍요로운 질감의 가능성을 탐구하게 되었다. 반 고흐의 '생명과 혼의 마티에르'라는 임파스토 기법도 유화의 가능성을 자신의 표현 매체로 연구한 결과이다.

아크릴 물감은 물로 희석되는 합성수지를 접착제로 하는 방식으로 건조가 빠르고 마르면서 내수성의 표면을 만든다. 접착력이 강해 거의 모든 바탕 위에 채색할 수 있으며 평평하고 단단한 색면을 만드는 데 이상적이고 얇은 칠에도 사용할 수 있다. 1930년대부터 만들기 시작하여 1950년경부터는 미국에서 실험적으로 사용되다가 1960년 이후부터는 세계에 보급되어 현재에는 전 세계적으로 많이 사용되고 있다.

수채화 물감은 아라비아고무를 접착제로 하는 수용성 물감이다. 물로 색의 밝기를 조절하고 겹치기, 번지기, 뿌리기 등 다양한 기법을 구사하기 좋고 산뜻하고 경쾌한 느낌이 나는 물감이다.

한국화 제작의 주요재료인 먹은 사물이 탈 때 나오는, 불완전연소의 그을음과 접착제인 아교를 잘 섞어 일정한 형태로 굳힌 것이다. 먹의 색은 그을음을 기본으로 입자가 고울수록 고급 먹이 된다. 먹색은 흑백, 건습, 농담에 의하여 기본 6색을 가지며 번짐과 스밈으로 무궁무진하고 다양한 색감과 표현을 할 수 있다.

파스텔은 접착력이 약해 발색이 좋고 손으로 문질러 번지게 할 수 있으며 잘 지워지기

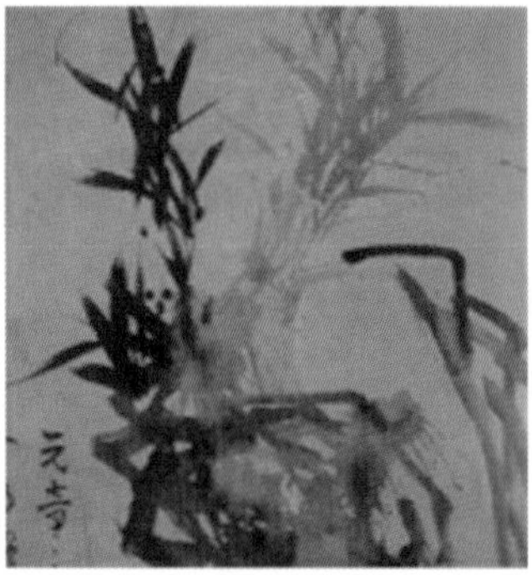
▲ 수묵화

▲ 소묘재료/색연필

▲ 수채화

[그림 2-3] 여러 가지 재료

때문에 그림을 완성한 후 정착액을 뿌린다. 이 외에도 연필이나 목탄, 색연필, 콩테 등의 소묘재료가 있는데 그중에서 연필은 소묘재료 중에서 표현이 자유롭고 수정이 쉬운 재료로 흑연과 점토를 섞어 만든다. 흑연은 B로 부드러움을 표시하고 점토는 H로 단단함을 표시한다.

2) 바탕재와 매체의 이해

〉〉 바탕재와 매체, 접착제의 이해

바탕재	• 그림을 그리기 위한 화지나 화포, 벽면 등의 지지물과 바탕면을 지칭
매체	• 색깔이 있는 유색물질
접착제	• 접착제인 전색제의 조건이 맞아야 하며, 상호 간에 친화성과 정착성이 있어야 함

접착제의 성질과 바탕재의 성질이 맞아야 함

- 접착제가 마르고 막이 형성되는 유화나 템페라, 유화 등
  - 꺾어지면 갈라지기 때문에 부드러운 종이나 화선지에는 적합하지 않음
- 수용성 접착제인 수채화 물감이나 먹 등
  - 종이 외에는 적합하지 않음
  - 이 점을 보완한 것이 아크릴 물감이지만, 아크릴 물감은 단색면을 칠할 때 유리함

바탕재는 그림을 그리기 위한 화지나 화포, 벽면 등의 지지물과 바탕면을 지칭한다. 여기에는 유색물질인 매체와 접착제인 전색제의 조건이 맞아야 하며 상호 간의 친화성과 정착성이 있어야 한다. 가장 중요한 것은 접착제의 성질과 바탕재의 성질이 맞아야 하는데 접착제가 마르고 막이 형성되는 유화나 템페라, 유화 등은 꺾어지면 갈라지므로 부드러운 종이나 화선지 등에는 적합하지 않다. 또한 수용성 접착제인 수채화 물감이나 먹 등은 종이 외에는 적합하지 않으며, 그러한 점을 보완한 것이 아크릴 물감이지만 이것은 밑칠을 덮어 버려 단색면을 칠할 때 유리하다.

한국화 재료에 대해서는 명화를 통한 한국화 감상에서 거론하기로 한다. 이제까지 살펴본 바와 같이 미술재료는 작가의 의도나 기술과 분리할 수 없는 매우 중요한 영역이다.

3. 미술활동의 종류와 미술발달단계

1) 미술활동의 종류

미술활동 영역은 크게 이해, 표현, 감상 세 부분으로 나누어 볼 수 있다.

① 이해: 미술의 형식, 시각적 현상, 미술문화, 표현주제와 재료, 기법 등에 대해 알고, 느끼고, 지각하는 것이다.
② 표현: 자신의 내면을 재료와 기법을 통해 시각적, 조형적, 공간적으로 형상화하는 활동이다.
③ 감상: 어원적으로 '가치를 매기다'라는 뜻으로 조형물이나 자연에 대해 가치를 느끼고 판단하고 평가하는 종합적인 활동을 말하는데, 이는 예술작품이 지니고 있는 미적 가치를 적극적으로 인식하는 심리적이며 정신적인 활동이다.

2) 미술발달단계

이러한 미술활동은 인간심리의 발달정도와 단계에 따라 변화를 보여 미술활동의 과정과 작품에 반영된다. 피아제의 인지발달이론을 기본으로 한 로웬펠트의 미술 단계이론을 설명하고 그에 따른 감상의 발달단계로 이어 가고자 한다.

피아제의 인지발달이론은 인간의 특성을 정신구조인 인지로 보는 인간관이다. 인지의 구조는 세상을 이해하기 위한 틀인 시그마, 즉 도식으로 이루어진다고 본다. 이것의 형성은 세상 환경과의 상호과정이며 적응과정이다. 그 기능은 동화와 조절로서 인간은 외부자극을 기존의 틀인 도식에 동화시켜 보고 맞지 않을 때는 조절해 가는 방식으로 인지를 4단계로 발달시킨다.

〈표 2-1〉 **인지발달단계에 따른 세부 내용**

단계	내용
감각운동기(0~2세)	감각과 운동으로 세상을 이해함
전조작기(2~7세)	자기중심적 성향으로 세상을 이해함
구체적 조작기(7~12세)	눈에 보이는 것만 조작할 수 있으며 탈중심화가 이루어지기 시작함
형식적 조작기(12세 이후)	눈에 보이지 않는 것도 조작할 수 있음

〈표 2-1〉의 인지발달단계를 기반으로 로웬펠트는 그림을 통하여 세상을 어떻게 느끼고 이해하는가에 따라 미술발달단계를 세분화하였다.

그 시작은 2~4세 난화기로 세 단계로 구분된다. 처음은 무분별한 난화기로 소근육 발달이 안 돼서 팔을 이용한 흔적을 그린다. 두 번째 단계는 조절된 난화기로 3세 정도 되면 눈과 손에 협응이 일어나 시작과 끝이 이어진 동그라미를 그릴 수 있다. 이것은 눈과 손에 협응이 일어나 소근육 활동이 발달하면서 자기관리가 가능해지기 시작한다는 것을 보여준다. 세 번째 단계는 명명화된 난화기로 그려진 기본도형에 상징을 사용하게 된다.

4~7세는 전도식기로 직관적 사고로 표상을 시도하는 초기 단계이다. 자기중심적 사고로 본 것보다 아는 것을 표현하는 단계이며 사실적인 대상의 색이 아닌 느낌, 정서, 흥미로 색을 선택한다.

7~9세는 도식기로 구체적으로 조작을 하게 되어, 보이는 형태를 개념화하고 사물의 특징을 객관화하려는 도식이 나타난다. 도식이란 어떤 대상에 대하여 반복해서 생기는 상징적인 표현으로 공간개념에 대한 도식으로 기저선이 나타난다. 색의 선택도 대상과의 관계로 결정한다.

9~11세는 또래집단기로 사실 표현이 시작되는 리얼리즘의 초기 단계이며, 도식적 표현과 사실적 표현의 혼용이 이루어진다. 또래와 그림이 비슷해지고 사람 그림에 있어서는 남녀의 구별에 대한 표현이 가능해진다.

11~13세는 의사실기로 추상적 사고가 가능해져 공간에 대한 지능이나 인지가 생긴다. 비로소 3차원적인 그림을 그릴 수 있게 되는데 여기에 필요한 원근은 겹침과 단축으로 눈에 보이지 않는 공간이 만들어지는 과정이며 이 시기에서야 가능해진다.

발달단계에 따라 미술작품을 감상하고 평가하는 능력도 변화를 보이는데 제1기는 4~5세로 보는 것에 흥미를 가지나 자기중심적으로 보는 경향이 있다. 제2기는 6~10세로 풍부한 상상력에 의해 자유분방하게 그리는 시기이며, 자기표현에 흥미를 느껴 감상보다는 표현에 초점을 둔다. 제3기는 11~15세로 추상적 사고를 할 수 있는 시기이며 평가능력이 발달하여 감상교육을 유효하게 할 수 있어 감상의 능력이 배가된다.

이와 같이 미술활동은 세상을 이해하는 수단이자 결과로, 그 작품은 그리는 사람의 심리적 발달단계를 알려 주며 세상 자극에 대한 반응방식으로 발전한다. 그중에서도 감상은 종합적인 활동으로 작품의 미적 가치를 적극적으로 인식하는 심리적이며 정신적인 활동이다.

〉〉 로웬펠트의 미술발달단계

2~4세 난화기

① 무분별한 난화기
- 소근육 발달이 안 되어서 대근육인 팔을 이용해서 흔적을 남김

② 조절된 난화기
- 3세 정도가 되면 눈과 손의 협응이 일어나서 시작과 끝이 맞는 원을 그릴 수 있게 됨

③ 명명화된 난화기
- 3세에서 4세까지로 기본적인 도형에 상징을 사용하여 설명하고자 함

4~7세 전도식기

- 직관적 사고로 표상을 시도하는 초기 단계
- 자기중심적 사고로 본 것보다는 아는 것을 표현하는 단계
- 사실적인 대상이 아닌 느낌, 정서, 흥미로 색을 선택

7~9세 도식기

• 구체적으로 조작이 가능(피아제의 인지발달 조작 가능)
• 형태를 개념화하고 사물의 특징을 객관화하려는 도식이 나타남

9~11세 또래집단기

• 사실 표현이 시작되는 리얼리즘의 초기 단계
• 도식적 표현과 사실적 표현의 혼용이 이루어짐
• 또래와 그림이 비슷해짐
• 사람 그림에 있어서 남자와 여자의 구별이 가능

11~13세 의사실기

• 추상적 사고가 가능해져 공간에 대한 지능이나 인지가 생김
• 3차원적인 그림 그리기 가능

→ 여기에 필요한 원근은 겹침과 단축으로 눈에 보이지 않는 공간이 만들어지는 과정이며 이 시기가 되어야 원근법 표현이 가능

4. 미술감상의 의미 및 단계

1) 미술감상의 의미

우리가 미술을 감상하는 과정은 먼저 작가가 그림에 자신의 생각과 느낌을 표현하고 감상자는 그림을 통해서 작가의 마음과 소통을 해야 감동과 공감이 일어나는 구조라고 할 수 있다. 따라서 작품은 작가와 감상자가 소통하는 매개체이며, 감상자는 작품을 보고 있지만 작가의 마음을 이해해야 공감이 일어난다.

미술이 갖는 기본적 성격과 기능은 '본다'고 하는 시각에 의한 활동으로, 본다는 것에 의해서 이해와 감동을 느낀다. 따라서 감상을 무시한 미술활동은 생각하기 어렵고 보는 것에 의해서 색채에 대한 조화와 형에 대한 미적 감각이 길러질 뿐 아니라, 우수한 미적 감각에 따른 판단이 개인 생활과 사회생활에 질서와 풍부함을 갖게 한다.

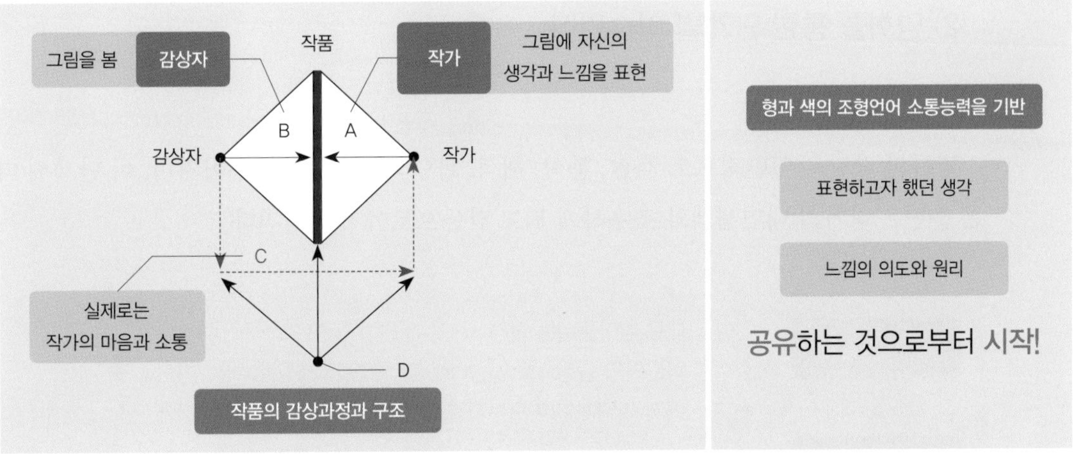

[그림 2-4] 미술감상의 의미

또한 미술은 형성과정에서 시대와 민족에 의해 만들어진 것이기 때문에 당연히 시대나 민족 또는 사회와 밀접하게 결합되어 있고 그 반영이라 할 수 있다. 그러한 상황과 환경 속에서 존재로서의 미술을 아는 것, 이해하는 것이 보는 것을 깊게 한다. 보는 것에 의해서 아는 것이고 아는 것에 의해서 보는 것을 심화시키는 것이다.

지금 미술은 이미 우리의 일상생활 속에 살고 있으며 미술을 알고 미술로 즐겁게 생활하는 것은 이제 인간 생활의 필수 요소이다. 또한 미술의 기능은 의사소통으로, 화가는 작품을 통해 자신의 내적 감정을 표현하여 감상자에게 중요한 메시지를 전달한다. 작품을 통해 마음의 이미지를 형상화함으로써 화가와 감상자는 미술작품이라는 형상이 매개가 되어 소통하는 것이다. 이러한 과정이 만들어지는 데에는 그림의 주문자 역할(D)이 중요하며 예전에는 왕실이나 교회가 그 역할을 했지만 지금은 시대 변화에 따라 화가 자신이나 감상자, 작품 소장자 등으로 다양화되었다. 이와 같은 과정을 거치는 명화는 화가 삶의 생생한 체험을 통해 나오는 표현으로 시각적인 즐거움을 준다. 또한 화가와 자아의 만남이 이루어져 무의식의 억압된 세계가 표출되고 자기표현이 이루어짐으로써 억압된 내면세계가 성장하는 데 도움을 준다.

작가는 미술활동을 통하여 억눌렸던 자신의 파괴적인 에너지를 창작과정에서 분출시킴으로써 긍정적인 원동력으로 전환시킬 수 있고, 감상자는 명화감상을 통해 나와 비슷한 상황에 처했던 화가의 감정을 공유함으로써 내면의 상처를 스스로 극복할 수 있으며, 여기에 미술감상의 의미가 있다.

2) 명화를 통한 단계별 미술감상

(1) 작품 감상 단계

명화의 감상은 일반적으로 직관, 분석, 해석, 판단의 4단계로 이루어지며, 이 단계에 따른 훈련은 작가의 내면세계와 조우하게 되고 감동으로까지 이어진다.

① 직관 단계
- 인상 그대로 받아들이는 과정
- 순수한 어린이의 감성으로 감상하는 것
  → 자신에게 어떻게 다가오는지를 중심으로 그림을 감상하는 단계

② 분석 단계
- 작품에 나타난 표현상의 차이를 재료나 기법으로 분석하는 단계

③ 해석 단계
- 작품의 의미, 표현, 의도를 해석해서 심리적 의미를 살펴보는 단계

④ 판단 단계
- 작품의 가치를 인식하는 단계로 종합적 이해가 필요한 단계

[그림 2-5] 작품 감상 단계

(2) 명화를 통한 단계별 미술감상

르네상스 시대의 대표적인 작가 레오나르도 다빈치의 작품 〈최후의 만찬〉은 대부분의 사람들이 알고 있는 명화 중의 명화이다. 이 그림을 감상함으로써 명화가 어떠한 조건을 가지고 있는지, 특히 〈최후의 만찬〉이 명화의 조건으로 완벽하다고 회자되는 이유를 4단계로 살펴본다.

명화의 조건은 일반적으로 묘사력, 구성력, 구상력으로, 이것은 회화로서 성립하기 위한 가장 기본적인 요소이다. 그것은 명화가 모든 요소에서 누구에게라도 납득할 수 있는 것에 의미를 두기 때문일 것이다.

[그림 2-6] 명화의 기본적 조건

좀 더 구체적으로 살펴보면 사실적 묘사력이나 현실감, 구도의 밸런스나 조형 면의 구성력, 색의 배분인 색채의 구성력과 화제의 구상력, 그리고 이렇게 그려진 인물, 장면 등의 해석에 어느 정도의 깊이와 메시지가 담겨 있느냐이다.

이러한 조건을 모두 갖춘 그림이라 할 수 있는 〈최후의 만찬〉은 예수 그리스도가 십자가에 못 박히기 전날 밤, 열두 제자와 최후의 식사를 하는 자리에서 충격적인 예언이 이루어지는 순간을 그리고 있다. '너희 중에 한 사람이 나를 팔 것이다.'라고 최후의 만찬에서 말하는 예수의 예언은 파문이 일고 열두 제자의 반응은 평소의 성격대로 묘사되었다.

〈최후의 만찬〉은 성서의 내용대로 하룻밤의 사건이 한 점의 그림에 응축된 그림이다. 명화를 보는 즐거움이 이만큼 각 부분에 감추어진 그림도 없을 것이며 대부분의 사람은 무의식 속에서 이 화면을 아마도 성서를 읽는 것 같은 기분으로 바라볼 것이다.

[그림 2-7] 사례 연구: 레오나르도 다빈치, 〈최후의 만찬〉, 1495~1498년

● **직관 단계**

이 그림의 첫인상은 탁월한 원근법으로 인해 예수님과 열두 제자의 식사 장면이 바로 옆방에서 이루어지는 것 같은 현실감에 압도당한다. 그리고 성경의 한 구절만을 근거로 현장에서 보는 것처럼 재현한 작가의 상상력에 감탄하면서 예수님을 판 유다를 찾아보려는 숨은그림찾기로 다가올 것이다.

● **분석 단계**

[그림 2-8] 안드레아 델 카스타뇨, 〈최후의 만찬〉, 1450년경

재료적 측면에서 레오나르도 다 빈치는 오랫동안 심사숙고해야 하는 그의 그림 제작 특성상 마르기 전에 빨리 그려야만 하는 프레스코의 한계에 도전하고자 다 마른 벽면에 템페라와 유화로 그렸지만 오래지 않아 손상이 시작되었다.

기법적 측면에서는 선 원근법의 완성으로 화면의 원근법적 공간의 깊이를 형성하는 선들을 모두 중앙의 예수 얼굴에 집중시켰다. 화면의 조형적 중심에 영적인 중심으로서의 의미를 겹쳐 그린 것이다. 이것은 르네상스 회화의 조형원리를 집대성한 것으로, 제자들 각자의 동작을 구별하여 변화가 풍부한 세부 묘사를 하였다. 또한 좌우대칭의 안정감 있는 전체 구도에 통합하여 동세와 안정의 절묘한 밸런스를 보여 주고 있다.

장면설정에 있어서도 성경의 내용을 분석하여 당시에는 밝혀지지 않았던 유다를 따로 그리지 않고 제자들과 섞어 앉게 함으로써 최후의 만찬에 대한 당시의 다른 그림([그림 2-8] 참조)과는 다르게 성경 내용을 객관적으로 재현하여 '최후의 만찬'이라는 주제의 전형적인 그림으로 회자된다.

● **해석 단계**

이 장면은 레오나르도 다빈치가 성경에서 예수가 말했던 '너희에게 이르노니 너희 중에 한 사람이 나를 팔 것이다.'라는 예언을 들은 제자들의 놀랍고 충격적인 동요와 그 이야기를 하는 예수의 침착한 표정을 대비하여 그린 것이다. 유다의 경악, 베드로의 격정, 토마스의 회의, 스스로의 결백을 일어선 모습으로 강조하는 빌립, 예수의 친밀한 제자로 닮게 그렸지만 예수와 대비되는 격렬한 포즈의 야곱, 시몬과 마태, 다대오의 논의하는 모습 등 제자들의 반응은 평소의 성격대로 그려졌다. 이것은 성경에 나타나는 제자들의 행동을 가늠케 하며 덧붙여진 말씀에는 유다의 탄생과 인생의 헛됨에 대한 깊은 탄식을 심리적으로 묘사하고 있다.

신의 아들이면서 사람의 아들로 태어나 인류의 죄를 씻기 위해 십자가에서 죽어야 하는 인간 예수의 고뇌와 달관을 레오나르도 다빈치는 〈최후의 만찬〉에서 표현하였다. 주위의 동요에도 초연한 예수는 그 머리와 양팔로 이등변 삼각형을 만들어 성스러운 분위기를 보여 준다. 〈최후의 만찬〉은 유다의 배신을 예고하는 동시에 예수 자신이 미사의 기본을 제정한 교의적으로도 의미 깊은 장면이다. 이 만찬에서 예수는 빵을 자신의 몸으로, 포도주를 자신의 피로 제자들에게 주면서 십자가에서의 자신의 죽음이 사람들의 죄를 속죄하는 것임을 보여 준다.

● **판단 단계**

예수와 제자들의 깊은 표정과 종교적 의미를 표현한 〈최후의 만찬〉은 그려진 성서로서 미술사적 의미를 지닌다. 인간 심리묘사의 효시로서 종교의 다름을 뛰어넘은 인류의 세계적인 유산이자 명화의 대표적 사례이다.

제2부

소통 편

마음으로 보고 눈으로 느끼는 **명화 속의 심리 이해**

제3장

조형심리

1. 인간의 감각과 특성

감각	지각
주위 환경으로부터 오는 여러 가지 자극을 시각, 청각, 후각, 촉각, 미각이라는 감각기관을 통해 받아들이는 것	이 감각에 의미를 부여하는 과정
↓	↓
자극에 대한 감각기관의 반응	그 자극에 대한 해석

[그림 3-1] 감각과 지각

1) 시각의 특성과 눈의 발달

주위환경으로부터 오는 여러 가지 자극을 시각, 청각, 후각, 촉각, 미각이라는 감각기관을 통해 받아들이는 것을 인간의 감각이라 한다면 지각은 감각에 의미를 부여하는 과정이다. 즉, 감각은 자극에 대한 감각기관의 반응이고, 지각은 그 자극에 대한 해석이다. 예를 들어, 어떤 소리가 났을 때 소리를 듣게 되는 것은 감각과정이고 그 소리가 사람의 말소리인지 음악 소리인지를 알게 되는 것은 지각과정이다. 인간의 모든 행동은 감각기관을 통해 들어오는 정보를 어떻게 해석하느냐에 달려 있다고 해도 과언이 아니다. 그중에서도

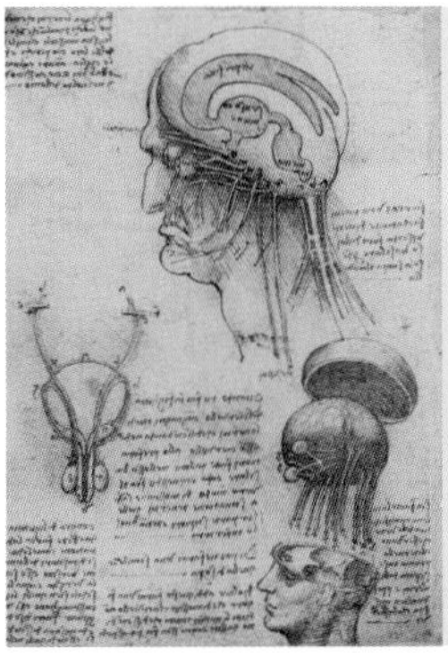

다른 감각기관	말초신경에서 변하는 것
눈	중추신경계의 뇌가 돌기하여 만들어진 것으로 대뇌와 직결

◀ 인간의 두뇌와 두개골에 대한 레오나르도의 생리학적 스케치

[그림 3-2] 눈과 다른 감각기관과의 특성 비교

시각은 감각정보의 80%를 받아들이기 때문에 인간이 환경을 탐색하는 데 있어 어떤 감각기관보다 중요하다.

사람의 눈은 다빈치가 그린 해부도([그림 3-2])에서 보여 주는 것처럼, 다른 감각이 말초신경에서 변한 것이라면 눈은 중추신경계의 뇌가 돌기하여 만들어진 것으로 대뇌와 직결되어 있다. 태내기에 이루어지는 눈의 형성과정([그림 3-3])을 보면 처음 눈의 돌기가 만들어지고 두 번째는 컵 모양의 안배가 만들어지고 세 번째는 피부세포가 분열하면서 두꺼운 부분이 수정체로 바뀐 후 마지막으로 공막, 시신경, 각막 등의 순서로 눈이 만들어진다.

이렇게 만들어지는 아기의 시각은 출생 후 몇 개월 동안 심한 근시현상을 보이지만 첫돌 무렵에는 시력이 1.0에 가까워지면서 정상 시력을 갖게 된다. 색에 대한 지각은 출생 시부터 가능하지만 처음에는 녹색과 빨간색만 구별할 수 있고 2개월부터는 3원색을 구별하며 3개월째부터는 보는 색의 범위가 넓어진다. 주위대상에 대해서도 6개월부터는 낯익은 얼굴을 구별하여 특정 대상과의 애착이 가능해지고, 깊이도 지각할 수 있게 되어 영아가 몸을 이동하면서 발생하는 위험을 보호해 준다.

깊이지각은 안구가 보내는 네 가지의 정보에 의해 만들어진다. 첫 번째는 공률변화로, 사람 눈의 수정체는 물고기의 눈이나 카메라의 렌즈와 다르게 두께를 변화시켜 빛의 굴절률을 조절하여 대상이 가까울 때는 두꺼워지고 멀 때는 가늘어진다. 두 번째는 양안시차로, 사람의 눈은 좌우로 6.5센티 정도 떨어져 있다. 이 두 눈에 사물이 똑같이 보이지 않는데 양쪽 눈의 망막상 차이를 시차라 한다. 뇌는 양쪽 눈의 망막상을 일치시키기 위해 필요

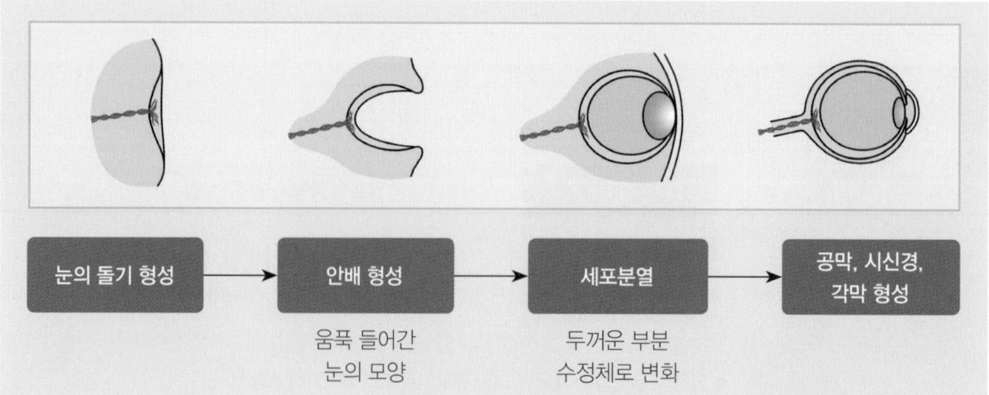

[그림 3-3] 눈의 형성과정

한 거리, 즉 대상의 거리를 바탕으로 입체감을 판단하게 되는 것이다. 세 번째는 복사각으로 양쪽 눈동자의 모아지는 각도이다. 가까운 사물은 각도가 크고 먼 사물은 각도가 작아진다. 네 번째는 운동시차로 자신이 이동할 때 가까운 사물은 멀어지고 먼 사물은 따라오는 것처럼 보이는 현상이다.

이와 같이 인간이 사물을 지각하게 되는 발달과정은 눈의 구조를 이해하는 것으로부터 출발한다. 눈의 구조는 카메라의 구조와 비슷하다. 먼저 가장 바깥에 있는 카메라의 몸체에 해당되는 것이 공막으로 직경 24밀리미터의 안구를 덮어서 보호하고 있다. 공막의 입구인 얼굴 면에 해당하는 부분이 각막이다. 공막(강막)의 안쪽에는 영양을 공급하는 맥락막이 있고 다시 안쪽에 뇌세포가 발달한 부분으로 제일 중요한 역할을 하는 망막이 있다. 여기에는 시세포 등의 빛의 수용기가 있고 외부에서 들어온 빛 자극을 전기신호로 변환한다. 망막은 카메라의 필름에 해당하는 부분으로 빛 수용기의 층에는 추상체와 간상체라는 두 종류의 시세포가 있으며, 망막의 중심인 중심와에는 약 600만에서 700만 개의 추상체가 집중돼 있다.

추상체는 밝은 상태에서 작동함으로써 색에 반응하며 이러한 중심와 이외의 부분에 있는 것들은 간상체라고 한다. 간상체는 1억 2,000만에서 1억 3,000만 개가 있고 밝기를 느끼는 세포로, 그 감도는 추상체의 수백 배에 이른다. 망막의 많은 부분이 간상체로 되어 있어서 색보다는 형태를 훨씬 더 잘 볼 수 있게 되어 어두운 곳에서 형태가 보인 후에 색이

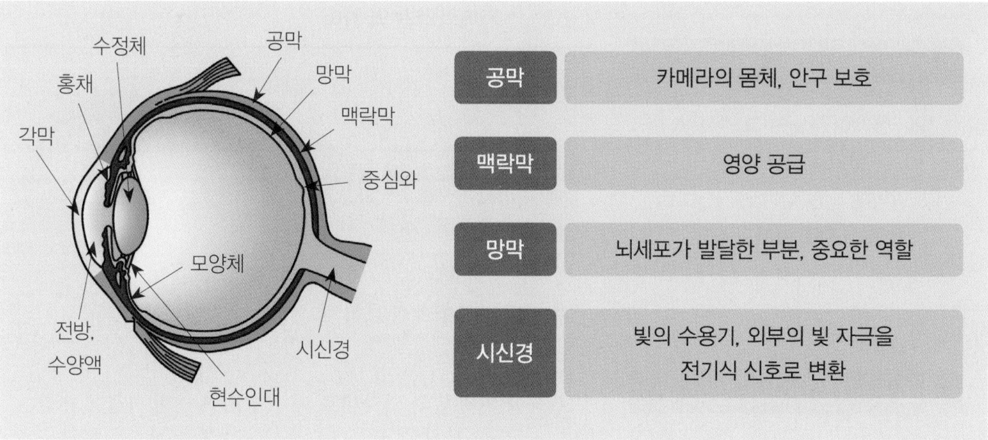

[그림 3-4] 눈의 구조

보이는 것도 이러한 이유이다. 빛의 정보는 망막과 뇌를 연결하는 층으로 이어져 뇌로 보내지고 다시 대뇌피질의 후두부로 보내져 색이나 형을 지각한다.

이 외에도 빛을 굴절시켜 망막에 상을 맺게 하는 수정체의 입구 양쪽에는 홍채가 있는데 카메라의 조리개 역할을 함으로써 빛의 양을 조절한다. 수정체에 연결된 양 끝에는 모양체가 있고 이 근육의 수축이완에 의해 두께를 변화시켜 초점을 조절하고 있다.

2) 본다는 것의 의미

미술은 시각을 이용하는 예술의 한 종류이며 본다고 하는 감각은 빛이 물체에 부딪혀 그 반사광이 망막을 자극하고 망막에 비친 상이 전기신호로 바뀌어 뇌로 보내지는 것에서 생긴다. 따라서 이 본다고 하는 감각은 뇌를 통해 해석되고 지각되는 것으로 시각은 단순히 비치는 것이 아니라 경험학습이 만들어 낸 훈련이라고 할 수 있다.

3) 카메라와 눈의 차이

카메라는 모든 것을 균일하게 그려 내지만 사람의 눈은 선택하여 본다는 것이 카메라와 눈의 차이점이다. 카메라는 인간의 눈과는 달리 빛에 의해 생긴 상을 해석을 통하지 않고

본다고 하는 감각

빛이 물체에 부딪혀 그 반사광이
망막을 자극하고
그 망막에 비친 상이 전기신호로
바뀌어 뇌로 보내지는 것

↓

뇌를 통해 해석되고 지각되는 것

〈표 3-1〉 카메라와 눈의 차이

	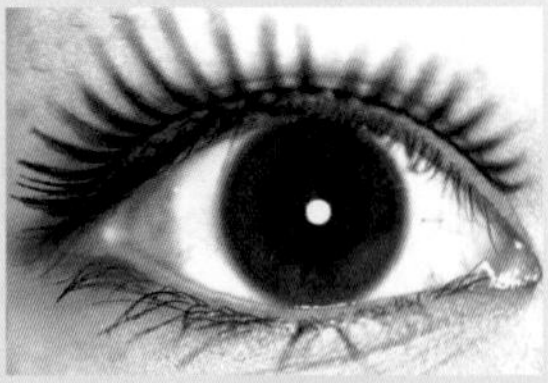
카메라	눈
모든 것을 균일하게 그려 냄	선택해서 봄
해석 ×	해석 ○
필름에 비친 빛의 입자대로 보임	망막에 맺힌 사물에 대한 정보를 뇌에서 해석

있는 그대로 필름에 찍어 낸다. 즉, 카메라와 눈의 가장 큰 차이는 상에 대한 해석이 들어갔느냐 아니냐에 있다. 카메라의 보는 과정은 사람 눈의 망막에 해당되는 필름까지로 인간의 뇌처럼 판단하거나 해석, 변형시키지 않고 보이는 그대로 재현함으로써 사람의 눈과 카메라의 보는 과정은 다르다. 따라서 사람이 눈으로 본다는 것은 시대별, 지역별로 차이가 존재한다.

이것은 미술사를 바라볼 때도 적용되는 것으로, 서양미술사에서 르네상스 시기를 본격적인 미술의 시기라고 하는 것은 중세시대에는 신의 시각이나 하늘의 시각이었지만 르네상스부터 인간의 시각으로 보았기 때문이기도 하다. 그래서 자신을 기준으로 사물과 인간인 자신의 거리를 측정하는 원근법을 사용해서 사물을 객관적으로 보게 된 것이다. 그러나 동양에서는 거리감이 없이 '사물과 내가 하나다.'라고 주장하는 물아일체 사상이 지배적이었으며, 이는 인간과 사물을 구분해서 볼 필요가 없었음을 의미한다. 이것이 서양과 동양의 시각 차이이며 이러한 비교는 시각의 특성을 어떻게 받아들이느냐로부터 시작됐다고 할 수 있다.

2. 재현의 의미

미술은 시각으로 보인 사물을 형과 색을 사용하여 재현(representation)하는 활동이며 미술로 재현된 그림을 이미지(像/image)라고 한다. 따라서 미술의 역사는 재현의 역사이며 서양에서는 시대에 따라 종교적 재현, 원근법적 재현, 사진적 재현, 내면적 재현으로 변화되어 왔다.

1) 종교적 재현

원시부터 중세시대까지 주로 이루어졌던 재현으로 우상과 신의 섬김에 의한 재현이다. 이것은 신앙이 국가 종교화된 것으로, 종교의 시각화나 인습화, 양식화의 결과라 할 수 있다. 특히 중세시대의 화가들은 종교적 필요에 따라 신의 말씀을 신의 시점에서 그림으로 알기 쉽게 재현하는 기술자의 역할을 담당하여 사회질서의 유지에 봉사했다.

2) 원근법적 재현

르네상스 이후 미술의 시각이 신의 시점에서 인간의 시점으로 바뀌면서 원근법적 재현이 이루어진다. 원근법은 그리는 사람을 기점으로 나와 물체를 분리하고 거리를 측량하는 것으로 자연을 측량하여 화면에 재현하는 것이다. 2차원의 화면에 3차원의 공간을 표현하기 위한 원근법의 핵심은 단축과 겹침에 의한 과장이라고 할 수 있다.

3) 사진적 재현

사진적 재현은 사실주의 이후 카메라가 발명되고 렌즈로 보는 광학적인 시각이 사람들의 보는 방식에 많은 영향을 미치면서 이루어졌다. 그동안 사물의 이미지가 뇌의 해석을 통한 변형이었다면, 사진적 재현은 눈의 망막에 맺힌 상을 카메라처럼 재현하고자 하는 것이다. 사실주의가 사진적 재현을 통해 현실을 미화시키거나 해석하지 않고 있는 그대로 재현하고자 하였으나, 재현의 방법은 순간적으로 포착하는 카메라의 방식을 따르지 않았다. 한편, 인상주의는 빛의 재현을 카메라의 방식으로 순간적으로 재빠르게 그리고자 시도하였으나, 재현 속도의 한계로 그리는 사람의 기억에 의존하는 재현의 결과로 그려지게 되었다.

4) 내면적 재현

내면적 재현은 후기인상주의 이후로 사진적 재현에서 사물의 외관 표현에 주력했던 것을 내면의 본질적 표현을 통하여 사물과 사람의 내면 표현에 주력한 것이다.

인상파 이후 화가들의 동양미술에 대한 관심과 당시에 실용화되기 시작했던 사진기에 의하여 유럽회화의 흐름은 자아와 외계를 분별하는 유럽적 합리주의의 행방에 의구심을 가지게 되었고, 동양의 자연관인 자연과 일체화하여 거리를 없앤 외계와의 대응방식에 주목했다. 외계를 일방적으로 바라보기만 하지 않고 오히려 자아의 내부에 집어넣거나 외계에 자아를 투영한다고 하는 정신작용의 중요함을 자각하면서 내면적 재현은 근현대미술로 변화하기 시작한다.

3. 조형심리

우리는 생각하고 있는 것을 누군가에게 전달하고자 할 때, 상대방이 옆에 있으면 먼저 말을 건네고, 직접 만날 수 없을 때는 편지를 쓴다. 그 경우, 언어나 문자 자체는 음의 연결이고 선의 조합에 지나지 않지만 익숙한 사람에게는 정확한 전달의 수단이 된다.

미술은 형과 색이 언어나 문자의 역할을 한다. 형과 색이 어떻게 사용되느냐에 의해 특유의 스타일과 양식이 만들어지는 것은 언어의 경우와 같다. 그렇지만 형과 색이라는 조형언어는 다른 사람들과 의사소통하고 자신의 마음을 보여 주기 위해 언어가 아닌 조형의 상징을 필요로 한다. 상징은 무엇을 대신하는 것이 아니라 나타내는 것으로 긍정적인 면과 부정적인 면을 포함하는 심리적인 면을 배경으로 하고 있다. 조형심리는 자신의 마음속에 있는 생각이나 감정을 드러내는 데 필요한 독특한 방편의 하나이며 언어나 문자와는 다른 전달 방법이다. 여기에는 조형언어, 즉 형과 색의 이해와 소통훈련이 필요하다.

1) 형의 분화와 통합

점들로 가득 찬 그림에서 달마시안 개가 보이는 것은 많은 점 중에서 개의 모습이 다른 점들과 구분될 때이다. 이렇게 대상이 보인다는 것은 형과 배경이 나뉘면서 분화라는 지각 기능에 의한 것이다. 그림에서 개를 볼 수 있는 것은 화면 전체에 흩어져 있는 점 가운데 일부분을 뽑아내 하나의 형태로 묶어 내는 능력이 있기 때문이다. 이와 같이 우리가 자

개를 볼 수 있다는 것

화면 전체에 흩어져 있는 점 가운데에서 일부분을 뽑아내서 하나의 형태로 묶어 내는 능력이 있기 때문

형을 본다고 하는 것

사물과 바탕을 분화하고 점들끼리의 통합이 있어야만 가능한 것

[그림 3-5] 형의 분화와 통합

연에서 형을 본다는 것은 사물과 바탕을 분리하고 점들끼리의 통합이 있어야 가능한 것이다. 우리가 무언가를 보기 위해서는 다양한 지각의 짜임새가 필요하고 작가는 시지각의 작용을 수단으로 작품을 만들고 감상자는 시지각의 작용을 통해 작품을 감상한다. 따라서 시각예술인 미술은 작품을 매개로 하여 작가가 자신의 지각으로 경험한 내용을 감상자의 지각에 전달하는 것이라 할 수 있다.

2) 그림과 바탕

이와 같이 우리가 무엇인가를 본다는 것은 그림과 바탕의 분리에서 시작한다. 그림과 바탕은 미술에서 중요한 요점으로 그림과 바탕의 성질과 차이를 인식함으로써 그 주종관계를 이해하면서 보다 원활하게 그림을 볼 수 있다.

하단의 왼쪽 그림에서 여섯 개의 각진 형태가 보이지만 어떤 의미가 있는지 알기는 쉽지 않다. 그러나 검은 부분이 아니라 흰 부분에 문자가 있다고 보면 THE라는 문자가 보일 것이다. 이처럼 전경과 배경의 분리는 조형적 성질의 특성과도 관계가 있지만 보는 사람의 인지구조, 경험, 지식에 의해 만들어진 개념과 관념을 통해서도 알게 된다. 이번에는 그림과 바탕의 특성에 대하여 살펴보자.

하단의 오른쪽 그림은 그림과 배경을 역전시킬 수 있는 반전도형이다. 컵을 보면 사람이 안 보이고 사람을 보면 컵이 안 보인다. 왜냐하면 보는 사람의 관점에 따라 어떤 것을 전경으로 보게 되면 나머지 하나는 배경으로 보이기 때문으로 그림과 배경에 대한 특성이 다르

THE

보는 사람의 인지구조, 경험, 지식에 의해 만들어진 개념과 관념을 통해서도 알게 될 수 있음

반전도형

하나를 전경으로 보면 나머지 하나는 배경으로 보이기 때문

→ 그림과 바탕의 분리는 평면적으로 그려졌어도 2차원의 분리가 아닌 깊이를 갖는 3차원이 느껴짐

게 적용되고 있다.

그림과 바탕의 분리는 평면적으로 그려졌어도 2차원의 분리가 아닌 깊이를 갖는 3차원이 느껴진다. 여기에는 그림과 바탕의 현상학적 차이가 느껴지는데 그 차이는, 첫째, 그림에는 형태가 있고 바탕에는 없다. 둘째, 그림은 바로 앞에 떠오르고 바탕은 배후에 퍼져 있다. 셋째, 그림은 딱딱하여 팽팽한 느낌이 들고 바탕은 공허하고 부드러운 느낌이 든다. 넷째, 그림은 표면적 질감이 느껴지고 바탕은 공간이 느껴진다. 이와 같이 그림과 바탕에는 특성이 있는데 그림으로 보이는 조건에는 보는 쪽의 의도와 경험이라는 주체적인 조건도 있지만 객관적 조건도 있음을 다음의 그림에서 살펴볼 수 있다.

[그림 3-6]의 A, B, C는 좁은 면과 넓은 면이 교차해 있지만 두 개 다 한꺼번에 보이지 않는다. 어떤 것은 전경, 어떤 것은 배경으로 보인다. A는 좁은 면적이, B는 닫힌 부분이, C는 수평, 수직의 부분이 그림이 되기 쉬운 조건을 갖추고 있다. 이어서 다른 그림을 보면 D는 좌우로 대칭되는 부분이, E는 평행하는 부분이, F는 아랫부분이, G, H는 오목한 형태보다는 볼록한 형태가 그림이 되는 조건을 가지고 있다. I도 공간에 질감이 있는 것들이 형태가 될 확률이 높으며 푸른 계통보다 붉은 계통의 색이 보다 쉽게 전경이 될 조건을 갖추고 있다.

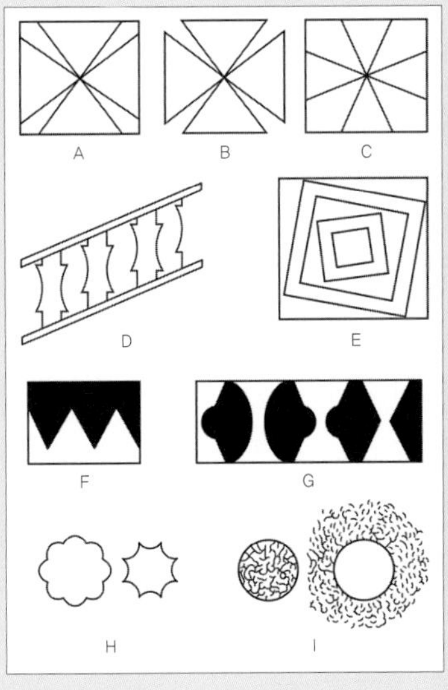

A	좁은 면적
B	닫힌 부분
C	수평, 수직의 부분
D	좌우로 대칭
E	평행하는 부분
F	아랫부분
G, H	볼록한 형태
I	공간-질감이 있는 것, 색깔-붉은 계통의 색

[그림 3-6] 그림이 되기 쉬운 조건

출처: 仲谷洋平. 藤本浩一 編著(2002).

[그림 3-7] 레오나르도 다빈치, 〈모나리자〉, 1503년

[그림 3-8] 빈센트 반 고흐, 〈실편백나무〉, 1889년

이러한 그림과 바탕의 해석은 시대에 따라 달라졌으며 르네상스 이후 확립되었던 3차원의 입체감은 현대회화로 오면서 점차 입체감과 물질적 고체성을 파괴하는 2차원의 평면화라는 흐름으로 진행되어 왔다.

구체적으로 르네상스 시대까지는 레오나르도 다빈치의 〈모나리자〉([그림 3-7])처럼 그림과 바탕을 얼마나 구분할 수 있는지에 집중하였다. 전경과 바탕의 구별을 위해 명암법과 원근법을 사용하여 전경은 입체감이 느껴지게 묘사하고 배경은 안개가 낀 것처럼 멀어지는 공기원근법을 쓰고 있다.

그러나 후기인상주의 고흐의 작품에서는 대상의 사실적인 묘사보다는 내면적인 표현에 집중하여 사물과 배경의 터치를 같게 함으로써 일체화하였다. [그림 3-8]의 실편백나무에서 하늘과 사물이 같은 터치를 이루면서 사물의 표현과 하늘의 공간표현을 일체화시키려 하였다. 사실 고흐는 인물을 그릴 때 인물의 외적 표현보다는 변하지 않는 내적 표현을 시도하였으며 실편백나무도 생레미 병원에서 죽음을 상징하는 나무로 대상보다는 내적 갈등을 묘사하는 데 주안점을 두어 외적 표현을 억제하고 임파스토 기법으로 화면을 일체화시키려 하였다. 이후의 화가들은 이러한 표현이 더욱 심화되어 야수주의 마티스의

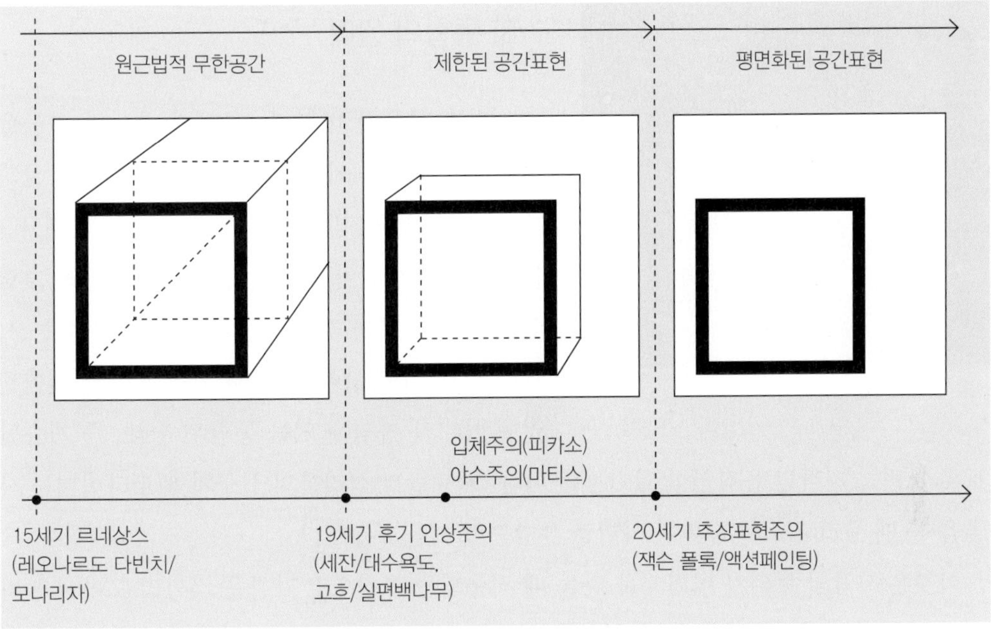

[그림 3-9] 그림과 바탕의 해석에 따른 공간변화과정

그림 〈꽃무늬 배경 위의 장식적 인물〉에서는 인물보다 바탕을 더 설명해 인물과 바탕을 더욱 일체화하고 평면화시키면서 형태와 공간에 속해 왔던 색채만의 자율성을 강조하고 있다. 입체주의 피카소의 〈바이올린을 든 남자〉는 대상을 기본적인 선으로 일체화하면서 2차원을 실현하고자 평면화를 시도하고 있다. 이러한 평면화의 시도와 회복은 추상표현주의 화가인 잭슨 폴록을 통해 평면회화의 실현으로 이어진다.

잭슨 폴록의 액션페인팅([그림 5-46] 참조)은 자동기술법을 통한 올오버 페인팅, 즉 전면균질회화를 통해 바탕과 그림이 구분되지 않는 2차원의 회화를 보여 주고 있다. 이와 같이 근대로부터 현대까지의 미술 흐름은 평면성을 실현하는 과정이라고 할 수 있다.

이러한 흐름은 조각에서도 나타나 강력한 볼록 형태의 사물과 공간의 구별이 드러난다. 예를 들어, 헨리 무어의 작품에서는 인체 곳곳에 움푹 파인 구멍이 생기면서 전경인 조각과 배경인 하늘의 새로운 해석을 시도하고 있다. 나중에는 추상 조각에서도 전경인 조각작품과 하늘인 배경이 스테인리스 등의 재료로 인해 비쳐짐으로써 사물과 배경이 일체화되어 가는 것이 보인다.

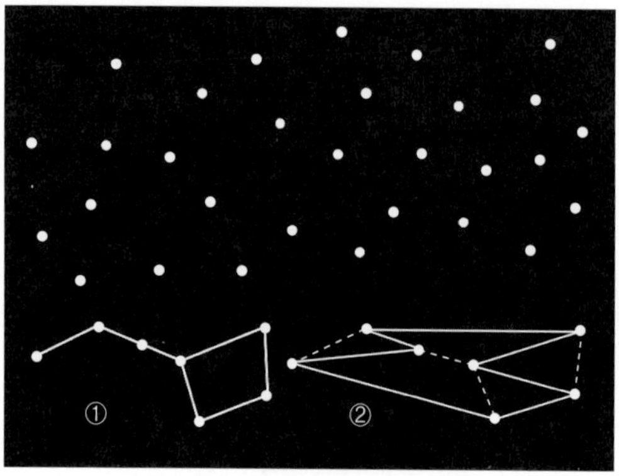

[그림 3-10] 점의 통합

3) 통합의 원리

우리가 사물을 바라볼 때 먼저 바탕과 사물을 구분하고 보이는 사물들의 관계와 짜임새를 살펴본다. 예를 들면, 밤하늘의 북두칠성을 볼 때, [그림 3-10]의 ②번처럼 연결시키지 않고 왼쪽 그림인 ①번처럼 보는 것이 일반적이다. 그 이유는 시야에 몇 개의 대상이 있을 때 이들을 따로 떨어진 것이 아니라 짜임새 있는 통합된 형태, 즉 게슈탈트로 보려는 지각의 움직임이 있기 때문이다. 게슈탈트 심리학의 선구자 베르타이머는 사물을 볼 때 무리 지어서 통합된 의미로 본다는 법칙을 주장했다.

이것은 사람의 두뇌가 이미지를 만들 때 적용되는 규칙으로 가까운 것끼리 모아서 본다는 근접성의 법칙(A), 비슷한 것끼리 묶어 본다는 유사의 법칙(B), 닫힌 것이나 닫히는 경향이 있는 것끼리 보게 된다는 폐쇄의 법칙(C), 접히거나 꺾이지 않고 가능한 가던 길로 가서 연속되게 한다는 연속의 법칙(D)이 있다([그림 3-11] 참조). 이 외에도 책장에서 같은 전집이 눈에 들어온다는 공동운명의 법칙과 삼각형이나 원 같은 대칭적이고 규칙성이 있는 것들이 훨씬 눈에 들어오는 객관적 태도의 법칙 등이 있다.

근접성의 법칙	가까운 것끼리 모아서 봄(A)
유사의 법칙	비슷한 것끼리 묶어서 봄(B)
폐쇄의 법칙	닫힌 것이나 닫히려는 경향이 있는 것끼리 보게 됨(C)
연속의 법칙	접히거나 꺾이지 않고 가능한 가던 길로 가서 연속이 되게 함(D)
공동운명의 법칙	책장에서 같은 전집이 눈에 들어옴
객관적 태도의 법칙	대칭적이고 규칙성이 있는 것들이 훨씬 눈에 들어옴

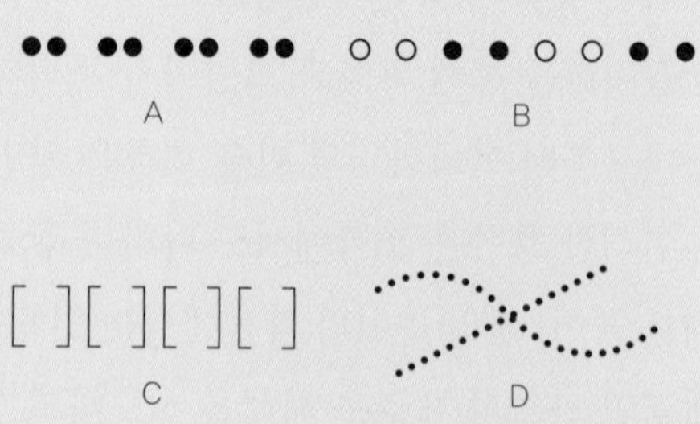

[그림 3-11] 통합의 원리

출처: 仲谷洋平. 藤本浩一 編著(2002).

4) 공간상징

미술은 공간성과 연관되고 언어와는 다르게 시간성이 아닌 공간을 통해서 상징을 구체화시킨다. 화면 어디에 사람을 그리느냐에 따라 심리적 표현이 달라진다고 하는 공간의 의미에 대하여 살펴보자.

[그림 3-12] 올라가는 언덕과 내려가는 언덕

이 그림에서 보는 것처럼 화면의 공간은 똑같은 그림이어도 좌우가 뒤집혀 있으면 언덕이 내려가는 언덕으로도 보이고 올라가는 언덕으로도 보이는데 여기의 화살표 ①, ② 중 대부분의 사람은 올라가는 언덕을 왼쪽 그림(①)으로 택한다. 이것은 좌우의 문제로 뇌의 편측성과 화면의 그랜스 커브(시선곡선/Glance Curve)의 영향으로 설명된다. 우리의 뇌는 좌반구와 우반구가 똑같은 일은 하지 않는다는 편측성 때문에 공간을 전담하는 쪽인 우뇌가 먼저 보게 되어 있다. 이것은 공간을 전담하는 곳이 우뇌이기 때문에 우리가 화면을 볼 때는 우뇌가 연결된 왼쪽 눈이 먼저 작동되어 왼쪽에서 오른쪽 방향으로 보게 된다는 가설이다. 이러한 좌우 문제를 이론화한 사람은 가프론(Gaffron, M.)이다. 가프론은 그림 속의 3차원 공간을 왼쪽 앞에서 오른쪽 위로 지각하는 시선경로가 있다고 주장하면서 이를 그랜스 커브라고 했다.

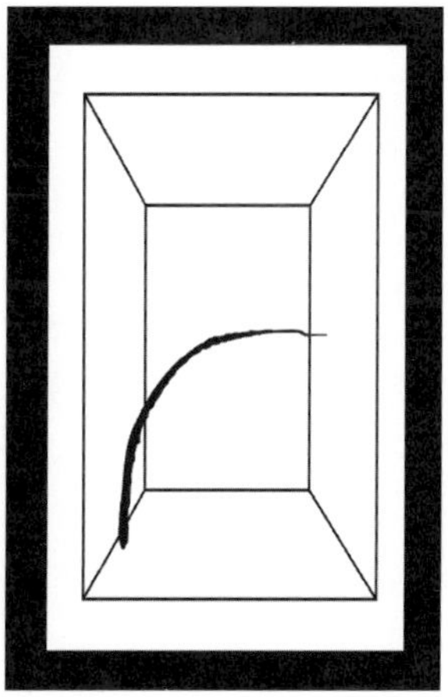

[그림 3-13] 그랜스 커브
(Gaffron, 1950)

이것은 모든 사람에게 적용되는 것은 아니고 왼손잡이나 뇌발달의 편측성의 민감도에 따라 달라질 수 있다. 이러한 진행 방향으로 인해 화면의 공간상징은 각 부분에 따라 심리적 의미를 달리한다. 공간을 심리적으로 분석한 그린발트(Michael Grünwald)의 공간상징([그림 3-14] 참조)을 보면 위는 정신과 의식, 활기와 에너지를 느낄 수 있고 아래는 물질과 무의식, 안정과 침체를 느끼게 한다. 바라봐서 왼쪽은 과거와 내향, 소극적 성향을 상징하고 오른쪽은 미래와 외향, 적극성을 상징한다. 이것을 기반으로 A4 용지를 4등분하면 각 화면의 무게감이 달라질 것이다. 가장

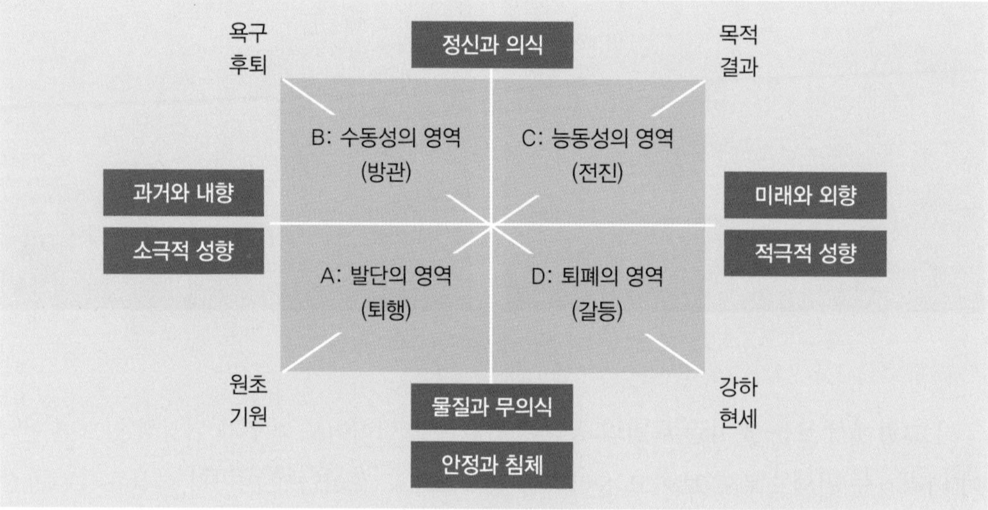

[그림 3-14] 그린발트의 공간도식

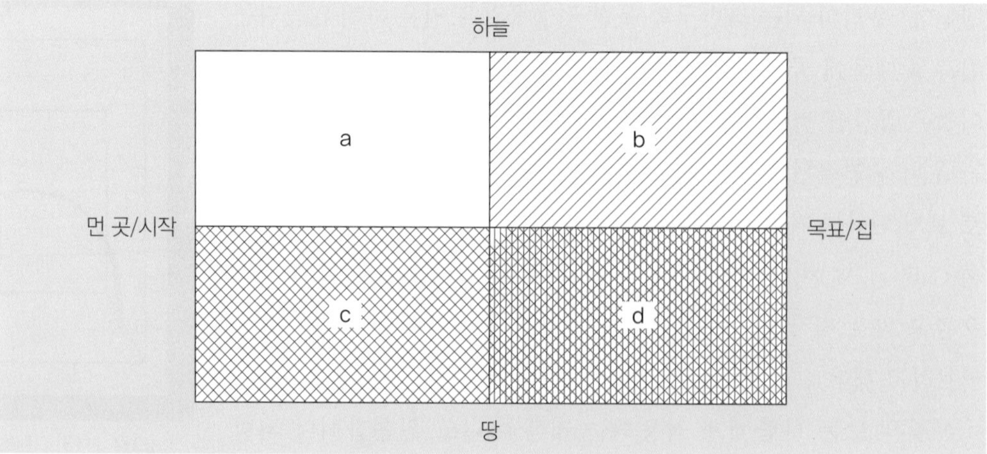

[그림 3-15] 각 화면의 무게감 차이

가벼운 면과 무거운 면의 차이는 참고 그림([그림 3-15] a → b → c → d 참조)의 번호 순대로 무거워지고 그림감상과 표현에도 적용할 수 있다.

따라서 대부분의 서양 그림은 왼쪽부터 오른쪽으로 그림을 읽는 순서가 정해져 그림해석의 기승전결이 이루어진다. 칸딘스키는 공간상징 위를 하늘, 밑을 땅이라 했으며 바라봐서 왼쪽은 먼 곳, 오른쪽은 집이라 했다. 인물화에서 오른쪽보다는 왼쪽을 바라보는 인물이 일상적으로 보인다거나 그림에서 주제를 약간 오른쪽 중심에 그리는 것도 이와 무관치 않다.

예를 들면, 제2차 세계대전 이후 샤갈은 전쟁의 영향으로 침체된 사람들에게 에너지와 활기를 주기 위해 그림 상부에 사람들이 떠다니게 그림을 그렸다. 또한 낭만주의 화가 제리코의 〈메두사호의 뗏목〉에서 난파된 사람들이 집으로 돌아가기 위한 상징으로 오른쪽을 바라보면서 필사적으로 신호를 보내는 것을 보면 명화에서 공간상징의 보편성이 어느

[그림 3-16] 제리코, 〈메두사호의 뗏목〉, 1818~1819년

정도 적용된 것으로 보인다. 이와 같이 서양미술에 있어서의 공간사용은 왼쪽에서 시작되는 기승전결의 의미로 전개되고 있다. 따라서 그림의 주인공은 중앙 우측을 사용하는 경향이 보이고 그림감상에서 주인공을 찾는 것은 작가의 의도를 파악하는 것이며 그림을 볼 때 이 공간에 대한 상징을 염두에 두면 작품감상에 도움이 될 것이다.

그러나 동양에서는 전통그림의 관습에 의해 서양과는 반대로 그림의 시작이 오른쪽에서 왼쪽으로 진행되고 박물관에서의 그림감상 진행방향도 이것을 기반으로 결정된다는 점을 유념해야 한다.

4. 조형심리이론과 실습

1) 조형예술에 대한 심리적 영역의 이론적 배경

미술은 언어나 문자가 아닌 조형요소를 사용하여 자신의 마음속에 있는 생각이나 감정을 드러내고 전달하는 독특한 방법으로, 서로에 대한 소통을 위해서는 이론적 체계가 필요하다. 특히 조형예술에 대한 심리적 영역의 이론적 배경은 예술의 내재성과 내면화 작업에 대한 이론으로 여러 가지가 있다. 정신분석학적 입장에서 본 프로이트의 예술론과 조형예술작품을 막연히 보는 것이 아닌 객관적이고 과학적으로 보고자 했던 아른하임의 게슈탈트이론, 조형언어의 심리적 영향을 분석적이고 합리적으로 제시하고자 했던 칸딘스키의 조형예술론에 대하여 살펴보자.

(1) 프로이트의 예술론

프로이트에 있어 예술적 창조과정은 충족되거나 의식적으로 직면할 수 없는 무의식적 소망에 대한 예술가의 대처수단이다. 즉, 예술은 욕구충족과정에서 나타나는 것으로 현실에서 이룰 수 없었던 다양한 욕구가 여러 가지 방법으로 표출되어 공상적인 측면과 대리만족의 모습을 보인다. 예술은 무의식의 감정을 표현하며 참다운 예술표현은 억압된 욕구의 승화이고, 예술작품의 주요한 심리적 재료들은 유년기의 심리적 트라우마와 관련이 있다. 따라서 프로이트의 예술론은 작품을 하나의 내적 분석대상으로 보고 작품에 투사된 작가

뭉크의 〈절규〉

예술의 의미

- 무의식의 감정을 표현
- 참다운 예술 표현은 억압된 욕구의 승화
- 예술 작품의 주요한 심리적 재료들은 유년기의 심리적 트라우마

↓

작품을 하나의 내적 대상으로 봄
모든 상징적 상호작용의 형태 내에서 나타나는
욕망의 효과를 예술의 의미로 유도

의 개인적 역사를 동기로 모든 상징적 상호작용의 형태 내에서 나타난 욕망의 효과를 예술의 의미로 유도하고 있다. 프로이트에게 예술가의 전제조건은 욕망에 대한 강한 추동이 있는지와 그동안 추동의 충족이 이루어졌는지에 달려 있었다. 예술가는 사회적으로 용납되지 않는 추동의 충족을 억압하는 대신 승화를 통하여 사회적으로 통용되는 목표로 무의식적 소망을 충족시킨다. 따라서 작품의 내용을 분석하여 그 상징적인 위장의 배후를 살펴보면 예술가의 무의식적 세계가 이해된다.

이와 같은 아름다움에 대한 프로이트의 승화 개념은 억압된 성적동기가 승화되고 표출되어 실제적인 만족 대신 그 본능적인 에너지를 예술로 승화해야 한다는 것이다. 이 승화는 억압된 욕망에 대한 대상의 전환과 수용 가능한 목표, 폭력적 에너지에서 창조적 에너지로의 전환적 변화를 전제조건으로 하고 있다.

이러한 이론에 대하여 사회문화적 인지이론가인 비고츠키는 예술이론의 연구 범위를 잠재의식에까지 확장시켰다는 점과 어떻게 예술에서 잠재의식이 사회적인 것으로 되는가를 설명해 준다는 점에서 이론적 가치를 인정했지만, '개인적 삶'의 관점을 넘어서서 '사회적 삶'의 폭넓은 관점이 필요하다고 하였다.

(2) 아른하임의 게슈탈트이론

아른하임은 게슈탈트 심리학 이론을 토대로 시지각 이론을 발전시켰다. 예술작품을 객관적이고 과학적으로 바라본다는 것은 막연히 보는 것이 아닌 적극적이고 능동적인 과정이며, 시각, 지각, 사고는 분리된 것이 아닌 시각적 사고이자 이것은 대상을 하나의 전체로 지각할 수 있도록 하는 인지과정이다. 통합된 형태를 뜻하는 게슈탈트(Gestalt)란 전체로서 우리가 '형'을 볼 때 부분을 보고 이들을 전부 합하여 전체를 지각하는 것이 아니고 전체를 이루는 어떤 특징을 보고 그 대상을 지각하는 구조를 가지고 있다는 것이다. 여기에 시지각 이론을 적용하여 조형적 특성을 분석함으로써 작품에서의 심리적 신비를 해석하고자 하였다.

형태는 현실 존재의 물리적인 형태가 아닌 인간에게 보이는 모습으로, 인지하는 사람의 마음의 원리에 지배당하고 있다. 이와 같이 인간의 지각은 마음갖춤새(mental setting)에 따르며, 사람들은 어떤 사물이 눈에 비치는 것으로만 알게 되는 것이 아니라, 태어나면서 가지고 있는 인지구조에 의해서 알게 되거나 경험과 지식에 의해 만들어진 개념과 관념을 통해 알게 된다.

(3) 칸딘스키의 조형예술론

칸딘스키는 그림에서 실물과 주제를 제거한 최초의 화가로 형과 색채는 심리적, 정신적, 육체적 영향을 준다는 것을 합리적, 분석적으로 제시하였다. 그에게 가장 큰 영향을 준 것은 색채와 음악이었다. 젊었을 때는 모네의 그림에 매료되었고 바그너와 쇤베르크의 음악을 경애했다. 점차적으로 그것들을 하나로 종합하여 자신의 작품 스타일의 기초로 삼아 회화의 보편적, 추상적 언어를 창조하였고 조형언어의 기초를 확립하였다.

그의 작품은 직감, 심리상태를 중시하는 서정적인 추상으로 음악이 음의 조화를 통해 감동을 전달하듯 형과 색채의 조화를 통해 감정표현을 하였다. 예술요소의 분석은 작품의 내적 울림에 이르는 교량이며 회화는 단지 물질적인 세계만을 재현하는 것이 아니고 인간의 내적 감정, 내적 의미와 정신세계가 표현되어야 한다는 내적 필연성을 강조하였다.

2) 조형요소의 종류와 심리

조형요소는 조형의 기본적인 요인이 되는 것으로 그중에서도 점, 선, 면에 대하여 살펴보면 점이란 회화의 원천적인 조형요소로 시간적, 내적으로 가장 간결한 형태이다. 실제에 있어서는 회화적인 작품의 내용을 구체적으로 존재하게 하는 것은 외적 형태가 아니라,

형태 속에 살아 있는 힘 혹은 긴장이며 점의 긴장은 언제나 중심집중적이다.

선이란 눈에 보이지 않는 본질로서 시각적으로 가장 간결한 형태인 점의 움직임에서 생긴 흔적이다. 점이 가진 정적인 요소에서 역동적으로 비약하는 이차적인 요소이며 크게 직선과 곡선으로 나뉜다. 직선은 긴장 상태에서 무한한 움직임의 가능성을 지닌 가장 간결한 형태로 직선에는 세 가지 유형이 있다. 수평선은 가장 단순한 형태로 고요함과 차분함, 휴식 등을 암시하고 수직선은 수평선보다 강한 힘과 극적인 것으로 만약 화면을 세워 세로로 그린다면 자신의 내면적 욕구를 강하게 표출하고자 하는 것이다. 대각선은 보다 큰 내적 긴장으로 격렬한 끓어오름과 자체 내의 긴장을 의미한다.

칸딘스키는 이러한 직선이 두 개의 힘의 작용으로 각진 선이 되는 꺾인 선으로도 내적 필연성 표현이 가능하다고 하였다. 여기에는 세 가지 전형적인 각의 온도가 표현되는데 예각은 가장 긴장된 각으로 예리하고 능동적이며 뾰족한 웃음소리를 상징하는 황색의 상징과 유사하다. 두 번째로 둔각은 약하고 수동적으로 연한 청색과 동격이다. 세 번째로 직각은 차고 자제적이며 적색과 같은 감각이다([그림 3-17] 참조).

곡선은 원래 직선이지만 측면의 계속적인 억누름에 의하여 직선에서 벗어나 밖으로 향한 긴장이 점점 커져 스스로를 폐쇄하려는 원이 되려는 경향을 띠는 것이다. 생겨나는 곡선이 출발점에 도달하며 시작과 끝은 상호 흡수되어 가장 견고한 면이 성립하면서 원이 형성된다. 곡선에는 세 가지 유형이 있는데 기하학적인 곡선과 자연스러운 곡선, 그리고 이 두 가지의 여러 가지 조합에 의한 곡선이 있다. 두 개의 선이 얽혀 있는 세 종류의 그림이

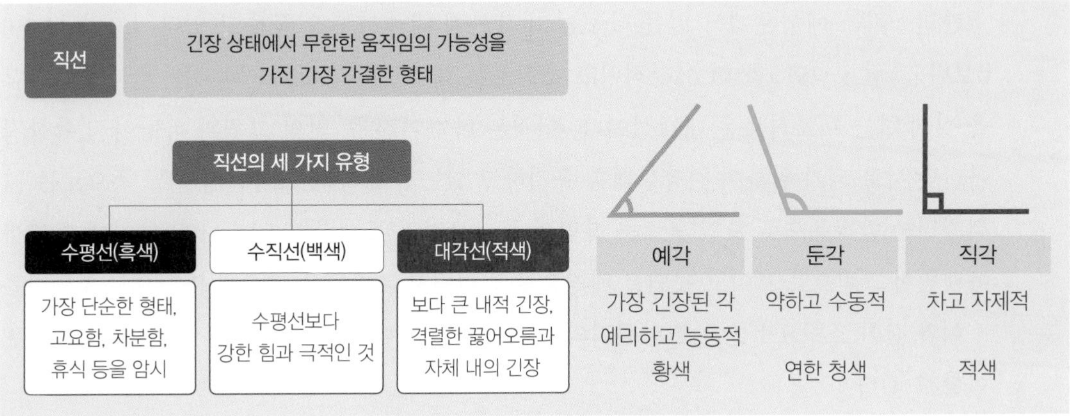

[그림 3-17] 칸딘스키의 조형예술론–직선

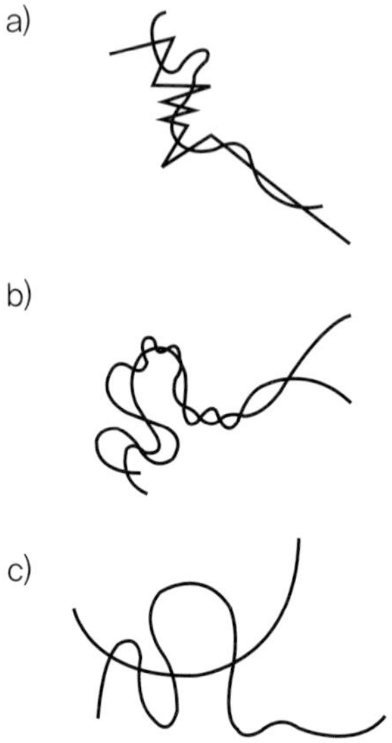

[그림 3-18] 칸딘스키의 조형예술론-곡선

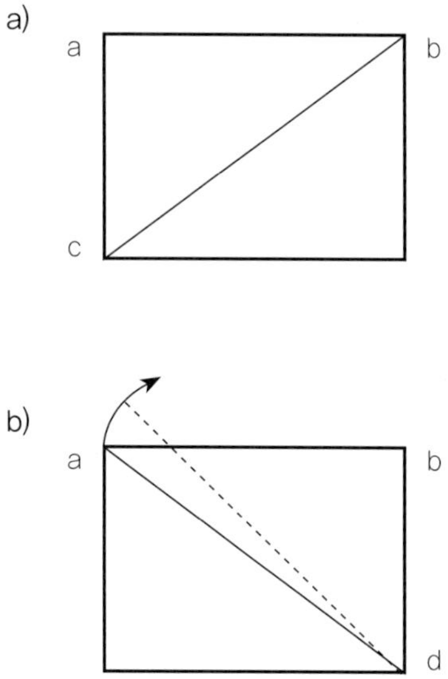

[그림 3-19] 칸딘스키의 조형예술론-대각선

있다([그림 3-18] 참조). 선이 대비된 이런 상황에 대하여 어떤 느낌이 드는가? 직선과 곡선이 어울려 있는 그림은 대비에 의해서 더욱 강한 울림을 보여 주고([그림 3-18] a), 두 개의 곡선이 같은 흐름으로 가면서 서로 얽혀 있는 그림은 한 목표를 향해 함께 달리는 모습을 보여 주며([그림 3-18] b), 전혀 다른 기울기로 어울리지 못하는 곡선([그림 3-18] c)은 서로 다른 시선을 보여 주고 있다. 자신의 결혼생활이나 친구관계를 표현한다고 할 때 어떤 곡선의 조합을 고를 수 있을까.

칸딘스키는 예술론에서 면을 나누는 대각선에 대해서도 언급하고 있다. [그림 3-19] b보다 [그림 3-19] a를 더 서정적이고 조화로운 대각선이라고 하는데 b는 극적인 긴장감을 갖게 하는 비조화로운 대각선이다. 이것은 나누어진 두 면의 그림과 바탕이 명확한지 아니면 서로 되기 위하여 긴장상태를 유지하고 있는지에 따라 대각선이 어느 쪽으로든 넓혀지려는 반작용으로 보인다. a는 화면의 공간상징과 무게감([그림 3-19]) 차이에 의해서 아랫면이 그림으로 보이고 윗면은 배경으로 밀리면서 조화로운 그림과 바탕으로 보인다.

이와 같이 조형요소들은 조형원리의 법칙이나 계획에 의해서 특정한 효과나 심리를 표현할 수 있다.

● 칸딘스키의 작품감상

이번에는 칸딘스키의 작품감상을 통하여 이제까지 알아본 형과 다음에 살펴보게 될 색에 대한 조형언어의 이해와 소통을 시도해 본다.

[그림 3-20] 칸딘스키, 〈컴포지션 Ⅶ〉, 유화, 200×300cm, 1913년

칸딘스키는 자신의 그림을 자연의 인상을 그린 '인상 시리즈'와 정신의 무의식적인 것을 그린 '즉흥 시리즈', 오랜 시간에 걸쳐 내적 감정의 표출로 이루어진 '컴포지션 시리즈'로 구분하였다. 그는 이러한 시리즈를 통하여 회화에 의한 새로운 언어를 만들어 추상화를 제작하고자 했다. 그 성과의 본격적인 기초가 된 것이 컴포지션 시리즈이다.

그중에서도 〈컴포지션 Ⅶ〉은 시리즈 작품 중 가장 모험적이고 의도가 잘 표현된 작품으로 알려져 있다. 그러나 처음 발표됐을 당시 큰 벽화와 같은 작품 앞에서 사람들은 곤혹스러워했다. 작품은 알아볼 수 있는 구체적인 주제나 구조, 자연계의 모습이 없이 매우 혼란스러워 보였다. 그러나 그는 이렇게 쓰고 있다. '모든 작품은 우주와 같이 생겨난다. 혼돈된 악기의 소음이 가져오는 파멸적 상황으로부터 최종적으로는 새로운 교향곡이 만들어지는 것이다.' 그는 1911년에 발표한 「예술에 있어서 정신적인 것에 대하여」라는 논문에서 '자신의 추상화가 단순한 장식화가 아니고 자신의 가장 순수한 영적 감각을 전달하고 있다.'고 하였다. 처음에는 종교적 주제인 에덴의 낙원, 노아의 홍수, 묵시록 등으로부터 영감을 얻었지만 점차로 이야기와 테마를 피하고 형태, 색채, 선만을 사용하여 마치 오케스트라를 편성하는 것처럼 장대한 작품을 제작하였다. 그중에서도 칸딘스키는 항상 색채를 자신의 그림 속에서 가장 중요한 요소로 생각하였다. '각각의 색을 파악하는 방법이 정신적인 톤을 상징한다.'는 철학자 슈타이너의 말을 더욱 발전시켜 색의 암호체계를 독자적으로 정립함으로써 제각각의 색마다 정신적 혹은 표현상의 의미를 적용시켰다.

작품의 톤을 말할 때 칸딘스키는 음악과 비교하며 색조를 음색과 관련시킴으로써 작품의 무드를 자유롭게 변화시킬 수 있었다. 예를 들면, 붉은색은 높고 맑은 바이올린, 오렌지색은 튜바의 팡파르, 노란색은 점차 높아지면서 울려 퍼지는 트럼펫의 예리한 음색, 녹색은 잔잔하게 연주되는 바이올린의 차분한 음색, 밝은 청색은 플루트, 어두운 청색은 첼로, 보라색은 오보에, 어두운 보라는 바순의 낮은 음색, 붉은 보라는 중음에서 저음의 첼로, 흰색은 정신적인 무음의 휴식으로 사용되었다. 특히 흰색은 칸딘스키에게 중요한 발견으로, 수많은 색채의 컴포지션 중에서 전체를 나누거나 연결시키거나 중개하는 역할을 담당하고 있다. 음악이 음표와 쉼표를 통해 혼의 즐거움과 슬픔을 전달하는 것처럼 그림도 사물의 형상이 아닌 색이나 형 자체만으로도 그에게는 혼의 절규를 느낄 수 있었던 것이다.

이러한 그의 형과 색에 대한 이론을 작품에 대입해서 살펴보면 칸딘스키는 선모양의 형상을 사용하여 에너지와 방향성을 불어넣고 있다. 〈컴포지션 VII〉에서는 화면 상단 왼쪽 구석에 수평으로 그려진 평행선이 다른 부분에는 없는 침착한 안정성을 보여 준다. 게다가 더 중요한 것은 여기에서 이어진 가늘고 긴 빨간 선이 작품의 하층구조를 시사하고 있는 것이다. 이 선은 작품에 희미하게 보이는 마름모꼴의 모습을 나타낸다. 이것이 확실히 보여 주는 것은 화면 밑에 두껍게 그려진 빨간 직각 부분이다. 색의 사용에 있어 그가 애용한 수법은 단순한 모노톤의 색면을 사용하는 것에 의해 다른 격동적인 부분과의 균형을 이루는 것이었다. 예를 들면, 이 작품에서도 왼쪽 위와 오른쪽 아래의 단순한 부분은 작품 중앙에 있는 혼란의 소용돌이 효과를 돋보이게 하고 있다.

특히 칸딘스키는 최적의 구성방법을 찾기 위해 여러 가지 요소를 쓰는 시도를 반복하였다. 작품 중심에 있는 외눈 거인의 눈동자라 비유되는 강하고 특징적인 모티브는 스케치에서부터 조금씩 형태를 변화해서 그리고 있는데 감상하는 사람들을 끌어당기는 눈이다. 이것은 다른 요소와 대조되며 일정의 부동상태를 가지면서 작품 전체를 안정시키는 닻과 같은 역할을 담당한다. 또한 칸딘스키가 작품에 반영하고자 했던 음악의 요소 중 불협화음을 생각하게 하는 형과 색의 조합으로 그에게 있어서는 작품에 빠지지 않는 '뇌성과 같이 울려 퍼지는 부조화'의 일부인 것이다. 그 외에도 칸딘스키는 추상작품에 있는 구상의 요소를 감추고 보이지 않게 하는 것에 많은 노력을 기울였지만 몇 개는 아직도 보인다. 예를 들면, 왼쪽 중앙 부분에 선으로 이루어진 사다리와 꽃의 묘사로 보이는 부분이다. 대부분의 요소는 준비단계의 습작([그림 3-21])을 참조함으로써 확인할 수 있다.

[그림 3-21] 〈컴포지션 Ⅶ〉을 위한 습작

[그림 3-22] 〈인상 Ⅲ〉(콘서트)

〈컴포지션 Ⅶ〉은 같은 시리즈의 작품 중에서도 가장 공들여 준비했음을 습작([그림 3-21])에서도 볼 수 있는데, 화면 구성에서 '정과 동'의 효과를 높이기 위하여 영감의 원천이 되었던 구상적인 요소를 감추고 있다. 여기에서 보이는 트럼펫을 부는 파란 얼굴의 천사는 트럼펫의 형태는 남아 있지만 얼굴은 없어지면서 구체적인 형상으로서의 의미는 보이지 않는다. 이와 같이 '인상'과 '즉흥' 시리즈는 매우 자연발생적으로 흐름에 맡겨서 제작했지만 '컴포지션' 시리즈는 이전과는 다르게 '내면의 감정'을 표현하기 위하여 아이디어를 정리하면서 시간을 투자하여 작품을 발전시켰다.

참고로 [그림 3-22]의 〈인상 Ⅲ〉(콘서트)는 제1차 세계대전이 발발할 즈음에 순수한 추상화 작업에 매진하면서 그린 작품으로 컴포지션을 제작하기 2년 전에 만들어진 이 작품의 주제는 명확하게 나타난다. 예를 들면, 친구 아놀드 쉰베르크의 신년 콘서트 모습을 그린 이 작품에는 청중과 두 개의 큰 기둥, 커다란 검은색 그랜드 피아노의 뚜껑은 쉽게 알아챌 수 있다.

이와 같이 칸딘스키는 현실에서의 느낌으로 추상회화를 시작했지만 사물의 외형적인 묘사보다는 내면적 재현을 그의 형과 색의 이론으로 추상화하면서 '내적 필연성'을 표현하고자 했다.

실습활동 1

: 칸딘스키의 조형심리를 이용하여 선을 통한 심리표현의 실습을 해 보자.

: 조형언어의 의사소통능력 향상을 위하여 난화로 '희로애락' 표현하기

(1) 준비물

A4용지 1장, 4B연필

(2) 방법

① A4용지 1장을 4등분하고 선을 사용하여 희, 로, 애, 락을 표현한다.

② 각 칸에 제목(형용사를 포함한 단어)을 붙인다.

③ 각각의 제목으로 문장을 만든다.

④ 문장을 발표한다.

(3) 목적

'희로애락'이라는 인간의 감정을 난화라는 기법으로 표현할 수 있는 기회를 제공하여 자신의 감정, 특히 부정적 감정을 다시 한번 바라보게 한다. 이로써 조형언어의 의사소통 능력을 향상하고, 무의식의 의식화와 내면 표현을 시도해 본다.

(희) 방울방울	(로) 주르륵
(애) 바늘처럼	(락) 짜릿한 놀이공원

(4) 사례 〈11세 아동의 희로애락〉

〈이야기〉

가족이랑 짜릿한 놀이공원에 갔다. 가서 방울방울 거품이 나오는 놀이기구를 탔는데 빠르고 재미있었다. 물 위에서 주르륵 내려가는 것이 재미있었다. 나와 보니 머리가 바늘처럼 삐쭉삐쭉 서 있었다.

실습활동 2

: 선을 이용해서 일과 공부, 휴식에 대해 그려 보기

구체적인 것을 그리는 것이 아닌 선 자체만을 이용하여 그리는 것이다.

A4용지를 반으로 나눠서 직선과 곡선만을 이용해서 한쪽은 일, 한쪽은 휴식을 표현해 보세요.

일(스트레스)	휴식

실습활동 3

필적을 통한 심리표현

필적의 형태(연필의 필압과 각도에 따라 여덟 가지 형태로 분류)

연필의 각도	필압	선의 명칭과 실제	필압	선의 명칭과 실제
직선	약	(1) 섬세하다 	강	(5) 날카롭다 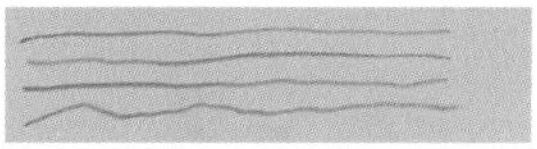
	매우 약	(2) 가냘프다 	매우 강	(6) 딱딱하다 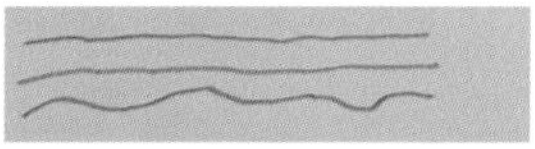
사선	약	(3) 부드럽다 	강	(7) 확고하다 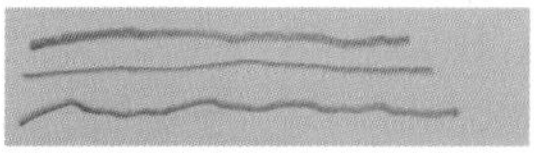
	매우 약	(4) 무르다 	매우 강	(8) 난잡하다 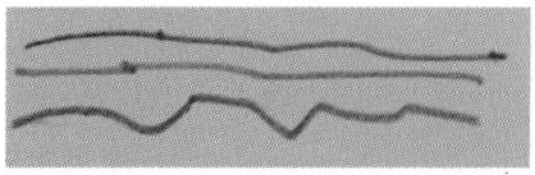

[그림 3-23] 필적의 종류

(1) **섬세한 필적**: 공감적 이해나 민감하다.

(2) **가냘픈 필적**: 약하고 깨지기 쉽기 때문에 상처받기 쉽고 파괴되기 일보직전이다. 필적 수법은 불안정하다. 과도한 감수성, 지나치게 상처받기 쉬운 성질을 갖고 있는 과민성을 시사한다.

(3) **부드러운 필적**: 감각적인 요소를 갖고 있다. 감각적이며 관능성이 우위를 차지한다.

(4) **무른 필적**: 더러워진 진흙처럼 번져 보인다. 외계로부터 금방 영향을 받든가 이미 받아 버린 지나치게 감각적인 수동성을 시사한다. 이성적인 통제를 상실해 버린 불안정한 아이들에게 자주 나타나며 추종자가 되기 쉽다.

(5) **날카로운 필적**: 힘이나 행동 등의 성질이 우위에 있다. 자기 자신을 통제하고 이끌어 갈 수 있는 어느 정도의 이성적 능력이 있다.

(6) **딱딱한 필적**: 그린 선이 가늘고 상당히 강한 힘이 들어 있다. 의지력이 지나치게 강하기 때문에 냉정한 통제력이 팽팽하게 긴장되어 있다.

(7) **확고한 필적**: 에너지가 넘치고 매우 자발적이며 본능적인 경향이 있고 내면의 에너지가 강하다.

(8) **난잡한 필적**: 그린 선이 두껍고 강한 힘이 들어 있다. 지나친 난잡함이나 미숙한 조잡함을 나타낸다. 충동성, 무제한의 본능이다. 독선적, 돌발적, 제멋대로이기 때문에 통제되지 않은 행동을 나타낸다.

제4장

색채심리

1. 색채의 개념

1) 색이란

자연에는 진정한 색채가 존재하지 않는다. 색이란 단지 빛이 만들어 낸 여러 가지 파장일 뿐이다. 이 파장을 우리 주변에 있는 모든 물체가 흡수하고 반사한다. 화가들이 그려 낸 색면들도 결국 반사된 빛의 색채이며, 이러한 반사된 파장이 눈에 들어오면 눈은 다시 뇌로 신호를 보내고 이때 우리는 경이적인 색채를 만나는 것이다.

이와 같이 색이란 빛이 눈에 들어와 시신경을 자극하여 뇌의 시각중추에 전달함으로써 생기는 감각으로, 내・외적 측면이 결합되어 생겨나는 시각적인 효과이다. 외적인 측면에는 빛을 보는 물리적 측면과 눈으로 보는 생물학적 측면이 해당되고, 내적인 측면은 심리적인 측면으로 마음을 반영한 것이라고 할 수 있다.

2) 색이 보이는 과정

색을 본다는 것은 반사된 빛의 파장을 보는 것이다. 즉, 가시광선이 물체에 반사되고 그 빛의 정보가 시신경에 도달하면, 시신경의 정보가 대뇌로 가면서 알맞은 전기 신호로 바뀌어 전달된다. 그러면 대뇌는 그 신호에 대한 정보를 받아들이고 색을 볼 수 있게 된다.

그러므로 이러한 색은 물체에 있는 것이 아니고 빛에 있다. 빛은 전자파의 일종으로 파장의 길이에 따라 구분된다. 하지만 우리가 볼 수 있는 빛의 파장은 가시광선으로 여기에 해당되는 색의 빛은 빨간색 빛에서부터 보라색 빛까지로 빛의 범위로는 380나노미터(자색)에서 780나노미터(적색)까지를 말한다. 적색보다 파장이 긴 전자파를 적외선이라고 하며, 사물을 따뜻하게 하는 작용이 있고 주로 난방기구에 사용된다. 보라색보다 파장이 짧은 전자파를 자외선이라고 하며, 우수한 살균효과를 갖지만 많이 쬐면 피부나 DNA를 손상시킨다. 더 작아지면 X선으로, 물질을 투과하는 힘이 크고 주로 의료 화상 진단에 사용된다.

색이란 물체 자체에 있지 않고 빛을 통하여 인간의 눈을 비롯한 시각계(visual system)에

》 빛은 전자파의 일종으로 파장의 길이에 따라 구분

적외선	적색보다 파장이 긴 전자파, 사물을 따뜻하게 하고 주로 난방기구에 사용
가시광선	사람이 볼 수 있는 빛의 범위 380nm(자색)~780nm(적색)까지를 말함
자외선	보라색보다 파장이 짧은 전자파, 우수한 살균효과를 갖지만 많이 쬐면 피부나 DNA 손상
X선	물질을 투과하는 힘이 크고, 주로 의료 화상진단에 사용

[그림 4-1] 빛의 구분

서 형성된다. 눈의 구조([그림 3-4] 참조)에서 색과 관련된 부분을 보면 망막에 있는 시세포의 역할은 카메라의 필름 역할로 빛의 정보를 집약화하고 전기신호로 변환하여 뇌로 보내는 역할을 한다. 여기에는 추상체와 간상체라는 시세포가 있는데 추상체는 주로 중심와 부분에 많이 존재하고 밝은 곳에서 활동하며 색깔 구분과 관계가 있다. 이 세포는 R(적색):G(초록):B(파랑)=6:3:1의 비율로 구성되어 있어서 우리는 적색을 가장 쉽게 알아볼 수 있다.

간상체는 어두운 곳에서 잘 작동하는 세포로 이들의 활동이 바뀌는 시점에서 색과 관련하여 일어나는 현상이 푸르키니에 현상이다. 낮에는 붉은색이, 저녁에는 파란색이 더 잘 보인다는 효과로 추상체와 간상체의 작동이 교차하면서 일어나는 효과이다. 간상체는 밝음을 느끼는 세포로 빛의 감도에 민감하고 추상체는 빛의 파장에 잘 반응한다고 알려져 있다. 추상체는 미세한 색의 차이를 장파장, 중파장, 단파장이라고 하는 세 종류의 원추세포로 감지하며, 그 세 종류가 3원색에 해당한다.

이러한 빛은 서양미술의 흐름에서 시기적으로 달리하면서 그림에 사용되고 있다. 르네상스는 변함없는 진리와 존재를 설명하고 3차원의 양감을 표현하기 위해 빛을 안정적으로 자연스럽게 사용하였다. 이어지는 바로크에서는 테네브리즘이라고 하는 극적인 빛의 대비를 통해 심리를 묘사하고자 하였다. 그 후 인상주의에서는 빛 그 자체를 그리고자 하였으며 신인상주의는 병치혼합의 색 사용으로, 빛을 그리고자 하였지만 섞을수록 어두워지는 인상주의와 물감의 한계를 해결하고자 하였다.

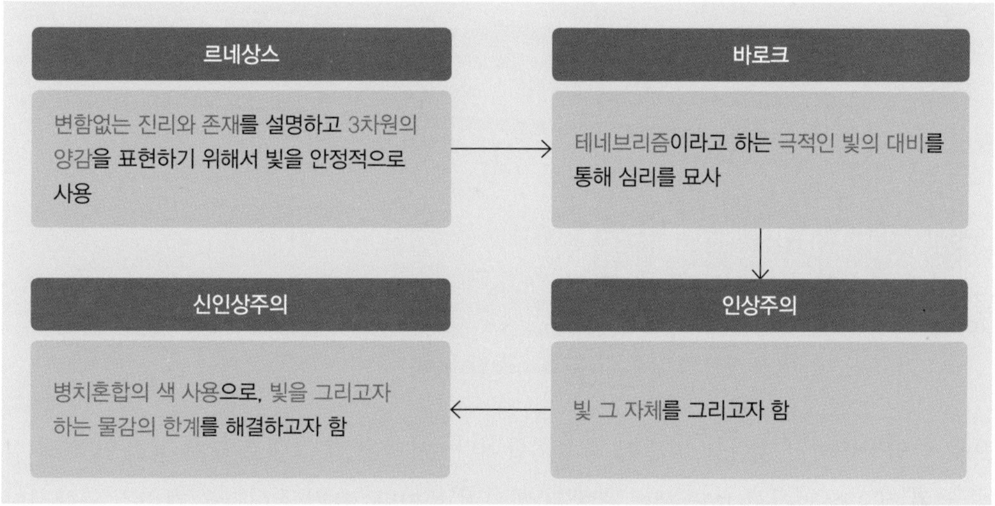

[그림 4-2] 서양 미술의 흐름에 따른 빛 사용

3) 가산혼합과 감산혼합

빛의 혼합은 가산혼합으로 빛을 혼합하면 할수록 점점 밝아져 백색에 가까워지는 반면, 색의 혼합은 감산혼합으로 색을 혼합할수록 명도와 채도가 낮아지면서 점점 검정색에 가까워진다. 이러한 차이에 대하여 빛의 밝음이나 선명함을 잃지 않으면서 색을 섞는 방법

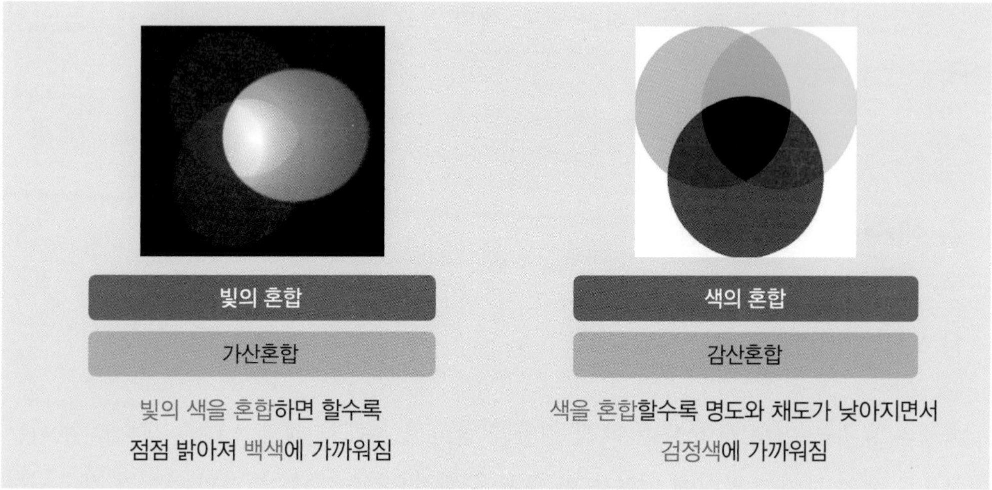

[그림 4-3] 가산혼합과 감산혼합

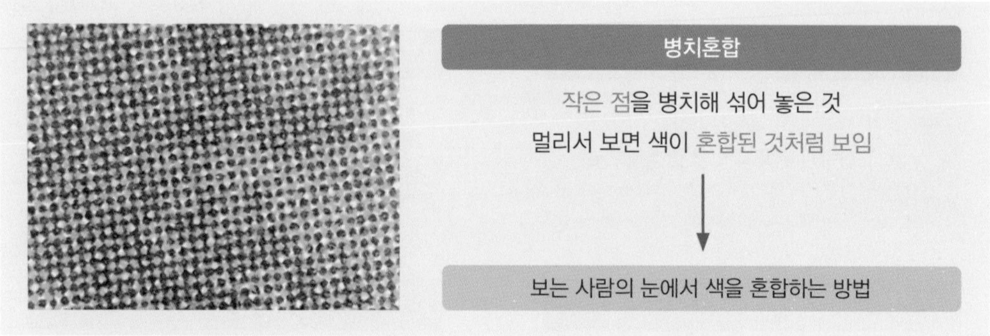

[그림 4-4] 병치혼합

으로 신인상주의가 찾아낸 방법이 병치혼합이다. 이것은 말 그대로 작은 점을 병치해 섞어 놓은 것으로 멀리서 보면 색이 혼합된 것처럼 보인다. 그러나 이것은 캔버스 위에서가 아니라 보는 사람의 눈에서 색을 혼합하는 방법이다.

4) 색의 분류와 3속성

색은 크게 무채색과 유채색으로 구분할 수 있다. 색감이 없는 계열의 색을 무채색이라 하는데, 무채색은 명도는 있으나 색상과 채도는 없다. 유채색은 무채색을 제외한 모든 색으로 색의 3속성을 가지고 있다. 색의 3속성이란 색을 구분 짓게 하는 색 고유의 특성을 뜻하는 색상, 색의 밝고 어두움을 뜻하는 명도, 색의 맑고 탁한 정도를 나타내는 채도를 일컫는다.

2. 색채의 효과와 영향

1) 색의 대비와 동화

색채의 효과는 어떤 색이 다른 색의 영향을 받아서 본래의 색과는 다른 색으로 보이는 현상으로 색이 보이는 방식에 영향을 미친다. 구체적으로는 주위 색과의 차이가 강조되는 색채의 대비효과와 주위의 색과 비슷하게 보이는 동화효과로 나타난다.

(1) 대비효과

① 계시대비

시간 차를 두고 서로 다른 색을 보는 것으로 공간적 시점이동에 시간 차이를 두는 상황에서 생기는 대비이다. 그림에서 보듯이 빨간색 별을 한동안 보다가 노란색 면을 보면 심리 보색인 녹색이 영향을 주어 노란색이 황록색으로 보인다. 이렇게 시간 차이를 두고 바라보는 대비현상이다.

[그림 4-5] 계시대비

② 동시대비

동시에 보고 있는 상황에서 생기는 대비로 한 화면에 다른 색을 동시에 두고 보는 것을 말한다. 배경의 색에 따라 안의 색이 달라 보인다. 여기에는 색상대비, 명도대비, 채도대비가 있다.

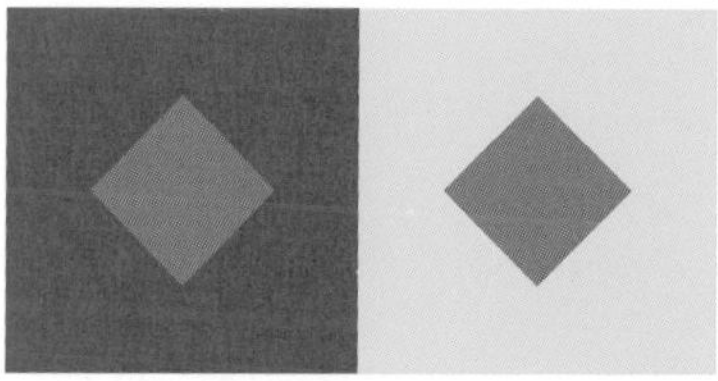

[그림 4-6] 색상대비

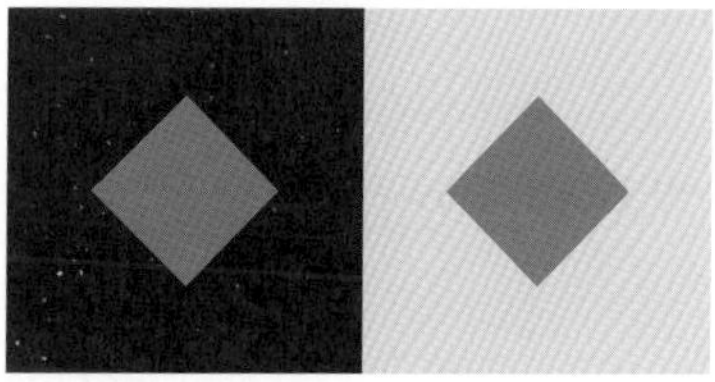

[그림 4-7] 명도대비

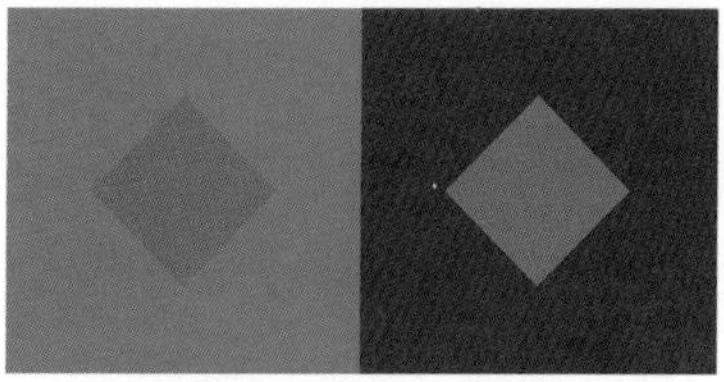

[그림 4-8] 채도대비

[그림 4-9] 대비의 사례

③ 대비의 사례

빈센트 반 고흐는 〈아를르의 포룸 광장의 카페 테라스〉에서 노랑색을 강조하기 위하여 검은색으로 보이는 밤하늘(ⓐ)을 파랑색의 하늘(ⓑ)로 대비시켰다.

(2) 동화효과

색들끼리 서로 영향을 주어 인접 색에 가까운 것으로 느껴지는 경우를 말하는데 [그림 4-10]에서 보는 바와 같이 서로 인접하는 색면의 크기가 좁을 때 일어나는 효과로 색상의 동화, 명도의 동화, 채도의 동화가 있다.

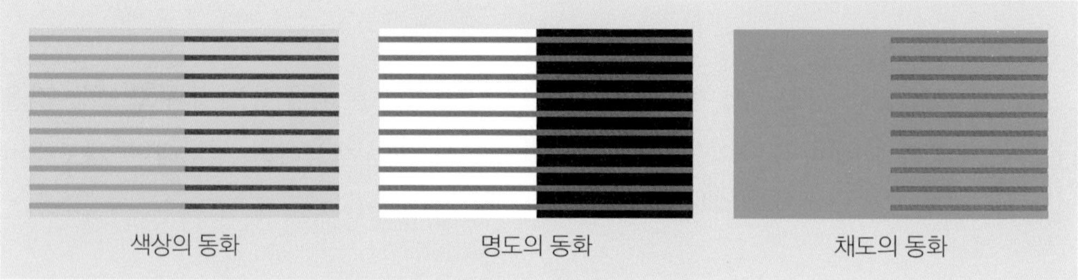

[그림 4-10] 동화효과

2) 색채와 이미지

우리가 보고 있는 사물에는 모두 색이 있지만 색은 그 사물 자체에 있는 것이 아니고 빛 속에만 있는 것도 아니라는 사실에 대해 이제까지 살펴보았다.

색을 본다는 것은 빛에서 주어지는 정보에 대해 우리의 눈과 뇌가 해석한 결과이다. 사람은 어느 범위의 빛의 파장을 물체나 시각을 통하여 받아들이고 최종적으로는 뇌에서 색으로 지각한다. 이러한 자극은 감각이나 감정을 동반하면서 색에 대한 이미지를 형성하는데 여기에는 몇 가지 요인이 배경이 된다. 인간이 진화하면서 체험으로 얻은 색의 정보, 색에 대한 연상과 상징, 각 개인의 체험이나 기억, 기호가 그것이다.

(1) 연상

자연환경의 색채와 인간이 진화하면서 체험으로 얻은 색의 정보, 기억, 사회문화적 배경 등 색으로부터 직접적인 영향을 받아 형성된다. 예를 들어, 빨강은 사과, 주황은 귤 등의 구체적인 것을 떠올리는 경우와 색의 감정효과처럼 '빨강은 따뜻하다', '파랑은 차갑다'라는 색의 이미지를 연상하는 경우가 있다. 이것이 발전하면 특정 사항을 가리키는 색의 상징성이 나타나게 된다.

(2) 상징

다수가 공통의 연상을 하면 색의 상징은 일반적인 것이 되고 어떤 특정한 의미를 나타낸다. 그렇지만 일반적으로 상징은 기호나 신호처럼 무엇을 대신하는 것이라기보다는 무엇을 나타내는 것으로 긍정과 부정의 양면성을 가지고 있다.

〈표 4-1〉 **색채의 일반적인 상징**

적	애정, 환회, 명랑하다	청	지적, 성실, 신뢰, 상쾌한
	질투, 노여움, 무서움		차갑다, 고독, 우울
핑크	부드럽다, 건강한	백	청결, 신성, 순수
	의지가 약한, 의젓하지 못함		긴장, 무, 공허, 영혼
황	명랑, 행복, 약동	흑	강함, 고급스러움, 의젓함
	유치, 울화, 질투, 시끄럽다		공포, 불길, 위압적, 사악

(3) 기억

기억색은 어떤 색에 대한 경험이 나중에도 기억으로 남아 있는 것을 말하며 장기기억 속에 보존된 색이다. 구체적인 대상과 관련하여 기억하는 색으로, 그 물체가 가진 전형적인 색이 기억되지만 실제 색보다 더 밝고 더 진한 고명도, 고채도로 기억하려는 경향을 말한다.

(4) 기호

좋고 싫음, 연령, 각 지역이나 문화에서 기호화된 색의 이미지, 사회적 집단에 따라 다르게 나타난다. 기호는 시간의 흐름에 따라 변하는 것이기 때문에 좋아하던 색도 싫어지는 가변성을 가지고 있으나 성별, 지역, 민족에 따라 일반성을 찾아낼 수도 있다.

3) 색채의 감각, 감정

우리는 색에 대해 좋고 싫고 아름답고 추하다 등의 정서적인 인상이나 따뜻하다, 차갑다, 가깝다, 멀다 등의 지각적인 인상을 갖는다. 전자를 개인차가 큰 표현감정이라 말하고 후자를 고유감정이라고 하며 이것은 누구나 가진 지각적 특성이어서 개인적 차이가 적다.

(1) 온도감

사람은 눈을 통하여 여러 가지 색을 보지만, 피부로 느끼는 것과 같은 온도감을 색으로부터 받아들인다. 이것은 인간의 경험으로부터 연유된 것으로 붉은색이나 오렌지색은 불꽃이나 태양을 연상시키고, 푸른색은 물이나 그늘 등을 연상시켜 거기에서 체험한 온도감을 연결시키는 것이다. 이러한 색채의 온도감은 색상의 종류에 따라 결정된다. 예를 들면, 인테리어 색으로도 체감온도가 변한다. 난색 인테리어와 한색 인테리어에 대한 체감온도는 2~3도로 이 차이는 부채질로 인해 내려가는 정도의 온도 차이이다.

(2) 중량감

색에는 시각적으로 가벼운 느낌의 색과 무거운 느낌의 색이 있는데 이것은 명도가 영향을 준다. 명도에 따라 무겁기도 하고 가볍기도 하다. 예를 들면, 상자를 검은색에서 밝은 녹색으로 바꿨더니 작업속도가 빨라졌다. 같은 재질이어도 상자색의 명도 차이에 따라 가볍게 느껴지기도 하고 무겁게 느껴질 수도 있다.

(3) 흥분과 침전

색의 흥분과 침전은 색상, 명도, 채도 모두 관련이 있지만 그중에서도 채도의 영향이 가장 크다. 난색 계통의 채도가 높은 색은 흥분을 유발시키고 한색 계통의 채도가 낮은 색은 침전을 가져온다.

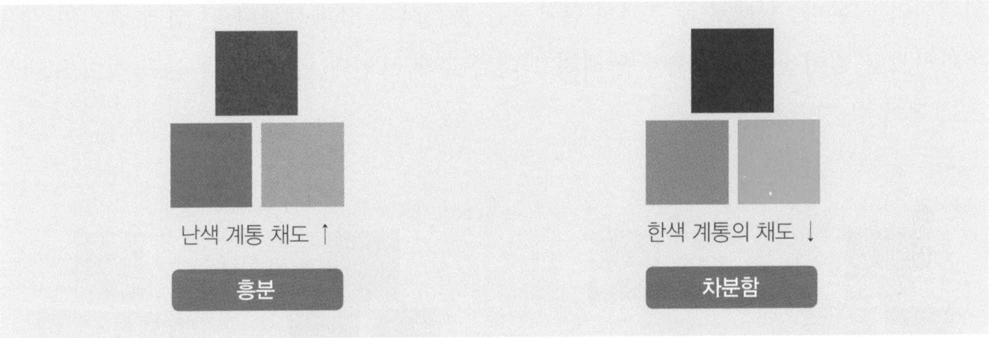

[그림 4-11] 흥분과 차분함

(4) 팽창색과 수축색

일반적으로는 명도와 관련이 높다. 명도가 높은 색은 팽창하고 낮은 색은 수축되어 보인다. 그 외에도 한색보다 난색이, 채도가 낮은 색보다는 높은 색이 팽창되어 보인다.

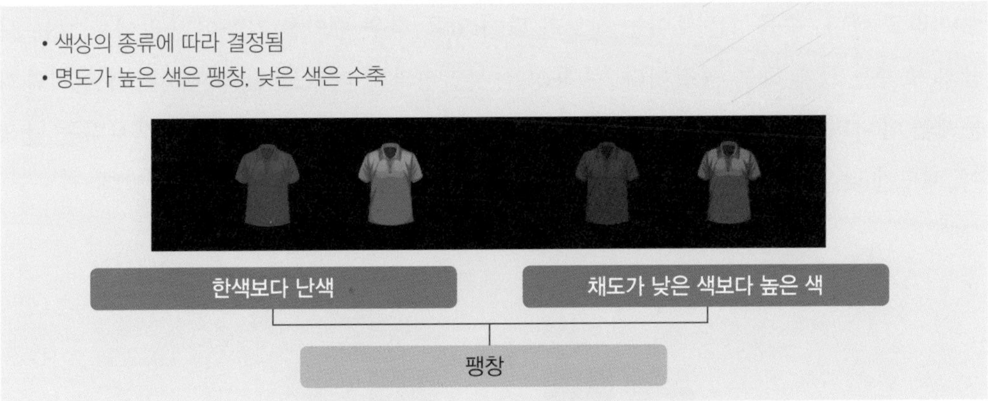

[그림 4-12] 팽창과 수축

(5) 진출과 후퇴

색의 진출과 후퇴에 색상이 영향을 주는 가장 유력한 설은 색수차(色收差)이다. 이것은 색이라는 파장이 눈의 렌즈인 수정체를 통과할 때 장파장은 둔각으로 단파장은 예각으로 꺾어지면서 같은 거리여도 앞으로 튀어나와 보이는 색과 뒤에 있어 보이는 색이 생긴다는 것이다. 실제보다 앞에 있는 것처럼 보이는 색을 진출색, 뒤에 있는 것처럼 보이는 색을 후퇴색이라고 한다. 실제로 푸른색의 단파장은 붉은색의 장파장보다 더 쉽게 공기의 막을 통과하므로 멀어질수록 색채가 연해지고 더 푸르게 보인다. 이 효과를 살린 것이 르네상스의 공기 원근법이다.

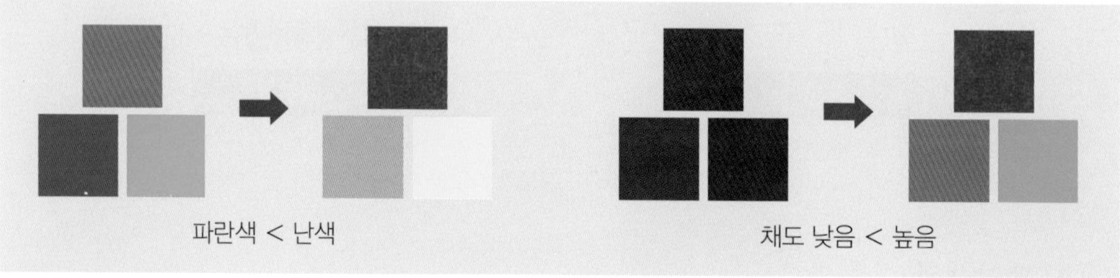

[그림 4-13] 진출과 후퇴

(6) 주목성

관찰자가 주의를 기울였을 때 색 자체가 잘 보이는가 어떤가 하는 성질을 시인성(視認性)이라고 한다. 주목성은 보이는 정보가 많이 있을 경우 주의를 기울이지 않아도 보는 사람의 주목을 끌게 하는 성질이다. 주목성은 시인성과는 다르고 단순한 시각적 인지만의 문제는 아니며 심리적 영향도 받는 것이라 할 수 있다. 색채적으로는 파란색보다는 난색이, 채도가 낮은 색보다는 높은 색이, 무채색보다는 유채색이 훨씬 주목성이 있다.

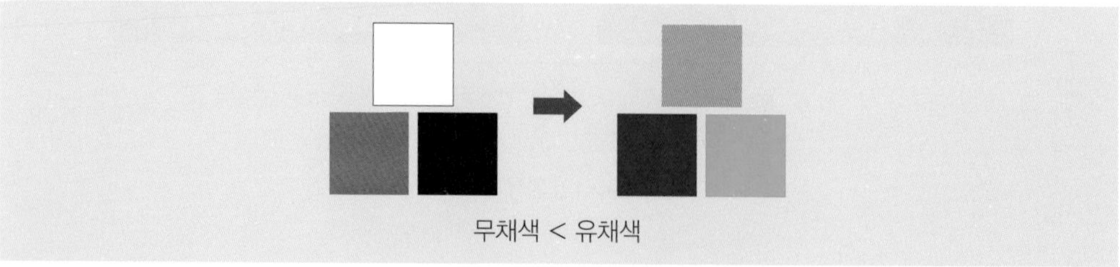

[그림 4-14] 주목성

(7) 톤

원색을 기준으로 흰색과 검은색을 어느 정도 섞느냐에 따라 '톤'이 생겨나고 톤의 메시지가 결정된다. 원색에 흰색을 더하면 밝은 톤이 되고 다시 더하면 엷은 톤이 되고 흰색에 가까워진다. 반대로 검은색을 섞으면 어두운 톤이 되고 회색을 섞으면 탁하고 흐린 톤이 된다.

원색은 적극적이고 강력한 개방감을 나타내 직설적이고 그늘이 없어, 명쾌감이 나타난다. 선명한 원색은 힘 있고 적극적인 마음가짐이 나타나 당당한 인물상에 어울린다. 원색에 회색을 더하면 톤의 변화가 일어난다.

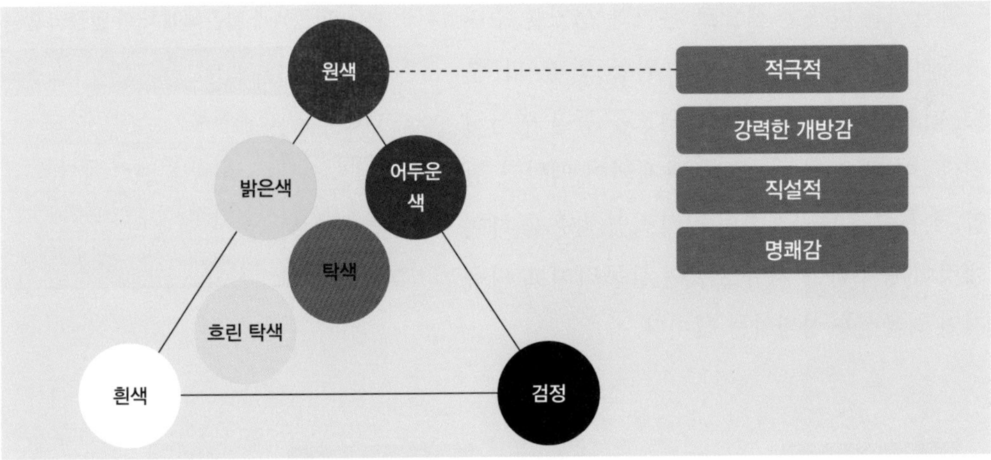

[그림 4-15] 톤

3. 색채의 심리

1) 색채의 이미지

색채의 이미지는 90쪽에서 살펴본 바와 같이 여러 가지 요인으로 구성되며 모든 사람에게 똑같이 적용되지는 않지만 색채를 선택함으로써 다른 사람들과 의사소통을 하고 감정을 드러낼 수 있다. 여기서는 일반적으로 연상되는 색의 이미지에 대해서 간단하게 알아보자.

(1) 파란색

파란색은 차가운 색으로 젊음, 차가움, 명상, 심원, 성실, 영원, 냉혹, 추위, 바다, 호수 등을 연상시키며 편안함과 정적, 평화를 상징하는 색상으로 정신적인 영역을 나타낸다. 따라서 이 색은 내향성의 색이며 감정을 조정하고 순응시키는 작용을 한다. 또한 일상의 문제들을 잊고 심신을 안정시키지만 상실 체험과도 관련되어 상실감과 재생의 두 가지 감정을 반영한다.

(2) 빨간색

빨간색은 따뜻한 색으로 온기와 생기를 주며 자극적이고 정열, 흥분, 애정, 위험, 혁명, 피, 분노, 더위, 열, 건조, 일출, 저녁노을 등을 연상시킨다. 이 색은 자율신경에 관계되어 맥박과 혈압, 호흡수를 증가시키며 감각적인 작용을 하여 애정이 풍부하고 자유로우며 활동적이고 의욕적인 적극성을 상징하는 색이다.

〈표 4-2〉 파란색과 빨간색에 대한 인간의 반응

	파란색	빨간색
혈압	하강	상승
맥박	안정	빨라짐
호흡수	안정	증가
근육의 상태	이완	흥분, 긴장

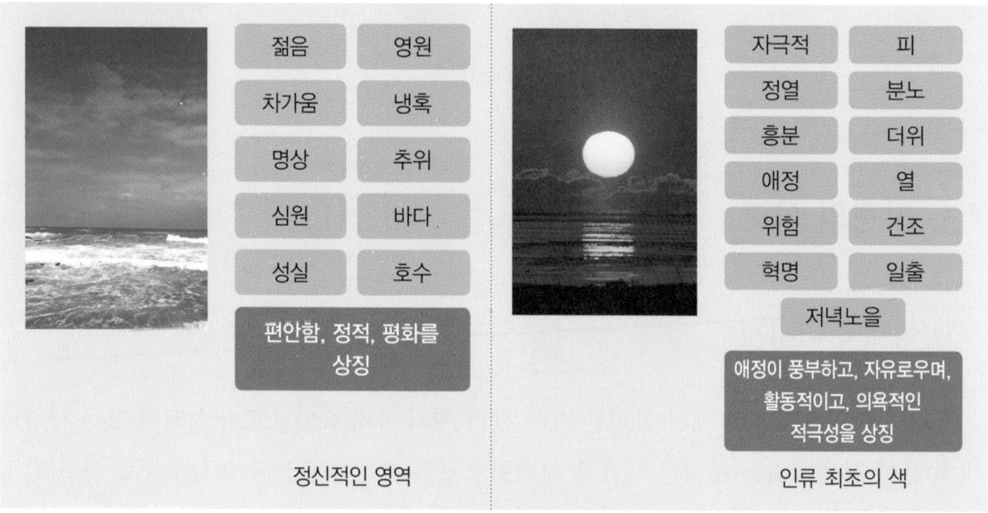

[그림 4-16] 파란색과 빨간색

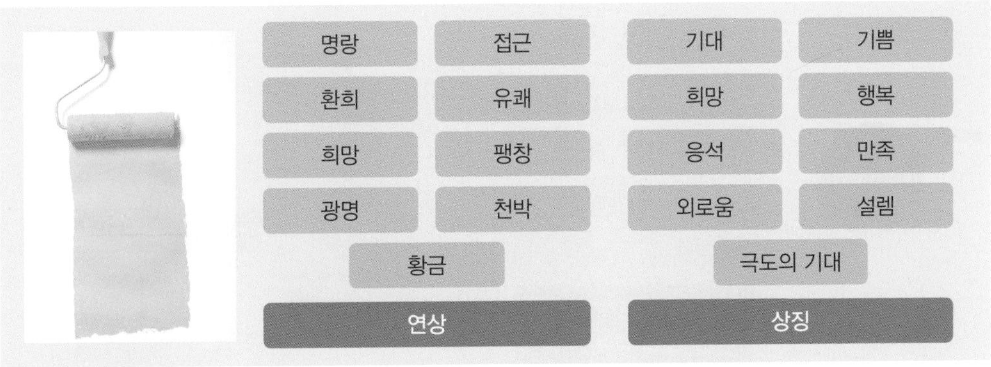

[그림 4-17] 노란색의 연상과 상징

(3) 노란색

노란색은 모든 색상 중에서 가장 명도가 높은 색이며 가장 눈에 띄는 색으로, 자신을 드러내고 자기중심적, 의존적 성질로 다른 사람을 불안하게도 한다. 일반적으로는 긍정적이고 적극적인 색으로 분류되어 명랑, 환희, 희망, 광명, 접근, 유쾌, 팽창, 천박, 황금 등을 연상시키며 희망, 기대, 응석, 외로움, 기쁨, 행복, 만족, 만남에 대한 설렘과 극도의 기대를 상징하는 색이다. 또한 빛에 아주 가까운 색채로서 밝음과 따뜻함을 상징하지만 실제 상황은 강한 대비를 암시하며 지금까지 감추어져 있던 사실을 인식하는 아픔을 내면에 간직한 색이다. 빨간색처럼 따뜻한 색이지만 감각적, 정서적인 면에서 보다 정신적 영역에서 따뜻함의 의미를 가진다.

(4) 검은색

검은색은 인간에게 있어 가장 위험한 어둠의 세계를 나타내는 색으로 허무, 불안, 절망, 정지, 침묵, 암흑, 부정, 죽음, 죄, 밤 등을 연상시키며 밤과 어두움을 상징한다. 주위의 간섭으로 스스로 억압하고 있는 상태이고 자유로운 감정의 호흡이 결여되어 있으며 공포와 불안으로 압박을 느낀다. 한편으로는 인간이 휴식하고 수면을 취하는 것도 어두움 속이고 적의 공격으로부터 몸을 감추는 것도 가능하여 검은색이 갖는 부정적인 의미가 죽음과 공포라고 한다면 긍정적인 의미는 활력과 에너지를 옹호하기도 한다.

[그림 4-18] 검은색과 흰색

(5) 흰색

흰색은 검정과 함께 인류가 최초로 인식하고 명명화된 색으로 빛과 밝음을 상징하고 빛, 하늘, 숭고함, 희망, 성스러움, 순수함을 의미한다. 한편으로는 모든 것을 희생하며 어떠한 힘도 요구하지 않을 준비가 되어 있는 색의 상징과 마음을 다잡고 새로운 출발을 할 때와도 어울려 포기와 후회, 새로운 시작을 의미하기도 한다.

(6) 초록색

초록색은 자연의 색으로 평화, 상쾌함, 희망, 안전, 안정, 평정, 지성, 건실, 엽록소 등을 연상시키며 인간의 이상, 평화를 상징한다. 친근하고 안심되는 색인 동시에 흔한 색의 이미지를 가졌지만 요즈음은 피곤함을 위로하는 생명의 색으로 영어의 green은 풀(grass)와 기르다(grow)가 어원이다. 초록색을 선호하는 아동은 충동에도 잘 견디며 자기감정을 잘 조절할 수 있고 심사숙고하는 행동이 특징이지만 자기감정을 잘 표현하지 않는 내향적인 아동이니 엄격한 가정의 아동이 즐겨 쓰기도 한다.

(7) 주황색

주황은 노랑과 빨강의 혼합색으로 따뜻함과 활동성과 호기심을 상징한다. 기쁨, 원기, 즐거움, 만족, 온화, 건강, 활력, 따뜻함, 풍부, 가을 등을 연상시키며 활력과 에너지가 강한 색이다. 현대에는 캐주얼하고 친숙하여 영감과 유쾌한 자극을 줄 수 있는 외향적인 색

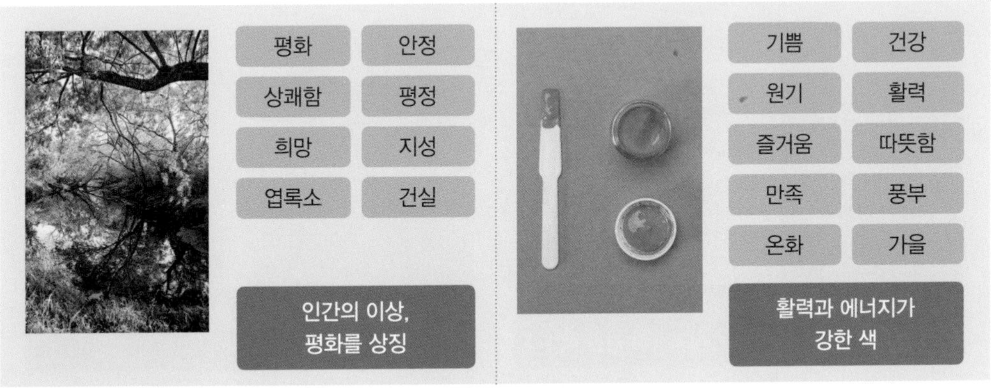

[그림 4-19] 초록색과 주황색

이다. 따라서 주황색을 좋아하는 사람 중에는 사교성이 좋으며 혼자 있기를 싫어하고 외향적인 성격을 지닌 사람들이 많다.

(8) 분홍색

분홍색은 애정과 사랑을 가지고 있으나 빨간색과 같은 열정은 없다. 행복과 여성상을 상징하는 이상향적인 색으로 부드럽고 달콤하고 따뜻한 분홍색이 지니는 나약함은 시대적으로 여성의 대명사처럼 사용되어 왔고 그러한 색채의 느낌은 역으로 기호화하여 상품화하기도 했다. 분홍색 옷을 너무 많이 입거나 사용하는 사람은 꿈나라, 환상의 세계에 살고 있다는 것을 나타내기도 한다.

(9) 보라색

보라색은 파란색과 빨간색의 혼합색으로 자극과 억제를 동시에 지니고 있어서 창의적이거나 불안정스러운 것을 표현한다. 이것은 상반되는 성질의 대표적인 색인 파랑과 빨강의 혼합으로 이루어져 통일성과 균형을 맞추기가 어렵기 때문이다. 염색 재료와 추출방법의 어려움으로 귀족의 색으로 여겨지며 창조, 우아, 고독, 신비, 공포, 예술, 공허, 신앙, 위엄 등을 연상시킨다. 빨간색으로 대표되는 앙양과 파란색으로 대표되는 침체의 감정을 융화시켜 균형을 잡으려는 욕구가 있으며 갈등을 해소하고 자아를 회복하려는 생명력이 강한 색이다.

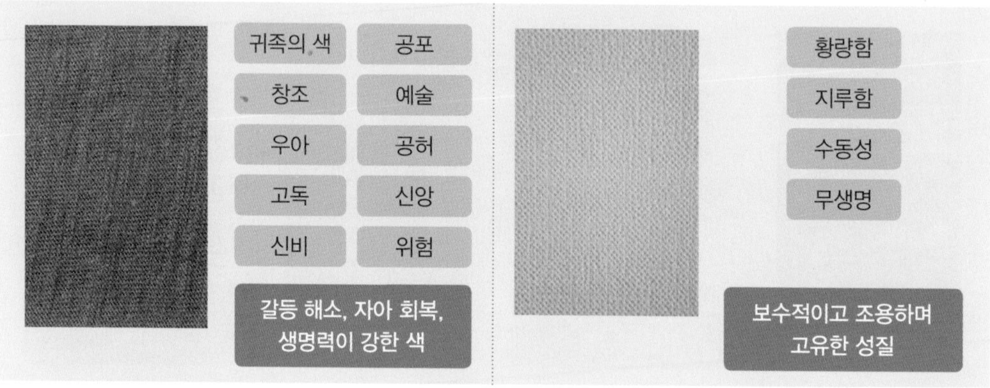

[그림 4-20] 보라색과 회색

(10) 회색

회색은 검정과 흰색이 혼합된 무채색이지만 흰색도 검은색도 아닌 것으로 인해 애매함, 미분화, 의혹, 중용의 색으로 황량함, 지루함, 수동성, 무생명을 연상시키며 보수적이고 조용하며 고요한 성질을 갖는다. 회색의 일반적인 이미지는 흐린 날씨, 구름의 색으로 불안이나 우울함 등 음침한 느낌을 연상시켜 아동의 그림에서 회색 사용은 우울함이나 무기력을 의미하기도 한다.

2) 색의 의미

아이들이 색을 쓸 때 성격과 관련이 있다고 한 미국의 교육학자 알슐러(Alschuler)와 해트윅(Hattwick)은 약 만 명의 아동 그림을 분석한 「회화와 퍼스널리티」라는 논문에서 4~5세 아동이 색채를 어떻게 사용하는지에 대한 연구를 했다. 대상을 4~5세로 한 이유는 7세 이전의 시기는 전도식기로 색의 선택을 사실적인 대상의 색이 아닌 느낌과 정서, 흥미로 하기 때문이다. 아동의 그림 속에서 그들의 정서 생활의 성질이나 그 표출 심리가 잘 반영되는 것이 색채이지만 칠하는 방식도 중요하다. 색채를 중심으로 표현하는 아이보다 선이나 형으로 표현하는 아이가 감정억제가 강하고 이성적이다. 또 감정을 강하게 표현하고 싶을 때, 색을 덩어리로 사용하는 것을 고집하는 특징을 보인다. 색의 사용에 있어 총체적으로는 따뜻한 색을 자주 사용하는 아이는 어린아이다운 자기중심적 행동이나 자유로운 행동으로 주위와 잘 적응하지만 차가운 색을 자주 사용하는 아이는 감정을 억제, 억압하며 비판적, 독단적 태도를 보이는 경향이 있다. 특히 이 시기의 아동을 대상으로 함으로써 대상과 연관시키기 이전의 인간이 가질 수 있는 색채만의 감정과 심리를 파악하는 데 도움이 될 수 있다.

빨간색을 좋아하는 아동은 비교적 자유롭게 느낀 대로 행동하고 반응하는 아이로서 주위와 따뜻한 관계를 형성한다. 빨간색이 조화롭고 아름답게 칠해졌을 때는 애정의 표현이기도 하지만, 거칠게 반복된 획으로 칠해졌을 때는 채워지지 않은 애정 욕구나 적의, 공격적 충동 등의 강한 감정을 나타내기도 한다. 빨간색을 어떻게 쓰느냐도 중요한데, 빨간색을 갈색이나 검정색과 쓰면 부정적인 느낌을 강조한 것이고, 빨간색이 주황이나 노랑과 섞였을 때는 긍정적인 느낌이 난다고 본다.

노란색을 좋아하는 아동은 감정적인 행동이 두드러지고 외향적이며 사소한 일에 크게 신경 쓰지 않지만 어른들에게 의존적인 경향이 있다. 노란색은 명도가 가장 높은 색상으로 눈에 매우 잘 띄지만 다른 색의 영향으로 금방 변하는 색으로 다른 색의 영향을 많이 받는다. 이런 특성으로 볼 때 노란색을 강조하거나 그 위에 파란색을 이중으로 칠하는 것은 성장의 욕구와 유아적 상태에 머물려는 욕망과 갈등의 표시이며 애정에의 불만과 욕구를 보여 준다.

파란색을 좋아하는 아동은 의식적으로 자기를 억제하려고 하며 순응적인 반응이나 행동을 보인다. 예리하고 긴장된 필치나 덩어리로 그려질 경우 제어된 불안이나 막연한 불안을 나타낸다.

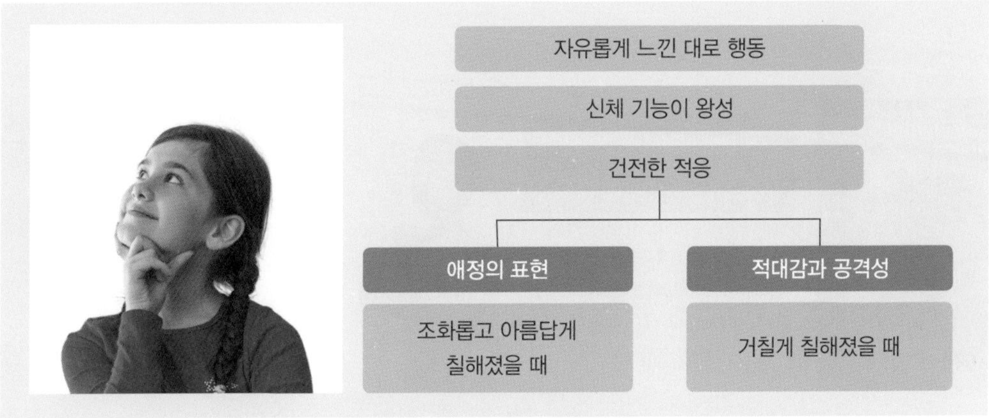

[그림 4-21] 빨간색을 좋아하는 아동

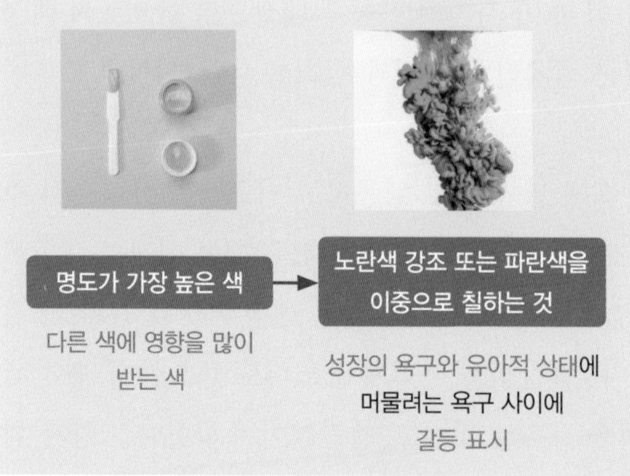

[그림 4-22] 노란색을 좋아하는 아동

[그림 4-23] 초록색을 좋아하는 아동

초록색을 좋아하는 아동은 자기억제적으로 감정을 강하게 표현하지 않는 내성적인 아동이거나 엄격한 가정의 아이로 의식 혹은 무의식의 감정을 회피한다. 초록색은 가시광선의 중간인 580nm로 이쪽도 아니고 저쪽도 아닌 중립적인 위치의 색이다.

보라색을 좋아하는 아동은 억제된 불행한 심리상태와 관련이 있는데 보라색만을 오래도록 고집하여 쓰고자 할 때 해당된다. 빨강하고 파랑이 섞인 것으로 상승되는 색과 다운되는 색이 섞인 것이다. 자신의 심리는 억누르는 것과 관련이 있고, 파랑으로부터 빨강으로 가기 위한 중간 단계일 수 있다.

주황색을 좋아하는 아동은 주위에 잘 적응하는 사회적인 성격이다. 그러나 간혹 강한 감정적 표현을 하기가 두려운 심약한 아동이 그것을 위장하기 위하여 사용할 때도 있다.

[그림 4-24] 보라색을 좋아하는 아동

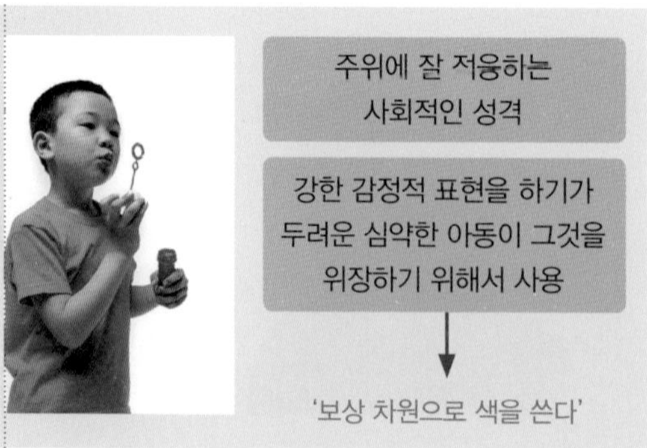

[그림 4-25] 주황색을 좋아하는 아동

갈색을 좋아하는 아동은 유아적 상태에 머무르는 욕구의 표현이다.

회색을 좋아하는 아동은 대인관계가 원만하지 못하고 열등감, 가정에서의 억압을 만성적으로 갖고 있다.

검은색을 좋아하는 아동은 정서행동에 결함을 느끼고 공포와 불안에 의한 감정의 억압을 보이지만 표면적으로는 적응하고 있다.

흰색을 좋아하는 아동은 결백한 심정으로 되돌아가고 싶은 것을 말한다. 흰색은 새로 시작하고 싶은 마음을 생각하게끔 한다.

3) 작품을 통한 색의 변천과 심리와의 관계

인류의 역사에 있어서 오랫동안 색은 형태의 부속물이었고 보완하는 역할에 지나지 않았다. 동양에서는 색이라는 글자가 다양한 의미를 가지고 있지만 영어의 color는 라틴어의 col에서 유래한 것으로 단순한 '바깥'을 의미한 것이었다. 따라서 보이는 대로 그리고자 했던 서양의 전통회화에서 색은 물체의 바깥을 칠하는 것으로 한정되었다. 그러나 회화의 역사적 흐름 속에서 색채가 그림의 주인공이 되어 형태를 주도하는 방향으로 바뀌고 있으며 이러한 색의 역할과 변천을 알아보는 것은 색채와의 심리적 관계를 알아보는 데에도 도움이 될 것이다.

인류의 최초 그림으로 알려진 구석기 시대 동굴벽화의 색채는 붉은색이나 노란색의 천연 흙안료, 석회, 방해말, 망간, 목탄 등 주위의 자연물을 이용하였다. 영원한 이데아를 추구했던 그리스 시대에는 채색의 변화를 억제하고 주로 단색의 기조인 흑, 흑갈색, 다갈색, 황갈색 등의 네 가지 색을 주로 사용한 작품이 남아 있으며 중세시대에는 하나님의 말씀을 상징적인 색채를 사용하여 양식적, 평면적으로 표현했다.

12~13세기, 초기 르네상스가 되면 중세의 평면적인 사용에서 탈피하여 색채를 자연주의적이고 사실적인 방향으로 사용하기 시작하면서 색의 3원색(적, 청, 황)으로 구도의 밸런스와 원근을 표현하고자 하였다. 15~16세기, 르네상스 전성기가 되면 그동안의 프레스코나 템페라에서 유화가 발달하면서 색채원근법이나 명암법을 사용하여 본 대로 그리고자 색채를 사용한다. 특히 빛의 투사에 의한 명암단계를 색채로 표현하여 자연스러운 빛의 효과를 표현하지만 빛을 그렸다기보다는 본 대로의 대기와 공간을 표현하고자 하였다.

17세기 바로크는 르네상스의 원근법에 의한 3차원의 공간표현을 빛과 어두움에 의한 단계적 표현으로 대신한다. 빛에 의하여 대상의 색상이나 명도, 채도가 미묘하게 변화하고 있는 모습을 관찰하여 빛의 명암, 음영의 변화를 극명하게 그리고자 함으로써 콘트라스트가 강한 테네브리즘의 색채로 표현하였다. 18세기 로코코 시대에는 화려하고 우아한 문화가 전개되면서 핑크, 밝은 청색, 노랑 등의 색채가 사용된다.

19세기 낭만주의는 신고전주의의 엄격한 규율과 제약에 반발하여 불균형의 구도, 윤곽선의 제거, 검은색 사용의 제한, 색의 동시대비 효과, 보색 그림자의 발견 등 색채에 대한 큰 변화가 이루어져 추후 인상주의에 많은 영향을 미치게 된다. 이러한 낭만주의에 대하여 본 대로 그리고자 했던 사실주의는 대상물을 사실대로 묘사하기 위해서 그림자나 진한 부분에 집중하여 색채분할기법이나 자연의 농담이나 음영을 사실적으로 그렸다.

19세기 후반의 인상주의는 빛 자체를 형태가 아닌 색채로 그리기 시작하면서 색채혁명과 시각적 혁신이 이루어진다. 그 특징은 사실주의가 표현하지 못했던 밝은 부분의 사실적 표현, 빛의 변화에 의한 색채의 변화, 고유색의 부정에 의한 회화의 시각적 혁명, 빛의 보색으로서의 그림자 표현, 빛의 변화를 그리는 시간의 도입 등이었다. 그러나 이러한 특징은 결과적으로 그동안 서양회화가 추구해 왔던 '형태'를 상실하게 하였다. 이어진 신인상주의는 인상주의자들이 감각적으로 처리했던 색채분할 기법을 과학적인 색채이론으로 대체한 점묘를 사용하여 빛을 그리고자 했던 물감의 한계를 극복하고자 했다.

후기인상주의는 형태를 극복하고자 사물의 묘사가 아닌 형과 색의 본질에 대해 모색하였다. 세잔은 색채의 밝음을 잃지 않고 깊이의 느낌과 질서를 표현하고자 했다. 고흐는 대상물의 내면에 있는 정념과 감정을 생생한 원색과 격렬한 필치로 표현했다. 고갱은 서양의 전통적인 입체표현을 지양하고 평면적인 색면과 윤곽선을 종합주의적 방식으로 색 자체의 생명성을 강조하였다. 이것은 3차원적 회화로부터 2차원 표현을 추구하는 방향으로 나아가면서 색채 또한 사물의 묘사가 아닌 색채 그 자체로 의미를 함축하고 있다. 이렇게 색은 회화의 중심이 되었고 후기인상주의 이후 내면을 표현하는 조형요소가 되었다. 색채를 통해 자신만의 특성을 표현했던 고흐와 뭉크, 세잔, 피카소의 그림을 통해 색의 심리를 알아보자.

(1) 노랑의 심리

노랑은 빛에 가장 가까운 색채로 밝음과 따뜻함을 상징하지만 실제 상황은 강한 대비를 암시하며 지금까지 감추어져 있던 사실을 인식하는 아픔을 내면에 간직한다. 고흐는 어린 시절 가졌던 정신적 트라우마를 색으로 표출해서 해소하려고 노력했다. 고흐의 그림은 환희가 있기도 하지만 아픔을 많이 표현했다고도 볼 수 있다. 노란색은 따스함과 에너지의 색이라고도 하지만 실제로는 불안정한 색으로, 그것은 쉽게 변형되기 때문이다. 노란색의 상징은 시기와 질투 등이며, 사람들을 불안하게 만들기도 하고 날카로운 느낌을 받을 수도 있다. 노란색은 명도와 채도가 높아 자신을 가장 잘 드러내는 색이다. 이는 고흐가 자신은 죽은 형이 아니라는 것을 나타내고자 한 것으로 감추어진 혼에 빛을 비춘 것이다.

고흐는 색의 사용에서도 자신의 존재를 증명하고자 했으며 〈화가의 침실〉([그림 4-26] 그림 2)은 침실 그림 3점 중 마지막 그림으로 생레미 시절 어머니의 생일기념으로 원작을 약간 축소해서 그린 작품이다. 이 그림은 본인과 어머니의 모습을 담고 있으며 여기의 노란색은 행복했던 시절을 회상하면서 사용한 것이다.

고흐는 노란색을 강조하기 위해 보색인 청색의 대비를 통해서 더욱 돋보이도록 했지만 필요에 따라 명도의 차이를 줘서 느낌을 달리했다. 〈밤의 카페 테라스〉([그림 4-26] 그림 1)에서는 밝은 명도의 노란색과 청색의 명도차를 강하게 하여 선명함과 파란색의 거리감을 강조하고 있다. 반면에 〈화가의 침실〉([그림 4-26] 그림 2)은 청색에 흰색을 섞어 명도를 높여 노란색과의 명도 차를 줄여 줌으로써 우아함과 편안함을 주고 있다는 것을 짙은 청색으로 칠해 본 [그림 4-26] 그림 3의 침실과 비교하면 알 수 있다.

▲ 그림 1

▲ 그림 2

▲ 그림 3

[그림 4-26] 고흐의 작품에서 보이는 노란색과 청색의 대비

(2) 초록의 심리

초록은 진리와 안정을 상징한다. 세잔은 생빅투아르산의 풍경이라는 소재에서 벗어나 기본적인 형태를 추구하며 자연의 변하지 않는 질서와 진리를 추구하는 데 초록색을 주조로 사용하였다. 후기인상주의에서 사물의 본질을 추구했던 세잔은 그림을 통하여 사물 내면에 있는 변하지 않는 본질적 형태인 기하형체를 통하여 사물의 진리를 추구했다. 세잔은 아름다운 풍경에서 벗어나 기본적인 형태를 추구하며 자연의 변하지 않는 질서와 진리를 추구했다. 녹색은 노랑과 파랑을 섞어 만든 색으로 모든 색의 중앙이며 균형, 법칙, 변하지 않는 색의 특징을 갖고 있다. 이를 통해 균형과 변하지 않는 진리를 추구했다는 것을 보여 준다.

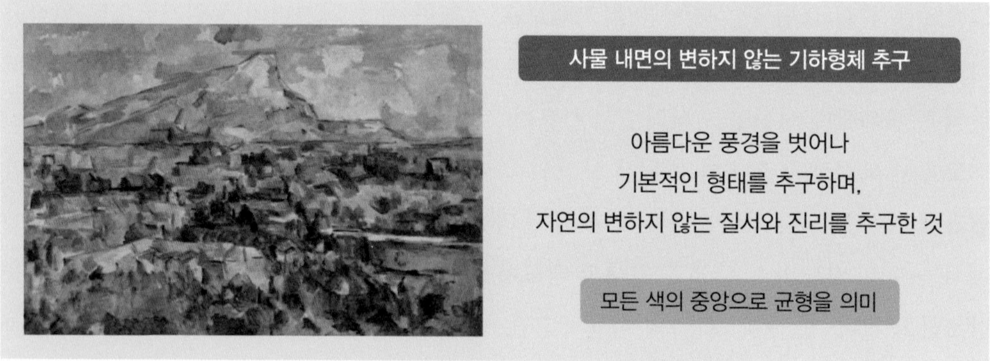

[그림 4-27] 폴 세잔, 〈생빅투아르산〉, 1902~1904년

(3) 청색의 심리

청색은 우울과 차가움을 나타낸다. 피카소의 청색시대는 1901년 20세 때 친구의 자살에 대한 병적인 반응으로 시작되었다. ‘친구 카사제마스가 죽었다.’는 사실을 알았을 때 청색 그림을 시작했다고 한다. 피카소에게 청색은 슬픔, 차가운 밤, 고독을 나타내는 색채였는데 당시 그의 처지와 무관하지 않다. 1903년 겨울 바르셀로나에서 그린 〈비극〉은 추위 속에서 청색 옷을 입고 파란 물가에 맨발로 서 있는 가족을 보여 주고 있다. 이들의 가난한 삶은 사회로부터 소외되어 있음을 암시한다. 이 외에도 빈민, 거지, 장님, 거리의 악사, 절망한 여인 등을 소재로 그렸다. 피카소의 청색 시대는 1901년에서 1904년 사이에 이르는 시기의 작품들을 이르는 말로 푸른색이 가진 속성을 잘 이용해서 그 당시의 실의와 절망을

표현했다. 이 시기의 피카소에게 청색이 절망의 색이었다면 그의 다음 시기에 나타나는 장미색은 희망의 상징이었다.

(4) 빨강의 심리

빨간색은 갈색이나 검정색과 쓰면 부정적인 느낌이 강조되는데 그 대표적인 작품이 뭉크의 〈절규〉이다. 뭉크는 빨간색을 부정적인 의미로 사용하여 인간의 죽음과 불안한 감정을 주로 표현했다. 빨간색이라는 상징성이 노란색이나 주황이 아닌 검정과 같이 쓰이며 훨씬 부정적으로 표현되고 있다.

뭉크는 색을 대상의 실재적인 현상과 연결하지 않고 정신적인 매체로 사용하여 자신의 심리상태를 표현하였다. 뭉크 예술의 모태는 어렸을 때의 상실에 대한 슬픔으로, 뭉크는 빨간색을 주로 검정색과 결합하여 많이 사용하였다. 따라서 뭉크의 빨간색은 열정과 흥분이라는 의미보다는 죽음과 불안을 상징하는 의미로 더 많이 쓰였음을 알 수 있다. 그는 죽음의 연작 시리즈, 자화상 시리즈를 통해 자신의 문제를 시각적으로 통찰하였고 그 속에서 붉은색을 비롯하여 갈색, 검은색 등의 색채를 통해 자신의 심리상태를 표현하였다. 뭉크의 〈절규〉는 그가 해질녘에 해안가를 따라 산책하던 중, 영감을 얻었다고 하는데 '피곤하고 병든 상태에서 보았던 석양은 핏빛 붉은색을 띠고 당시 자연의 모든 색채는 날카롭게 비명을 지르는 듯하다.'고 그의 일기에서 말하고 있다.

뭉크가 주로 사용했던 빨간색은 사랑에서 증오까지의 다양한 감정을 나타내는 것으로

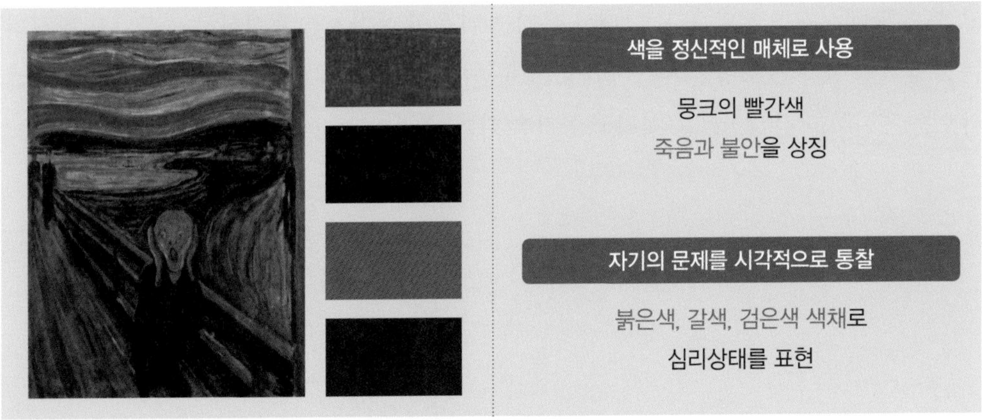

[그림 4-28] 뭉크의 절규와 주요색

죽음의 격렬한 공포, 파괴적 에너지를 그림을 통해 승화하면서 자기 인생을 관조, 통합하고 있다. 무의식에 억압된 자신의 아픈 기억과 병리적 측면을 치유하고 통찰하여 개인의 문제인 죽음과 불안을 일반적이고 보편적 정서로 인식하면서 해결하였다.

(5) 무채색의 심리

무채색은 극단적인 감정상태나 사고의 공황상태를 의미하는데, 이를 사용한 대표적인 작품은 피카소의 〈게르니카〉이다. 20세기 미술의 가장 강렬한 이미지인 〈게르니카〉는 폭력과 고통, 혼돈의 악몽을 시각화한 작품이다. 화면은 에너지가 넘치지만 색상이 빠져 있고 밤을 나타내는 모노크롬의 색조는 황량과 혼란을 보여 주고 있다. 피카소는 분해된 형태와 왜곡된 얼굴을 효과적으로 사용하여 패닉과 공포의 분위기를 만들어 내고 있다. 높이 3미터 길이 8미터라고 하는 거대한 화면의 크기는 이러한 분위기를 더욱 압도한다. 1937년 피카소는 파리 만국박람회 스페인관의 벽화를 의뢰받았다. 그해 4월 스페인의 아주 작은 지역인 게르니카를 독일군과 연합하여 폭격했던 프랑코의 잔학행위를 테마로 한 전쟁을 고발하는 그림을 그렸다. 그는 무방비였던 게르니카 시민을 공격하고 학살했던 잔학행위를 세계에 고발하고 그날의 비극과 슬픔, 분노를 강조하고자 화려한 색채를 자제하고 무채색으로만 그림을 그린 것이다.

작품을 통해 본 색채심리의 기본은 의사소통으로 단순한 감상에서 끝나는 것이 아닌 그린 사람과의 소통이다. 이를 위해 화가는 작품의 색채를 통해 자신의 내적 감정을 표현하고 중요한 메시지를 전달한다. 그래서 우리는 마음의 이미지를 형상화하고 화가와 감상자는 미술작품이라는 조형언어를 매개로 소통한다. 명화는 화가 삶의 생생한 체험을 통해 나오는 표현이고 감상이라는 심리적 공간은 화가의 내면과 만남이 이루어지는 곳이다.

실습활동

1) 색과 놀아 보기: 무엇을 묘사한다는 생각을 버리고 색과 논다는 느낌으로 칠해 보기

(1) 좋아하는 색을 칠해 보자.

(2) 싫어하는 색을 칠해 보자.

(3) 좋아하는 색과 싫어하는 색을 한 화면에 칠해 보자.

(4) 지금의 기분은 어떤가요?

(1)

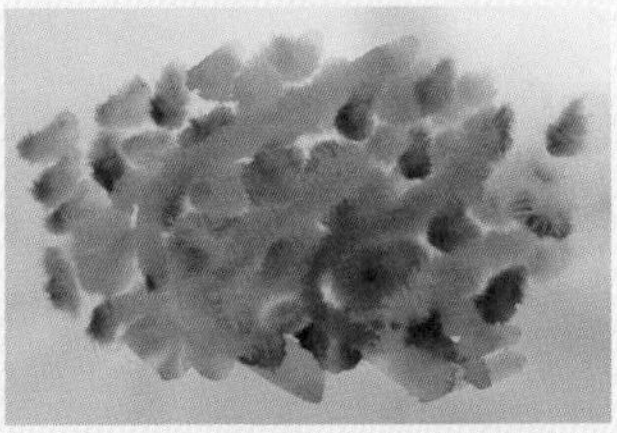

(2)

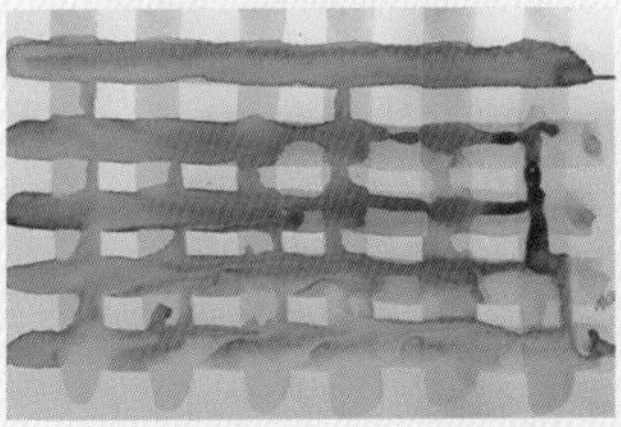

(3)

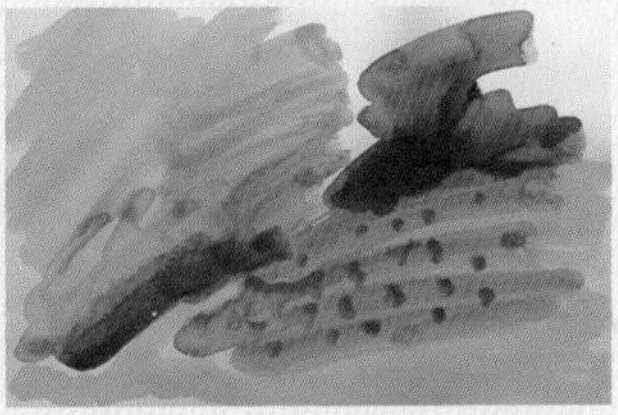

(4)

2) 물감과 젖은 종이를 이용한 색채표현: 종이를 먼저 물로 적셔 놓고 칠해 보기

3) 색채 만다라

-제작과정-

(1) 호흡(1~2회): 몇 분간의 이완, 긴장감을 푼다.

(2) 생각을 하지 말고 떠오르는 이미지(색상, 형태, 느낌 등)를 찾는다.

(3) 원의 중심 혹은 가장자리에서부터 시작한다.

(4) 방위를 결정: 제목을 붙이면서 결정한다.

(5) 가장 두드러져 보이는 색상 세 가지를 찾는다.

(6) 색마다 떠오르는 단어를 적는다.

(7) 제목과 단어를 이용하여 문장을 만들어 색채에 대한 의식화를 시도한다.

(8) 이제까지 살펴본 색채심리와 연관시켜 본다.

제5장

인지와 정서를 통해 본 서양미술사

1. 원시시대에서 르네상스까지

이제까지 우리는 명화와 인간의 심리에 대한 기본적인 이해, 미술의 의미와 특성, 조형심리, 색채심리를 통한 심리와 미술의 관계, 그리고 형과 색에 대한 조형언어의 소통을 알아보았다. 이번에는 이러한 소통 능력을 기반으로 서양미술의 전체적 흐름과 시대적 변화를 심리와의 연계성, 특히 인지와 정서의 적용을 통해서 살펴보고자 한다.

일반적으로 미술은 형과 색을 통해서 생각과 느낌을 표현하는 시각적 예술 활동이다. 이러한 미술활동의 결과물인 그림 속에 작가가 살았던 특정 시대의 생각과 느낌이 포함되는 것은, 인간이 모든 사물과 상황을 이해하고 파악할 때 사용하는 이 두 가지가 미술의 표현에서도 예외가 아니기 때문이다.

서양미술의 시대적 변화는 생각과 느낌이라는 인지적 표현과 정서적 표현의 반복교차로 보인다. 일반적으로 인지는 사물을 알게 되는 과정이나 문제를 해결하는 정신적 활동으로 사람들 간의 개인차가 정서에 비하여 크지 않다. 미술에 있어서의 인지적 표현은 대체적으로 이상미나 변치 않는 전체적으로 공통되는 아름다움을 추구하게 된다. 그러나 정서는 자극에 직면하여 발생하거나 수반되는 여러 가지 생리적 변화나 눈에 보이는 행동 등의 개인적인 반응을 말하는 것으로, 정서적 표현은 개인차가 크고 각 개인의 감정 변화와 관련된 상대적 아름다움을 추구한다. 따라서 그림에서 표현의도를 알고 그 조형적 특징을 이해하면 시대적 변화와 그에 소속된 각 개인의 작품을 감상하고 소통하는 데 보다 효과적

인류 최초의 회화
라스코 동굴벽화

- 풍요로운 동물 수확 기원
- 주술적 · 마술적 관심에 의해 오랜 세월에 걸쳐 집적됨
- 사냥에 대한 두려움 제거
- 자신감, 정신적 안정감 도모
- 인간의 생존을 위한 행위와 관련된 그림

[그림 5-1] 작가 미상, 〈라스코 동굴벽화〉

빌렌도르프의 비너스

- 다산과 풍요를 기원
- 아주 작은 길이: 11.1㎝ 정도
- 최초의 인물상
- 지금의 비너스상과 많은 차이가 존재
- 출산 관련 부분만 강조
- 당시 여인들은 조각상을 항상 몸에 지니고 손으로 만짐

➡ 다산과 풍요를 기원하기 위해 제작

[그림 5-2] 작가 미상, 〈빌렌도르프의 비너스〉, BC 25000년경

일 것이다.

서양 미술의 시작은 원시시대로 인류 최초의 회화 중 하나라고 일컬어지는 프랑스에서 발견된 라스코 동굴벽화로 회자된다. 1만 5천 년 전의 〈라스코 동굴벽화〉는 풍요로운 동물의 수확을 기원하는 주술적이고 마술적인 관심에 의해서 오랜 세월에 걸쳐 집적된 그림이다. 사냥에 대한 두려움을 없애고 자신감과 정신적 안정감을 도모하며 인간의 생존을 위한 행위와 관련된 그림이었다고 일컬어진다.

또한 최초의 인물상이라 전해지는 〈빌렌도르프의 비너스〉는 다산과 풍요를 기원하는 아주 조그마한 길이 11.1cm 정도의 조각상으로 지금의 비너스상과는 많은 차이가 있어 보인다. 출산과 관련되는 부분만 강조된 것을 보여 주고 있는데 당시의 여인들은 이 조각상을 항상 몸에 지니고 손으로 만지면서 다산과 풍요를 기원하기 위하여 제작하였다. 이렇게 기능과 필요에 의해 행해지던 시각활동은 서양문화의 시작이라고 하는 그리스 시대가

[그림 5-3] 미론, 〈원반 던지는 사람〉, BC 450년경

[그림 5-4] 밀로, 〈비너스〉, BC 130~100년경

[그림 5-5] 프락시텔레스, 〈어린 디오니소스를 안고 있는 헤르메스〉, BC 340년경

되자 이상적인 아름다움에 관심을 가지고 표현하기 시작한다.

그리스 시대는 대략 BC 1100년부터 시작되었는데 이 시기는 이상적인 아름다움에 관심을 가지고 비례와 조화, 균형을 추구했던 시기라고 할 수 있다. 이 시대의 작품들은 실제적인 인물에 대한 묘사라기보다는 이상적인 아름다움의 추구로 황금비와 인체의 중앙선이 완만한 S 자를 이루는 콘트라포스토(contraposto)를 통해서 균형과 비례를 조화 있게 추구했다. 이 시기에 유행했던 플라톤의 이데아론은 미의 본질을 주체나 대상을 초월한 하나의 진리라고 보았다. 감정의 움직임에 쉽게 좌우되는 인간형은 천박한 인격의 표시로 멸시되었고 작품에서도 내면화된 아름다움을 지닌 지적 영원성을 추구했다. 이 시기의 작품 중 그리스 예술의 정수라고 알려진 밀로의 〈비너스〉를 비롯한 많은 조각상은 감정적 변화를 추구했다기보다는 언제나 변함없는 지적이고 이상적이며 우아한 인지적 표현의 아름다움을 보여 주고 있다.

그 후에 나타난 중세시대에는 하나님의 절대적인 위엄과 말씀을 신자들에게 알리는 것에 관심을 가지고 원근이나 명암의 표현보다는 도상학적인 그림들이 나타난다. 이 시기에 그림을 그리는 사람들은 사인을 하지 않는 기술자나 장인들이었고, 미술은 오로지 성경의 형상화였으며, 전해 내려오는 도상의 틀에 따라 성서 이야기를 그렸다.

〈십계를 받는 모세〉에서도 사물의 묘사에는 관심이 없이 시나이산에서 모세가 십계를

[그림 5-6] 중세시대의 그림

- 고대의 프레스코 화법을 '접시 방식'이라고 하는 혁신적인 수법으로 부활
- 전경과 배경의 공간적 깊이감
- 원근에 따른 비례
- 자연스러운 배치
- 다양한 인간 감정을 표현하려는 현실감

➡ 3차원적 원근감과 인물의 자연스러운 감정을 표현하고자 노력

[그림 5-7] 지오토, 〈그리스도에 대한 애도〉, 1304~1306년

받는 상부의 그림과 받은 십계를 유대인에게 전달하는 하부의 그림으로 나타난다.

중세가 끝나고 이어진 15세기의 르네상스는 미술의 본격적인 시작이라고 할 수 있다. 그림 제작의 시점이 중세의 신의 시점에서 인간의 시점으로 변화하는 르네상스는 그 의미가 '레나스키'라고 하는 이태리어로 재생을 의미한다. 이것은 그리스 문화의 재생으로, 이상화된 현실의 반영을 보다 과학적으로 객관화하여 인체의 해부학적 탐구나 명암법, 원근법 등의 기법을 통해서 3차원적 재현이 이루어지는 인지적 표현의 시대라 할 수 있다.

초기 르네상스의 작가 지오토의 〈그리스도에 대한 애도〉를 보면 중세시대의 평면적 그림에 비해 전경과 배경의 공간적 깊이감, 원근에 따른 비례, 자연스러운 배치, 다양한 인간 감정을 표현하려고 하는 등 현실감을 통해서 3차원의 공간을 표현했다. 이것은 새로운 발상의 그림으로 지오토가 최초의 르네상스 작가 중 한 사람으로 거론되고 있는 이유이다.

그 후 1434년 반 아이크가 그린 〈아놀피니 부부의 초상〉은 부부의 서약을 중점적인 주제로 하고 있다. 전신상으로 현실적인 실내를 배경으로 어떤 의식을 치르고 있다는 것이 이 그림의 미술사적 의미라 할 수 있다. 현실 세계에 대한 뛰어난 사실성과 풍부한 공간감이 표현되어 있는데 여기에는 유화기법을 개발해서 사용한 것도 하나의 이유라 할 수 있다. 이 당시에 많이 사용되었던 템페라는 달걀노른자를 접착제로 하여 미세하게 간 분말 안료를 섞은 물감으로, 다양하게 변화하는 색조화면을 표현하는 데 어려움이 있었다. 또한 사물을 명암법에 따라 입체감 있게 나타내기 어려운 매체인 반면, 유화는 아마유라는

- 르네상스 초기 유화 기법의 비약적인 발전
- 이전 그림과는 다른 인물 배치
  - 신이나 천사, 성인의 위치에 인물 배치
- 원근법의 표현에서 새로운 시도
  - 가운데 볼록 거울을 통한 세 개의 공간 표현
- 볼록 거울 주변의 그리스도 수난 그림은 부부의 신앙심을 나타냄
- 발밑의 개는 충성을 상징하며 부부의 정절로서 두 사람을 연결하고 있음

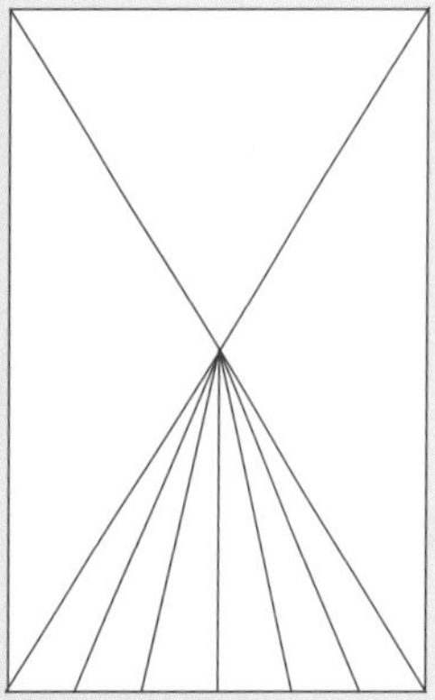

구도

[그림 5-8] 반 아이크, 〈아놀피니 부부의 초상〉, 1434년

〈표 5-1〉 **템페라와 유화물감의 비교**

템페라 물감	• 달걀노른자를 접착제로 사용하여 미세하게 간 분말안료를 섞어 만든 물감 • 다양하게 변화하는 색조화면 표현의 어려움 • 사물을 명암에 따라 입체감 있게 나타내기 어려운 매체	유화물감의 발명은 풍부하고 다양한 시각적 효과 표현에 적당하기 때문
유화물감	• 아마유(기름)를 접착제로 사용 • 늦게 마르고 덧칠이 자유로움 • 다양한 색조화면과 입체감 표현 가능	

기름을 접착제로 사용함으로써 늦게 마르고 덧칠이 자유로워 풍부하고 다양한 시각적 효과를 내는 데 적당하다.

초기 르네상스, 보티첼리의 〈비너스의 탄생〉은 그리스 시대의 고전적 주제인 신화의 형상화를 통해 이상적 아름다움의 세계를 동경하여 그린 작품이다. 비너스는 남성의 무의식을 의미하는 우라노스의 남근과 생명을 의미하는 바다의 거품이 합쳐져서 탄생했다. 이와 같이 르네상스 이후 유럽미술의 중심적 소재는 고대 그리스 신화와 성경 이야기로 이 그림도 비너스의 탄생과 관련된 어느 정도의 독해가 필요하다.

우라노스는 최초의 카오스, 즉 혼돈에서 대지의 여신 가이아와 결혼했던 하늘의 신으로 12명의 자식을 낳는다. 그러나 평소 자식을 관리하는 태도에 불만이 많았던 부인 가이아

[그림 5-9] 보티첼리, 〈비너스의 탄생〉과 제작배경

와 막내아들 크로노스의 연합으로 성기가 잘리면서 최후를 맞이한다. 이때 바다로 떨어진 남근이 새로운 생명의 원천을 의미하는 바닷물의 거품과 만나면서 비너스가 탄생한다. 비너스의 그리스식 이름은 아프로디테인데 그 의미는 거품에서 태어난 여자라는 뜻으로 남성의 내면에 간직된 이상적 여성상의 신화적 현실을 나타낸다.

또 하나의 그림은 보티첼리의 〈봄〉이라는 작품으로 요즈음의 봄이라는 작품과 많은 차이가 있다. 봄이라고 하면 모든 생물의 소생을 의미하여, 밝고 화려하며 생동감 있는 색채가 사용된 그림들이 연상되지만 이 그림은 굉장히 어두운 모습으로 나타나고 있다. 이 그림은 르네상스 문화의 새로운 탄생을 상징적으로 보여 주고 있는데 그리스 신화를 기독교적 의미로 재조명하여 그리스 시대의 〈봄〉이라는 시의 내용을 형상화하였다. 여기에서는 자연의 봄과 인생의 봄을 보여 주고 있는데 오른쪽에 있는 제피로스라는 서풍, 봄바람이 클로리스라는 대지의 님프를 껴안고 있다. 봄바람이 대지를 껴안으면서 봄이 오는 것의 의미로, 세 번째 인물인 클라라는 꽃을 뿌리는 꽃의 여인으로 바뀌는데 이 두 인물은 동일

[그림 5-10] 보티첼리, 〈봄〉, 1478~1482년

인물이며 클로리스가 클라라로 바뀐 것이다. 이것은 자연의 봄을 의미하는 것이고, 세 명의 삼미신이 춤을 추는 왼쪽의 모습은 인생의 봄을 보여 주고 있다. 애욕, 순결, 아름다움의 님프가 춤을 추고, 그 위에는 큐피트의 화살이 겨냥하고 있다. 삼미신 중 가운데에 있는 머리를 묶은 여신은 순결의 님프이며, 사랑의 화살을 맞으면 인생의 봄이 온다는 것을 보여 주는 그림이다.

이 작품들은 당시 피렌체의 유력한 가문이었던 메디치 가문의 신혼부부를 위해 제작되었고 여기에는 독신이었던 보티첼리의 내면에 잠재되어 있던 이상적 여인상의 인지적 아름다움의 표현이 투영되었다. 이 그림의 재료는 템페라로 접착제인 달걀노른자의 투명함이 여성 누드의 살결을 표현하는 데 아주 적절하게 표현되어 있어 실제 작품을 보면 이 신체의 피부들이 투명하고 맑게 보인다.

르네상스의 후반기가 되면 레오나르도 다빈치, 미켈란젤로, 라파엘로라는 르네상스 시대 세 거장의 작품을 볼 수 있다. 먼저, 레오나르도 다빈치의 〈모나리자〉의 '모나'는 부인이라는 뜻으로 리자 부인을 그린 그림이다. 신비로운 이상적 여성의 아름다움을 그렸는데 명암의 점진적인 변화에 의한 인물 표현으로 스푸마토 기법을 사용하고 있다. 스푸마토 기법은 쉽게 말하면 연기 같이 사라지게 한다는 것으로 크기만 작아지는 보티첼리의 원근과 비교하면 명확하게 차이점이 나타나는데 배경이 공기 원근법에 의해서 흐려지고 있다. 이것은 레오나르도 다빈치가 자연을 관찰하면서 발견한 것으로, 뒤로 가면서 점차 흐려지는 공기 원근법을 표현한 모나리자는 당시로서는 혁신적인 작품이었다. 르네상스 초기의

▲ 레오나르도 다빈치

▲ 미켈란젤로

▲ 라파엘로

[그림 5-11] 레오나로드 다빈치, 〈모나리자〉, 1503~1519년

원근 표현은 보티첼리의 그림에서 볼 수 있듯 크기는 작아지지만 선명하게 보이게 함으로써 한계가 있는 원근법을 보이고 있었는데 레오나르도 다빈치는 2차원의 평면에 3차원의 공간표현을 구현하고자 했던 것이다.

과학적이고 냉철한 눈으로 '본 대로 그리는 것'을 중요시했던 레오나르도 다빈치는 3차원의 공간감을 완성하기 위하여 또 하나의 시도를 하였는데, 자연에는 없지만 그림에는 있었던 선을 없애는 것이다. 그의 그림을 보면, 눈, 코, 입 등의 대상에서 선이 없이 무수한 면이 반복되고 있다. 이러한 명암법에 의해서 입체적으로도 보이지만 보는 감상자에 따라 그 선이 결정됨으로써 모나리자가 갖고 있는 얼굴 표정이 복합적으로 보인다. 감상자가 슬플 때는 슬퍼 보이고 기쁠 때는 웃는 것 같아 보이는 〈모나리자〉는 미묘한 신비스러움을 갖는다. 이러한 결과로 〈모나리자〉는 2차원의 평면에 3차원의 구현을 완성하게 되었다. 그 외에도 뒷배경의 오른쪽과 왼쪽 풍경이 다른 시점을 갖춤으로써 오른쪽과 왼쪽을 번갈아 보면 모나리자가 움직여 일어서는 듯한 착각을 가지게 하는 것이 이 작품의 매력이다. 이런 여러 가지가 복합되면서 모나리자가 많은 사람으로 하여금 신비스러움을 느끼게 하였지만 내면적인 의미에서도 명화에 이르게 하는 요인이 있었다.

이것은 그의 출생과도 연관되는데 다빈치라는 이름에서 '다'는 '어디에서 온'이라는 이태리어로 이름의 의미는 빈치에서 온 레오나르도라는 뜻이다. 빈치는 피렌체 근방의 산골동네로 레오나르도의 생모가 살았던 시골이다. 여기에서 생모가 레오나르도의 아버지를 만나면서 레오나르도 다빈치가 태어났고 그가 어렸을 때 생모를 떠나 아버지가 있는 피렌체로 가게 되면서 레오나르도는 낳아 준 어머니와 키워 준 어머니라는 두 명의 어머니를 갖게 된다. 그러나 5세 때 헤어진 어머니를 잊지 못하고 죽을 때까지 그리워했다고 한다. 이 채워지지 못한 경험은 나중에 제대로 된 분리 개별화가 이루어지지 못하고 성인이 된 후에도 영향을 주어 독신으로 살게 된다. 또한 용모로만 뽑았다는 어린 남성 제자와의 관계 등에서 동성애적 성향을 보여 준다. 결과적으로 〈모나리자〉는 당시 피렌체의 부유한 상인 부인의 초상화로 의뢰되었지만 결국은 생모의 이상적인 모습이었다는 설을 증명하듯 레오나르도의 생전을 지켰다. 사후에는 노후에 자신을 초대해 줬던 프랑스 왕실에 기증하면서 루브르 박물관에서 소장하게 되었다. 나중에 이탈리아 청년이 이탈리아 조상의 그림이 강탈되어 프랑스에 있다고 주장하면서 루브르에서 그림이 도난당하자 세계적으로 유명해졌고, 지금은 수십만 점의 루브르 박물관 소장품 중에서 가장 대표적인 그림이 되었다.

다음으로 미켈란젤로는 원래 조각가로 다비드상 같은 조각품을 만드는 데 훨씬 더 능력을 발휘했다. 제작방법은 돌을 보면 그 안에 사물을 보게 되고 그 안에서 사물을 구해내는 방식이다. 그렇지만 교황 율리우스 2세의 의뢰 작품 제작 시에는 작업을 하지 않고 돌만 바라보면서 시간만 소일한다는 오해를 받기도 했다. 모세상을 제작하고는 모세상이 왜 말을 하지 않느냐고 질문을 할 정도로 작품의 완성도에 대하여 자부심을 가졌다. 인체를 집중적으로 탐구했으며 완벽에 가까운 조각술과 데생력을 보여 준다.

〈다비드〉는 정지 상태에 있는 인체에 생명의 내적 약동을 부여하여 힘이 있으면서도 섬

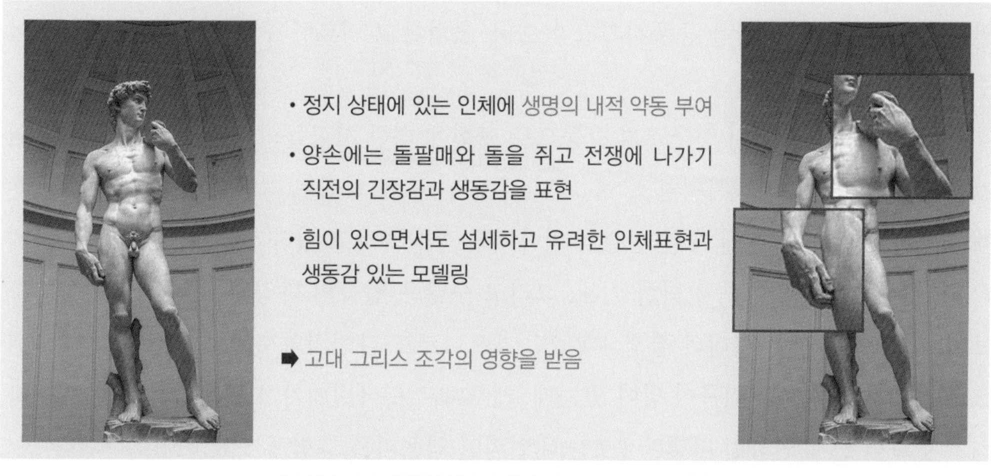

[그림 5-12] 미켈란젤로, 〈다비드상〉, 1501~1504년

- 조각가로서의 미켈란젤로에게 의뢰된 그림 작업
  : 1508년 율리우스 2세가 의뢰한 시스티나 예배당의 천장 벽화
- 35칸에 그려진 벽화 중 하나가 아담의 창조
- 하나님이 아담을 창조하는 순간을 그린 상상화
- 가느다란 손가락 끝의 접촉이 엄청난 에너지의 긴장감 증폭
- 조화롭고 명료한 구성
- 장엄한 극적 효과

[그림 5-13] 미켈란젤로, 〈아담의 창조〉, 1508~1512년

세하고 유려한 인체표현과 생동감 있는 모델링을 주요 특징으로 하는 고대 그리스 조각의 영향을 받았다. 이 장면에서는 골리앗과 싸우러 나가기 전에 그의 무기인 돌팔매와 돌을 쥐고 있는 긴장감과 생동감이 드러난다. 피렌체 공터에 오랜 기간 누구도 엄두를 내지 못했던 5미터의 거대한 돌을 정확한 비례로 만든 다비드상은 그를 더욱 유명하게 만들었다. 사진에서 얼굴 부분이 다소 크게 보이는 것은 원래 작품이 시청사 건물 위의 높은 시점에 설치될 것을 염두에 두어 비례를 약간 크게 했기 때문이다. 사진으로 보는 것보다 실제 현장에서 이 작품을 볼 때 완벽한 비례와 조화를 느낄 수 있다.

1508년 교황 율리우스 2세가 의뢰한 시스티나 예배당의 천장 벽화는 조각가로서의 미켈란젤로에게 의뢰된 그림 작업이다. 35칸에 그려진 벽화 중 하나가 〈아담의 창조〉이며, 하나님이 아담을 창조하는 순간을 그린 상상화이다. 가느다란 손가락 끝의 접촉이 오히려 엄청난 에너지의 긴장감을 증폭시키고 있으며, 조화롭고 명료한 구성과 극적 효과를 보여 주고 있다.

〈최후의 심판〉은 당시 신구교의 갈등으로 교회에 대한 사람들의 믿음이 약화되는 분위기에 경종을 울리고자 〈천지창조〉를 그린 지 25년 후에 의뢰된 그림으로 세상의 종말 후에 다가올 최후의 심판에 대한 성경의 이야기를 형상화하고 있다. 탁월한 표현력과 인체의 다양한 움직임에 대한 완벽한 이해, 그리고 수많은 인물의 다양한 표현과 심리상태를 보여 주고 있다. 당시 시대의 경쟁상대였던 레오나르도 다빈치와 미켈란젤로는 실제 그림으로 겨루기도 했다는 기록이 남아 있는데, 레오나르도 다빈치가 심리적인 깊이를 표현하려고 했다면 23세 연하인 미켈란젤로는 내면적인 역동미를 그림에서 표출하고자 했다.

라파엘로는 레오나르도 다빈치의 데생, 삼각형 구도, 공기원근법과 미켈란젤로의 신체

- 당시 신구교의 갈등 → 교회에 대한 사람들의 믿음 약화
- 경종을 울리고자 시스티나 천장화가 그려진 지 25년 후에 의뢰된 그림
- 세상의 종말 후에 다가올 최후의 심판에 대한 성경 이야기를 형상화
- 탁월한 표현력, 인체의 다양한 움직임에 대한 완벽한 이해
- 수많은 인물의 다양한 표현과 심리상태 보여 줌

[그림 5-14] 미켈란젤로, 〈최후의 심판〉, 1537~1541년

표현, 색채구사능력을 결합하여 우아하고 아름다운 생명감을 표현하여 르네상스 회화를 완성하고자 노력했다. 그의 작품 〈아름다운 여정원사〉는 세례요한과 함께 있는 성모마리아와 아기 예수를 그린 그림의 별칭이다. 그동안 근엄했던 성모자상 마리아상의 모델 이미지를 사랑스럽고 아름다운 모습으로 바꾸면서 성모자상의 전형이 되었다.

〈아테네 학당〉은 레오나르도 다빈치의 〈최후의 만찬〉에서 영향을 받아 배경의 건축적 구조에 의해서 주제를 강조하고 그룹별로 묶어서 배치하는 방법을 사용하여 원근법적 구성에 의한 통일감을 부여하고 있다.

이와 같이 르네상스는 16세기 초 이탈리아 회화의 정점을 이루었으며 이상화된 아름다움이라는 인지적 표현을 추구하여 차분하고 안정된 양식으로 조화와 균형을 추구했다. 르

- 세례요한과 함께 있는 성모 마리아와 아기 예수를 그린 그림의 별칭
- 성모자상에서 마리아상의 근엄했던 모델이 사랑스럽고 아름다운 모습으로 바뀜

➡ 성모자상의 전형이 됨

[그림 5-15] 라파엘로, 〈아름다운 여정원사〉, 1507년

- 건축적 구조에 의해 주제 강조
- 원근법적 구성에 의한 통일감

[그림 5-16] 라파엘로, 〈아테네 학당〉, 1510~1511년

• 십자가에서 내려지는 예수의 시체
: 살아 있는 듯한 표현
→ 시체처럼 창백하게 표현
• 처녀 같았던 성모마리아
→ 성인을 자식으로 둔 현실적 나이의 성모마리아로 표현

[그림 5-17] 카라바조, 〈무덤에 내림〉, 1603년

• 원근법이나 해부학 비례 무시
• 종교적 감동의 표현
• 빨, 파, 노의 상징적 색채 구성

[그림 5-18] 엘 그레코, 〈수태고지〉, 1603년

네상스의 '2차원 평면에서 3차원이라는 공간'의 완벽한 추구에서 서양회화는 다시 변화를 추구하게 되는데 엘 그레코의 매너리즘이나 카라바조로부터 시작되는 바로크 양식이 그것이다. 스페인에서 활동했던 엘 그레코는 원근법이나 해부학적 비례를 무시하고 종교적 감동의 표현에 주목한 변형된 신체를 보였다면 카라바조는 이상화되는 현실을 무시하고 현실 그 자체의 느낌에 주목하는 정서적 표현의 리얼리티를 강조했다.

카라바조의 〈무덤에 내림〉이라는 작품을 보면 십자가에서 내려지는 예수의 시체는 살아 있는 것처럼 그려지던 이전까지의 표현을 시체처럼 창백하게 그렸고, 처녀 같았던 성모마리아의 모습도 성인을 자식으로 둔 현실적 나이의 성모마리아로 바꾸어 그리고 있다.

2. 바로크에서 신인상주의까지

바로크라는 말의 뜻은 '아무렇게나 생긴 진주'나 '그로테스크하고 황당무계하다'는 부정적 의미로 사용되었던 용어이다. 그 말에서 보여 주듯이 바로크 양식은 끊임없이 변화해 가는 현실의 모습을 역동적인 기교로 표현을 했던 다이내믹한 예술 양식으로 1600년에서 1750년경까지 이탈리아의 로마를 중심으로 전개되었다.

르네상스가 차분하고 안정된 세계로 변함없는 진리를 추구하는 인지적 표현을 추구했다면 바로크는 영원한 진리의 아름다움이 아니고 항상 변화하는 현실의 모습을 어떻게 재현할 것이냐라는 정서적 표현에 포커스가 맞춰져 있다. 여기에 주로 많이 쓰였던 기법은 테네브리즘이라고 하는 극적인 명암 대조법과 역동적인 화면 구성이다.

▲ 루벤스

▲ 렘브란트

▲ 벨라스케스

바로크 시기의 대표적 작가 세 명의 작품을 살펴보면, 먼저 풀랑드르의 화가 루벤스는 〈레우키포스 딸들의 납치〉에서 생동하는 활력으로 가득 찬 개성적 양식을 지그재그 구도로 표현하였다. 이전의 그림에 비하면 구도가 훨씬 역동적이고 활기차다는 것을 알 수 있다. 청년기에 로마에서 레오나르도 다빈치를 연구한 후 생동하는 활력으로 가득 찬 개성적인 양식을 제우스의 아들들에 의한 레우키포스 딸들의 납치에서 보여 주고 있다. 양식적으로도 안정된 구도를 버리고 지그재그의 구도와 활기찬 붓 터치를 사용하여 납치되는 극적이고 역동적인 화면을 표현하고 있다.

- 청년기 로마에서 레오나르도 다빈치 연구
- 생동하는 활력으로 가득 찬 개성적 양식
- 지그재그 구도와 활기찬 붓 터치

➡ 납치되는 극적이고 역동적인 화면 표현

구도 ▶

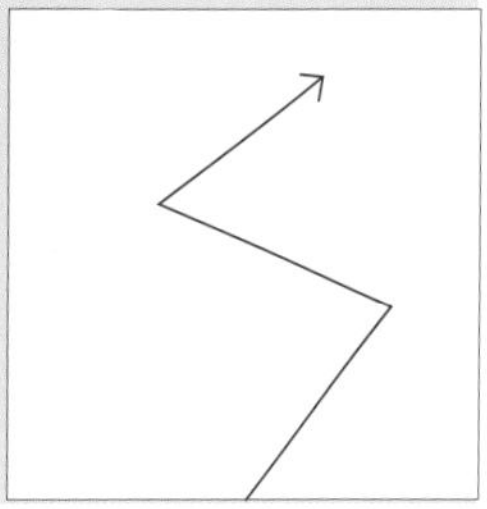

[그림 5-19] 루벤스, 〈레우키포스 딸들의 납치〉, 1618년

한편, 네덜란드의 렘브란트는 〈야경〉에서 외적인 화려함보다는 내면적인 깊이를 추구하고 빛과 영혼의 심오한 울림을 그림으로 표현했다. 네덜란드는 신교 국가로서 교회에서 우상을 섬기는 것을 거부하여 교회에서 화가들의 수요가 많지 않았지만 그 대신 시민들의 초상화가 굉장히 발달했던 지역이다. 렘브란트는 이 지역에서 유명한 초상화 작가로 많은 사람으로부터 주문을 받았던 인기 작가였다.

〈야경〉이라는 작품도 그 당시 암스테르담의 시민경비단이 자신들의 존재를 시민들에게 알리고자 렘브란트에게 의뢰했던 작품이다. 사람들은 당시에 유행하던 모든 사람을 한 사람, 한 사람 명확하게 그려진 사실적인 초상화를 기대했지만 이와 같은 그림이 되었다. 게다가 이 장면은 암스테르담의 부시장 프란치코크가 명령을 내리는 순간을 그린 대낮의 모습이다. 그러나 경비대의 당당한 모습이 아닌 갑작스러운 사건 소식을 접하고 허둥지둥 급히 출발하는 모습을 그린 작품으로, 심리적 묘사를 통해 인간의 현실적 모습을 적나라하게 그리고 있다. 자만스럽거나 희극적이고 멍청하고 소심한 인간형을 빛을 통한 내면묘사로서 시도한 것이다. 이때 사용한 빛은 그동안 르네상스에서 보여 주던 순광(順光)이 아닌 측면에서의 빛이다. 르네상스 시대에 사용되었던 순광은 앞에서 비치는 빛을 말하는데 자연스러움, 건강, 개방, 일상적 이미지가 표현되고 가장 일반적이고 자연스러운 빛이다. 얼굴에 순광을 비추면 반 정도가 밝은 면이 되고 1/3에 그림자가 만들어져 입체감이 나타난다. 얼굴색도 잘 보이고 균형이 주어져 자연스럽고 당당하게 느껴지는 데 반하여 측면광은 인물의 당당함은 사라지고 주름이나 얼굴 표정이 드러나면서 심리적 내면묘사가 잘 표현된다. 게다가 이 그림은 주인공을 살리고 배경을 무시하여 원래 주문했던 주문자들의 의도와는 다른 결과로 그려졌다. 주문자가 인수를 거부하면서 법정 투쟁까지 가게 되고

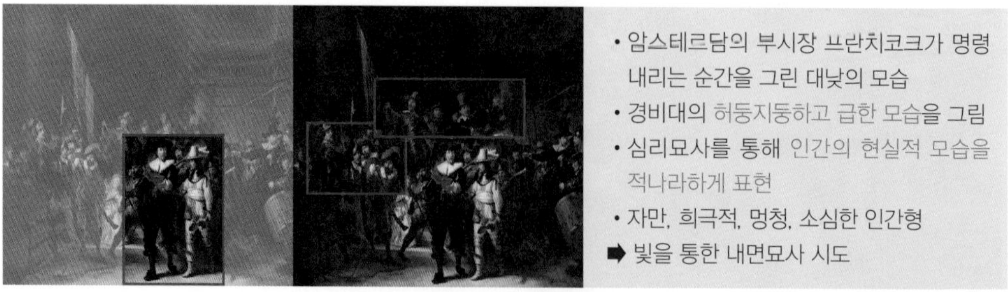

[그림 5-20] 렘브란트, 〈야경〉, 1642년

- 현실의 아름다움
- 왕궁생활 신비성 배제
- 순간적인 일상생활의 에피소드
- 눈에 비친 그대로의 모습
- 가까이에서는 자유로운 필치이지만 멀리서 보면 정확한 묘사로 보이는 테크닉 구사
- 왕과 왕비가 그림 밖에서 보고 있는 장면

➡ 자유분방한 터치로 현실의 순간적 모습 묘사

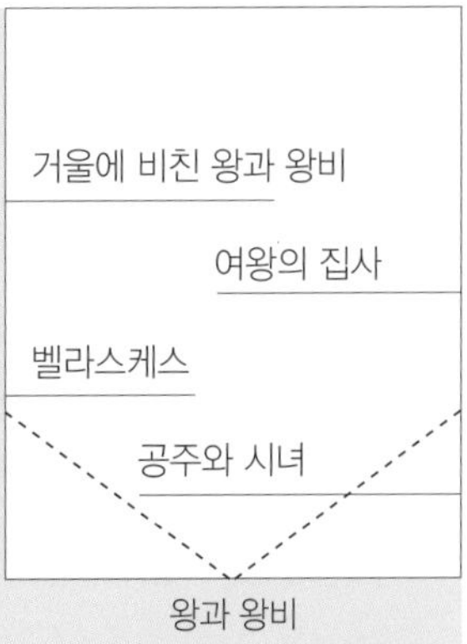

▲ 원근과 깊이감의 표현

[그림 5-21] 벨라스케스, 〈시녀들〉, 1656년

나중에는 렘브란트가 경제적으로 몰락하는 계기가 되었던 작품이다. 렘브란트는 '렘브란트 라이팅'이라고 하는 빛과 어둠의 효과를 극적으로 사용하여 인물들의 심리를 표현하는 데 집중함으로써 심리적 현실성을 부여하였다.

궁정화가였던 벨라스케스의 〈시녀들〉에서도 왕궁생활의 신비성을 배제하고 현실적 입장으로 일상생활의 에피소드를 눈에 비친 그대로의 모습으로 자유분방한 터치와 함께 묘사하고 있다.

바로크에 이어지는 로코코도 변하지 않는 진리라는 이성적 추구보다는 감성적 추구의 정서적 양식이지만 바로크와 로코코의 차이점은 바로크가 굉장히 남성적이고 웅장한 스타일이라면 로코코는 여성적이고 장식적이며 섬세함을 특징으로 한다는 것이다.

로코코라는 말 자체가 조개껍데기 모양의 세공장식을 의미한다. 18세기 파리를 중심으로 이루어졌던 귀족 취향의 작고 섬세하고 우아한 경쾌감을 추구했던 로카이유 장식에서 유래했던 양식으로, 유럽 미술의 중심이 이탈리아에서 프랑스 파리로 옮겨 가는 계기가 되었다.

〈시장에서 돌아온 여인〉이라는 그림을 그린 샤르댕은 정물화의 창시자로 그리스 로마 신화라든지 성경의 이야기에서 보이는 통상적인 주제를 버리고 일상적인 주제와 여성적이면서도 가벼운 색채로 간단하게 정돈된 물상들을 계획적인 구성에 의하여 배치하고 있다.

와토가 그린 〈베네치아 식의 연회〉도 굉장히 가볍고 화려한 색채로 귀족의 연애나 유희

- 정물화의 창시자
- 그리스 로마 신화, 성경 같은 통상적 주제 버림
- 일상적 주제
- 여성적이고 가벼운 색채

[그림 5-22] 샤르댕, 〈시장에서 돌아온 여인〉, 1739년

- 우아한 꿈결 같은 그림
- 환상적 아름다움 속 현실의 무상함에 대한 쓸쓸함 그림

[그림 5-23] 와토, 〈베네치아 식의 연회〉, 1717년

라는 '페트 갈랑트'를 표현하였다. 1684년부터 1721년까지 살고 37세에 요절했던 와토는 현실적이기보다는 우아한 꿈결 같은 그림을 그려 환상적인 아름다움 속에 현실의 무상함에 대한 쓸쓸함을 그렸던 로코코 양식의 화가이다.

다음에 이어지는 신고전주의는 당시의 화려하지만 장식적이고 유약했던 로코코 경향에 염증을 느끼던 시기에 그리스 시대의 유적들이 발굴되고 이러한 고대 미술을 근거로 이성주의적 원칙을 새롭게 찾아내고 인지적 표현을 추구했던 사조라고 할 수 있다. 여기에 '신'이라고 하는 것은 영어로 '네오(neo)'인데 미술 사조에서 이것은 그 뒤에 이어지는 '-주의'를 보다 확충하고 보완하는 의미가 된다. 이것에 반대되는 것은 '포스트(post)'로 명칭은 '후기'라고 하는데, 뒤의 '-주의'를 부정하는 의미가 된다. 예를 들면, 인상주의에서 이어지는 신인상주의가 있고 후기인상주의가 있다. 신인상주의는 신고전주의처럼 뒤의 '주의'를 보완하는 차원이라고 하면, '후기'는 부정의 차원으로 후기인상주의는 사물의 외관을 중시했던 인상주의를 부정하고 내면을 중시하는 다른 시점을 갖게 되는 사조라고 할 수 있다.

엄격한 윤리와 도덕성을 추구했던 신고전주의는 시대적으로 18세기 프랑스 대혁명 산업혁명에 의해서 특권층만이 가졌던 미술의 영역이 대중으로까지 옮겨 가는 시대적 흐름과도 연계되어 새로운 미술에 대한 계시로 받아들여졌다.

신고전주의는 로코코미술의 쾌락적이고 세속적인 화풍에 환멸을 느낀 지식인들에게 열렬한 환영을 받았다. 삶의 내면을 사유하게 하는 고귀한 인간 행위에 대한 진지한 주제를 고전적 화법으로 그렸다. 가볍고 화려한 로코코의 색채와는 다르게 절제되고 색채에서 무게가 느껴지며 단단한 인물표현은 배경과 분리되면서 그리스의 조각을 연상시킨다.

역사적 사건을 그린 다비드의 〈소크라테스의 죽음〉을 보면 바로크나 로코코의 그림들과는 달리 단단한 신체감이 나타나 배경과 구분되는 특징을 보여 준다. 다비드는 5년간의 로마 체류와 르네상스 회화의 연구와 모사를 통하여 주로 그리스 로마 신화를 주제로 고전미술의 이상을 구현하고자 하는 많은 그림을 그렸다.

[그림 5-24] 다비드, 〈소크라테스의 죽음〉, 1787년

이 시기의 앵그르라고 하는 작가도 색채나 광선보다는 형태나 선을 중시했던 작가이다. 〈샘〉과 〈터키목욕탕〉에서 볼 수 있듯이 '여성과 물'이라는 만물 생성의 근원을 선에 포커스를 맞춰서 절제된 색채와 구도, 명확하고 안정감 있는 형태로 표현하였다.

다음으로 이어지는 낭만주의는 인지적이고 합리적인 사고를 불편해하고 객관에서 주관으로 역동적이고 생생한 현실을 찬미했던 정서적 표현의 양식이다. 인지보다는 감정과 개성, 상상력을 존중했던 19세기 전반 1820년대부터 1830년대까지의 대표적 양식이라고 할 수 있다. 신고전주의가 인간의 이성을 신뢰하고 유일 절대의 미, 이상미로 만인의 공통되는 인지적 표현을 중시했다면 낭만주의는 인간의 감수성을 중시하고 개성미의 세계로 사

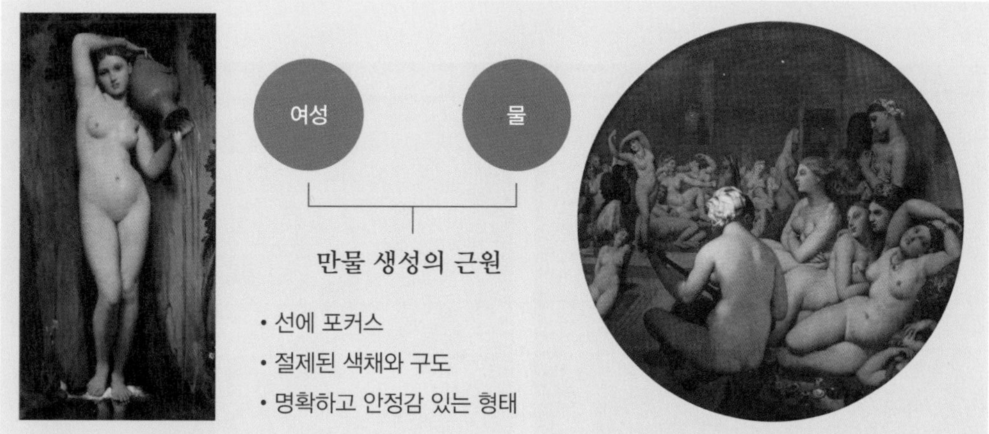

▲ 앵그르, 〈샘〉, 1856년

▲ 앵그르, 〈터키목욕탕〉, 1863년

[그림 5-25] 앵그르의 작품과 주제

▲ 들라크루아

람에 따른 여러 가지 변화를 그림에서 표현하였다. 이와 같이 낭만주의는 19세기 전반, 유럽의 예술운동으로 자유로운 발상에 의한 감성의 세계를 중시했던 정서적 표현을 보여 주고 있다.

들라크루아의 〈민중을 이끄는 자유의 여신상〉은 낭만주의의 출발을 알리는 작품으로 자유를 갈망하는 민중과 혁명에 대한 자신의 의지와 열망을 힘찬 율동, 격정적인 표현과 동적인 구도로 보여 주고 있다. 들라크루아는 개성미를 주장했던 근대미술의 선구자로 그가 주창한 보색 대비와 필촉 분할은 인상주의에도 영향을 끼쳤다. 〈단테의 작은 배〉는 단테의 신곡을 기본적으로 한 상상력의 그림으로 극적인 명암 대비를 통해서 '지옥의 바다'라는 상상의 상황들을 극적으로 보여 준다.

비슷한 시기에 영국에서는 풍경화가인 터너의 형태에 얽매이지 않고 자기에게 필요한 색채를 자유롭게 구사한 〈비, 증기, 속도〉라는 작품과 풍경이 발산하는 독특한 시각적 울림에 감동을 표현한 〈전함 테메레르〉라는 작품이 발표되었다. 결과적으로 인상주의의 그림에 영향을 주었지만 인상주의가 과학적인 광학이론에 근거를 두고 있다면 터너의 그림은 색채의 특이한 영상세계를 작가의 주관성에 의해서 표현하였다는 것이 다르며, 풍경이 발산하는 독특한 시각적 울림의 감동을 표현하고 있다.

낭만주의의 또 다른 대표적인 작가인 제리코는 〈메두사호의 뗏목〉에서 극적인 명암 대비를 통해 삶과 죽음의 현장을 극적으로 표현하고 있다. 이 작품은 1816년 6월 프랑스에서

[그림 5-26] 들라크루아,
〈민중을 이끄는 자유의 여신상〉, 1830년

[그림 5-27] 들라크루아, 〈단테의 작은 배〉, 1822년

▲ 터너, 〈비, 증기, 속도〉, 1844년

인상파 과학적인 광학이론에 근거

터너 색채의 특이한 영상세계를 작가의 주관성에 의해 표현

풍경이 발산하는 독특한 시각적 울림의 감동

▲ 터너, 〈전함 테메레르〉, 1839년

[그림 5-28] 터너의 풍경화와 인상주의의 차이

- 1816년 6월 프랑스에서 아프리카 세네갈로 출항 → 난파
- 실제 난파 사건 주제
- 배가 프랑스를 떠나 아프리카 지역으로 가다가 풍랑 만남

➡ 149명 표류
결국 15명만 생존해 돌아옴

[그림 5-29] 제리코, 〈메두사호의 뗏목〉, 1818~1819년

아프리카 세네갈로 출항했지만 난파되었던 실제 사건을 주제로 하고 있다. 배가 프랑스를 떠나 아프리카 지역으로 가다가 풍랑을 만나서 149명이 표류하다가 마지막에는 15명만 생존해서 돌아온 사건으로, 12일 동안 표류하면서 얼마나 험난한 과정이 있었는지 이 그림을 통해서 알 수 있다. 극한 상황에서 죽음을 마주 보고 사투를 벌이는 인간 의지의 몸부림으로 보이는 이 그림은 낭만주의 미술의 훌륭한 소재였다.

밀레는 자연주의나 바르비종파에 속하는데 현실 풍경에 대한 깊은 관찰과 농민에 대한 애정 어린 표현을 보여 주고 있다. 그래서 농부들의 일상적인 풍경을 예술의 소재로 삼았고, 밀레의 〈이삭 줍기〉에서는 대지와 더불어 살아가는 삶의 따뜻한 경건함이 보인다. 그러나 실제로는 추수를 한 후에 떨어진 이삭을 주워 하루하루 살아가는 하층 계급을 주인공으로 삼고 뒤의 풍경에는 그날 추수한 것을 마차에 올려놓고 어딘가로 이동하고자 하는 농장주를 그려 사회의 계급 차이를 보여 주는 그림이기도 하다.

- 앞의 풍경: 추수를 한 후에 떨어진 이삭을 줍는 하층 계급
- 뒤의 풍경: 추수한 것을 마차에 올려놓고 이동하려는 농장주

➡ 사회 계급의 차이를 보여 줌

[그림 5-30] 밀레, 〈이삭 줍기〉, 1857년

다음에 이어지는 사실주의는 '이상화나 낭만주의적인 공상 표현을 배격하고 현실을 있는 그대로 직시하고 그리자'는 사조이다. 내가 속한 시대의 풍속, 관념, 현실을 본 대로 그린다는 것으로 '보이는 것만 그린다'는 것을 기본 개념으로 하고 있다. 감정이나 상상력을 강조했던 낭만주의는 현실로부터 도피하는 것에 불과하고 우리는 눈에 보이는 것을 그대로 그려야 한다는, 즉 미술을 사회적 기능으로 삼고 변형이나 왜곡하지 않으며 사회 비판의 도구로서 미술이 중요한 역할을 하고자 했던 시기이기도 했다.

쿠르베의 〈오르낭의 매장〉은 역사화가 지니는 인물의 영웅성이나 역사적 사조 없이 단순하고 평범한 일상의 장면을 그리고자 했다. 여기 장례식에는 고정된 중심이 없고 장례식의 한 순간을 충실히 재현한 화가의 시점을 볼 수 있다. 이 시기는 카메라가 발명되었던 시기로 미술이 그동안 가졌던 일상과 사물의 재현이라는 기본적인 기능으로부터 '회화가 카메라와 다른 특성을 가질 수 있느냐'라는 것을 심각하게 생각했던 시기이다.

사실주의는 사물을 카메라의 앵글 시점으로 보고 그림을 그리자고 했던 시기이다. 인간의 눈은 사물을 볼 때 그 사물에 대한 정보를 뇌로 보내서 뇌의 판단에 의해 '그것이 무엇이다.'라는 것을 해석하며 그 사람의 주관적인 입장이 포함된다. 그렇지만 카메라의 렌즈는 그러한 해석을 하지 않고 망막의 역할을 하는 필름에 비친 빛의 입자에 의해서 사물이 그려진다. 그러한 과정으로 보자고 하는 것이 사실주의이며 주관적으로 변형하거나 왜곡하지 않고 카메라의 렌즈처럼 보이는 대로 그리는 인지적 표현과 사회적 비판의 도구로서의 역할을 담당하고자 했다. 있는 그대로 그리고자 하는 생각뿐만 아니라 그리는 방식까지도

- 19세기 당시 유행이었던 역사, 영웅, 신화 이야기를 그리지 않고 자연의 풍경이나 일상을 그림
- 눈에 보이는 것만을 본 대로 그린다고 하는 태도를 견지
- 장례식의 한 장면을 어느 누구도 주인공으로 하지 않는 평범한 일상의 장면으로 그림

[그림 5-31] 쿠르베, 〈오르낭의 매장〉, 1849~1850년

카메라처럼 재현하고자 했던 것이 인상주의라고 볼 수 있다.

인상주의는 빛이 사물에 내려와 부딪히며 시시각각으로 변화하는 그 순간을 그리는 것이며 대상의 시각적 인상을 최대한 충실하게 표현하였다. '사물은 고정 불변하는 것이 아니고 외부적인 조건이나 주관적 조건에 의해서 변화하는 것이다.'라고 하며 세부 묘사보다는 빛과 사물의 찰나적인 만남을 포착하고자 했던 것이다. 이러한 인상주의가 태동하는 데에는 세 가지 전제조건이 있는데 첫 번째가 1839년에 다게르라는 사람이 만든 사진의 발명이고 두 번째는 일본 목판화 우키요에의 영향이다. 우키요에는 일본 목판화로 판화의 특성인 평면성과 색채의 장식성에서 인상주의가 영향을 받았다. 세 번째는 튜브 물감의 발명으로 예전의 화가들은 물감을 만들어 썼기 때문에 밖에 나가서 그리는 게 쉽지 않았다. 그러나 튜브 물감의 발명으로 인상파 화가들이 팔레트에 물감을 짜서 간편하게 실제 있는 그대로의 자연을 야외현장에서 그릴 수 있게 되었다.

이러한 인상주의를 직접적으로 태동하게 만들었던 마네의 〈풀밭 위의 점심식사〉는 1863년 파리 살롱전에서 낙선한 작품으로 나중에 낙선작 전시에서 이 작품이 전시되자 당시 사회에서는 경악과 비난의 대상이 되었다. 왜냐하면 이 그림에는 아주 일상적인 장면에 누드의 여인이 앉아 감상자를 빤히 쳐다보며 건너편 남자 다리 사이로 발을 밀어 넣고 있다. 당시에는 신화나 성경의 내용에서 나오는 장면에서만 누드가 허용되었는데 '현실의 나체'라는 성스러움에 반대되는 세속적인 나체가 나타남으로써 그 당시 풍속으로는 용납할 수 없고 천박한 것으로 보여 경악과 비난의 대상이 되었다.

기법적으로도 입체감이 없는 평면적인 형상과 흑백 대비로 중간 색조 없는 명암 단계를 나타내고 있다. 르네상스 이후부터 시작되는 명암법이나 원근법적 표현이 아닌 평면적 형상과 대비가 강한 이러한 명암의 표현은 야외에서의 '있는 그대로'를 그리고자 했던 마네

▲ 마네, 〈풀밭 위의 점심식사〉, 1863년

- 그 당시의 누드
  - 신화나 성경 내용 등장 장면에서만 허용
- 현실 나체
  - 성스러움에 반대되는 세속적인 나체

➡ 용납할 수 없는 굉장히 천박한 것

➡ 경악과 비난의 대상

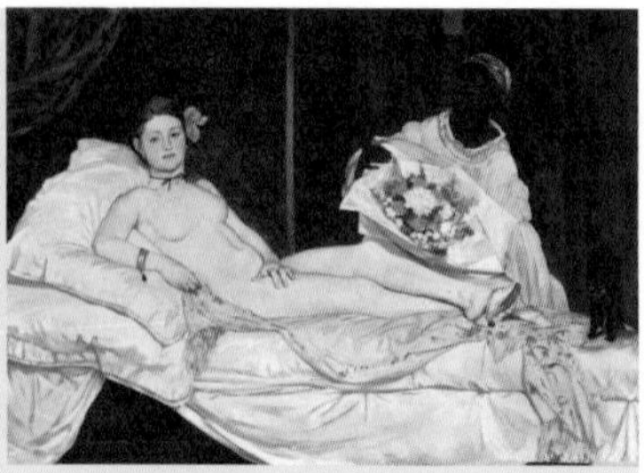

▲ 마네, 〈올랭피아〉, 1863년

[그림 5-32] 마네의 그림과 당시의 평가

의 입장이 보인다. 〈올랭피아〉라는 작품도 전통적인 명암법이나 형식이 아닌 강렬한 명암 대비에 의해 평면적으로 대상을 표현했는데, 그동안 2차원 화면에 3차원의 환영을 충실하게 재현하고자 했던 전통과의 단절을 의미한다.

모네의 그림 〈일출〉에서 보이는 풍경은 뚜렷한 사물의 형상을 통한 풍경이 아니다. 빛과 그림자 효과를 통해 특정 시간과 공간에서 직접 마주친 대상의 이미지를 카메라처럼 재빠르게 색채를 중심으로 전달하고 있다. 1874년에 전시되었던 이 작품은 터너의 영향을 받았지만 터너와 같이 주관적 인상의 표현이라기보다는 광학적 이론에 입각한 그림이며 인상주의라는 명칭이 붙게 된 작품이다.

르누아르의 〈소녀〉도 평온한 생활이 지닌 행복과 기쁨을 빛의 연구로 그린 작품이며, 인상주의의 소재를 풍경화만으로부터 주변의 인물화로 확대시켰다.

▲ 모네, 〈일출〉, 1872년

- 빛이 사물에 내려와 부딪힘

  ➡ 시시각각으로 변화하는 순간을 그리는 것
- 대상의 시각적 인상을 최대한 충실히 표현
- 사물: 외부적 조건이나 주관적 조건에 의해 변화
- 세부묘사보다 전체 인상 중시
- 시간을 포착하고자 함
- 인물: 빛의 변화에 따른 인물의 표현

▲ 르누아르, 〈소녀〉, 1880년

[그림 5-33] 모네와 르누아르 그림과 제작배경

이와 같이 인상주의는 빛을 그리고자 했지만 물감으로는 한계가 있었다. 19세기 후반 색을 혼합하면 명도가 낮아지고 탁해진다는 이론에 근거하여, 빛과 색채의 특질을 구분하지 않고 색채가 혼합되는 것의 문제점을 해결하고자 했던 사조가 신인상주의이다. 신인상주의는 색채를 섞지 않고 두 가지 이상의 원색을 이웃하게 놓으면 멀리서 보았을 때 서로 혼색되어 보이는 현상인 병치혼합을 적극적으로 사용했던 사조로 인상주의의 색상을 보다 명확하고 생생하게 재현하고자 하였다.

쇠라의 〈그랑자트 섬의 일요일 오후〉는 신인상주의의 방식을 확립시킨 대표적인 작품이다. 1884년부터 1886년까지 2년여에 걸쳐 무수히 많은 소묘와 에스키스를 통하여 병치혼합에 의한 점묘법으로 그렸다. 그림이 고정된 듯한 느낌을 주면서 양감이나 질감 등이 표현되지 않고 광학이론에 치중하고자 했던 인지적 표현의 신인상주의는 회화로서의 한계를 가지면서 오래 가지 못했다.

회화에서는 인상주의가 사실적인 자연으로부터 회화를 해방시켜 현대회화의 자유로운 세계로 이행시켰다면 조각에서는 로댕이 전통적 조각의 원리인 기계적 사실성으로부터 조각을 해방시키고자 노력했다.

대표적인 작품으로는 1885년에 주문되었던 〈칼레의 시민〉이 있다. 이 작품은 영국왕 에드워드 3세의 공격에 저항했던 프랑스의 칼레의 시민들 전체를 대신하여 목숨을 내놓고 희생하고자 했던 용감한 6명의 시민 대표를 기념하기 위해 로댕에게 의뢰되었던 작품이다. 그러나 로댕은 그들을 사람들의 영웅이 아니라 죽음을 목전에 둔 인간의 실존적 불안

- 19세기 후반 연구 색채이론
  - 색은 혼합되면 명도가 낮아지고 색이 탁해짐에 근거
- 빛과 색채의 특질 구분하지 않고 색채혼합 문제를 해결하려 함
- 색채 섞지 않고 두 가지 이상의 원색을 이웃하게 놓음

➡ 멀리서 보았을 때 서로 혼색되어 보임

➡ 병치혼합을 적극적으로 사용

[그림 5-34] 쇠라, 〈그랑자트 섬의 일요일 오후〉, 1884~1886년

[그림 5-35] 로댕, 〈칼레의 시민〉, 1884~1895년

으로 표현하고자 했다.

사람들이 우러러보는 영웅적이고 전통적인 공공 조형물 조각의 성격을 버리고 이들 여섯 명은 서로를 쳐다보지 않으며 발은 실제보다 크게 하였다. 용감하게 나아가기보다는 죽음을 두려워하는 본연적 인간의 모습으로 표현한 것이다. 전통적인 조각을 혁신적으로 바꾸어 절망의 내면적 움직임이 나타나고 내적 진실을 드러내는 표현주의적 사실주의를 엿볼 수 있지만, 영웅적 모습을 기대했던 주문자가 인수를 거절하여 한동안 로댕의 작업실에서 뒹굴었다고 한다.

이 시기의 인상주의와 신인상주의가 빛과 만나는 사물의 외적인 측면을 강조했다면 앞으로 거론될 세잔, 고흐, 고갱은 내면의 진실을 찾기 위해 새로운 회화적 탐험을 시도한다.

3. 후기인상주의에서 추상표현주의까지

후기인상주의라 명명된 세잔, 고흐, 고갱은 서로 모여서 '어떤 것을 해 보자'라는 활동은 하지 않았지만 개별적으로 활동했던 그들의 기본적인 입장이 서로 공통성을 가지고 있어 나중에 미술사가들이 이들을 후기인상주의라고 부른 독특한 사조이다.

이들은 회화가 가지고 있는 새로운 문제를 찾아 시도했던 작가들로 인상주의와 반대적 입장을 보인다. 인상주의가 빛과 사물의 외형적이고 찰나적 만남을 그렸다면 이들은 내면에 있는 눈에 보이지 않는 무언가를 찾았던 사람들이다. 후기인상주의는 인상주의 회화의 빛과 색채를 살리면서도 화면에 균형감 있는 내적인 구조적 질서를 살린 모순적 양자 결합이라고도 볼 수 있다. 이것은 인상주의가 빛의 순간적 변화를 색 위주로 그리면서 본질적인 형태를 잃어버린 결과로 나타난 사조이다. 세잔은 카메라와 같은 단순함이나 정서적 표현보다는 대상이 갖고 있는 변치 않는 실제 모습을 탐색하여 질서 있는 형상끼리의 짜임새와 본질적 형태를 찾고자 하는 인지적 표현으로 자연을 생각하며 보기 시작한 최초의 화

인상주의 — 신인상주의

사물의 외적인 측면 강조

세잔 — 고흐 — 고갱

• 후기인상주의: 내면의 진실을 찾기 위한 새로운 회화적 탐험 시도

▲ 폴 세잔

▲ 빈센트 반 고흐

▲ 폴 고갱

[그림 5-36] 인상주의, 신인상주의와 후기인상주의의 비교

가이기도 하다.

그의 작품 〈생빅투아르산〉([그림 4-26])에서는 계절의 변화나 풍경의 묘사보다는 본질적 형태를 찾으면서 기하 형체를 모색한다. 정물화([그림 5-37])에서도 한 시점이 아닌 다시점으로 정물마다의 본질적 형태를 찾는데, 예를 들면 사과는 옆면에서 사과의 본질적 형태가 잘 드러나고 접시는 위에서 봤을 때 접시의 둥그런 본질적 형태가 잘 드러나도록 그리는 다시점을 사용한다. 이것은 나중에 피카소의 입체주의로 이어져 3차원으로 그리지 않고도 입체성과 부피를 묘사할 수 있는 기법으로 묘사하는 다시점화 형식을 구사하게 된다.

반 고흐는 인상주의와 같은 미학적 탐색의 결과가 아니라, 자기 삶의 운명적 고백이자 처절한 영혼의 절규로 색채를 사용했다. 자신의 영혼과 정령을 표출하는 중요한 요소로 색채를 작동시켜 내면의 심리를 묘사하는 적극적인 매체로 활용하였다.

바닥의 시점과 다른 과일의 본질적 형태

• 대상이 갖고 있는 변치 않는 실제 모습 탐색
• 자연 대상: 변치 않고 질서 있는 형상끼리의 짜임새로 본질적 형태 찾고자 함
• 자연을 생각하며 보기 시작한 최초의 화가

[그림 5-37] 폴 세잔, 〈사과바구니가 있는 정물〉, 1894년

[그림 5-38] 빈센트 반 고흐, 〈별이 빛나는 밤〉, 1889년

〈별이 빛나는 밤〉은 행복했던 아를 시기가 고갱과의 언쟁으로 끝나게 되고 프랑스 생레미 요양병원에 입원하면서 심한 발작과 죽음의 시도 등으로 그의 인생에서 매우 힘들었던 시기에 그렸던 그림이다. 이 그림은 그가 입원했던 방에서 바라본 동쪽 창의 밤 풍경을 보고 그린 것으로 당시 그의 편지를 보면 별에 가고 싶은 그의 심정을 담아 그렸음을 알 수 있다. 그림의 실편백나무는 별에 닿아 있고 현재의 프랑스 풍경에는 없는 네덜란드식의 교회는 그가 보고 싶은 네덜란드 고향의 정경을 떠오르게 한다. 그는 편지에서 '프랑스 지도에 있는 곳처럼 기차를 타고 별에 가고 싶지만 죽어서는 기차 타고 여행을 할 수 없는 것처럼 별도 살아서는 갈 수 없는 곳'이라고 하면서 얼마 후에 닥칠 죽음을 예감하는 듯한 내용을 담았다. 이와 같은 삶의 감정을 고흐는 색채, 특히 노란색과 파란색을 사용하여 표현하였다.

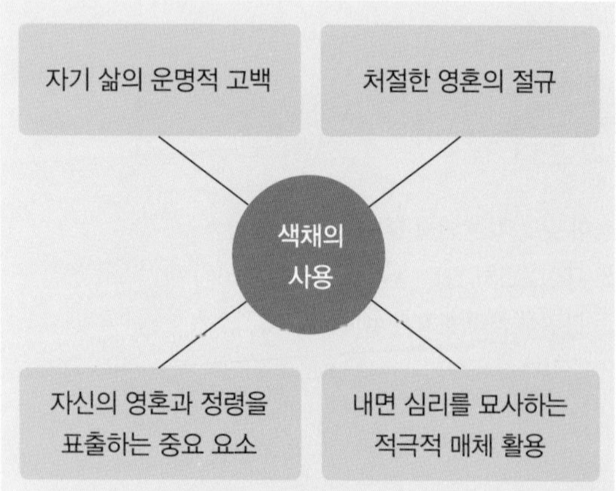

[그림 5-39] 고흐의 색채 사용

고갱 또한 빛과 공기에 의해 변화하는 현상으로서의 색이 아닌 색채의 자율성을 강조하였다. 색은 자연모방이 아닌 생명 그 자체로, 색채 변환과 형태의 왜곡으로 자신이 그리고자 하는 것을 표현하는 것이 진정한 그림이라

고 하였다. 색의 순수성을 회복하면서 상징적인 색채를 사용해서 공간보다 색채를 사용한 장식성의 추구와 해석으로 상상력을 중시하였다. 그의 작품 〈아베마리아〉는 이국적인 마리아로 왼쪽에는 천사가 보이고 그 옆에는 손을 합장한 타이티 여성들이 보인다. 오른쪽의 광륜을 쓴 성모와 그리스도는 여성들이 기도하는 중에 보인 환상일 것이다. 고흐가 자연을 기본으로 색을 사용하고 있다면 고갱은 무한한 상상력에 의하여 자신이 그리고자 하는 것을 색으로 표현하고 있다.

심리적 측면에서 세잔이 사물의 본질적인 형태를 찾으려는 인지적 표현이었다고 하면 고흐는 색채를 이용하여 자신의 힘들었던 내면 감정을 표현하고 삶의 운명적 고백을 처절한 영혼의 절규로 정서적 표현을 모색하였다. 고갱은 광학적 이론이 아닌 색 자체의 감정적 본질을 다음 시기에 전수하고 있다.

이들의 영향은 다음 사조에도 보이는데 먼저 세잔의 다시점과 본질적 형태의 추구는 입체주의로 이어진다. 입체를 기하학적으로 분해한 평면으로 재구성하여 3차원의 회화공간으로 전환시키지 않고 2차원의 평면에 대상의 입체성과 부피를 묘사하였다. 예를 들면, 사각형의 입방체를 3차원의 모습으로 그리지 않고 전개도로 분해하여 윗면과 옆면, 뒷면 등을 한 화면에 그리는 방식이다. 피카소의 작품 〈아비뇽의 처녀들〉은 25세 때 작품으로 고향 스페인, 아비뇽의 창녀들을 대상으로 그린 그림이다. 그러나 육체적 아름다움을 과시

[그림 5-40] 폴 고갱, 〈아베마리아〉, 1891년

하거나 묘사한 것이 아니라 순수한 새로운 조형적 시도를 통해 2차원성을 강조하였다. 시점의 복수화인 큐비즘으로 조형적 원리에 따라 재구성하여 전통적 공간구성과 형태 파악을 부정한 기념비적인 작품이라고 할 수 있다. 여기에서도 전통적 그림에는 있을 수 없는 여러 면이 한 인물의 신체에 그려져 기하학적 형태만을 중시한 미술의 본질을 표현하고자 하였다.

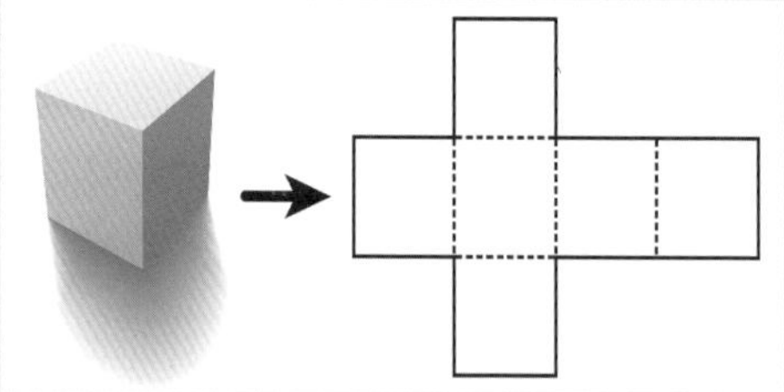

• 한 시점에서 사물을 묘사하지 않고 전개도로 분해하여 여러 면을 한 화면에 그려 2차원의 평면에 부피성을 부여하였다.

[그림 5-41] 입체파의 묘사방법

결과적으로 입체주의는 원근법을 없애고 사물의 형태를 분해하여 나열하였다. 3차원의 회화 공간으로 전환시키지 않고 2차원 평면을 파악하고자 했던 것으로 작가의 감추어진 의도나 감정 이입 없이 기하학적 형태를 중시한 인지적 표현을 모색하였던 것이다.

다음으로 고흐의 색채를 이용한 내면의 심리표현은 표현주의로 이어진다. 표현주의는 인상주의가 자연의 겉모습만을 말초적이고 감각적으로 묘사하는 것에 대한 반발로 시작되었다. 자연의 재현을 거부하고 인간의 어두운 감정 상태인 절망, 불안 등을 그림을 통하여 발산·치유하는 양식으로 발전하였다. 표현주의 그림은 과장되고 왜곡되어 나타나는 색채와 형태에서 작가의 감각과 감정 상태를 읽어 낼 수 있으며 조형적인 완성도보다 메시지를 전달하고 작가 내면 세계에 대한 직접적인 설명을 중시했다.

대표적인 표현주의 작가 뭉크의 〈절규〉는 1892년에 자신이 경험한 공황발작의 경험을 주제로 그린 작품으로 핵심적인 모티브도 죽음과 불안에 대한 강박관념이다. 심리적인 불안감과 완전히 고립된 개인의 공포를 나타낸 이 작품은 자연을 관통하는 커다란 절규와 자신의 내부로부터 오는 공포의 자각, 극도의 내면적인 불안을 절규라는 청각개념 속에 도입하여 추상적 이미지로 시각화하였다. 그림에서 나타나는 강렬한 색채와 형태의 왜곡, 율동하는 선은 내적 감정을 전달하기 위해 사용한 뭉크만의 독특한 시각언어이다. 이 그림은 심리적인 불안감과 완전히 고립된 개인의 공포를 그린 자화상으로 불안은 그의 예술과 삶을 지탱해 주는 강력한 힘이었다.

반면에 야수주의는 색 자체의 조화에 의미를 두어서 색면 자체를 강조하는 색채 해방으로, 자유로운 색채표현의 추구는 고갱의 색채 자율성과 연계된다. 과학적 합리주의와 이성을 거부하고 직관, 본능, 감성, 상상력 등의 추상성을 지향하여 색이 주인공이 되면서 거리감이나 깊이감 등의 기존의 데생 원칙은 부수적이고 불필요하다고 생각했다. 원근법이라든지 명암 표현의 허구적 현실감보다는 화면 전체의 실재를 주장했던 야수주의는 현실적인 이유의 색채보다는 표현상의 이유로 색채를 선택했다.

대표적인 야수주의 작가인 마티스의 작품 〈초록색 띠〉를 보면 색채의 주관적 배치로 개인적인 시각을 보여 준다. 마티스는 이를 통해 사물의 고유한 개념이 존재하지 않음을 보여 주었고 색을 형태에서 해방시키고자 하였다. 주관적 색채 배치로 사물을 묘사하는 것이 아닌 오직 자신의 느낌과 필요에 의해 색채 자체의 강력한 대비를 보여 주었다. 따라서 표현주의와 야수주의의 공통점은 강렬한 원색을 사용하고 고의적으로 형태를 변형한다는 것이지만 내면 표현의 의도에 따라 차이점을 나타낸다.

후기인상주의와 그들의 영향을 받은 다음 사조들과의 차이는 점점 시대가 흐르면서 추상화되어 간다는 경향이다. 급기야 1910년대 전후에는 추상주의가 등장하고 여기에는 두 가지 흐름이 나타나는데 차가운 추상과 뜨거운 추상이다.

차가운 추상으로 대별되는 신조형주의는 새로운 형상을 추구한 네덜란드 작가 몬드리

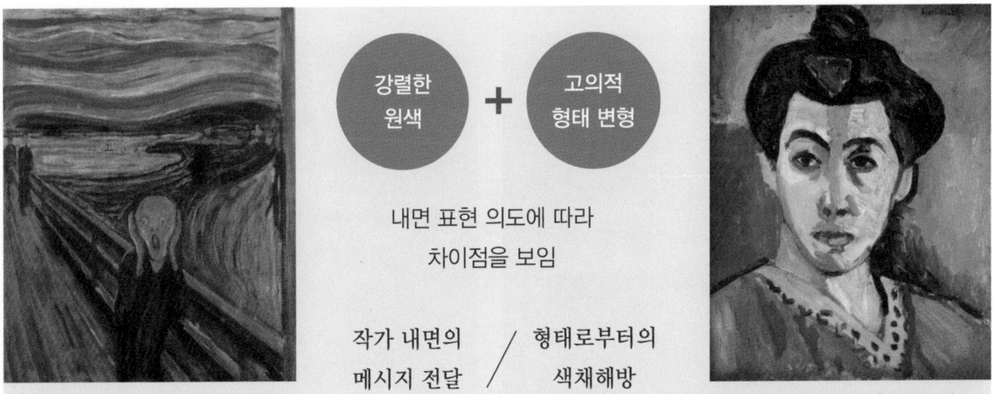

▲ 뭉크, 〈절규〉, 1893년

▲ 마티스, 〈초록색 띠〉, 1905년

[그림 5-42] 뭉크와 마티스 작품의 비교

안을 중심으로 정확하고 기계적인 질서를 추구한 작품을 시도하게 된다. 자연계의 사물이라든지 곡선, 녹색 등을 도외시하고, 재현적이고 우연적, 자의적 요소를 배제하여 비례 대비나 색의 대비를 회화적 기초로 하는 계획된 기하학적 추상을 모색하였다. 몬드리안은 미술이란 자연계와 인간계를 체계적으로 소거해 나가는 것이라고 하였으며 초자연적인 질서를 미적으로 표현하는 보편적 조형언어를 탐구하는 인지적 표현을 시도했다.

몬드리안의 인지적이고 '차가운 추상([그림 5-43])'이 빈틈없는 계획과 조형 요소 자체 속에서의 자율적인 법칙과 보편적인 조형원리를 찾았다고 하면 칸딘스키의 서정적 추상인 '뜨거운 추상([그림 3-21])'은 마음의 음악적인 울림을 그림으로 표현하고자 했다. 여기에는 영혼의 반영과 감동에 바탕을 둔 '내적 필연성'을 중시하였는데 '내적 요소, 곧 감동은 어떤 일이 있어도 존재해야 한다. 그렇지 않으면 예술작품이란 하나의 눈가림에 지나지 않는다.'고 한 그의 신념이 반영되었다. 여기에서의 내적 요소는 예술작품의 형태를 결정한다는 것으로 칸딘스키는 그림에서 실물과 주제를 계획적으로 제거한 최초의 화가이기도 하다. 그는 심리 상태를 중시하는 서정적인 추상으로 음악이 음의 조화를 통해 감동을 전달하듯 색채의 조화를 통해 정서적 표현인 감정 표현을 하고자 하여 음악적인 조화와 대비 원칙에 따라 색채를 배치했다.

인지적 표현이었던 몬드리안의 차가운 추상은 절대주의의 카지미르 말레비치와도 연계되는데 보편적인 조형원리는 색채 자체의 의미와 구성에 대한 관심으로 이어진다. 그는 가장 높은 경지의 정신세계를 추구했으며 그의 대표작인 〈흰색 위의 흰색〉을 보면 관념

[그림 5-43] 몬드리안의 정물에서 추상화가 되어 가는 과정

속에 존재하는 순수한 이데아의 세계가 나타난다.

정서적 표현인 서정적인 뜨거운 추상은 물질적인 세계를 재현하지 않고 인간의 내적 감정에 의미를 두고 '내적 필연성'이라고 하는 감동을 표현하고자 하는 것이었고 이것은 미국의 추상표현주의와도 연계된다. 추상표현주의는 1945년부터 1950년에 이르기까지의 제2차 세계대전 이후에 미국을 중심으로 발생했던 미술운동으로 액션페인팅(Action Painting)과 색면회화(Colorfield Painting)가 있다.

[그림 5-44] 카지미르 말레비치, 〈흰색 위의 흰색〉, 1905년

잭슨 폴록(1912~1956)의 액션페인팅은 자발적이고 본능적으로 표출된 회화이며 드리핑(dripping)과 흘러내린 물감의 형태들이 복잡하게 캔버스 전체를 누비는 양식으로, 작업 과정에서 일어나는 흔적과 그 흔적의 유추 과정을 관람자에게 전달하고자 했다. 반면에 마크 로스코(1903~1970)의 색면회화는 색과 형태에 대한 실험적 작업을 시도한 끝에 이루어진 회화로, 보는 이로 하여금 근원적이고 보편적인 감정을 이끌어 냈다. 이들의 공통점은 결과보다 과정을 중시하고 명암을 제거하였으며 '올오버 페인팅(all over painting)'이라는 전면회화가 이루어져 평면적 회화를 실현했다는 것이다. 차이점은 액션페인팅이 액션을 통하여 자연발생적 형태를 만들면서 적극적으로 감정을 표출하는 외향적 특성이라면, 색면회화는 명상과 사색으로 정신세계에 관심을 두는 내면적 특성을 보이는 것이다.

[그림 5-45] 잭슨 폴록의 드리핑과 제작과정

미국에서 시작된 추상표현주의는 형식은 추상적이지만 내용은 표현주의적인 사조로 인류의 보편적인 분노나 해방감을 표현하고자 했다. 기법적 특징으로는 자동기술법과 올 오버 페인팅인 전면균질회화이다. 자동기술법은 몸의 움직임이 이끄는 대로 물감을 흩뿌리는 무의식의 표현이고 전면균질회화는 그림이 중심을 상실하고 완전히 평면화된 화면을 말하는 것이다. 추상표현주의는 외형 물질이 아닌 정신적인 작용에 의미를 두어 인간이 충동적으로 느끼는 감정의 집단 무의식을 표현하고자 했다. 행위를 통한 순간에 우연의 효과를 추구하여 무의식을 표출하고자 했으며 개인적 무의식이 아닌 보편적이고 근원적 감정 표현의 집단 무의식에 기원을 두고 있다.

잭슨 폴록은 〈No. 5〉의 제작에서 커다란 캔버스를 바닥에 놓고 사방으로 돌아다니며 무대에서 공연하듯 작업을 했다. 이것이 '액션페인팅'으로 마룻바닥에 화포를 깔고 붓 없이 회화를 한 최초의 화가인데, 이것은 붓과 세워진 캔버스가 없어도 회화가 가능함을 입증한 것이다. 폴록은 줄곧 자신이 드로잉을 할 줄 모르는 작가라고 괴로워하곤 했고 실제로도 폴록은 기교 면에서 어떤 예술가들보다 부족했다. 그런 그에게 잘 어울리는 장르는 초현실주의의 자동기술법으로, 자신의 무의식 세계에 대한 진지한 탐험을 가능하게 했다. 이후 순간적이고 직접적으로 표현되는 수법을 추구하던 그는 1947년경 드리핑, 즉 물감 흘리기 기법을 발견하게 된다.

그는 자신이 그림을 그린다기보다 어떤 '행위(action)'를 하고 있다고 생각해 왔고, 평론

액션페인팅
액션을 통해 적극적으로 감정 표출
→ 외향적 특성

[그림 5-46] 잭슨 폴록, 〈No. 5〉, 1948년

색면회화
명상과 사색으로 정신세계에 관심
→ 내면적 특성

[그림 5-47] 마크 로스코, 〈No. 13〉, 1948년

가 해럴드 로젠버그는 이를 받아들여 '액션페인팅'이라는 용어를 탄생시킨다. 폴록은 더 이상 밖에서 회화의 주제를 찾을 필요가 없다고 생각하였고, 자신 내부의 목소리에 전적으로 귀를 기울이기 시작했다. 그는 무의식의 상태에서 작업을 하여 무의식에 잠재된 심층 정서를 분출하고자 했으며 이것은 억압에 대한 반작용이었다. 폴록이 무의식을 폭발적으로 격렬하게 표출한 심리적 기저에는 아버지의 가출로 인한 부재와 어머니의 무절제한 방임, 경제공황으로 인한 극심한 가난, 알코올 중독, 우울증, 콤플렉스와 반항심, 귀소본능과 죽음본능 등의 복합적 요인이 작동했다. 폴록은 이 시대를 과거의 형식으로 표현할 수 없으며 현대회화는 자신을 둘러싼 세상을 표현하는 새로운 방식을 찾아야 한다고 하면서 액션페인팅을 시도한 것이다.

마크 로스코의 〈No. 13〉은 복잡한 마음을 심미적으로 전달하는 방법으로 단순화와 명료화 과정으로 구체적 형상을 그리지 않고 추상적 개념으로 색채를 색면화하여 감정을 표출하였다. 이 그림에서는 강한 오렌지색을 밑에 칠하고 어두운 검은색이나 후퇴색인 녹색은 위에 칠해 서로 튀어나오지 못하도록 긴장상태를 유지하게 하여 전면회화를 시도하였다. 색상을 통한 명상과 사색적 표현은 나중에 종교적 의미로 확대되어 말년에는 채플에 전념하지만 1970년에는 자살을 하게 된다.

이 외의 추상표현주의 작품으로는 윌렘 드 쿠닝의 〈여인 1〉이라는 작품이 있다. 이 그림에서는 격노한 여인의 참지 못할 분노와 사랑, 증오의 투쟁표현을 광란에 가까운 붓질로 표현한 형상이 보인다. 그동안 우상이나 비너스, 누드로 요약되는 전통적 여인상을 전복시켜 오래된 전통적 소재를 현대적 양식인 추상표현주의의 강렬한 붓질로 표현하였으며 난폭성과 과장된 공포감을 효과적으로 전달하고 있다.

무의식을 폭발적으로 격렬하게 표출한 심리적 이유

가출로 인한 아버지의 부재	알코올 중독, 우울증
어머니의 무절제한 방임	콤플렉스, 반항심
경제공황으로 인한 극심한 가난	귀소본능, 죽음본능

[그림 5-48] 잭슨 폴록의 작품 배경

- 전통적 여인상(우상, 비너스, 누드)의 새로운 표현
- 오래된 전통 소재를 현대적 양식인 추상표현주의의 강렬한 붓질로 표현
  - 난폭성, 과장된 공포감의 효과적 전달

➡ 전통적 소재인 여인상을 추상표현주의로 해석

[그림 5-49] 윌렘 드 쿠닝, 〈여인 1〉, 1952년

1940년대 이후 세계미술의 중심은 파리에서 미국으로 옮겨 가는데 여기에는 제2차 세계대전을 미국 본토에서는 겪지 않았다는 요인과 연방 미술정책에 의한 경제적 후원이 작용한 것이다. 이 시기의 미국 미술에서 추상적 경향이 추상표현주의라고 하면 구상적 경향은 팝아트로 나타난다.

팝아트는 추상표현주의의 주관적 엄숙함을 반대하고 매스미디어와 광고 등 대중문화의 시각적 이미지를 미술의 영역에 적극 수용하고자 했던 구상미술의 한 경향이다. 대중 소비사회와 산업사회라는 현실을 미술 속에 적극 수용하여 예술과 일상의 경계를 허물고, 순수예술과 대중예술을 구분하고자 했던 이분법적 구조를 불식시키는 계기가 되었다.

대표적인 작품 중 리처드 해밀턴(1922~)의 〈오늘의 가정을 그토록 색다르고 멋지게 만드는 것은 무엇인가〉는 최초의 팝아트 작품이며 현대 대중문화의 속성인 순간적, 대중적, 대량생산적, 청년문화적, 성적 요소들을 표현하고자 했다. 앤디 워홀의 〈샷 세이지 블루 마릴린〉은 일상을 미술의 영역으로 끌어들여 유명인의 얼굴이나 코카콜라 등의 대중적이고 친숙한 이미지를 사용했다.

[그림 5-50] 리처드 해밀턴, 〈오늘의 가정을 그토록 색다르고 멋지게 만드는 것은 무엇인가〉, 1956년

[그림 5-51] 앤디 워홀, 〈샷 세이지 블루 마릴린〉, 1964년

4. 인지와 정서에 따른 형과 색의 사용 비교

이제까지 살펴본 서양미술의 흐름은 계속된 변화에서도 인지와 정서라는 인간의 심리가 작용하고 있음을 알 수 있다. 인간의 심리는 복합적으로 설명되지만, 그중에서도 인지와 정서는 매우 중요한 요소로서 이를 통해 인간은 사물과 상황을 파악하고 내면을 표현한다. 생각과 느낌이라고도 하는 인지와 정서에 의한 반응과 사물의 파악은 미술 사조의 설명과 시대적 문화의 흐름을 이해하는 데에도 도움이 된다. 쉽게 말하면 어떤 사조는 생각을 전달하는 데 치중하는가 하면 어떤 사조는 감정을 표현하는 데 더 치중한다는 것으로 이것은 각 개인의 작품을 이해하고 공감하는 데에도 소통하는 주안점으로 작용하게 될 것이다.

이제까지의 흐름을 정리해 보면 본격적인 서양미술은 르네상스부터 시작되었다. 르네상스는 그리스 미술의 이상화된 아름다움의 재생으로 이상화된 현실의 반영을 보다 과학적으로 객관화하고자 했던 시기이다. 이상화된 아름다움을 인간의 시점에서 납득할 수 있도록 인지적 표현인 과학적인 방법, 즉 원근법이나 명암법, 해부학적 이해 등을 사용한다.

다음으로 시작되는 바로크와 로코코에서는 르네상스의 인지적 표현 대신 정서적 표현을 사용한다. 다른 점은 바로크가 남성적이고 웅장하다면 로코코는 여성적이며 섬세한 정서적 표현을 사용한다는 것이다. 다음에 이어지는 신고전주의는 그리스 미술을 계승하고자 하였으며 고전의 재부활과 고대미술을 근거로 이성주의적 원칙을 새롭게 찾아내는 인지적 표현을 추구하였다.

그 후 다시 정서적 표현을 추구하는 낭만주의가 시작되고 합리적이고 객관적 아름다움보다는 주관적이고 감정과 개성을 존중하는 역동적이고 생생한 현실을 찬미한 정서적 표현을 보여 준다. 이어지는 사실주의는 감정이나 상상력을 강조하는 낭만주의보다는 감정을 배제한 카메라의 시각처럼 객관적으로 현실을 있는 그대로 직시하고 묘사하자는 움직임이다. 이러한 인지적 태도를 보다 더 명확히 하고자, 생각과 그리는 방식까지도 있는 그대로 그리고자 했던 것이 인상주의였다. 빛이 사물과 만나는 찰나에 보이는 대로 특정 시각과 특정 공간에서 직접 마주친 대상의 이미지를 재빨리 표현하고자 하였다. 그러나 카메라와 달리 기억에 의존하면서 결과적으로는 주관적 이미지가 표현되는 결과로 이어졌다. 신인상주의는 섞을수록 밝아지는 빛을 표현하는 데 적합하지 않은 물감의 한계를 극복하고자 물감을 섞지 않고 점으로 찍는 병치혼합을 사용하는 인지적 표현을 보여 주었다. 그 후에 이어진 후기인상주의 작가인 세잔, 고흐, 고갱은 인상주의와 달리 내적인 추구를 하게 된다.

세잔이 사물의 본질적 형태를 찾고자 하는 인지적 표현을 추구하였다면, 고흐는 색채를 이용하여 내면을 표현하는 정서적 표현으로, 고갱은 색 자체의 감정과 자율성을 강조하는 표현을 추구하면서 다음 사조에 영향을 미쳤다. 세잔의 본질적 형태를 찾는 인지적 표현은 피카소의 입체주의로 이어져 순수하고 새로운 조형적 시도를 하는 인지적 표현으로 나타난다. 이것은 다시 차가운 추상과도 연계되어, 1910년경부터 보이는 몬드리안의 신조형주의는 새로운 형상을 찾는 계획된 기하학적 추상으로 보편적인 조형언어를 탐구하게 된다. 이러한 인지적 표현은 말레비치의 절대주의와도 연계되어 관념 속에만 존재하는 순수한 이데아의 세계로 이어진다. 고흐의 색채를 이용한 내면적 표현은 인간의 부정적 감정을 표출하고자 했던 표현주의에 영향을 주었다. 표현주의는 인간의 정서적 감동을 중요시했던 내적 필연성의 칸딘스키로 대별되는 뜨거운 추상으로 이어졌고 이것은 다시 추상표현주의로 연결된다. 추상표현주의는 보편적이고 근원적 감정표현에 기반을 둔 정서적 표현이라 할 수 있다. 고갱은 야수주의에 영향을 주었고 추상표현주의의 색면회화에도 연계되어 나타난다.

이와 같이 서양미술의 흐름은 인지와 정서적 표현을 번갈아 가면서 변화시키고 있으며 그 욕구와 의도는 조형언어에도 변화를 주었다. 대체적으로 인지적 표현이 형태를 강조하는 선명한 작품을 보여 주었다면 정서적 표현은 색채를 강조하고 형태는 부드러워지면서 분위기를 표현하는 특징을 보여 준다. 이것은 그 시대를 대변하는 작가의 그림감상과도 연결되어 작가가 표현하고자 하는 의도를 알게 함으로써 보다 쉽게 작품과 공감을 가질 수 있으리라 생각된다.

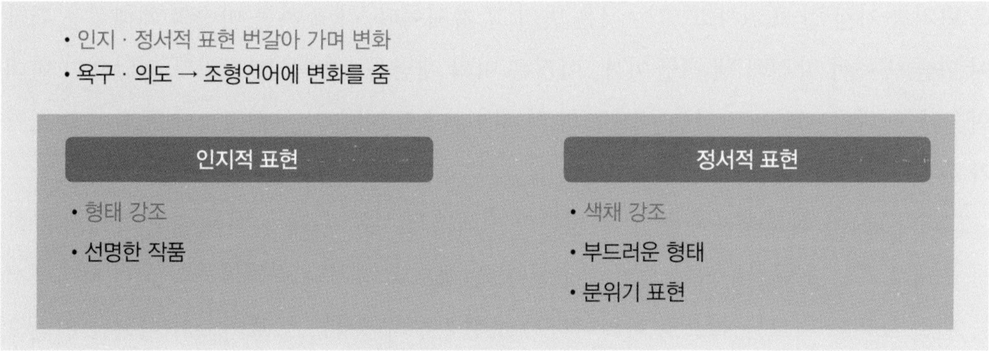

[그림 5-52] 서양미술의 변화와 패턴

5. 다다에서 초현실주의까지

이러한 서양미술의 흐름과는 다른 또 하나의 흐름이 1914년부터 1918년까지의 제1차 세계대전으로 대두된다. 세계 전쟁은 인류를 큰 충격에 빠지게 하였는데 그것은 과학적 이성과 자본주의적 합리성으로 인류의 유토피아를 실현할 수 있다고 자부해 온 근대 서양 문화가 인류 전체를 파괴하는 참혹한 전쟁을 일으켰기 때문이다. 이것은 내면 세계의 다양한 감정과 가치를 마비시켜 생산 효율성만 내세움으로써 물질적 생산성을 증대하고 편리함을 누리게 했던 근대문명과 자본주의가 소유욕만 가득한 기형화된 상태로 변형되어 전 세계를 자기 마음대로 통제 · 소유하려는 세력들이 충돌하면서 일어난 것이라고 할 수 있다.

이에 제1차 세계대전 중이었던 1916년, 전쟁에 반대하여 중립국인 스위스 취리히에서 근대 문명을 부정하고 기존의 질서를 파괴하고자 했던 예술운동, 다다가 시작되었고 다다는 순식간에 유럽의 모든 도시로 전파되었다.

전쟁으로 인한 충격과 허무감이 특징이었던 다다의 유명한 작품으로는 마르셀 뒤샹의 〈샘〉이라는 작품이 있다. 화장실에 있어야 할 변기를 앙데팡당전에 출품했지만 전시가 거부되었고 그 이유는 변기가 불결하고 부도덕하고 작가가 그리거나 만들지 않아서였다고 한다. 그러나 '변기가 불결하다고 하는데 한 번도 사용하지 않았던 변기이기 때문에 그렇게 생각하는 사람의 의식이 문제라고 했으며 그리거나 만들지 않았다고 거부됐지만 사실은 변기를 가장 잘 표현하고 있는 것은 변기 그 자체이다.'라고 하는 미술의 재해석을 뒤샹이 미술 속에서 발견해 낸 작품이다. 이것은 미의 개념을 뒤바꾸는 계기가 되었으며 현대미술의 '레디메이드'라고 하는 예술가의 선택과 관심도 미술의 구성요소에 포함시킨 계기가 되었다.

그러나 제1차 세계대전이 끝난 후 평화의 시대가 찾아오자 점차 힘을 잃고 파리의 다다를 모태로 하는 초현실주의가 생겨나게 된다. 전쟁으로 생겨난 충격과 허무감이 다다에서는 현실 도피와 비꼬는 식으로 나타나다가 초현실주의에서는 프로이트의 이론을 기반으로 한 무의식의 공간으로 이동한 것이다.

다다가 기존의 것에 대한 단순한 반발이었다고 한다면 초현실주의는 무의식의 초현실

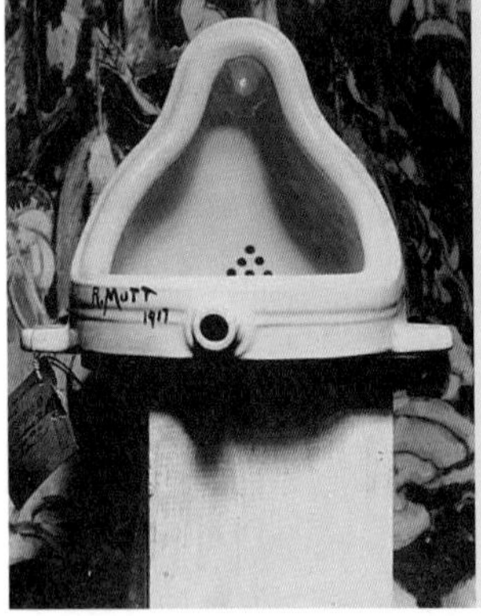

- 한 번도 사용하지 않은 변기이기 때문에 불결하다고 생각하는 사람의 인식이 문제
- 사실 변기를 가장 잘 표현하고 있는 것은 변기 그 자체

➡ **미술의 재해석을 미술 속에서 발견한 작품**
현대미술의 레디메이드를 구싱요소에 포함시킨 계기

[그림 5-53] 마르셀 뒤샹, 〈샘〉, 1917년

을 지각시키기 위한 것이었다. 즉, 다다가 기존의 의미에 대한 단순한 파괴를 목적으로 시도한 데 비해, 초현실주의는 대상을 고정관념에서 벗어나 본질적으로 바라보고자 했다. 이것은 새로운 의미를 찾게 하는 창조적 활동이며, 인간의 무의식적 상상을 불러일으키는 계기를 제공한다는 점에서 차이가 있다. 초현실주의는 인간의 환상, 꿈, 상상 등 무의식의 세계를 개방하여 정신적인 자유를 얻는 것이다.

[그림 5-54] 살바도르 달리, 〈기억의 고집〉, 1931년

초현실주의의 대표적인 작가로는 달리와 마그리트가 있다. 먼저 달리의 작품 〈기억의 고집〉을 보면 꿈속 이미지들처럼 무의식을 표현한 작품으로 자연의 법칙에 구애받지 않는 모습의 그림이다. 이 작품은 의식이 지각한 현실을 의식의 법칙인 인과율과 시간성에 맞게 객관적으로 재현한 것이 아니라 무의식의 상태를 무의식의 기호와 원리로서 주관적으로 표현한 것이다. 치즈와 같이 흐물흐물 녹아 내리는 시계의 이미지는 발표 당시 너무나 충격적이었기 때문에 녹는 시계는 달리의 대명사가 되었다. 실제 제작과정을 살펴보면 배경의 포트리가트 항구의 풍경은 이미 그렸던 것이고 나머지는 추후 짧은 시간에 덧그려져 순간의 영감으로 무의식을 표현한 것이다.

〈기억의 고집〉에는 과도하게 오래 지속된 엄마의 돌봄 때문에, 유년기 이후 현실의 냉정한 요구들에 당황하며 적응할 수 없었던 달리 자신이 황량한 나뭇가지와 구부러진 시

다다	초현실주의
• 우연성	• 우연과 무의식 → 초현실세계 작품화
• 선동적 제스처, 해프닝 사용 (과학적 권능과 지성에 반하는 행동)	• 전쟁의 충격, 허무감
• 전쟁의 충격, 허무감	➡ 무의식의 공간으로 이동
➡ 현실 도피, 비꼼	

[그림 5-55] 다다와 초현실주의 비교

계로 상징되어 나타나고 있다. 녹는 시계는 멈춰 버린 시계로 이것이 상징하는 것은 활동을 끝낸 것이며 죽음이다. 중앙에 옆으로 누운 사람의 얼굴 같은 물체는 '음울한 유희', '대자위자'에서도 보이는 '내면의 자화상'이라 할 수 있다. 왼쪽의 상자 위에 놓인 회중시계에는 개미가 무리지어 있다. 달리는 개미 떼를 여러 번 그리고 있지만 시간을 상징하는 시계에 개미 떼가 있는 모습은 종말을 암시한다. 무기질의 상자에서 올라온 왼쪽의 올리브 나무는 이미 시들어 있어 생명의 끝을 암시하고 있다. 마른 나무 안에 보이는 장방형의 물체는 달리 집 앞에 있는 부두의 이미지로 붕괴된 종말 세계로부터의 여행의 상징이다. '기억의 고집'이란 제목에서처럼 오랫동안 지속되어 온 무의식의 기억을 외부로 표현하여 떠나보내고 싶어 하는 화가의 욕망이 느껴진다.

마그리트의 대표적인 작품 중의 하나인 〈인간의 조건〉은 창의 문제를 우리에게 제시하고 있다. 예술가의 생애를 통해서 그가 원한 것은 극히 일상적인 사물에 잠재되어 있는 수수께끼와 신비를 어떻게 표현하는가였다. 마그리트는 이러한 문제를 해결하기 위한 독창적인 방법을 발견하게 되는데 그것은 '문제와 해답'이라고 하는 시스템으로 일상적인 사물이 던지고 있는 수수께끼를 하나의 문제라고 생각하고 거기에 대응하는 해답을 제시하는 것이다. 〈인간의 조건〉에는 창밖의 풍경이 보인다. 그러나 여기에 보이는 풍경은 단순히 창밖으로 보이는 고즈넉한 풍경만이 아니다. 풍경을 가로지르는 캔버스의 하얀 옆면과 그

[그림 5-56] 르네 마그리트, 〈인간의 조건〉, 1933년

위아래로는 이젤이 보이기 때문이다. 따라서 오른쪽 커튼 근방에 조금 보이는 풍경의 대부분은 실내의 풍경화라는 것을 알 수 있다. 이 그림에 그려진 나무는 결국 바깥에 있는 실제의 나무를 감추고 있는 것이 된다. 그러나 이 나무는 감상자에게 있어 실내의 그림 속과 창밖의 실제 풍경 양쪽에 존재하고 있다.

우리가 이와 같이 세상을 보고 있다는 의미이다. 외부에 존재하는 것이라고 보고 있는 세계는 실은 자기 내부의 표상에 지나지 않는 것이다라는 질문과 대답을 동시에 보여 준다. 이러한 질문과 대답은 각자의 내면 속에 있는 무의식을 자각하고 자신을 새롭게 바라보며 의식과 무의식을 통합한 초현실을 바라보아야 한다는 것이다.

실습활동 자동기술법에 대한 실습

진행 순서

(1) 자동기술법의 의미에 대한 이해–무의식의 표출과 의식화

(2) 여러 가지 예 알아보기–난화, 액션페인팅

(3) 매체를 이용한 표현

① 준비한 상자 안에 켄트지를 깐다.

② 여러 개의 구슬에 각각 다른 색의 물감을 묻혀 여기저기로 굴려 본다.

(4) 작품 설명 및 제목 정하기

(5) 느낌에 대한 발표 및 소감 나누기

■ 참고그림 1

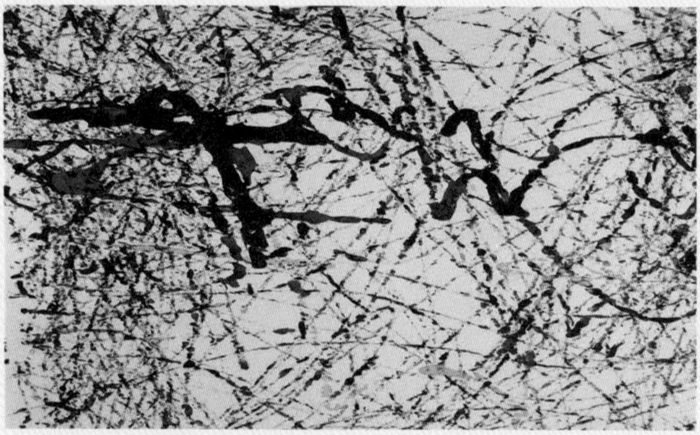

■ 참고그림 2

제3부

체험 편

제6장

고흐와 뭉크의 그림을 통해 본 부모의 역할

1. 인간심리의 발달과정과 부모의 역할

인간은 태어날 때부터 대상들과 관계를 형성하고 대상과 적극적으로 관계를 맺을 수 있는 능력을 가지고 태어난다. 그러나 생애초기의 관계 형성에 문제가 생기면 내면세계와 외부세계를 구별하지 못하고, 좋고 나쁨에 대한 분리된 양극적 사고를 형성한다. 또한 강한 자기애적 성향을 보이며 다시 어머니와의 행복한 하나 됨의 상태로 돌아가고자 하는 강한 욕구를 가진다.

이와 같이 부모의 역할은 인간의 성장과정에 지대한 영향력을 끼치는데 대상관계 측면에서 개인적 상실의 유아기 경험을 가졌던 고흐와 뭉크의 비교를 통해 성장과정에서의 갈등이 그림에서 어떻게 승화되는지를 살펴보는 것은 그들의 그림을 구체적으로 이해하고 공감하는 데 도움이 될 것이다.

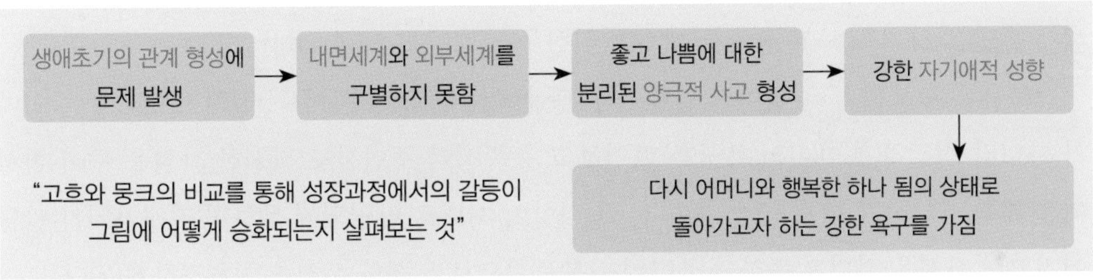

[그림 6-1] 부정적 관계 형성과정과 의미

1) 인간심리의 시기별 발달 변화

인간은 나이가 들면서 신체적으로도 성장하지만 심리적으로도 성장을 하게 된다. 심리적 성장은 주로 인지와 정서의 발달에서 이루어지는데 자극에 대한 이해와 반응이 자기중심에서 탈중심화하고 구체적인 외형에서 내면적이고 추상적으로 변화한다. 즉, 자기본위에서 다른 사람을 이해하면서 배려하게 되고 상대방 입장에서 생각하고 느끼게 된다. 이는 대부분 최초양육자로부터 시작되어 세상에 대한 신뢰감과 믿음, 안정된 정서를 가지고 생활의 범위를 넓혀 간다는 것이다.

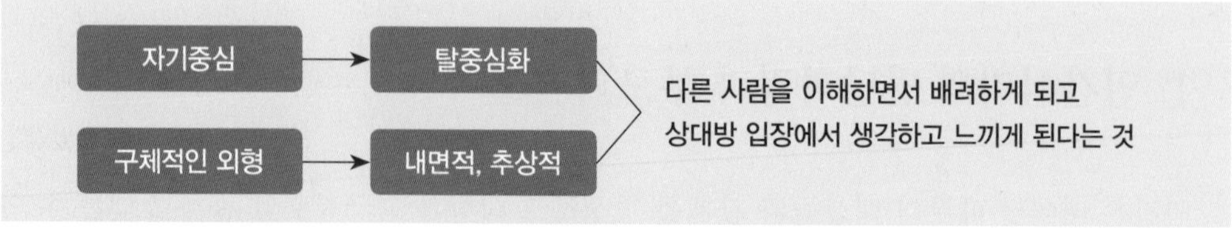

[그림 6-2] 인지와 정서의 발달과 변화

2) 대상관계이론

대상관계이론은 이러한 인간의 발달과 행동의 주요동기를 대상과의 관계로 이해하고자 하는 이론이다. 구체적으로 설명하면 대상관계이론가 중에서 위니컷(Winnicott)이라는 영국의 소아과 의사는 아이가 자신의 있는 그대로의 '참자기'로 살아가기 위해서는 두 가지가 필요한데, 먼저 어머니의 안아 주는 환경이 필요하다고 하였다. 헌신적인 어머니를 통하여 충분한 충족이 이루어지면 원하는 것은 다 이루어진다는 판타지를 갖게 되고 다음 단계인 좌절의 경험에서도 자연스러운 발달이 이루어진다. 이때 결핍이 일어나면 충족을 위해서 발달을 하지 못하고 욕구를 채우기 위한 이상행동을 하게 된다.

그다음은 충분히 좋은 엄마의 역할이다. 충분히 좋은 엄마는 마구, 절대적으로 좋은 엄마가 아니라 적절하게 아이의 욕구를 반영하고 충족시켜 주면서도 적절한 좌절을 주어 현실의 한계를 습득하게 해 주는 엄마이다. 이 역할이 제대로 반영되지 못하면 거짓자기가 만들어지면서 좌절을 견디지 못하고 공격성을 분출함으로써 심한 부적응을 초래하게 된다.

또 다른 이론가 말러(Mahler)도 단계이론을 통하여 좌절과 통합단계를 중요시하였다. 인간은 누구나 정상적으로 생애초기에 자기 안에 갇힌 자폐와 엄마와 하나라는 공생을 거친 후 독립된 존재가 되기 위한 분리 개별화를 통해 위기를 잘 넘기고 해결하면 개인의 발달과

〈표 6-1〉 위니컷의 참자기 형성과정

안아 주는 환경	• 헌신적인 어머니를 통해 충분한 충족이 이루어지면 원하는 것은 다 이루어진다는 판타지를 갖게 됨 • 다음 단계인 좌절의 경험에서 자연스러운 발달 결핍이 일어나면 욕구를 채우기 위한 이상행동 초래
충분히 좋은 엄마	• 욕구의 적절한 충족과 좌절을 주어 현실의 한계를 습득하게 해 주는 엄마 • 제대로 반영되지 못하면 공격성과 심한 부작용 초래

성숙에 영향을 끼쳐 대상항상성이라는 안정된 감각을 갖게 된다. 그러나 분리개별화 단계에서 통합된 감각을 갖지 못하고 좌절하면 흑백논리로 생각하게 되어 양가감정이나 사랑과 공격성, 좋은 것과 나쁜 것을 통합하지 못하고 극과 극으로 생각하는 경계선 성격장애, 자기애성 성격장애 등의 심리적 문제를 가지게 된다고 하였다.

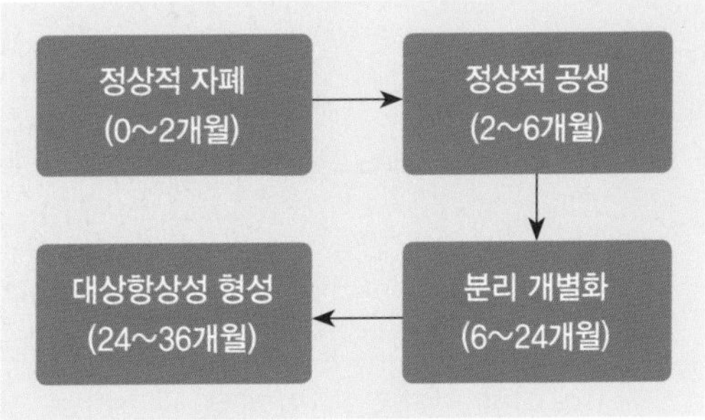

[그림 6-3] 말러의 4단계 이론

3) 시기별 부모 역할의 변화

이와 같이 부모 역할은 매우 중요하지만 고정적이지 않고 아이의 성장에 따라서 달라져야 한다. 영아기에는 신뢰감을 가질 수 있도록 헌신적이어야 하지만 유아기에는 애정과 통제라는 훈육이 이루어져야 하고 아동기에는 활동반경이 넓어지면서 필요한 사회적인 기술을 갖출 수 있도록 도와야 한다. 또한 자아가 급속히 성장하는 청년기에는 심리적 걸음마를 할 수 있도록 자율성을 부여하고 힘들 때는 부모 곁에서 쉴 수 있는 안전기지 역할을 해야 한다.

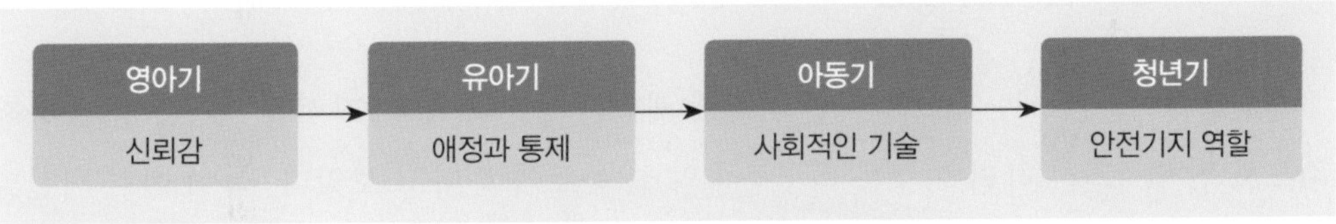

[그림 6-4] 시기별 부모 역할의 변화

그러나 고흐와 뭉크는 불행하게도 어린 시절 주양육자로부터 좋은 경험을 갖지 못했으며, 이러한 어려움을 견디고 승화하는 과정이 이들 작품의 주요 창작 동기가 되었다. 정신분석에 의하면 작품의 제작과정은 예술가가 내면에 채워지지 않는 욕구를 가지고 그것이 갈등이 되면서 형성된 콤플렉스로부터 시작한다. 내면의 고통이 힘들면 힘든 만큼 그것을 어떠한 형태로든 표출함으로써 고통과 갈등에서 벗어나고자 한다는 것이다. 여기에 표현작용이 일어나고 그때 만들어지는 것이 작품이 되며 이러한 내적인 갈등이나 콤플렉스를

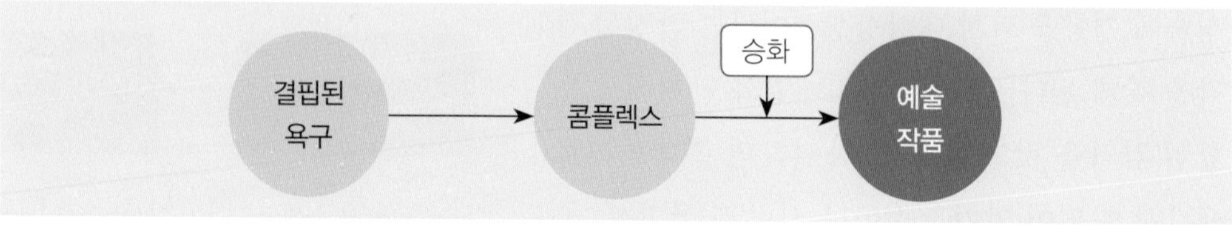

[그림 6-5] 승화의 과정

어떠한 형태로든 외계로 표출하는 것으로 예술가의 승화가 일어난다. 프로이트는 예술을 억압된 욕구의 승화라고 했지만 승화는 원래 물리학 용어이다. 일반적 과정인 고체에서 액체, 액체에서 기체로 바뀌지 않고 고체에서 바로 기체로 바뀌는 현상으로 특성이 완전히 바뀐다는 의미이다.

이러한 승화는 방어기제 중에서 가장 고차원적인 것으로 인간은 불안할 수밖에 없는 생물학적인 존재이며 방어기제를 통해서 불안을 해소하고자 했다. 억압된 욕구를 승화하기 위해서는 해소하는 대상이 바뀌어야 하고, 목표는 대부분의 사람이 수용 가능해야 하며, 실행하는 에너지도 파괴적이거나 부정적이지 않고 중성적이어야 한다. 고흐와 뭉크는 부모나 환경을 원망하거나 세상에 굴하지 않고 억압되었던 욕구와 트라우마를 창조적 에너지로 승화하고자 했다.

4) 부모의 역할과 관련된 고흐와 뭉크의 트라우마

정신분석이론에서는 작가가 어린 시절에 체험한 상처나 박탈, 좌절을 작품을 통해 간접적으로 만족시키려 하며 이것은 욕구충족의 한 통로가 된다고 보았다. 특히 어린 시절의 초기기억과 부모와의 정서적 상호작용을 중요시하며, 이러한 내용은 작품을 이해하는 데 주요한 자료가 된다.

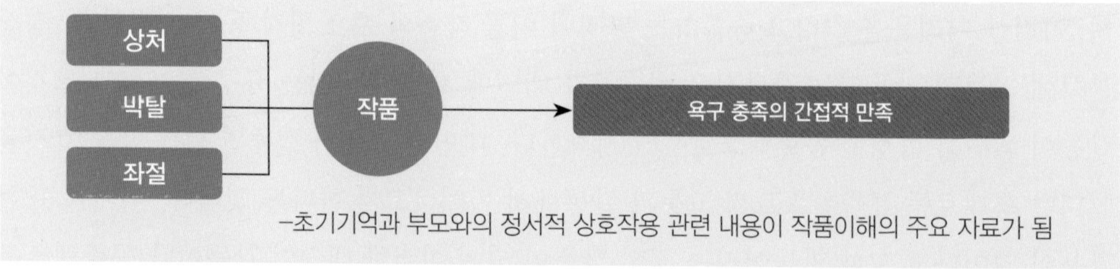

[그림 6-6] 작품 제작을 통한 욕구 충족의 통로

(1) 고흐

고흐는 1853년 3월 30일 태어났다. 그러나 태어난 그날이 1년 전에 형이 죽은 날이었고 이름도 형의 이름을 그대로 물려받았다. 남편보다 세 살 많았던 34세의 어머니는 늦은 나이에 첫 아이의 사산이라는 형의 죽음에서 헤어나오지 못하였다. 게다가 부모는 고흐에게 형의 이름을 그대로 물려주었고 어린 시절 내내 마당에 있는 자기 이름이 쓰인 형의 무덤을 보면서 자기 자신이 형 대신이라는 생각을 하였을 것이다.

특히 고흐 어머니 안나는 죽은 형, 빈센트 반 고흐 때문에 늘 슬퍼했다. 죽은 형의 이름을 고스란히 물려받은 고흐는 슬퍼하는 어머니를 볼 때마다 그녀를 위로하고 기쁘게 해 주어야 한다는 책임감을 느꼈을 것이다. 고흐는 어머니의 사랑이 가장 필요한 유년 시절에 그 애정을 누릴 수 없는 불행한 상황에 내몰린 것이다. 이러한 트라우마는 고흐가 살아가면서 계속된 상실과 실패의 연속에서 이 세상에는 자신 혼자뿐이라는 느낌을 갖게 한다. 이러한 고흐의 생애가 구해도 얻을 수 없는 사랑의 비극으로, 37년에 걸쳐 오히려 더욱더 사랑을 추구하지만 항상 거절당하는 매우 커다란 요인의 하나였다는 것을 부정할 수 없다.

이와 같이 끊임없는 좌절, 어머니의 무관심, 권위적인 목사 아버지와의 반복되는 충돌 그리고 계속된 사랑의 좌절로 미래가 보이지 않았던 그에게 그림은 트라우마를 해소하고자 했던 혼의 절규라 할 수 있다. 고흐의 그림 그리기는 끊임없는 좌절 속에서 '나는 누구인가', '나는 무엇을 하기 위해 살아 있는 것인가'라는 의문을 확인하기 위한 작업이었다.

- 1년 전 형이 죽은 날 출생(1853. 3. 30.)해 형의 이름을 물려받음
- 슬퍼하는 어머니를 기쁘게 해야 한다는 책임감을 느낌
- 어머니의 사랑이 가장 필요한 유년 시절에 그 애정을 누릴 수 없는 불행한 상황에 내몰림

◀ 빈센트 반 고흐(1853~1890년)

(2) 뭉크

뭉크는 태어날 때 작고 쇠약한 몸으로 5남매 중 둘째로 태어났다. 그의 불행은 5세 때부터 시작되었는데 어머니가 결핵으로 죽었고 13세가 되던 해에는 어머니처럼 의지했던 누이까지 어머니와 똑같은 병으로 잃었다. 사랑했던 가족들의 잇따른 죽음으로 그는 누구와도 애착관계를 형성하지 못했고, 성장과정에서 경험한 어머니와 누이의 죽음은 삶에 지대한 영향을 미친다. 자기대상을 느껴야 할 시기에 뭉크에게는 정서적으로 안정되게 의지하고 신뢰할 수 있는 애착 대상이 없었다는 것으로, 뭉크 자신의 감정을 솔직하게 표현할 수 있는 대상이 존재하지 않았다는 것을 의미한다. 의사였던 아버지 또한 가족들의 잇따른 죽음으로, 종교에 광적으로 의존하게 되었고 완고하고 도덕적인 양육 태도는 자식들에게 안정된 가족관계를 제공하지 못했다. 이러한 정신적 외상은 죽음을 바라보는 뭉크의 내면을 더욱 내향적으로 만들고 자신 속에 내재되어 그를 죽음의 불안에 쫓기게 했다. 이 과정에서 관계에 대해 집착과 의존을 하게 되고 불안정하고 외로운 자아를 다시 찾게 되는 과정이 그의 그림 제작과정이었다.

이러한 제작과정을 고흐의 그림과 구체적으로 비교해 보면 [그림 6-7]은 빈센트 반 고흐의 〈별이 빛나는 밤〉이라는 작품이고 [그림 6-8]은 에드바르 뭉크의 〈밤하늘〉이다. 똑같은 유럽의 밤하늘을 그렸지만 그림이 다른 가장 큰 이유는 고흐와 뭉크의 내면이 다르기 때문일 것이다. 더 자세히 말하면 밤하늘이라는 자극에 그들의 반응하는 방식, 표현방식, 삶의 방식이 달랐기 때문이다. 고흐가 무시되어 온 자신의 존재를 시각화하여 타인에게 증명하고자 하는 강력한 표현을 시도했다면 뭉크는 상실의 슬픔 속에서 벗어나지 못하는 자신의 현재를 표현하고자 했다. 이와 같이 고흐와 뭉크의 그림은 자기 삶의 생생한 체험을 통해 나오는 내면적인 표현으로 감상자와 소통한 명화의 대표적 사례 중 하나라고 할 수 있다.

- 작고 쇠약한 몸으로 5남매 중 둘째로 출생
- 사랑했던 가족(어머니와 누이)의 잇따른 죽음으로 애착관계를 형성하지 못함
- 애착대상이 없다는 것은 자신의 감정을 솔직하게 표현할 수 있는 대상이 존재하지 않았다는 것
- 가족들의 죽음 후 종교에 광적으로 의존한 아버지는 완고하고 도덕적 양육 태도로 일관

◀ 에드바르 뭉크(1863~1944년)

[그림 6-7] 빈센트 반 고흐, 〈별이 빛나는 밤〉, 1889년

[그림 6-8] 에드바르 뭉크, 〈밤하늘〉, 1893년

2. 고흐와 뭉크의 미술사적 의미

1) 시대적 배경

고흐와 뭉크가 살았던 19세기는 불안과 동요의 시기로 1860년을 기점으로 유럽의 문화는 세기말적인 분위기 속에서 혼란과 분열의 연속이었다. 그러나 과학 문명의 발달은 눈부신 발전을 보이면서 산업의 발달로 이어져 사회는 점점 번영의 시대로 도래하였다. 새롭게 형성된 중산층 지식인들은 그동안의 봉건적 문화의 세습을 거부하고 자신의 새로운 문화를 추구하며 정치적 · 사회적 변혁을 요구하게 되었다.

미술의 측면에서도 정확하게 대상을 묘사해 왔던 회화의 기술적 모방이 카메라의 발명으로 존재 이유가 없어진다. 카메라의 발명은 '회화란 무엇인가'라는 본질을 따지는 문제를 대두시켰고, '아트'라는 말이 단지 모방이라는 개념을 넘어서 순수미술의 의미로 사용되기 시작하였다.

이 시기의 전환점 중 하나는 그동안 그림을 주문생산하던 방법이 바뀌기 시작한 것이다. 당시 작가들은 살롱에 입상을 해야만 활동의 자격이 주어지고 이를 위해서는 국가가 정한 미의 규범을 따라야 했다. 하지만 일부 작가들은 이를 거부하고, 새로운 직업으로 등장한 '화상'들과 연계하면서 당시의 공식 등용 기관인 살롱과는 별도로 전시회를 열고 그림을 팔고자 모색하기 시작한다. 생전에 팔린 그림이 한 점뿐이었다는 고흐가 800점 이상의 유화를 그린 것도 화상이었던 동생 테오가 형을 금전적으로 후원하면서 작품의 위탁판매 형식이라는 새로운 방법을 택했기 때문이었다.

서양 회화의 역사에서 커다란 전환기는 사람에 따라 다르게 볼 수 있겠지만 일반적으로는 르네상스와 후기인상주의를 많이 거론한다. 중세시대에서 하나님의 말씀을 신의 시각으로 그리던 것을 인간의 시각으로 그리기 시작했다는 것에서 르네상스는 전환기의 의미를 갖는다. 인간의 시각에서 객관적으로 그리고자 고안됐던 원근법도 사실은 그림을 그리는 '나'라는 기준에서 대상인 사물까지의 거리를 표현한 방법이었다. 그러다가 후기인상주의에서 외형이 아닌 내면을 그리기 시작하며 전환기의 의미를 갖는다. 르네상스부터 그린 3차원의 그림, 즉 외관에 치중했던 흐름이 후기인상주의부터 겉모습보다는 안에 있는 것들, 사물과 사람들의 내면에 들어 있는 본질적인 것을 중시하게 된다. 그중에서도 세잔은 대상의 변하지 않는 기본적 형태인 기하학적 본질을 찾으려고 했고 고갱은 색채 자체의 자율성을 강조했으며 고흐는 내면의 심리를 색채로 표현하고자 했다.

2) 미술사적 의미

이러한 상황 속에서 고흐와 뭉크의 미술사적 의미와 그들의 역할을 살펴보면 이들도 초기에는 외계의 묘사나 인상주의의 영향을 많이 받았지만, 관심이 내면으로 집중하면서 내적 표현에 몰두하게 된다. 우리가 이제까지 살펴봤던 그들의 내면적 어려움의 표현과 표출이 그들에게 시급했을 것이다. 그때까지는 누구도 시도하지 않았던 본격적인 내면의 표현을 모색하였고 둘의 다른 점은 고흐는 원하는 내면의 표현을 위해서 적당한 대상을 자연에서 찾았다면 뭉크는 대상과 상관없이 보다 주관적으로 표현했다는 점이다. 이것은 회화의 흐름이 점점 추상화되어 가는 과정으로 볼 수 있으며, 조형언어를 통하여 자기화와 내면 표현의 가능성을 찾기 위한 모색이었다.

고흐에서 뭉크로 이어지는 이러한 내면 표현의 시도는 사물의 재현이나 구성의 균형 및 아름다움에 대한 전통적 개념은 감정을 더욱 강렬하게 전달하기 위해 무시되었으며 그들의 강조와 왜곡은 내면의 주제나 내용을 강조하는 수단이 되었다. 그 내면 추구는 고흐의 경우 눈에 보이지 않는 그림 저편의 영원한 생명력의 표현이었다면, 뭉크의 내면은 불안을 포함한 인간의 부정적 정서의 표현이었다. 뭉크는 인간의 일반적인 문제를 자신의 체험을

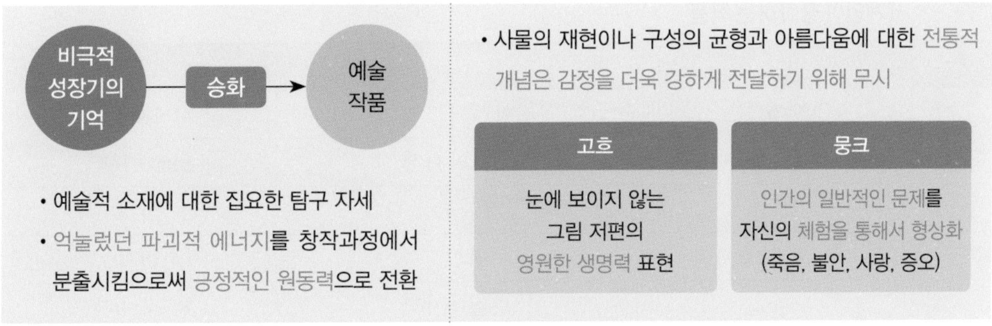

[그림 6-9] 고흐와 뭉크의 창작과정과 내면추구의 방향

통해서 형상화하였고 죽음, 불안, 사랑, 증오 등 생의 고통과 내면세계를 주제로 인간의 어두운 내면을 그렸다. 또한 극적인 주제와 단순화된 형태, 강렬한 색채를 사용함으로써 자신의 어두운 성장과정, 사랑하는 사람들의 상실과 아픔을 상징적으로 표현하였다. 그는 그림을 통해 자신의 슬픔과 고통을 승화하였고 40대 이후에는 인생이란 사랑, 고통, 죽음, 탄생의 순환이라는 보편적인 생의 원리를 수용하면서 과거의 경험에서 해방되는 통찰을 얻었다. 결과적으로 그는 2차원의 화면에 3차원의 허구적 대상을 묘사하기 위해서 그림을 그린 것이 아니고 자신의 무의식에 억압된 아픈 기억과 병리적인 면을 통찰을 통해 치유했다. 뿐만 아니라 죽음과 불안이라는 개인의 문제를 일반적, 보편적 정서로 인식하면서 자신의 문제를 해결하였다.

이와 같이 고흐와 뭉크는 비극적 성장기의 기억을 예술로 승화하는 데 있어서 자신의 예술적 소재에 대한 집요한 탐구 자세를 보여 주었고 억눌렸던 파괴적인 에너지를 창작과정에서 분출시킴으로써 긍정적인 원동력으로 전환시켰다. 감상자들도 고흐와 뭉크의 명화감상을 통해 나와 비슷한 상황에 처했던 화가의 감정에 공감하고 내면의 상처를 스스로 극복할 수 있다.

이것은 통계적으로도 나타나고 있다. 동서양을 막론하고 세계인이 가장 사랑하는 미술작품이 고흐의 〈별이 빛나는 밤〉이라는 것을 보면 알 수 있다. 구글이 2011년 아트 프로젝트에서 세계 각국의 미술관을 대상으로 조사하여 선정한 자료에 따르면 1위가 〈별이 빛나는 밤〉이었고 10위 안에 고흐의 작품이 5점이나 들어 있었다. 이는 미켈란젤로나 다빈치처럼 타고난 천재가 그린 그림이 아니고 우리처럼 시행착오를 거듭한 고흐의 작품에서 오히려 자기 이야기 같은 공감을 느꼈기 때문일 것이다.

〈표 6-2〉 세계인이 좋아하는 작품

순위	화가	작품	시기
1	반 고흐	별이 빛나는 밤	1889
2	보티첼리	비너스의 탄생	1483~1485
3	렘브란트	창문 앞의 자화상, 에칭	1648
4	반 고흐	침실	1888
5	마네	온실에서	1878~1879
6	브뤼헐	추수하는 사람들	1565
7	반 고흐	해바라기	1889
8	홀바인	대사들	1533
9	반 고흐	아를 인근의 꽃밭	1888
10	뵈클린	죽은 자의 섬	1883

출처: 구글(2011년 2월~2013년 7월), 중앙일보(2013. 8. 6.)에서 재인용.

3. 빈센트 반 고흐

1) 고흐의 생애

빈센트 반 고흐(Vincent van Gogh, 1853~1890)는 1853년 3월 30일에 네덜란드의 준데르트에서 태어났다. 그의 아버지 테오도루스 반 고흐(Theodorus Van Gogh)는 27세에 목사가 되었고 2년 뒤인 1851년에 형의 소개로 헤이그 출신인 안나 코르넬리아 카르벤투스(Anna Cornelia Carbentus)와 결혼했다. 남편보다 세 살이 더 많았던 안나는 고흐의 백부인 센트의 아내와 자매지간이었다. 이때 안나는 32세였는데 당시 여성으로서는 아주 늦은 결혼이었다. 이들은 1852년에 첫째 아이를 사산하였고 1년 후 둘째 아이가 태어나지 죽은 큰아이의 이름이었던 빈센트 반 고흐를 그대로 사용하게 된다. 고흐의 어머니 안나는 죽은 형인 빈센트 반 고흐 때문에 늘 슬퍼했고 고흐는 생일과 이름이 자신과 같은 형의 묘를 바라보며 유년 시절을 보낸다. 주양육자에 의한 대상관계에 어려움을 느끼며 성장한 고흐는 소외되어 혼자 산책하기를 좋아했고 내성적이면서 화를 잘 냈지만, 동정심이 가득한 아이로 성장했다.

고흐의 아버지, 테오도루스 반 고흐
27세에 목사에 임직
29세에 안나 코르넬리아 카르벤투스와 결혼

고흐의 어머니, 안나 코르넬리아 카르벤투스
32세(당시 만혼)에 결혼
첫 아이 사산(1852)
사산한 아이의 이름 '빈센트 반 고흐'를 둘째 아이 이름으로 사용

[그림 6-10] 고흐의 아버지와 어머니

16세 때는 센트 백부의 구필화랑 헤이그 지점에 취직하게 되고 1873년에는 런던 지점으로 옮긴다. 이때 런던 하숙집 주인의 딸인 외제니에게 사랑을 느껴 고백했으나 이미 약혼자가 있었던 외제니로부터 거절당한다. 1874년 봄부터 시작된 그녀와의 일방적인 첫사랑은 많은 사람이 겪는 가슴 아픈 첫사랑이었지만 고흐에게는 고여 있던 웅덩이를 건드려 물꼬를 터트린 격이었다. 외제니의 거절은 고흐의 운명을 바꾼 사건이었으며 이때 그를 위로해 준 것은 성경이었고, 이것은 새로운 전환점으로 고흐가 신앙으로 사는 길이 되었다. 그 후 여러 가지의 시행착오를 거친 뒤 첫 번째 부임지 보리나주 탄광에서의 선교 생활은 교회 측에서 그가 '신에 미친 사람'이라는 결론을 내려 활동이 중단된다. 이러한 또 한 번의 실패로 그는 무너졌고 탄광지대에 1년 동안 더 머물게 되는데 이것이 그가 화가가 되기로 마음먹는 계기가 된다. 이때 그렸던 광부들의 모습이나 풍경의 스케치는 그에게 그림을 그리며 살아가는 길을 비추었던 최초의 등불이 되었다. 이처럼 반 고흐의 화가로서의 출발점은 예수의 가르침을 받고 실천하는 목회자의 꿈을 단념하면서부터 시작되었고 화가로서의 삶은 1880년 8월~1890년 7월로 약 10년간 이어진다. 이를 고흐의 거주지역에 따라 5시기로 구분할 수 있다.

[그림 6-11] 반 고흐의 화가가 되기까지의 과정

2) 시기별 구분과 대표작

〈표 6-3〉 반 고흐의 시기별 구분

네덜란드 시기(1880~1885)	나도 무언가 될 수 있다.
파리 시기(1886~1888. 2.)	인상주의의 빛을 발견하다.
아를 시기(1888. 2.~1889. 4.)	자연의 빛을 발견하다.
생레미 시기(1889. 5.~1890. 5.)	자연으로 돌아가다.
오베르 시기(1890. 5~1890. 7.)	나는 아무 데도 쓸데없는 인간인가?

(1) 네덜란드 시기(1880~1885년): 나도 무언가 될 수 있다

이 시기는 실패의 연속에서도 '나도 무언가 될 수 있다'는 생각으로 화가가 되기로 마음먹고 네덜란드 집으로 돌아와 활동하는 시기이다. 잇따른 시도와 실패가 있었던 수습기로 자신의 까다로운 기질과 씨름하면서 현실에 대한 적응과 진정한 자기표현의 수단을 찾으려 애쓴 시기였다.

1881년 여름, 고흐의 부모는 남편의 죽음 직후 상심하고 있는 조카인 케이와 그녀의 아들 얀을 위로하기 위해 초대한다. 그러나 크나큰 슬픔을 겪고 있는 그녀가 고흐에게는 동경의 여인으로 보이게 되고 고흐는 또 한 번 사랑을 고백하지만 거절당한다. 그럼에도 집착하는 고흐를 피해 그녀는 도망가다시피 갑자기 떠나게 되고 이 일로 아버지와 아들의 관

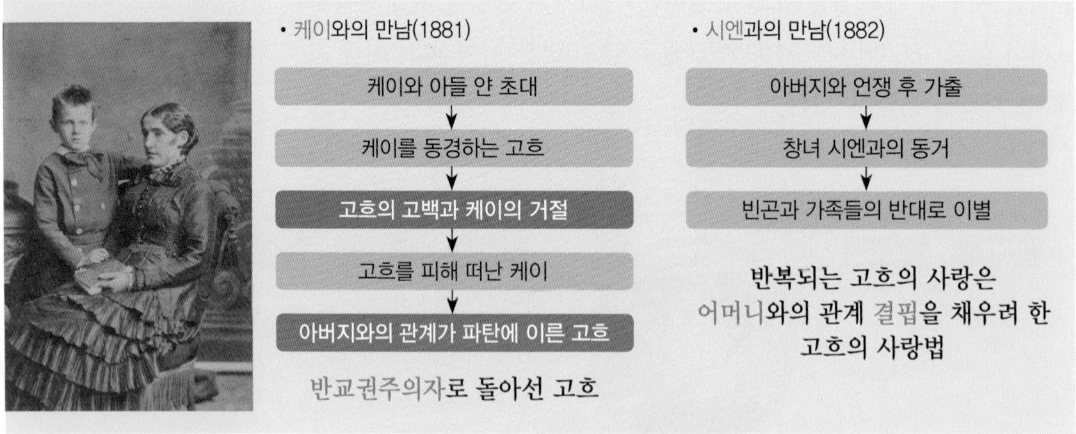

[그림 6-12] 케이, 시엔과의 만남

계는 파탄에 이른다. 목사였던 고흐의 아버지와 케이의 아버지의 반대로 이 만남은 더 지속되지 못하고 결국에는 종교와도 결별하면서 반교권주의자로 돌아선다. 게다가 예배 참석 문제로 아버지와 언쟁하고 집을 나온 후, 헤이그 생활에서 창녀 시엔과 동거를 하지만 가족들의 극심한 반대와 경제난으로 헤어진다. 이렇게 이해할 수 없는 사랑을 고집하게 된 것은 어머니의 결핍을 채우려 했듯 타자의 무엇으로 존재하고 싶어 하는 고흐의 사랑 방법이라 할 수 있을 것이다.

이 시기의 대표작으로는 그림에서 볼 수 있듯 소묘로 그린 〈삽질하는 사람〉(1882. 10.)과 〈씨 뿌리는 사람〉(1881. 4.)인데 성직자의 길을 단념하고 화가가 되기로 한 이후, 고흐는 농민이나 노동자를 자주 그렸다. 그중에서도 〈삽질하는 사람〉과 〈씨 뿌리는 사람〉을 많이 그렸는데 농부를 그렸다기보다는 성경 속의 등장인물을 그린 것이었다. '삽질하는 사람'은 곡식을 얻기 위해 땀을 흘려야만 하는 낙원에서 추방되었던 아담이고 '씨 뿌리는 사람'은 하나님의 말씀을 뿌리는 사람이며 말년의 밀 베기 그림은 죽음의 상징으로 종교적 의미를 부여했다.

창녀 시엔과의 동거는 고흐에게 그의 인생에서 단 한 번의 가정이라는 경험을 하게 하였고 작품의 모델로도 드러난다. 그중에서도 〈슬픔〉(1882)은 그에게 종교적 의미와 인생의 슬픔을 느끼게 하는 명작으로 알려져 있다. 작품 아래 글의 해석은 '버려진 여인, 그리스도적 연민의 정, 지상에 버려진 고독한 여인이 있다고 하는 것은 무슨 일인가'이다. 그렇지

▲ 낙원에서 추방된 아담의 노동

▲ 하나님의 말씀을 뿌리는 사람

종교적 의미와 슬픔을 담은 명작

'버려진 여인, 그리스도적 연민의 정, 지상에 버려진 고독한 여인이 있다고 하는 것은 무슨 일인가'

[그림 6-13] 고흐 초기의 소묘

[그림 6-14] 반 고흐, 〈감자 먹는 사람들〉, 1885년

만 이 시기의 대표작은 네덜란드 시기를 마무리하는 작품이며 그에게 있어 최초의 본격적인 작품인 〈감자 먹는 사람들〉(1885. 4.)과 〈성서가 있는 정물〉(1885. 10.)이다. 〈성서가 있는 정물〉은 죽은 아버지를 생각하며 그린 정물화이다. 정신분석적 측면에서 어린 고흐는 어머니의 '무엇'이 되고자 했고 그 해결은 아버지와의 동일시였다. 그러나 아버지와 같은 길을 가고자 했던 신앙인의 길은 그의 광적이고 일방적인 신앙으로 좌절된다. 그 결과 신앙과 아버지에 대해 갈등하게 되고 그 와중에 아버지가 1885년 갑작스럽게 돌아가신다. 그해 10월, 고흐는 자신에게 매우 엄했고 자신을 정신병원에까지 입원시키려 하며 부담스러워했던 아버지를 생각하며 정물화를 그리기 시작했다. 이 작품은 아버지와 아들이 나누는 최후의 대화 같아 보인다. 가죽으로 장정된 성경책은 예수의 죽음을 표현한 부분인 구약 〈이사야서〉 53장이 펼쳐져 있고 오른쪽에는 촛대가 놓여 있는데 그리스도 교회와 아버지의 죽음을 상징하는 듯 불이 꺼져 있다. 어두운 배경은 인생의 수수께끼와도 같은 죽음의 세계를 의미하는 듯하다. 성경 앞에는 당시 막 출간된 에밀 졸라의 소설 『삶의 기쁨』이 놓여 있다. 아버지가 소속된 교회의 어두움을

죽은 아버지를 생각하며 그린 정물화

어머니의 무엇이 되고자 택한
아버지와의 동일시

아버지와 아들이 나누는
최후의 대화
아버지와 같은 신앙인의 길과 좌절
신앙과 아버지와의 갈등

[그림 6-15] 반 고흐, 〈성서가 있는 정물〉, 1885년

비추는 빛으로서의 이 책의 노란색은 고흐에게 삶의 기쁨이자 새로운 출발을 의미한다. 이때부터 그의 초기 그림을 지배하던 암갈색, 흑갈색, 회색 등의 무채색은 뒤로 물러나고 밝은 노란색이 시작된다. 〈감자 먹는 사람들〉이 그의 네덜란드 시절을 끝맺는 작품이라면, 이 그림에서의 레몬빛 노란색은 '새로운 시작'을 의미한다고 할 수 있다.

(2) 파리 시기(1886~1888년): 인상주의의 빛을 발견하다

1886년 2월, 파리에 도착한 고흐는 인상파의 밝은 그림과 일본의 우키요에를 보고 그의 그림도 밝아지기 시작한다. 우키요에의 평면적이고 장식적인 색채와 선, 인상파의 기법을 도입하면서 여러 가지 면에서 변화를 보이는 고흐는 2년 동안 30여 점에 가까운 자화상을 그린다. 이것은 자기 자신과 대상의 관계를 새롭게 설정하고자 시도한 것으로 자신의 내면을 표현하는 방법을 모색한 것이었다.

전기에는 네덜란드에서 그렸던 다갈색풍의 렘브란트식 그림이지만 후기로 넘어오면서 전체적 색조가 밝아지고 터치도 강렬해지면서 색과 터치에 의한 내적 생명력을 추구하게 된다. 이 터치는 배경만을 만드는 시도가 아니라 화면 전체를 만드는 운필의 원리로, 모든 사물과 배경

필치와 색채의 조합

화면 전체를 만드는 운필의 원리
인간 내면의 풍경 묘사
내면과 회화의 본질 규명

[그림 6-16] 반 고흐, 〈회색 펠트 모자를 쓴 자화상〉, 1887~1888년

자화상 자신과 대상의 관계를 새롭게 설정하고자 자신의 내면을 표현하는 방법 모색

전기 자화상(1885년 11월~1886년 2월)	후기 자화상(1886년 3월~1888년 2월)
네덜란드 시기의 다갈색풍	밝아진 색조, 강렬한 터치에 의한 내적 생명력 추구

도 필치와 색채 조합의 관계 속에서 칠해지고 있다. 이것을 이용해 그가 표현하고자 했던 것은 신인상주의와 같은 빛의 파장이 아닌 인간 내면의 풍경이며, 대상의 표면적인 묘사나 사실성의 추구 등에는 전혀 관심이 없었다. 자화상은 끊임없이 자기 자신과 대상과의 관계를 되묻고 내면과 회화의 본질을 규명하기 위한 것이었다.

(3) 아를 시기(1888~1889년): 자연의 빛을 발견하다

이 시기 그는 언제나 햇볕이 가장 따가울 때 그림을 그렸다. 그때가 온 들판의 색채가 가장 강렬하고 환상적이었기 때문이다. 매일 받은 뜨거운 태양이 그의 이성을 조금씩 부식시켰지만 이때가 고흐 일생에서 가장 행복한 시기로 자신 나름의 유토피아를 만들고자 하

- 아를 시기
  - 아를의 다리 우키요에 영향으로 선을 많이 사용
  - 일상적인 풍경에 빛의 대용으로 노란색 사용하기 시작
- 색채가 가장 강렬하고 환상적인 낮 시간에 그림
- 작열하는 태양이 이성을 부식시켰지만, 일생에서 가장 행복한 시기
- 예술가 공동체인 유토피아를 실현코자 노력

[그림 6-17] 반 고흐, 〈아를의 다리〉, 1888년

▲ 반 고흐, 〈아를의 과수원〉, 1888년

▲ 크리스찬의 과수원

[그림 6-18] 고흐와 크리스찬의 그림 비교

였다. 화가들의 공동체를 꿈꾸었으며, 그 꿈을 실현하기 위해 파리의 화가들에게 초대장을 보냈지만, 고갱만이 1888년 10월 28일에 도착한다. 그러나 동거를 시작한 지 얼마 되지 않아 둘의 언쟁과 귀 절단 사건으로 공동체 생활은 끝난다. 이때 보였던 이러한 이상행동은 파국의 절망감과 자책감에서 오는 자기 징벌이고 결국은 '상징적 자살'이었다. 그 이후 고흐는 죽음에 대한 충동을 느끼고 삶에 대한 의욕이 불안정해진다.

〈아를의 다리〉를 보면 이전 그림과는 달리 선을 많이 사용한 것을 알 수 있는데 이는 고흐가 접한 일본의 목판화인 우키요에의 영향으로 볼 수 있다. 〈아를의 과수원〉은 아를에서 알게 된 덴마크 화가 크리스찬과 같은 장소, 같은 소재의 그림으로 고흐의 독자성이 비교된다.

〈태양과 씨 뿌리는 사람〉을 그린 1888년 6월은 유토피아 시기로 교회가 없어지고 태양이 등장하기 시작한다. 이 작품은 밀레의 씨 뿌리는 사람의 포즈를 보색 대비와 필촉 분할의 낭만주의 화가인 들라크루아의 색채로 시도해 본 실험작이다. 성직자의 길을 단념하고 화가가 되기로 한 이후, 고흐는 농민이나 노동자를 자주 그렸다. 그중에서도 '삽질하는 사람'과 '씨 뿌리는 사람'을 많이 그렸는데 농부를 그렸다기보다는 성경 속의 등장인물을 그린 것이다. 이러한 작업을 거의 독학으로 시작한 고흐가 가장 초기에 그렸던 그림의 모사는 밀레의 그림이었다. 밀레의 현실적인 의미의 농부를 고흐는 종교적 의미로 변용하여 시리즈 작품 소재로 자주 사용하였다. 고흐는 평생 밀레를 존경하였으며 친구 베르나르에게 보낸 편지에서도 '밀레가 그린 것은 그리스도의 가르침이다.'라고 하였다. 생전에 처음

[그림 6-19] 반 고흐, 〈씨 뿌리는 사람〉, 1889~1890년

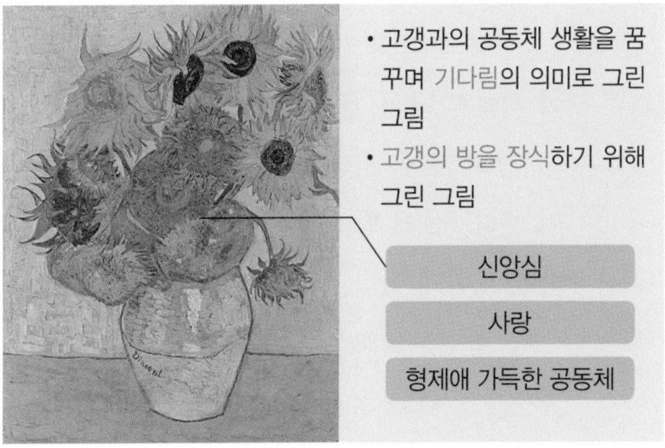

[그림 6-20] 반 고흐, 〈해바라기〉, 1888년

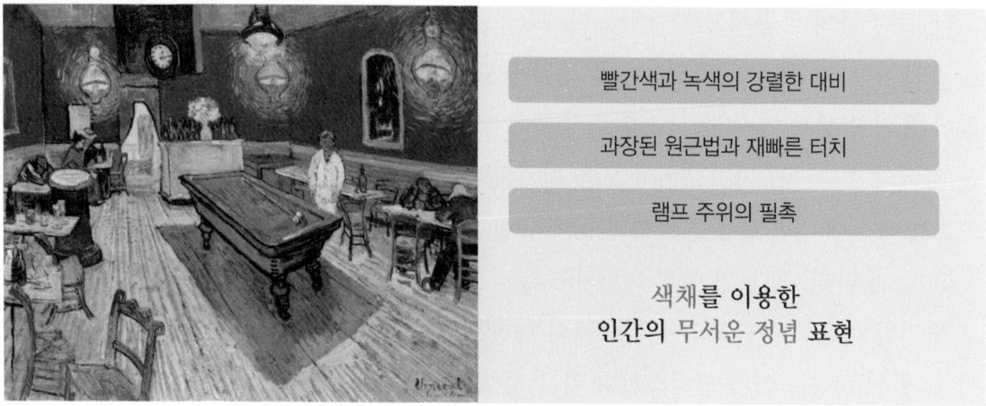

[그림 6-21] 반 고흐, 〈아를의 밤의 카페〉, 1888년

이자 마지막으로 그림을 팔고 받은 돈으로 매입한 것도 오랫동안 매우 가지고 싶어 했던 밀레의 〈만종〉 동판화였다고 한다.

〈불교적 자화상〉(1888. 7.)은 고갱에게 헌정한 작품이다. 고갱으로부터 자화상을 받은 후 자신의 이상인 공동생활을 하는 일본 승려의 모습으로 자화상을 제작하여 고갱에게 헌정한다. 일본은 빛이 넘치는 이상적인 나라이고 화가는 승려처럼 예술작품을 통하여 사회에 공헌하고 사람들을 구제해야 한다고 하는 예술가의 이상적 모습을 그렸다.

〈해바라기〉(1888. 8.)는 고갱과의 공동체 생활을 꿈꾸며 기다림의 의미로 그린 그림이다. 이 작품은 그동안 자신의 해바라기 그림을 마음에 들어 했던 고갱의 방을 장식하기 위해 그린 것이다. 해바라기는 해를 바라보는 특성으로 신앙심과 사랑의 상징이며, 형제애에 가득 찬 공동체의 실현을 의미하고 있다.

〈아를의 밤의 카페〉(1888. 9.)는 빨간색과 녹색의 강렬한 대비, 과장된 원근법에 맞추듯이 재빠른 터치, 램프 주위의 필촉 등이 인간의 무서운 정념을 표현하고 있다.

〈밤의 카페 테라스〉는 보란색을 밤에 파란색과 대비해서 훨씬 밝은 노란색의 특징을 보여 준다. 실제 밤하늘은 검정색이었지만 파란색을 이용해 대비를 사용해서 노란색을 더 밝게 보이게 했다.

〈노란집〉(1888. 9.)은 유토피아를 실현하기 위한 집이다. 예술가가 형제애에 가득 차 공동생활을 하는 꿈을 실현하기 위하여 집을 빌리고 노란색 칠을 했다. 실내는 자신이 그린 해바라기 그림으로 장식하고 기독교의 상징적 숫자인 12개의 의자를 구입했다. 이때 집은

• 예술가들의 형제애 가득한 공동생활 실현을 위해 빌리고 노란색으로 색칠한 집
• 실내는 자신이 그린 해바라기 그림으로 장식하고 기독교의 상징적 숫자 12개의 의자 배치

[그림 6–22] 반 고흐, 〈노란집〉, 1888년

• 의자와 베개, 액자가 한 쌍을 이룸
• 완전한 휴식을 표현
• 노랑과 청색의 대비, 청색의 채도를 낮춰 부드러움 표현

"나에게는 가장 행복한 최고의 장소였다"

[그림 6–23] 반 고흐, 〈화가의 침실〉, 1889년

전쟁의 폭격으로 존재하지 않는다.

〈화가의 침실〉(1888. 10.)을 보면 의자나 베개가 한 쌍을 이루는 모습을 볼 수 있다. 완전한 휴식을 표현하고자 했던 침실의 그림으로 노랑과 청색의 대비가 보이지만 청색의 채도를 낮추어 부드러움을 표현하고 있다. 병원의 입원과 퇴원을 반복하던 말년에 고흐는 테오에게 보낸 편지에 '아를의 침실이 내 인생의 가장 최고의 장소였다.'고 회상하며 두 점의 그림을 더 복제한다. 〈화가의 침실〉(1889. 9.)은 침실 그림 세 점 중 마지막 그림으로 생레미 시절 어머니의 생일기념으로 축소해서 그린 작품이다.

고흐는 고갱을 그린 적은 없지만, 〈의자〉를 통해 고갱을 표현했다. 노란색을 주로 사용한 낮그림의 의자는 고흐 자신을 의미하고 촛불이 켜진 밤의 의자 그림은 고갱을 의미한다. 고흐의 의자는 소박하고 초라하면서 여성적이고 소극적인 느낌을 주는 반면, 고갱의 의자는 남성적인 느낌을 준다. 이는 의자와 놓인 사물들이 제각기 작가의 특징을 나타내고

자 의도적으로 표현된 것이기 때문이다. 밤을 배경으로 가스등이나 촛불에 의해 비치고 있는 책은 사고나 사상에 의해 회화세계를 넓혀 가는 고갱의 제작태도를, 팔걸이 의자는 고갱에 대한 권위와 존경을 나타내고 있다. 자신의 의자는 고갱의 의자와 달리 낮에 파이프와 양파 등으로 소박하고 일상적인 접근을 보여 주고 있다.

[그림 6-24] 반 고흐, 〈팔걸이가 있는 고갱 의자〉, 1888년

[그림 6-25] 반 고흐, 〈파이프 담뱃대가 있는 고흐 의자〉, 1888년

[그림 6-26] 고갱, 〈해바라기를 그리는 반 고흐〉, 1888년

〈해바라기를 그리는 고흐〉는 고갱의 작품으로 그의 제작태도는 사생이 아닌 기억과 상상으로 그렸다. 고흐의 인상에서 고흐에 대한 고갱의 태도가 보이는데, 고흐의 자화상에서는 보이지 않는 술에 취한 듯 멍청한 이 인상의 불만으로 고흐는 고갱에게 술잔을 던졌고, 그것이 이별 직전에 일어난 논쟁의 한 요인이 되기도 했다.

고갱과 고흐는 〈아를의 여인〉과 〈밤의 카페, 아를〉에서도 같은 인물을 다르게 그렸다. 고흐에게 많은 도움을 주었던 지누부인을 그린 것으로 고흐의 입장에서는 고맙고 친절한 사람이지만 고갱은 술집 여자 같은 느낌을 받았다. 인물관에 대한 고흐와 고갱의 차이가 느껴지며 고갱 그림 속 지누부인의 인상을 고흐는 불만으로 생각했다.

[그림 6-27] 반 고흐, 〈아를의 여인〉, 1888년

[그림 6-28] 폴 고갱, 〈밤의 카페, 아를〉, 1888년

〈자화상〉은 고갱과의 일이 있고 난 후에 행복한 시기는 끝나고 고통과 고난, 죽음을 생각하며 그린 명화로 자신의 귀를 자르고 회복된 후의 그림이다. 고갱과의 다툼으로 귀를 자른 이후 입, 퇴원을 반복하는 동안에 그린 자화상으로 같은 시기에 그려졌지만 표정과 제작태도는 대조적이다. 파이프를 물지 않은 자화상은 표정이 불안하고 그리는 방법도 거칠지만, 오른쪽 그림은 좋아하는 파이프를 문 편안한 표정과 화면구성을 고려한 색채구성 및 빈틈없는 채색으로 안정감을 주고 있다.

[그림 6-29] (좌) 반 고흐, 〈귀에 붕대를 감은 자화상〉, 1889년
(우) 반 고흐, 〈파이프를 물고 귀에 붕대를 한 자화상〉, 1889년

(4) 생레미 시기(1889~1890. 5.): 자연으로 돌아가다

고흐는 1889년 12월 말에 아를 시립병원에 입원하게 되고 1890년 2월에는 생레미 요양병원에 스스로 입원한다. 심한 고통, 정신착란, 환각, 악몽, 공포, 자살 시도 등으로 상태가 심각하다는 진단이 내려졌기 때문이다. 당시 그의 예술세계는 아를 시대의 안정됨을 잃어버리고 끓어오를 것 같은 격렬한 표현을 보여 준다. 이것은 어떤 의미에서 고흐 예술의 절정으로 검은 화염과 같이 타오르는 실편백나무나 어지러운 빛의 소용돌이를 보이는 별의 표현은 박진감에 차 있다.

〈별이 빛나는 밤〉(1889. 6.)에서 고흐는 생레미 병원 입원실의 동쪽 창의 풍경을 그렸지만, 실제 풍경에는 없는 교회가 그려져 있다. 이 그림의 교회 양식은 당시 고흐가 머물렀던 프랑스에는 없는 네덜란드풍의 교회로서 자신이 되돌아갈 마지막 장소라는 것을 의미한다. 실편백나무는 죽음의 나무로 하늘을 향해 울부짖는 절규와 죽음의 본질을 나타낸다. 이는 고흐가 추구했던 공동체 꿈의 좌절, 발작, 강제입원 등과 같은 고민과 고통 속에서 발버둥치는 자신의 본질적 표현이었다고 볼 수 있다.

아를 시기 이후 다시 나타난 땅 파는 사람들로 성직자의 길을 단념하고 화가가 되기로

• 입원실 창가 풍경을 그린 것

교회	네덜란드풍 교회, 돌아갈 마지막 장소
실편백나무	하늘을 향해 절규하는 죽음의 본질

[그림 6-30] 반 고흐, 〈별이 빛나는 밤〉, 1889년

한 이후, 고흐는 농민이나 노동자를 자주 그렸다. '삽질하는 사람'은 곡식을 얻기 위해 땀을 흘려야만 하는 낙원에서 추방되었던 아담이고 '씨 뿌리는 사람'은 하나님의 말씀을 뿌리는 사람이다. 다 자란 밀을 자르는 밀 베기는 죽음을 의미하는 것으로 종교적 의미를 부여했다.

고흐의 대표적 작품 소재 중 하나인 해바라기는 생명과 환희, 만남을 의미하고 실편백나무는 죽음을 의미한다. 여기에는 폴 고갱과의 심리적 갈등이 관계되어 있다. 고흐와 고갱의 첫 만남은 고흐의 파리 시기에 해바라기 그림 전시에서 작품 교환으로 시작되었고 그들의 공동작업실은 고흐의 아를 시기에 그려진 해바라기 그림으로 장식되었다. 귀 절단 사건과 갈등은 고갱의 〈해바라기를 그리는 고흐〉로 촉발되었으며 결렬되었던 다소간의 관

▲ 〈땅 파는 사람들〉, 1889년

▲ 〈아를 풍경, 꽃 핀 과수원들〉, 1889년 4월

▲ 〈추수하는 사람이 있는 밀밭과 태양〉, 1889년

[그림 6-31] 다시 나타난 땅 파는 사람들, 낙원에서 추방된 사람들

계 회복은 고갱이 고흐에게 해바라기 그림을 주문하면서 이루어졌다고 할 수 있다.

그러나 고흐에게 있어 화가 공동체의 좌절은 그의 필생에 걸친 꿈의 좌절이었고 삶의 희망이 좌절된 것이었다. 그후로 고흐는 해바라기를 그리지 않았고 그 대신 죽음을 의미하는 실편백나무를 그리게 된다.

▲ 해바라기/파리 시대

▲ 해바라기를 그리는 고흐/고갱의 작품

▲ 해바라기/고갱의 주문작

[그림 6-32] 고갱과 관련된 해바라기 그림들

아를 시기

- '화가 공동체'라는 원대한 희망
- 태양의 뜨거운 햇살에 매혹
- 생명과 환희

생레미 시기

- 죽음의 나무
- '화가 공동체' 좌절, 발작, 입원
- 고민과 고통 속에서 발버둥치는 자신의 본질적 표현
- 죽음의 본질 추구

[그림 6-33] 고흐 그림에 나타난 생명과 죽음

(5) 오베르 시기(1890. 5.~1890. 7.): 나는 아무 데도 쓸데없는 인간인가

고흐는 1년간의 요양병원 생활을 정리하고 1890년 5월 20일 생레미 요양 정신병원을 나와 프랑스 북쪽의 교외 오베르로 출발하게 된다. 오베르는 동생 테오가 추천한 곳으로, 주된 이유는 파리와 가깝기도 하지만 정신과 의사이며 예술에 조예가 깊었던 가셰 박사가 있었기 때문이다.

그러나 이 시기의 테오는 근무했던 화랑에서의 독립과 결혼생활로 인한 경제적인 어려움으로 고흐의 송금에 대해 매우 힘들어하고 있었다. 게다가 그해 7월에 갓 태어난 아들마저 병들게 되면서 파리로 병문안 온 고흐에게 송금에 대해 푸념을 하게 된다. 이에 대한 상심과 절망감 등이 계기가 되어 7월 27일 권총 자살로 죽음을 맞이한다.

이 시기의 대표작으로는 〈오베르의 교회〉와 〈까마귀가 나는 밀밭〉을 들 수 있는데 그중에서도 〈까마귀가 나는 밀밭〉은 죽음을 예감하는 작품이다. 절필작으로 알려져 있는데 이 그림에서의 다 자란 밀밭은 기독교에서는 추수할 때가 다가왔다는 것으로 죽을 때가 왔다는 것을 의미한다. 불길한 검은 새, 다 자란 밀밭, 거친 하늘 등이 마지막을 예고하고 있는 듯 느껴진다. 풍경의 일반적 요소에서의 전경을 빼고 중경과 원경으로만 그려져 현실적 묘사가 아닌 내면적 풍경을 보여 준다.

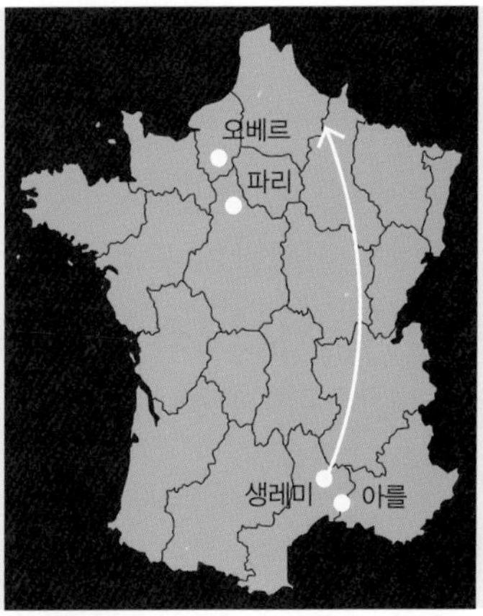

[그림 6-34] 반 고흐, 〈오베르의 교회〉와 이동경로

- 다 자란 밀밭, 불길한 검은색, 거친 하늘 등은 죽음을 의미
- 전경 없이 중경과 원경만으로 그려 내면적 풍경을 드러냄

◀ 죽음을 예고하는 듯한 작품

[그림 6-35] 반 고흐, 〈까마귀가 나는 밀밭〉, 1890년

3) 작품을 통해 본 고흐의 심리이해

(1) 상실감-어머니의 사랑

고흐는 인생 전반에 있어서 이성에게 제대로 된 사랑을 받거나 준 적이 없다. 그의 어머니 역시 고흐를 양육하는 데 있어서 바람직한 사랑을 주지 못하였다. 죽은 아들과 분리되지 못한 어머니는 그에게 사랑과 불안의 복잡한 감정을 느끼게 만들었다. 또한 어머니가 첫째 아들의 죽음으로 우울증에 시달렸고 끊임없이 우는 어머니를 보면서 그녀의 슬픔을 자신의 탓으로 생각하였다. 그리하여 스스로에게 벌을 주는 자학으로 자신을 몰아가 여러 사람을 불안에 빠뜨리면서 관심을 끌고 냉대를 보상받고자 하였다.

그가 어머니의 결핍을 채우려 했듯 타인의 무엇으로 자신의 존재를 희망하였다. 따라서 무언가가 결핍되어 있는 여성들을 찾아 채워 주려는 사랑을 하였다. 하지만 이런 사랑의 방식은 사회적, 윤리적으로 받아들일 수 있는 것들이 아니었고 결국 고흐는 이성과의 사랑 속에서도 계속해서 이해받지 못하고 거절당하는 경험을 해 왔다. 그는 네 번의 실연을 당했는데 처음에는 1873년 런던 하숙집의 딸인 외제니였고, 그다음은 1880년 자신의 사촌누나 케이였다. 1882년에는 어린 딸이 있고 성병에 걸린 창녀였던 시엔, 1884년의 만남은 10세 연상인 마르호트였지만 고흐는 번번이 좌절당한다.

이성과의 관계뿐만 아니라 그는 화가들 사이에서도 호평을 많이 받지 못했다. 고흐가 꿈꾸던 화가 공동체 생활 역시 여러 화가에게 초대장을 보냈으나, 답변이 온 것은 고갱뿐이며 그마저도 결국 불화로 인해 좌절되면서 큰 상실감을 맛보았다.

[그림 6-36] 고흐 어머니와 고흐가 선택한 여성들(외제니, 케이, 시엔) 그리고 고흐를 선택한 여성(마르호트)

(2) 고독과 절망감

고흐는 계속되는 상실감과 자신을 배척하는 듯한 사회 분위기 속에서 이 세상에는 자신 혼자뿐이라는 느낌을 받게 된다. 즉, 고흐의 삶에서 반복된 고독과 절망감으로 그의 슬픔은 영원히 계속되었다.

(3) 성격

그는 어린 시절 양육자에게 제대로 된 애정을 받지 못하여 자학적인 성격이 형성되었다. 또한 한 가지 일에 몰두하며 내성적인 성향을 띠고 있지만 난폭함을 가지고 있어서 타인과 쉽게 어울리는 성격이 아니었다.

(4) 알코올 의존

그는 자신의 고독함과 절망감을 달래기 위해 알코올에 의존하였다. 압생트는 알코올이 70~80%로 뇌를 망가트릴 위험이 있는 치명적인 술이며, 이는 황시증을 유발하는 원인이 되었다.

(5) 유전

그의 집안 내력을 보면 전반적으로 정신장애, 조울성 뇌전증과 같은 병들이 많이 발병되었는데 이런 유전적인 영향으로 고흐 역시 선천적으로 정신장애 기질을 갖고 태어났을 가능성이 있다.

4) 고흐의 죽음과 그 이후

1890년 7월 6일 파리 테오의 집에 방문한다. 이 시기의 테오는 전술한 바와 같이 경제적으로나 가정적으로 매우 힘들었던 시기로, 그것을 확인한 고흐는 매우 상심하게 된다. 오베르로 돌아온 고흐는 가셰 박사와도 충돌하게 되고 자신의 존재에 대한 부담감, 장래에 대한 절망감 등이 계기가 되어 7월 27일 권총 자살로 죽음을 맞이한다. 1890년 7월 30일 오베르 공동묘지에 안장되었으며, 1891년 형의 죽음 이후 정신이상과 쇠약으로 테오도 사망한다.

오베르 시기, 고흐의 동생 테오

- 직장 이직과 결혼으로 경제적 어려움 직면
- 고흐에게 송금하기 어려운 상황 토로

[그림 6-37] 고흐가 그린 가셰 박사의 그림과 테오

[그림 6-38] 고흐와 테오의 묘지/테오의 부인 요한나와 아들 반 고흐
출처: Atlas Obscura(왼쪽), Van Gogh Museum(오른쪽).

1892년, 테오의 부인 요한나의 노력으로 고흐의 회고전이 네덜란드와 암스테르담에서 열렸으며, 1914년에는 세 권의 편지집이 발간되었다. 그리고 평소의 형제 우애관계를 생각하여 테오의 유해를 오베르로 이장하였다. 1935년에는 뉴욕 근대미술관 등 다섯 개 도시에서, 1937년에는 파리만국 박람회에서 대규모 회고전이 열리며 빈센트 반 고흐는 세계적으로 알려지게 되었다.

실습활동

〈아버지와 어머니의 표현〉–현시점에서의 부모님의 인상

진행 순서

(1) 얼굴묘사가 아닌 이미지로 표현–색, 선, 콜라주

(2) 한 인간으로서 이해

- 왼쪽에는 부모님의 긍정적 요소를 글이나 그림으로 표현
- 오른쪽에는 부모님의 부정적 요소를 글이나 그림으로 표현

(3) 편지 써 보기(실제로는 전달하지 않는 편지)

4. 에드바르 뭉크

1) 뭉크의 생애

에드바르 뭉크(Edvard Munch, 1863~1944)는 1863년 12월 12일에 노르웨이의 오슬로에서 의사의 두 번째 아이로 매우 약하고 작게 태어났다. 최초의 불행은 5세 때 어머니의 죽음이었고, 14세 때에는 한 살 위의 누이 소피에도 결핵으로 죽는다. 뭉크의 이모인 카렌이 아이들을 돌보기 위해 집으로 들어와서 헌신적으로 가정을 꾸려 나가지만 사랑하는 가족들의 죽음과 아버지의 양육 태도는 뭉크에게 잊을 수 없는 큰 상처로 남게 된다. 뭉크는 그림을 잘 그렸지만, 아버지의 반대로 기술전문대학에 입학했다가 화가의 꿈을 포기하지 못해 1881년에 예술학교에 다시 입학한다.

21세부터 6년 동안 군의관의 부인이었던 밀리와의 첫사랑은 상대방에 대한 지나친 모성애의 기대, 집착과 의존으로 상처를 받게 된다. 1885년에는 3개월간 국가 장학생으로 파리 유학을 가게 되어 인상주의와 접촉하고, 1889년 가을에 다시 파리에 가지만 11월 아버지의 사망 소식은 다시 죽음에 대한 불안을 느끼게 한다. 아버지의 죽음 이후 그

- 노르웨이에서 2남 3녀 중 둘째로 출생(1863)
- 결핵으로 어머니 사망(1868)
- 결핵으로 누나 소피에 사망(1877)
- 오슬로 국립공업고교 입학(1879)
- 크리스디아니아 소재 예술학교 편입(1881)

[그림 6-39] 에드바르 뭉크의 가족

는 '생의 프리즈'를 구상하는데 이것은 삶과 죽음의 문제를 진지하게 생각하고 작품으로 표현하고자 한 것이었다.

1892년 베를린에서 열린 초대전은 부정적 정서를 표현한 작품 내용 때문에 일주일 만에 중단되었으나 이 사건이 뭉크를 더욱 유명하게 만들었다. 1893년에는 사랑 시리즈를 추가한 '생의 프리즈'로 개인전을 다시 시도하는데 이것은 사랑과 죽음의 파노라마로 사랑의 싹틈, 사랑의 만개 및 쇠락, 생의 불안, 죽음으로 구성된 22점의 작품이다. 뭉크의 주요 작품 대부분이 이 시기인 1893년부터 1905년까지의 10여 년 동안에 제작되었다.

뭉크의 삶은 크게 전반기와 후반기로 나뉘는데 전반기가 내부지향적이고 상징적인 인간 탐구가 핵심이라면 후반기에는 외부지향적인 모습을 나타낸다. 1908년이 전환점이며, 유럽 각지를 돌아다니며 신경쇠약과 알코올 중독으로 심신이 지쳐 있던 뭉크가 병원에 입원하게 된 시기이다. 그 후 모국으로 돌아와 인정을 받으며 심리적·경제적 어려움에서 벗어나고 어느 정도 안정감을 찾으며 1909년부터 1944년까지 남은 인생을 보내게 된다. 이 시기에는 1910년에 오슬로 대학의 벽화 작업에 착수하여 1916년에 완성하였고 1944년 80세의 나이로 사망하였다. 뭉크의 작품 시기는 연대순으로 학생 시기, 베를린을 중심으로 한 절정기, 중년기와 노년기로 나뉜다.

2) 시기별 구분과 대표작

(1) 학생 시기-프랑스 유학시절(1881~1891)

〈표 6-4〉 뭉크의 시기별 구분

전반기(~1908년)	• 내부 지향적이고 상징적인 인간 탐구 • 유럽 각국을 돌며 신경쇠약과 알코올 중독으로 심신이 지침
후반기(1909~1944년)	• 모국으로 돌아와 안정을 찾게 되는 시기 • 외부지향적 • 오슬로 대학 벽화(1910~1916) • 80세의 일기로 사망(1944)

- 기억하고 체험한 것을 그린 기본적인 화풍이 잘 드러남
- 과감한 생략 및 죽음에 대한 불안과 공포 응시
- 억압된 슬픔과 상처를 그림을 통해 재경험
- 죽음에 대한 의식화 과정이 명료해질 때까지 작품 탐구 및 통찰

[그림 6-40] 뭉크, 〈병든 아이〉, 1885~1886년

뭉크는 크리스티안 크로그의 미술지도와 함께 '크리스티아나 그룹'에 가입하였는데 이곳에서는 무정부주의, 개인주의, 정신적 귀족주의, 예술지상주의표방으로 자유의 옹호, 기성도덕의 반역을 주로 다루어 뭉크는 해방감과 함께 죄의식을 느끼기도 했다.

그는 이 시기에 군의관의 부인인 밀리와 6년 동안 연애를 하였지만 보헤미안 기질의 여자로 그와 한 자유연애는 뭉크에게 깊은 상처를 주었다. 여성의 이중성과 거짓말에 분노를 느끼고 안정된 사랑의 추구보다는 현실성이 결여된 채 집착과 의존의 관계에서 상처를 받아 여성을 싫어하게 되었다. 뭉크는 생명을 뜻하는 녹색과 꽃을 싫어하였는데 특히 꽃은 여자 냄새가 난다고 하여 극히 싫어하였다. 그러나 이러한 경험은 창작으로 승화되었고 어머니, 누이, 아버지의 잇따른 죽음도 삶과 죽음의 문제, 사후세계를 진지하게 생각하게 하여 작품으로 표현하고자 '생의 프리즈'를 구상하게 된다.

이 시기의 대표작은 누이 죽음에 대한 체험을 표현한 〈병든 아이〉(1885~1886)로 누나가 사망하고 7년 뒤에 그린 그림이다. 이것은 뭉크가 본 것을 그린 것이 아니고 기억하고 체험한 것을 그린 결과이다. 특히 이 작품은 뭉크 화풍의 기초를 이루었으며 과감한 생략과 죽음에 대한 불안과 공포를 응시하고 있다. 그는 억압된 슬픔과 상처를 그림을 통해 재경험하면서 공포를 극복하고, 죽음에 대한 의식화 과정이 명료화될 때까지 탐구하고 통찰하였다.

(2) 베를린을 중심으로 한 절정기(1892~1909)

이 시기에 뭉크는 생의 프리즈를 제작하기 시작하고 완성시켰다. 생의 프리즈는 사랑과

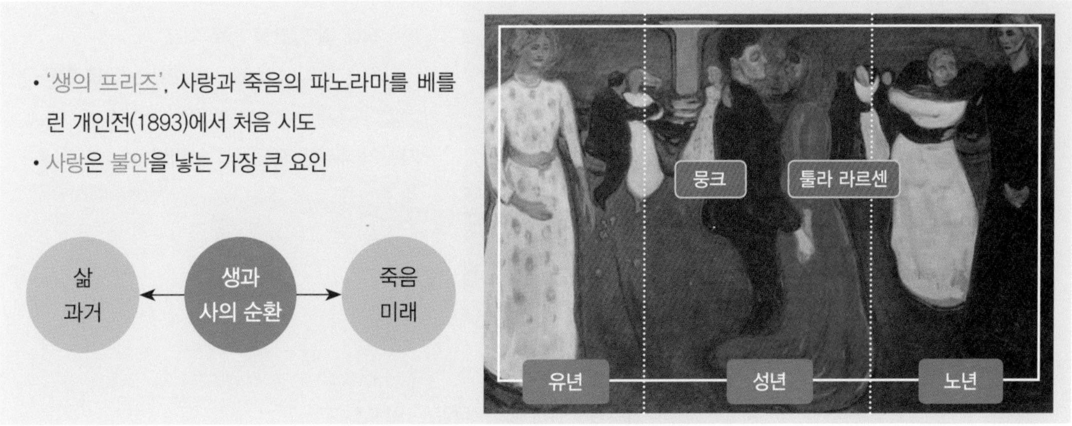

[그림 6-41] 뭉크, 〈생명의 댄스〉, 1899~1900년

죽음의 파노라마로 베를린 개인전(1893)에서 처음 시도하였다. 불안을 낳는 가장 큰 요인이 사랑이라고 보고 생과 사의 커다란 순환으로 과거와 미래를 연결하면서 삶과 죽음의 순환관계를 나타내었다.

이 시기의 대표작으로는 〈생명의 댄스〉(1900)가 있으며 이 그림은 뭉크가 여름이면 정기적으로 갔던 실제 휴양지에서의 한 여름밤의 댄스파티를 소재로 하고 있다. 뭉크는 이 광경을 원근법을 이용한 단시점(mono focas)보다는 다시점(poly focas)으로 표현하고 있다. 여인의 시간적 흐름을 왼쪽의 흰옷을 입은 여인에서부터 유년, 성년, 노년, 혹은 처녀, 창부, 수도녀의 순서로 변화시켰다. 이 그림의 중심인 중앙에서 춤을 추는 커플은 뭉크와 연인이었던 툴라 라르센을 검정과 붉은색으로 조합하여 부정적인 이미지의 여인으로 표현한 것이다.

(3) 중년기와 노년기(1910~1944)

뭉크는 그동안 정신장애와 피해망상, 여성으로부터의 쫓기고 시달림, 의심의 연속에 알코올 중독에까지 이르렀지만 1908년 치료를 받고 난 후, 전환기를 맞이한다. 치료 이후 그림은 건강한 생명감에 넘치는 소재와 보색 활용으로 색채의 선명함이 느껴진다. 작품의 예로는 오슬로 대학의 강당 벽화가 있는데 그는 자신의 내부 문제에 집착하지 않고 새로운 그림을 시작하였다. 생명을 테마로 한 그의 그림은 자극적이던 예전 작품과 다르다고 하여 크게 주목을 받지는 못하였다. 이 시기의 대표작인 〈태양〉(1911)은 오슬로 대학 강당

▲ 주변 그림과 연결하면 생명의 근원인 태양을 갈구하는 인간

- 정신장애 및 알코올 중독 치료
- 건강한 생명감이 넘치는 소재와 보색을 활용한 선명한 색채
- 자신의 내부 문제에 집착하기보다 생명을 테마로 한 작품

[그림 6-42] 뭉크, 〈태양〉, 1911년

벽화 11점 중 하나로 전체적으로는 생명의 근원인 태양을 갈구하는 인간을 테마로 하고 있다.

3) 작품을 통해 본 뭉크의 심리이해

(1) 죽음과 불안의 이미지

〈병실에서의 죽음〉(1893)은 죽음의 순간을 맞는 사람들의 다양하고 연극적인 반응에 초점을 두었으며 갈색, 청색, 녹색의 조화가 슬픔과 평온함을 느끼게 해 준다. 이 그림의 주인공인 누나의 죽음을 직면하는 데 16년이라는 시간이 필요했던 것이다. 뭉크는 어려서부터 죽음을 쉽게 접할 수 있는 환경에서 자라 왔다. 따라서 그에게 죽음에 대한 공포와 불안은 일상적인 것이었고 이런 불안은 그의 예술과 삶을 지탱해 주는 강력한 원동력으로 작용하였다.

〈절규〉는 1892년에 경험한 공황발작의 경험을 그린 작품으로 작품의 핵심적인 모티브 역시 이런 죽음과 불안에 대한 강박관념이며, 심리적인 불안감과 완전히 고립된 개인의 공포를 나타낸다. 자연을 관통하는 커다란 절규와 자신의 내부로부터 오는 공포의 사슥, 극도의 내면적인 불안을 '절규'라는 청각개념 속에 도입하여 추상적 이미지로 시각화하였다. 그림에서 나타나는 강렬한 색채와 형태의 왜곡, 율동하는 선은 내적 감정을 전달하기 위해 사용한 그만의 독특한 시각언어이다. 그림의 핵심적인 모티브는 죽음과 불안에 대한 강박관념으로 심리적인 불안감과 완전히 고립된 개인의 공포를 그린 자화상이다.

- 죽음의 순간을 맞은 사람들의 다양하고 연극적인 반응에 초점
- 갈색, 청색, 녹색의 조화가 슬픔과 평온함을 줌
- 누나의 죽음에 대한 체험과 직면
- 어려서부터 죽음에 대한 공포와 불안은 일상적인 것
  – 뭉크의 예술과 삶을 지탱한 원동력

[그림 6-43] 뭉크, 〈병실에서의 죽음〉, 1893년

- 핵심적인 모티브인 죽음과 불안에 대한 강박관념
- 1892년 경험한 공황발작이 주제
- 자연을 관통하는 커다란 절규와 자신의 내부로부터 오는 공포의 자각

- 극도의 내면적인 불안을 절규라는 청각개념 속에 도입하여 추상적 이미지로 시각화
- 내적 감정을 전달하기 위한 강렬한 색채와 형태의 왜곡, 율동하는 선

[그림 6-44] 뭉크, 〈절규〉, 1893년

(2) 생의 프리즈

생의 프리즈는 사랑과 삶, 죽음의 파노라마를 구상해 사랑의 싹틈, 사랑의 만개 및 쇠락, 생의 불안, 죽음으로 구성된 22점의 시리즈 작품이다. 외부의 특성보다 내면의 고통 및 감정표현에 초점을 두었으며 삶과 죽음을 상반된 개념이 아닌 하나의 연속적인 과정으로 보았다. 자신의 상처, 불안, 공포의 실체를 이해하고 수용하고자 한 것으로 사랑과 불안, 죽음이라고 하는 프리즈의 테마를 평생 추구하여 인생의 의미를 이해하고 싶어 하였다. 시리즈를 완결하지 않고 끊임없이 반복한 연작으로, 한 점의 그림에 액자를 하는 근대회화와는 다른 테마 전시를 통해서 감상자에게 새로운 질문을 하고 있다.

- 외부의 특성보다 내면의 고통 및 감정 표현
- 삶과 죽음은 하나의 연속적인 과정
- 자신의 상처, 불안, 공포, 외로움의 실체 이해 및 수용
- 시리즈를 완결하지 않고 끊임없이 반복된 연작

▲ 사랑과 삶, 죽음의 파노라마, 사랑의 싹틈–만개–쇠락–생의 불안–죽음으로 구성된 22점의 시리즈 작품

[그림 6-45] 재구성된 '생의 프리즈'(2013, 오슬로)

〈불안〉(1894)은 집단적 절망, 죽음의 그림자를 표현한 것으로 불안은 인간에게 뿌리 깊게 스며 있는 근원적 정서이다. 또한 이런 불안은 공포보다 본질적이고 파악하기 어려운 부조리성과 무력감을 동반한다.

- 집단적 절망과 죽음의 그림자
- 불안은 인간의 근원적 정서
- 불안의 부조리성과 무력감

[그림 6-46] 뭉크, 〈불안〉, 1894년

[그림 6-47] 뭉크, 〈저녁 때의 카를 요한 거리〉, 1892년

(3) 성과 사랑의 이미지

성과 사랑의 이미지는 죽음과 고통으로 이르는 하나의 과정으로 성적 요소, 불안을 동시에 연출하였다. 그가 가지고 있는 성에 대한 강박관념과 상처를 표현하였으며, 특히 여성들과의 부정적 경험은 뭉크의 그림에 그대로 반영되었다.

첫 번째 연인이었던 밀리 다우로부(Milly Thaulow)는 21~26세까지 교제했던 군의관의 부인이다. 인생의 향기마저 가져갔다고 하는 밀리와의 첫키스의 경험은 〈창가의 키스〉 시리즈의 모태가 되었다.

두 번째 연인인 다그니 유엘(Dagny Juel)은 베를린 시절(29~32세)에 교제했던 폴란드 작가의 부인이었다. 방만한 관계 맺기를 시도했던 그녀에 대해 뭉크는 에로스와 신비성을 느껴 〈마돈나〉 제작의 모태가 되었고 그녀의 남편을 모델로 〈질투〉 등을 그렸다.

세 번째 연인인 툴라 라르센(TullaLarsen)은 34~38세까지 교제했던 부호의 딸이었지만 결혼을 간절히 원했던 그녀의 간청을 거부하면서 생긴 자살소동에서 뭉크는 손가락 부상을 입게 되고 결국은 헤어진다. 〈흡혈귀〉, 〈지옥의 자화상〉, 〈생명의 댄스〉 등에 이 연애 경험이 투영되었다.

〈사춘기〉(1894)는 초경을 맞이한 소녀의 두려움과 불안을 묘사한 작품이다. 두려운 얼굴표정, 현재의 심리적 갈등과 불안을 암시하는 그림자가 있다. 갈색, 붉은색, 검은색이 죽음, 불안, 피의 상징적 이미지를 뜻하고 거친 붓자국, 선묘가 감정의 대립과 긴장감을 시사

밀리 다우로부

- 21세에서 26세까지 교제했던 군의관의 부인으로 뭉크의 첫사랑
- 인생의 향기마저 가져갔다고 하는 밀리와의 첫키스 경험은 〈창가의 키스〉 시리즈의 모태

[그림 6-48] 뭉크, 〈창가의 키스〉, 1895년

다그니 유엘

- 베를린 시절에 교제했던 폴란드 작가의 부인
- 방만한 관계 맺기를 시도했던 그녀에게서 뭉크는 에로스와 신비성을 느낌
- 〈마돈나〉의 모태, 남편을 모델로 한 〈질투〉

[그림 6-49] 뭉크, 〈마돈나〉, 1895년

툴라 라르센

- 38세까지 교제했던 부호의 딸
- 그녀의 결혼 간청을 거부해서 자살 소동이 벌어짐
- 〈흡혈귀〉, 〈지옥의 자화상〉, 〈생명의 댄스〉

[그림 6-50] 뭉크, 〈지옥의 자화상〉, 1903년

[그림 6-51] 뭉크, 〈흡혈귀〉, 1895년

한다. 역삼각형 구도, 크고 초점 없는 불안한 눈과 내면의 구속과 깊은 생각을 의미하는 폐쇄의 포즈, 팔의 교차와 발가락의 중첩으로 불안을 표현하고 있다.

〈마돈나〉(1895)는 뭉크의 두 번째 여인인 상류층의 여인을 모델로 한 그림이다. 성적 황홀경에 빠진 모습을 그린 작품으로 파괴적 힘을 암시한다. 뭉크에게 여성이란 애증의 이미지, 좌절과 고통의 상징으로 사랑의 종말은 죽음과 같은 파멸이라고 여겼다. 그는 자유로운 성과 모성 사이에서 갈등을 느꼈고 결혼에 대한 대립된 모순의 감정으로 현실적인 결혼을 하지 못하고 방황하는 삶을 보냈다. 쾌락을 모델로 하여 그림을 그렸으며, 여자를 통합적인 존재로 인식하지 못하고 양극적으로 보았다.

- 두려운 얼굴표정, 현재의 심리적 갈등과 불안을 암시하는 그림자
- 갈색, 붉은색, 검은색이 죽음, 피의 상징적 이미지와 관련
- 거친 붓자국, 선묘는 감정의 대립과 긴장 시사
- 역삼각형 구도, 크고 초점 없는 불안한 눈
- 폐쇄의 포즈(내면의 구속과 깊은 생각을 의미)
- 팔의 교차와 발가락의 중첩으로 불안 가중

[그림 6-52] 뭉크, 〈사춘기〉, 1894년

〈흡혈귀〉(1895)는 여성의 이중성을 표현한 것으로 남자를 파괴하는 마녀와 요부의 이미지이다. 성과 사랑의 모티브에 죽음과 불안을 가미하여, 여성에 대한 뭉크의 불안 의식이 잘 나타나고 있다.

(4) 자화상

자신의 의식에 대한 변천 과정을 상징적으로 표현하였다. 초기에는 낭만적 우울함을, 젊은 시절에는 자유롭고 힘찬 표현을, 만년에는 무력하고 산만한 표현을 하였다.

〈담배를 든 자화상〉(1895년, 31세경)은 베를린에서 제작한 작품으로 그림을 그리는 자신을 정면으로 직시하고 있으며, 역광을 이용하여 복잡한 내면을 표현하였다. 푸르스름한 연기가 얼굴과 손의 풍부한 표정을 극대화하는 데 이용되었다. 신경질적인 손등에는 붉은 핏줄이 보이고, 오른쪽 관자놀이와 이마 사이에는 선명한 노란색 붓자국도 보인다. 이로 인해 초상화의 중심 부분인 화가의 예리한 눈빛과 섬세하면서도 강인한 손에 시선이 집중된다. 얼굴과 담배를 쥔 손은 정확하게 묘사하고, 배경은 추상에 가깝게 묘사하여 긴장감을 부여하고 있으며 어두운 톤으로 내면의 충동적인 공격성과 불안을 통제하려는 의도가 보인다.

〈표 6-5〉 **자화상의 변천과정**

- 심층심리 조명
- 자기 의식의 변천과정을 상징적으로 표현

초기	낭만적 우울함
젊은 시절	자유롭고 힘찬 표현
만년	무력하고 산만한 표현

베를린에서 제작한 작품

- 역광으로 복잡한 내면 표현
- 푸르스름한 연기가 얼굴과 손의 표정 극대화
- 거친 붓자국, 선묘는 감정의 대립과 긴장 시사
- 얼굴과 담배를 쥔 손은 정확하게, 배경은 추상에 가깝게 묘사해 긴장감 부여
- 어두운 톤으로 충동적인 공격성과 불안을 통제하려는 의도

[그림 6-53] 뭉크, 〈담배를 든 자화상〉, 1895년

〈지옥의 자화상〉(1903년, 39세경, [그림 6-50])은 약혼자 툴라와의 권총 오발 사건 직후에 제작된 자화상으로 화가의 심정을 타오르는 불꽃과 함께 그리고 있다. 적갈색의 배경에 불온하게 서 있는 그림자와 거기에서 떠오르는 하얀 신체, 어디에 있는지 알 수 없을 정도로

- 바늘 없는 시계는 흘러 사라진 시간을 묘사한 느낌
- 침대는 뭉크가 숨을 거둔 마지막 장소
- 열린 문은 사후세계로 연결된 길
- 죽기 전 해(1943년)에 그려진 마지막 자화상
- 죽음에 대한 담담한 모습

[그림 6-54] 뭉크, 〈시계와 침대 사이〉, 1943년

추상화된 배경은 뭉크를 괴롭힌 지옥의 불처럼 보인다. 뭉크의 자화상 중에서 내향적 이미지를 강하게 갖는 대표작으로, 거친 붓 터치와 누드로 그려진 머리 부분에는 강한 형태를 만든 선과 왼쪽의 검은 연기인 것처럼 보이는 그림자가 대담하게 처리되어 저승에서 만난 인간의 실존처럼 주관성이 강하게 묘사되어 있다. 검은 그림자는 인간의 존재를 위협하는 지옥의 상징으로 보인다. 이 작품에서 저승이라는 극한적인 상황 속에서 불안과 고뇌에서 해방되려는 의지를 보여 주기 위해서 모든 것을 불사르는 것 같은 느낌을 주고 있다.

〈시계와 침대 사이〉(1943년, 79세경, [그림 6-54])에서 시계와 침대는 죽음의 상징으로 스스로를 그 사이에 그린 뭉크는 죽음이 가까이 온 것을 각오하고 있다. 한 사람의 노인이 피할 수 없는 죽음에 대면하고 있는 것이다. 1943년, 죽기 전 해에 완성한 작품으로 왼쪽의 시계에는 바늘이 없어 시간은 흘러 없어진 것 같다. 오른쪽의 침대는 뭉크가 마지막 숨을 거두었던 장소일 것이고 배경의 열려 있는 문에는 사후세계로 연결되는 길이 보인다. 죽음에 대한 두려움과 공포에서 담담히 받아들이는 자세로 변한 그의 태도를 엿볼 수 있다.

5. 고흐와 뭉크의 비교

비교연구는 다른 사람과의 특성과 관련된 논제로, 한 개인의 특성에 대해서도 더욱 뚜렷이 이해할 수 있을 뿐만 아니라 그 작가에 대한 포괄적이고 입체적인 시각을 제공한다. 고흐와 뭉크의 그림이 외적 재현보다는 내적 세계와 표현에 집착하게 된 것은 그들의 내면적 고통과 고독, 죽음에 대한 경험과 불안 때문이다. 이들에게는 어려서부터 형성된 정신적 외상이 그 표현과 밀접하게 관계하고 있다.

고흐와 뭉크의 비교연구는 내용과 양식으로 나누어 내용에서는 이미 살펴본 그들의 정신적 외상 외에도 미술사적 의미나 제작태도, 삶의 태도 등 그림에 나타난 내면 표현의 의미에 대하여 알아본다. 양식에 있어서는 색채, 톤, 마티에르, 빛, 인물 크기 등 조형언어에 대한 분석을 시도한다. 이러한 과정을 통해 내면 표현의 조형 원리를 도출하고, 고흐와 뭉크가 내면을 표현하는 데 있어 작품에 나타난 공통점과 차이점을 살펴보자.

1) 내면 표현의 의미

고흐와 뭉크는 보이는 것을 그대로 재현하는 용도로 색채를 사용하는 대신, 내면 표현과 자기 자신을 더 설득력 있게 표현하기 위해 자의적으로 선택했다. 이러한 시도는 색채에 의하여 새로운 회화의 가능성을 찾는 것이기도 했다. 그 의도는 자연계에 있는 사물을 묘사하기 위한 색채 사용이 아니라 물감이라고 하는 물질로부터 자신의 의도에 의해서 얻어진 색채였기 때문이다.

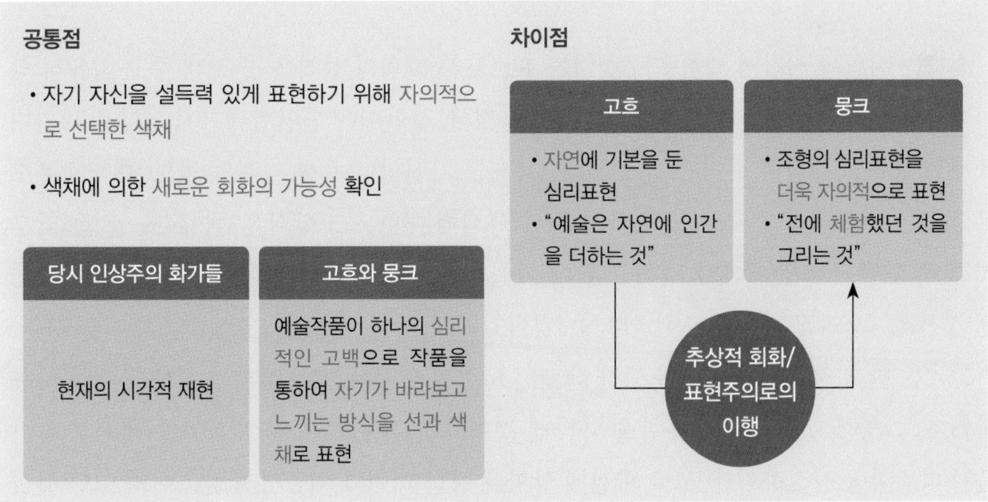

[그림 6-55] 고흐와 뭉크의 공통점과 차이점

고흐와 뭉크는 인상주의 화가들이 중요하게 여겼던 현재의 시각적인 재현으로부터 눈을 돌리게 된다. 이들에게 예술작품은 하나의 심리적인 고백으로 작품을 통하여 자기가 바라보고 느끼는 방식을 선과 색채로 표현하고자 했다. 이러한 자신의 내적 감정을 표현하는 유형의 회화는 대상의 객관적인 묘사에 의존하기보다는 정서적 내용에 집중하는 것이 특징이다.

이들의 공통점은 보이는 것을 그대로 재현하는 대신, 자기 자신을 더 설득력 있게 표현하기 위해 자의적으로 조형언어를 선택했다는 것이다. 차이점은 고흐의 심리표현이 자연에 기본을 두었다면 뭉크는 조형의 심리표현을 더욱 자의적으로 했다는 것이다. 고흐가 예술의 정의를 자연에 인간을 더하는 것이라고 했던 것과도 관계가 있으며, 그의 제작 태도는 대부분 자연을 앞에 두고 그리는 것을 원칙으로 삼았다. 반면에 뭉크는 '나는 자연을 따라서 그리는 일은 하지 않았다. 자연으로부터 주제를 취하여 끌어낼 뿐이다. 지금 보고 있는 것을 그리는 것이 아니라 전에 체험했던 것을 그리는 것'이라고 하였다. 이와 같은 고흐와 뭉크의 차이점은 미술사의 흐름에서 볼 때 추상적 회화로 가는 과정이고, 심리를 표현하고자 했던 후기인상주의로부터 조형적 완성도보다 내면세계의 메시지 전달에 주안점을 두었던 표현주의로의 이행이었다.

2) 색채 사용과 심리적 표현

색채는 사람의 시각적 체험을 구성하는 요소로서 그림의 성격을 잘 말해 주고 치유적 의미에서도 감각의 변화를 일으켜 인간의 기분, 정서, 불안이나 편안함에까지 영향을 끼치며 육체적 상태를 진단하고 치유할 수 있다. 색채는 자신의 고유한 성격과 농도, 대비작용으로 감상자를 자극한다. 특히 고흐와 뭉크의 색채에 대한 사고방식은 '색채라는 것은 단순히 빛에 조명된 바깥 세계를 캔버스 위에 재현시키기 위한 것만이 아니고 그것 자체가 어떤 정신적 · 심리적 내용을 표현한다.'는 것이었다.

고흐는 밝고 강렬하고 대비가 강한 색채인 노란색과 청색, 붉은색과 초록색을 사주 사용하였다. 그중에서도 청색이 무한을 나타낸 것이라면, 노란색은 빛에 가까운 색채로서 밝음과 따뜻함을 상징하지만, 고흐의 실제 상황은 강한 대비와 지금까지 감추어져 있던 사실을 인식하는 아픔을 내면에 간직한 색이다. 반면에 뭉크의 주조색은 고흐의 색채에 대한

고흐의 대표색: 노랑-뾰족한 웃음소리

- 빛에 아주 가까운 색채로서 밝음과 따뜻함을 상징하지만, 실제 상황은 강한 대비 암시
- 감추어진 사실을 인식하는 아픔을 내면에 간직한 색
- 고흐의 그림은 환희가 있기도 하지만 아픔을 많이 표현
- 노란색은 명도와 채도가 높아 자신을 가장 잘 드러내는 색으로 자신은 죽은 형이 아니라는 것을 드러냄

뭉크의 대표색: 빨강-원초적 외침

- 색채를 대상의 실제적 현상이 아니라 정신적인 매체로 사용

검정	죽음 암시
빨강	피에 대한 관심
갈색	땅 속에 묻음, 매장의 상징

- 색채는 과거의 상징, 분노, 저항
- 예술의 모태는 어린 시절 상실의 아픔

[그림 6-56] 고흐와 뭉크의 대표색

생각을 더욱 강조하여 색채를 정신적인 표현 매체로 사용함으로써 붉은색, 검은색, 갈색 등을 피, 죽음, 매장의 상징으로 표현하였다.

(1) 고흐: 노랑의 심리-뾰족한 웃음소리

고흐는 노란색을 사용할 때 행복감을 느껴 노란색을 잘 사용하기 위해 주로 세 가지 방법을 사용했다. 첫째는 보색 대비를 사용하는 것으로 보색인 청색의 대비를 통해서 노랑이 더욱 돋보이도록 했다. 두 번째는 물감을 두껍게 사용하여 입체적 느낌을 줌으로써 노랑색이 더욱 강력하게 느껴지도록 했다. 세 번째는 독한 술인 압생트를 과용함으로써 황시증을 유도하여 온 세상이 노란색으로 보이도록 술의 힘을 빌렸다.

노란색은 명랑, 환희, 희망, 광명, 접근, 유쾌, 팽창, 천박, 황금 등을 연상시키며 희망, 기대, 응석, 외로움, 기쁨, 행복, 만족, 만남에 대한 설렘과 극도의 기대를 상징하는 색이다. 색 중에서 가장 밝고 빛에 아주 가까운 색채로서 밝음을 상징하지만, 실제 상황은 강한 대비를 암시하며 지금까지 감추어져 있던 사실을 인식하는 아픔을 내면에 간직한 색이다.

이를 이용하여 고흐는 어린 시절 가진 정신적 트라우마를 색으로 표출하여 해소하고자 노력했다. 고흐의 그림은 환희가 있기도 하지만 아픔을 많이 표현했다고도 볼 수 있다. 노란색은 빨강이나 주황처럼 따스함과 에너지의 색이라고도 하지만 실제로는 불안정한 색이다. 노란색은 쉽게 변형되기 때문이다. 시기와 질투 등으로 사람들을 불안하게 만들기도 하고 날카로운 느낌을 받을 수도 있다. 노란색은 명도와 채도가 높아 자신을 가장 잘 드러내는 색이다. 그래서 아이들이 좋아하지만 고흐에게 노란색은 자신은 죽은 형이 아니라는 것을 나타낸다. 감추어진 혼에 빛을 비추듯이 고흐는 색의 사용에서도 자신의 존재를 증명하고자 했다.

(2) 뭉크: 빨강의 심리-원초적 외침

뭉크는 색을 대상의 실재적인 현상과 연결하지 않고 정신적인 매체로 사용하여 자신의 심리상태를 표현하였다. 구체적으로 검정색은 죽음을 암시했고 붉은색은 피에 대한 관심을, 갈색은 땅속에 묻은 매장의 상징으로 표현하고자 했다. 이와 같이 뭉크의 색채는 아픈 과거의 상징이고 분노이며 저항이었다.

뭉크 예술의 모태는 어렸을 때의 상실에 대한 슬픔으로, 뭉크는 빨간색을 주로 검정색과 결합하여 많이 사용하였다. 일반적으로 색에는 색의 영향에 관한 규칙이 있는데 첫 번째가 같은 색이라도 다른 색과 결합하면 다른 영향을 미친다는 것이고 두 번째는 검정과 결합된 색은 본래의 긍정적 의미가 부정적으로 변한다는 것이다. 이에 근거하여 뭉크의 빨간색은 열정과 흥분이라는 의미보다는 죽음과 불안을 상징하는 의미로 더 많이 쓰였음을 알 수 있다. 그는 죽음의 연작 시리즈, 자화상 시리즈를 통해 자신의 문제를 시각적으로 통찰하였고 그 속에서 붉은색, 갈색, 검은색 등의 색채를 통해 자신의 심리상태를 표현하였다.

뭉크가 주로 사용했던 빨간색은 사랑에서 증오까지 다양한 감정을 나타낸다. 빨간색은 자극적, 정열, 흥분, 애정, 위험, 혁명, 피, 분노, 더위, 열, 건조, 일출, 저녁노을 등을 연상시키며 애정이 풍부하고 자유로우며 활동적이고 의욕적인 적극성을 상징하는 색이다. 또한 녹색이 식물의 생명을 나타내는 것처럼 빨강은 동물의 생명을 상징한다. 빨간색은 인류가 붙인 첫 번째 색으로 가장 오래된 색의 이름이며 가장 흔하게는 불과 피를 연상시키는데, 이는 시대와 문화의 차이를 막론하고 실존적인 의미로 누구나 체험 가능하다.

뭉크는 자신의 문제를 시각적으로 통찰하여 빨강, 갈색, 검은색 등의 색채를 통해 자신의 심리상태를 표현하였다. 죽음의 격렬한 공포, 파괴적 에너지를 그림을 통해 완화, 승화하면서 자기 인생을 관조, 통합하였다. 이로써 무의식에 억압된 아픈 기억, 병리적 측면을 치유, 통찰하고 개인의 문제인 죽음, 불안을 일반적, 보편적 정서로 인식하면서 해결하였다.

3) 톤

원색을 기준으로 흰색과 검은색을 어느 정도 섞느냐에 따라 생기는 '톤'의 메시지는 결정적이다. 원색에 흰색을 더하면 '밝은 톤'이 되고 다시 더하면 엷은 톤이 되며 흰색에 가까워진다. 반대로 검은색을 섞으면 '어두운 톤'이 되고 회색을 섞으면 '탁하고 흐린 톤'이 된다. 원색은 적극적이고 강력한 개방감을 드러내어, 직설적이고 그늘이 없으며 명쾌감이 나타난다. 선명한 원색은 힘 있고 적극적인 마음가짐이 나타나 당당한 인물상에 어울린다. 원색에 회색을 더하면 톤의 변화가 일어나는데, 톤의 효과를 정리하면 [그림 6-57]과 같다. 톤의 표현에 있어서 고흐의 작품은 초기의 어두운 톤으로부터 원색과 밝은 톤으로 이행하면서 당당한 자신의 내면과 내적 진리를 추구하고 있다. 뭉크의 작품은 초기에는 어두운 톤으로 시작하고 절정기에서는 흐리고 어두운 톤과 붉은색을 대비시켜 억제된 내면과 폭발력을 보여 주고 있지만 1909년 이후의 후기에는 밝고 일상적인 톤으로 이행하고 있다.

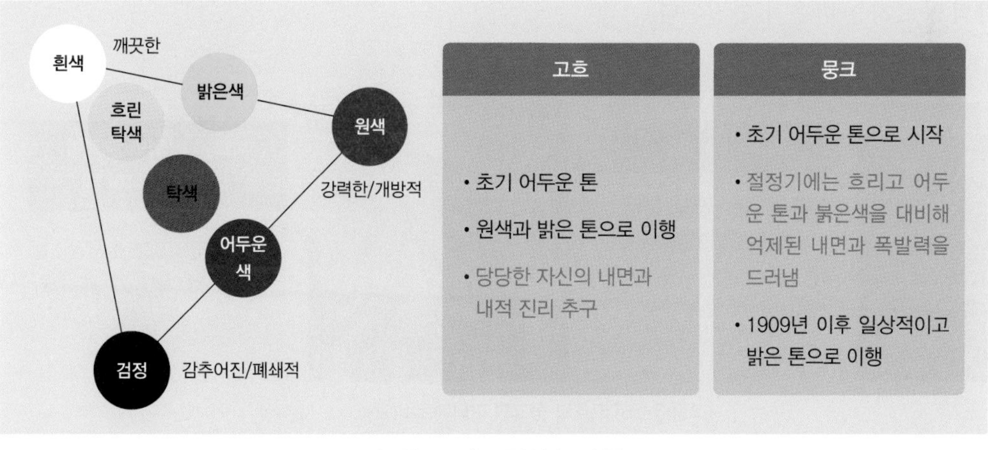

[그림 6-57] 고흐와 뭉크의 톤

4) 마티에르

마티에르는 화면에 나타난 붓의 터치나 바탕재의 거칠고 섬세함, 물감을 풀어 주는 메디움과 함께 생겨난 붓의 흔적이나 끈적거림을 말한다. 마티에르는 마음 깊숙한 메시지를 전하며, 거의 의식되지 않지만 실제로는 매우 중요한 요소로 마티에르를 보면 색채나 구도를 보지 않아도 누구의 작품인지 알 수 있을 정도로 화가의 마음을 드러낸다.

고흐의 그림은 임파스토 화법으로 영혼의 깊은 곳으로부터 울리는 고흐만의 생명과 혼의 마티에르를 가진다. 말년 3년 동안에 500여 점의 작품을 그린 고흐는 극히 짧은 시간에 유화를 그렸다. 그 기법은 처음부터 혼색을 계산해서 흐린 색부터 진한 색으로 칠해 가는 방법과 혼색이 일어나기 어렵게 짧고 굵은 터치로 밑색을 누르면서 새로운 색을 얹는 방법이다. 이 두 가지가 고흐의 마티에르와 화풍을 결정하고 있다. 전자는 중기 화면의 특징으로, 밝은 바탕색에 명확하고 진한 윤곽선을 칠하는 수법이 되어 나타났다. 후자는 후기 화면의 특징으로, 무수히 많은 물결치는 두꺼운 짧은 터치로 나타나고 있다.

뭉크의 마티에르는 미완성이라는 사람들의 비난에도 불구하고 재빠른 터치의 흔적과 나이프의 긁어 냄에 의해서 고독과 절망, 고통에 시달리는 인간 감정의 기복을 보다 확실하게 시각화하여 삶의 덧없음이 강조되고 있다. 특히 〈절규〉나 〈지옥의 자화상〉에서 보이는 뭉크의 화면은 추상적인 배경과 거친 평면적 터치가 함께 스며들어 있다. 타오를 것 같은 재빠른 흔적의 적갈색과 검은 그림자는 내면의 감추어진 생각이나 신비를 나타내 화가의 동요하는 마음과 연결된다.

[그림 6-58] 고흐와 뭉크의 마티에르 비교

5) 빛

빛에는 세 종류가 있다. 먼저, 측면 앞에서의 빛을 순광(順光)이라고 하는데 자연스러움, 건강, 개방, 일상적 이미지가 표현되고 가장 일반적이고 자연스러운 빛이다. 얼굴에 순광을 비추면 반 정도가 밝은 면이 되고 1/3에 그림자가 만들어져 입체감이 나타난다. 얼굴색도 잘 보이고 균형이 주어져 자연스럽고 당당하게 느껴진다.

두 번째는 전광(全光)으로 빛을 정면으로 비추어 그림자가 생기지 않아 전체를 그늘 없이 한눈에 볼 수 있다. 설명적, 합리적, 깨끗함, 차가운 이미지를 보이고 그림자가 없어 정서가 보이지 않는다.

세 번째는 역광(逆光)으로 뒤나 옆에서 비추는 빛이다. 신비스러움과 드라마틱하거나 내향적 정서 등의 이미지가 보이고 그림자가 전체를 지배하게 되어 얼굴의 실재적 주장이 약하지만 우아함이나 심리적 이미지가 잘 드러난다.

고흐는 순광을 일관적으로 사용하여 자기연민을 섞지 않고 자신을 직시해서, 그림을 통해 평정의 상태에 도달하고자 했다. 강렬한 그림과 명징하면서도 인생의 모든 비극을 견디고 선한 인간을 그리고자 했다. 그는 자화상에서 그림을 만들어 낸 수단이자 근원인 자신의 혼을 강하게 증명하고자 한 것이다.

반면에 뭉크는 다양한 빛의 사용으로 여러 내면을 표현하고자 했지만, 대부분 자신을 어딘가 다친 모습으로 그린 것이 독특하다. 그는 자기연민에 빠진 약하고 바보스러운 모습으로 자신을 드러내기를 주저하지 않았다. 역광으로 내향적이고 부정적 정서를 표현하여 스스로를 버림받은 연인, 외롭게 혼자 술을 마시는 사람, 살해당한 시체 등으로 그렸다.

고흐 순광의 사용	뭉크 다양한 빛의 사용
• 자기연민을 섞지 않고 자신을 직시해서 그림을 통해 평정의 상태에 도달하고자 함 • 모든 비극을 견디고 선한 인간을 그리고자 함 • 자화상에서 그림을 만들어 낸 수단이자 근원인 혼을 강하게 증명하고자 함	• 자신을 어딘가 갇힌 모습으로 그린 것이 대부분 • 자기연민에 빠져 약하고 바보스러운 모습으로 자신을 드러내기를 주저하지 않음 • 역광으로 부정적 정서를 표현하여 스스로 버림받은 연인, 외롭게 홀로 술을 마시는 사람, 살해당한 시체 등으로 그림

[그림 6-59] 고흐와 뭉크의 빛 사용 비교

6) 인물의 크기

고흐와 뭉크는 자화상의 화가라고도 불릴 만큼 자화상을 많이 그렸다. 그들의 그림에서 드러나는 화면의 크기와 비례한 인물의 크기는 나타내고자 하는 정신성과 깊은 관계가 있다. 사람의 깊은 생각을 나타낼 때는 인물을 조금 작게 하고 공간이 많아지게 하면, 보는 사람의 시선이 화면으로 자연스럽게 도입되어 깊은 생각을 느끼게 한다. 반대로 크게 하면 적극적인 개방감이 나타나 강도가 커지고 보는 사람을 압도한다. 박력이 넘쳐 보이는 사람의 마음이 화면에 들어가기 힘들고 그림의 자기주장이 강해진다. 인물의 크기에 있어서도 고흐가 화면에 비례한 인물의 크기를 크게 배치함으로써 당당함과 자기주장을 드러낸 반면, 뭉크는 인물의 비례를 대체로 작게 배치함으로써 공간이 많아져 정신성과 부정적인 내면을 더욱 강하게 표현하고 있다.

〈표 6-6〉 인물의 크기와 정신성

인물을 작게	• 인물을 조금 작게 해서 공간이 많아지게 함 • 보는 사람의 시선이 화면으로 자연스럽게 도입되어 깊은 생각을 하게 함
인물을 크게	• 적극적인 개방감에 보는 사람을 압도함 • 보는 사람의 마음이 화면에 들어가기 힘들고 그림에 자기주장이 강해짐

7) 제작태도와 삶의 자세

고흐는 작품을 그리는 행위 자체를 목적으로 하여 다른 사람의 감상은 이차적인 것으로 생각하였다. 이에 절망적인 몰이해 속에서도 1,600점이 넘는 작품을 계속할 수 있었다. 반면에 뭉크는 하나의 주제에 대하여 같은 구도의 많은 시도가 보이고 전시 순서에 대해서도 고민하는 등 보는 사람을 의식하고 염두에 두어 자신이 의도한 것을 다른 사람도 볼 수 있도록 유도하고 있다.

이것은 그들의 삶의 태도와 연결되어 고흐는 '그럼에도 불구하고' 라는 삶을 보여 줬지만 뭉크는 인간의 무력한 존재를 받아들이고 수용하여 40대 이후에는 인생이란 사랑, 고통, 죽음, 탄생의 순환이라는 보편적인 생의 원리를 수용, 통찰하면서 과거의 경험에서 해방된다. 이 수용이 뭉크가 세상에 대하여 적응적이게 하여 80세의 삶을 마감했다면 고흐

〉〉 제작태도

고흐

- 작품을 그리는 행위 자체를 목적으로 함
- 다른 사람의 감상은 이차적인 것으로 생각
- 절망적인 몰이해 속에서도 1,600점이 넘는 작품 제작

뭉크

- 하나의 주제에 대하여 같은 구도의 많은 시도를 하고, 전시 순서에 대해서도 고민함
- 보는 사람을 의식하고 염두에 두어 자신이 의도한 것을 다른 사람도 볼 수 있도록 유도

〉〉 삶의 자세

고흐

- '그럼에도 불구하고'의 삶

뭉크

- 인간의 무력한 존재를 받아들이고 수용
- 40대 이후에는 인생이란 사랑, 고통, 죽음, 탄생의 순환이라는 보편적인 생의 원리를 수용, 통찰하면서 과거의 경험에서 해방

[그림 6-60] 고흐와 뭉크의 제작태도 및 삶의 자세

는 수용하지 못하고 37세의 젊은 나이로 생을 마감하였다.

8) 심리이해 및 마무리

인간은 사회적 동물로 태어나면서 대상과 관계를 맺고자 노력하며 그 과정에서 주양육자의 역할은 매우 중요하다. 그러나 고흐와 뭉크의 어린 시절은 주양육자와의 관계 맺기에서 촉진적인 환경을 경험하지 못하면서 통합감보다는 좌절감과 상실감을 느끼는 트라우마를 겪었다는 것을 알 수 있다.

고흐와 뭉크는 이러한 자신의 어두운 성장과정과 사람들의 외면과 상실, 고통을 작품을 통해 상징적으로 표현하였고, 그 표현을 통하여 자신이 느끼는 부정적인 정서를 극복하고자 노력하였다. 특히 대상관계 측면에서 개인적 상실의 유아기 경험을 가졌던 빈센트 반 고흐와 에드바르 뭉크의 비교를 통하여 갈등을 창의적으로 승화하고 내면화한 흔적들을 발견해 내고자 했다.

우선 형식적인 면에서 고흐는 고명도의 노란 빛을 파랑과의 대비를 통해 자신을 드러내는 의미로 사용하고 있으며, 밝은 톤, 강력한 마티에르, 순광, 큰 인물상, 명확한 시선 처리로 자신을 주장하고 있다. 반면, 뭉크는 붉은색을 검정과 대비시키면서 죽음과 불안을 상징하는 의미로 사용하고 있으며, 어두운 톤, 격한 터치의 평면적 마티에르, 역광, 흐릿한

시선 처리와 작은 크기의 인물로 내적 갈등을 표현하고 자신의 문제를 시각적으로 통찰하여 수용하고 있다.

그 내면 표현의 의미와 원리를 비교해 보면, 고흐는 영원한 내면적 생명력의 표현으로, 뭉크는 겪었던 불안과 공포의 표현으로 차이를 보인다. 이것은 인간의 일반적인 문제를 자신의 체험을 통해서 형상화하여 죽음, 불안, 사랑, 증오 등 생의 고통과 내면세계를 표현했다고 할 수 있다.

고흐와 뭉크는 예술적 소재에 대한 집요한 탐구 자세로 자신의 어두운 성장과정과 사랑하는 사람들의 상실과 아픔을 상징적으로 표현했다. 이것은 그림을 통한 승화이며, 개인적인 슬픔과 고통을 인간이 가질 수 있는 보편적이면서도 일반적 정서로 통찰했다고 할 수 있다.

실습활동 불안과 공포 표현해 보기

진행 순서

(1) 불안과 공포를 느꼈던 기억 되살리기

(2) 그 이미지를 점, 선, 색을 이용하여 추상적으로 표현하기

(3) 눈앞에 놓고 조용히 바라보기

(4) 불안의 메시지가 들리면 메모해 보기

제7장

달리와 마그리트의 그림을 통해 본 무의식 연구

[그림 7-1]은 살바도르 달리의 〈기억의 고집〉이라는 작품이다. 한 번 보면 기억에서 지우기 쉽지 않을 것 같은 이 작품은 스페인의 포트리가트에 있는 달리의 작업실에서 보이는 아름다운 바다 풍경을 기반으로 제작되었다. 아름다운 풍경에서 어떻게 이 그림이 탄생했을까. 달리의 정신세계가 궁금해지지만 이 그림은 미술사에서 설명한 바와 같이 무의식이 작동한 것으로 무의식의 상태를 무의식의 기호와 원리로서 주관적으로 표현한 작품이다.

▲ 달리 작업실 창에서 본 풍경　▲ 살바도르 달리, 〈기억의 고집〉, 1931년

[그림 7-1] 살바도르 달리의 작업실에서 본 풍경과 작품

1. 무의식

1) 무의식과 의식

인류는 언제부터 무의식이라는 것을 알게 되었을까. 철학이나 문학에서는 그 이전부터 거론되고 있었지만 심리학계에서는 오스트리아 빈의 신경정신과 의사인 지그문트 프로이트(Sigmund Freud/1856~1939)를 통해서 알게 되었다고 본다. 그의 환자들 중에는 신체적으로는 아무런 이상이 없는데도 고통을 호소하는 환자들이 있었다. 주로 여성들이 많았는

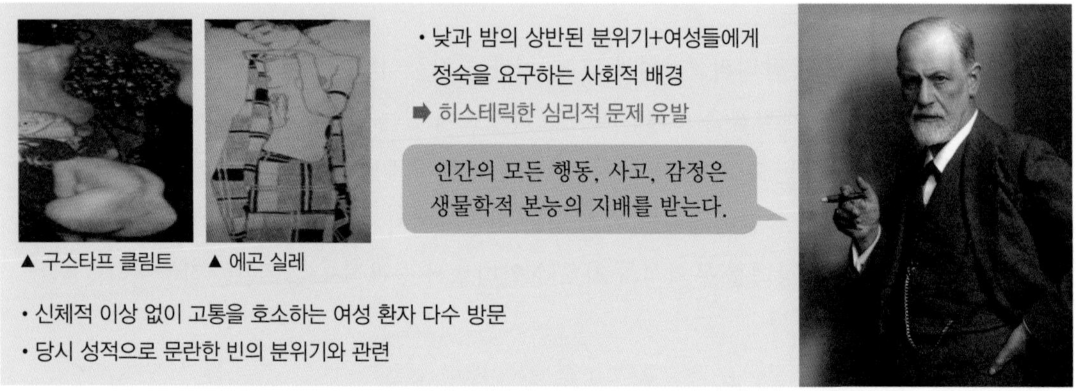

[그림 7-2] 프로이트와 당시 빈의 분위기

데 프로이트가 무의식에 주목하게 된 것은 당시 빈의 분위기와도 관련이 있다.

당시 빈은 성적으로 굉장히 문란했는데 이러한 분위기는 같은 시대를 살았던 구스타프 클림트나 에곤 실레의 그림([그림 7-2] 참조)을 보면 알 수 있다. 밤에는 성적으로 문란했지만 아침이 되면 분위기가 바뀌고 특히 성에 대한 이야기가 금기시되고 여성들에게는 정숙을 요구했던 빈의 사회적 배경이 여성들에게 히스테릭한 심리적 문제를 만들어 낸 것이다.

이러한 사례에서 프로이트는 인간의 모든 행동, 사고, 감정은 생물학적 본능, 특히 성적 본능의 지배를 받는다고 했다. 이것은 당시에 받아들이기 힘든 이론으로 서양에서는 그리스 시대 이후 인간이라고 하는 존재를 불변하는 진리인 이데아를 추구하는 굉장히 합리적이고 이성적인 존재로 생각하고 있었다. 그런 측면에서 볼 때 모든 인간의 행동, 생각, 감정이 성적 본능에 의해서 좌우된다는 것을 쉽게 납득하기 어려웠을 것이다.

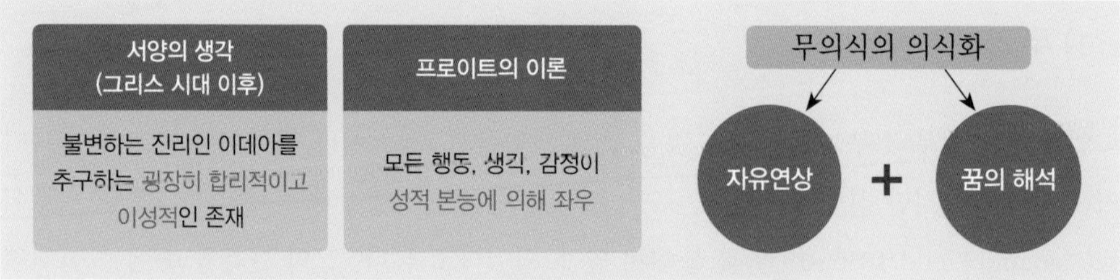

[그림 7-3] 프로이트의 인간관 비교와 심리적 문제 해결방법

프로이트가 찾아낸 심리적 문제의 해결방법은 무의식의 의식화이며, 이를 알아낼 수 있는 방법은 꿈의 해석과 자유연상이다. 누구나 꿈을 꾸고 나면 너무나 황당하고 이론적 또는 합리적으로는 설명이 안 되는 상황을 겪는다. 깨어 있을 때는 의식의 통제로 알 수 없었던 무의식이 의식의 통제가 약해지는 잠자는 동안에 보이는 것으로 프로이트에 의하면 꿈의 내용은 우연이 아니라는 것이다.

두 번째 방법인 자유연상은 생각이 떠오르는 대로 말하는 것이다. 우리는 일상을 살아가면서 생각나는 대로 바로 말하지는 않는다. 생각이 나면 정리를 하고, 전과 후에 대한 안배를 하며 최대한 합리적이고 논리적으로 상대방한테 이야기를 하게 되는데 여기에 의식이 들어가게 된다. 프로이트는 환자에게 생각 없이 되는대로 말을 하게 해서 무의식을 찾아주고 문제가 되는 무의식을 의식화하여 심리적인 문제를 해결하고자 했다.

일반적으로 의식은 개인이 각성하고 있는 순간의 기억, 감정, 공상, 경험, 연상 등을 아는 것으로 현재 자각하고 있는 생각을 말하는데 현실 원칙에 따른 원리에 의해서 작동하는 것이다. 우리가 일상생활을 할 때 생각을 가지고 살아간다고 하면 '저 사람은 지금 의식적으로 살고 있구나.' 이렇게 여기면 될 것이다. 반면에 무의식이라고 하는 것은 우리가 자각하지 못하는 사고나 태도나 충동, 소망, 동기, 정서라는 개념으로 프로이트 이론의 중심이다. 프로이트에 의하면 금지되거나 처벌되는 용납할 수 없는 소망은 우리의 의식적 자각에서 추방되어 무의식의 한 부분을 이루는데 그것들은 거기에서도 계속해서 우리의 사고, 감정 그리고 활동에 영향을 준다.

이러한 무의식은 프로이트가 인간의 심리구조를 설명하면서 나온 개념으로 이로 인해

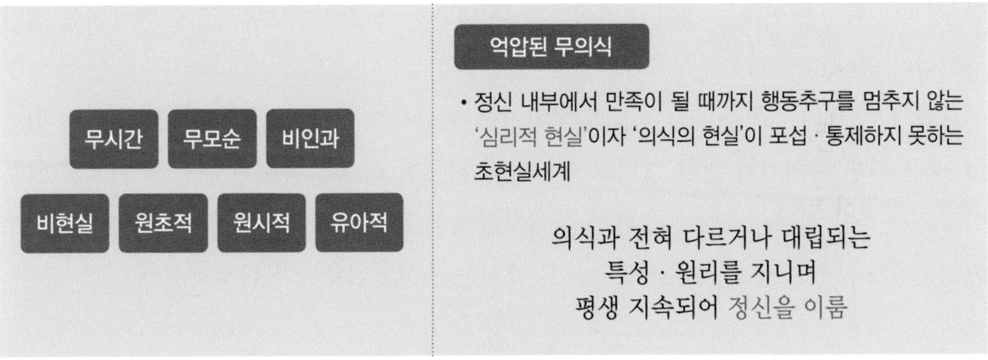

[그림 7-4] 억압된 무의식의 특성

심리학계에서는 심리학의 역사를 프로이트 이전과 이후로 나누기도 한다. 기본적으로 무의식은 쾌락의 원리에 따라 작동하고 의식은 현실의 원리에 따라 작동한다. 예를 들면, 지금 배가 너무 고프지만 돈이 없는 사람이 있다고 할 때, 무의식에 따른 행동은 무조건 밥을 먹기 위해 식당에 들어가지만, 의식적 행동은 돈을 빌리거나 대책을 마련하고 식당에 들어갈 것이다. 따라서 무의식만 작동되는 사람은 범법자가 될 확률이 많고 의식만 작동하는 사람은 욕망과 욕구가 없는 무미건조한 사람이 될 수 있다.

이러한 무의식은 쾌락의 원칙에 의한 작동 원리를 가지고 있다. 따라서 무시간, 무모순, 비인과, 비현실 그리고 원초적이고 원시적이고 유아적인 특성을 갖는다. 무의식은 의식과 전혀 다르거나 대립되는 특성과 원리를 지니며 무의식의 내용물은 평생 지속되어 우리의 정신을 이룬다. 프로이트가 일차적으로 주목한 무의식의 형성물은 신경증 증상과 꿈이다. 꿈은 의식이 미미한 수면 상태에서만 생성되며, 증상은 의식이 기억하지 못하는 무의식의 요인들에 의해 반복해서 생성된다.

무의식은 시대가 흘러가면서 변화를 갖게 되는데 그 대표적인 학자 중 한 사람이 칼 구스타프 융(C. G. Jung)이다. 융에 의한 무의식이란 프로이트처럼 성적 욕망도 있지만 창조적 에너지도 포함되어 우리가 가지고 있으면서도 아직 모르는 우리 정신의 모든 것이며 미지의 정신세계이다. 무의식이 드러나는 꿈의 해석도 프로이트는 억압된 무의식의 내용이 왜곡된 형태로 나타난 것이라고 했다면, 융은 무의식이 의식에 보내는 메시지이자 마음의 평형을 실현하기 위한 의식에 대한 보상이라고 했다. 그래서 융은 의식과 무의식의 중심이 되는 자기를 40대 이후에는 찾아야 한다고 했으며, 건강한 사람은 의식과 무의식의 소통이 잘되는 사람이라고 보았다. 융의 무의식에는 이 세상에 태어나서 겪은 개인적인 경험, 성격의 특성을 이루는 개인 무의식과 인류 일반의 특성이며 보편적으로 존재하는 집단 무의식이 있다.

요컨대, 프로이트의 무의식은 꿈의 이미지를 분석하고 시각적 이미지로 표현할 수 있으며, 융은 집단 무의식과 원형 그리고 만다라와 적극적 심상을 통해서 미술과 연계되었다. 이것은 우리가 서양미술의 흐름에서 살펴보았듯이 프로이트의 이론을 근간으로 해서 초현실주의가 나왔고 융의 이론을 근간으로 해서는 추상표현주의가 탄생하였다.

2) 무의식과 초현실주의의 관계

초현실주의자들은 '정신분석학'을 기반으로 억압된 무의식을 표현하고자 했으며 그 목적은 의식 세계와 무의식 세계, 내적 세계와 외적 세계 사이의 장벽을 제거하고 현실과 비현실 그리고 생각과 행동을 전부 합쳐 전 생명을 지배하는 초현실성을 창조하는 것이다. 우리는 초현실을 흔히 현실과 반대되는 개념이라고 알고 있는데, 이것은 일본을 거쳐서 들어오면서 일본식으로 해석된 면이 있다. 원래 의미는 현실의 반대적 개념이 아니라 현실과 그 이상의 모든 것을 합친 것이 초현실이다.

초현실주의는 제1차 세계대전이 끝난 1924년 이후부터 제2차 세계대전 발발 직전까지 약 20여년 동안 프랑스를 중심으로 일어났던 전위적인 문학 예술 운동이다. 의식이 지각한 현실을 의식의 법칙인 원인과 결과라는 인과율과 전과 후라는 시간성으로 제작했던 미술활동을 무의식의 기호와 원리인 비인과, 무시간으로 작품을 만들어 냈던 사조라 할 수 있다. 초현실이란 과학주의와 자본주의 현실과는 다른 특성, 내용, 관점, 원리를 지닌 무의식의 세계, 다시 말해서 이성의 통제에서 해방된 세계이다. 따라서 초현실주의자들의 그림 속에서는 이러한 무의식의 특성을 살펴볼 수 있으며 이것은 현실 세계의 가치를 부정하는 대립적인 세계관을 넘어서는 전체적 현실을 의미한다. 따라서 무의식은 정신 내부에서 만족이 될 때까지 행동추구를 멈추지 않는 '심리적 현실'이자 의식의 현실이 통제하지 못하는 초현실 세계이다.

1924년 앙드레 브르통은 초현실주의 선언에서 '프로이트의 정신분석 이론에 근거해서 인간의 무의식에 대한 생각을 예술의 근원으로 찾아내는 것'으로 자동기술 등의 혁신적인 수법을 예술에 도입하고자 했다. 초현실주의 선언은 과학적 이성의 힘으로 인류의 유토피아를 실현할 수 있다고 자부해 온 근대 서양 문화에 대한 비판을 담고 있다. 이와 같이 초현실주의도 전쟁에 대한 반발로 시작된 것은 같았지만 제5장에서 언급했던 다다와 다른 점은 다다가 우연성을 앞세워 과학의 권능과 지성에 반하는 선동적 제스처와 해프닝을 사용했다면 초현실주의는 우연과 무의식을 근간으로 초현실의 세계를 작품화시켰다는 점이다.

3) 무의식의 표현방법

그러면 이러한 무의식은 어떻게 표현해야 할까. 이는 초현실주의 이전에는 어떻게 그림을 그렸는지를 살펴보면 알 수 있다. 중 · 고등학교 시절의 미술시간에 그렸던 그림을 생각해 보자. 먼저, 그리고 싶은 사물을 생각하고 그것을 화면에 하나의 점으로부터 시작해서 그 점이 선이 되고 다시 그 선이 면이 되면서 그림을 차근차근 마무리해 갔다. 이것이 원인과 결과, 즉 인과에 의한 그림을 그리는 방법이고 여기에는 시간도 동반되어 시간의 흐름에 따라 전과 후가 생기는 것이지만, 무의식의 특성은 비인과, 무시간, 비논리인데 이런 특성을 표현하기 위한 방법은 어떤 게 있을까.

우리가 한 번쯤은 해 보았던 데칼코마니, 프로타주, 마블링과 같은 기법은 의도와 생각이 없었지만 재미있는 결과가 나왔다. 이러한 기법들이 초현실주의자들이 무의식을 표출하기 위해 고안한 방법이었던 것이다. 초현실주의자들은 의식의 제약 없이 표현할 수 있는 대표적인 기법들을 고안하게 되는데, 그 대표적인 것이 자동기술법과 데페이즈망이다.

자동기술법은 초현실주의 초기 화가들이 주로 썼던 기법으로 무의식적 사고 작용 또는 상상력이 논리나 규범이라는 자아의 검열 방어에 상관없이 자유롭게 표현되도록 수동적으로 따라가는 방법이다. 이것은 프로이트의 정신분석에서 말하는 자유연상을 차용한 것으로 무의식과 의식, 꿈과 각성의 중간 상태 내지는 주관과 객관이 혼합된 정신 상태에서

[그림 7-5] 전통적인 그림 제작방법과 자동기술법

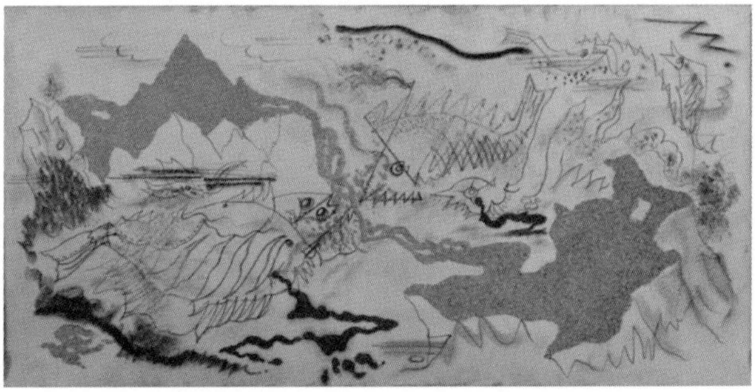

[그림 7-6] 앙드레 마송, 〈물고기들의 전쟁〉, 1926년

[그림 7-7] 호안 미로, 〈어릿광대의 사육제〉, 1924~1925년

그것이 원하는 대로 자유연상하듯이 손을 움직이는 것이다. 여기에는 훌륭한 결과물을 내겠다는 그런 마음에 연연하지 않고 우연의 효과 자체를 향유하는 것이다. 이렇게 생성된 표현물에는 예기치 않은 미와 힘이 느껴지며 이것은 억압된 무의식이 자아의 방어를 뚫고 의식이 주목하지 못했던 어떤 내용과 힘이 표현된 것이다. 이 기법은 초기 초현실주의 화가들인 앙드레 마송이나 호안 미로, 에른스트 같은 작가들이 주로 썼던 기법이다.

두 번째 기법인 데페이즈망은 직역하면 '낯설게 하기'이며 다른 해석은 '정든 고향을 떠나기'로 이제까지 익숙해져 있던 것들을 새로운 시각에서 보도록 하여 일상의 의식이 아닌 무의식을 느끼게 해 준다는 것이다. 이것은 초현실주의 후기 작가들이 주로 많이 썼던 기법으로 대표적인 작가가 달리와 마그리트이다. 이것은 관습적 사고에 충격을 주기 위한 기발한 발상이고 새로운 기법으로 이성적 사고로는 도저히 성립하지 않는 모순된 대상과 상황을 제시함으로써 이성 스스로 그 자리를 뜨도록 유도하여 무의식의 세계가 그 자리를

무의식의 표현방법

- 낯익은 물체를 원래 있던 장소에서 떼어내 뜻밖의 장소에 위치시키기
- 현실에서 양립 불가능한 사물을 한 공간에 나란히 위치시켜 이상한 만남 만들기
- 서로 다른 두 개의 사물을 하나로 압축시키기
- 사물의 고유 성질들 가운데 하나를 바꾸기
- 일상의 대상에서 실용성을 배제하여 색다른 차원에서 보게 하기

➡ 초현실주의들이 무의식의 초현실에 주목하게 하려는 기능과 목적 가짐

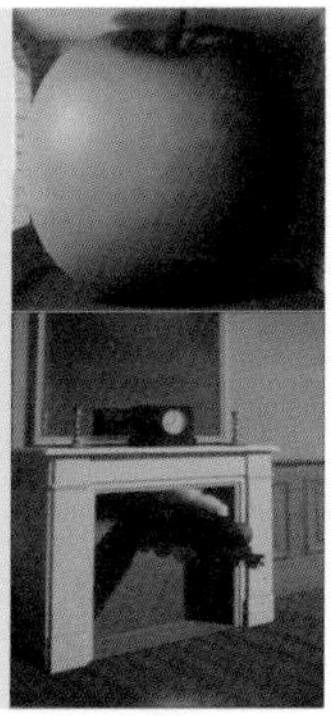

[그림 7-8] 무의식을 표현하는 여러 가지 기법

차지하도록 하는 방법이다.

구체적으로는 낯익은 물체를 원래 있던 장소에서 떼어내 뜻밖의 장소에 위치시키기, 현실에서 양립 불가능한 사물을 한 공간에 나란히 위치시켜서 이상한 만남을 만들기, 서로 다른 두 개의 사물을 하나로 압축시키기, 사물의 고유 성질들 가운데 하나를 바꾸기, 일상의 대상에서 실용성을 배제하여 색다른 차원에서 보게 하기 등의 유형이 있으며 이것은 초현실주의자들이 무의식의 초현실에 주목하게 하려는 데 그 기능과 목적이 있었다.

이러한 무의식을 표현했던 초현실주의 작가들 중 대표작가라 할 수 있는 살바도르 달리와 르네 마그리트의 생애와 대표작들을 알아보고 그 비교를 통해 무의식 표현의 공통점과 차이점에 대해서 알아보자.

2. 살바도르 달리

1) 달리의 생애

[그림 7-9] 달리 작업실에서 본 바다풍경/저자 촬영

살바도르 달리(Salvador Dali, 1904~1989)는 1904년 5월 11일에 스페인 카탈루냐 지방의 소도시 피게레스에서 태어났다. 아버지는 피게레스의 공증인으로 마을의 유력자였으며 엄격하고 무신론자인 반면, 남편보다 11세 어린 어미니 도베네그는 바르셀로나의 상류계급 출신으로 경건한 가톨릭 신자였다. 달리에게는 그가 태어나기 9개월 전에 1세 10개월로 죽었던 살바도르라는 형이 있었고 죽은 형과 같은 이름이 붙여진 달리는 형 대신이라고 하는 의식과 부모님이 죽은 형의 환영에 붙잡혀 있는 것에 깊은 상처를 받으며 자랐다. 부

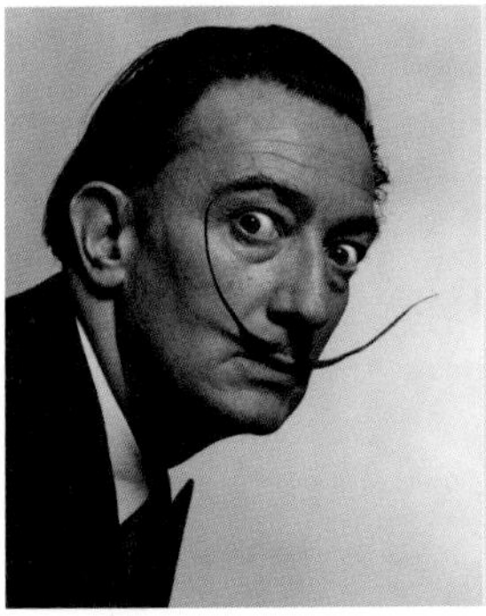

죽은 형의 영향으로 고통스러웠던 유년 시절

- 태어나기 전 죽은 형과 같은 이름
- 형의 대신이라는 의식
- 죽은 형에 붙잡혀 있던 양친에 의해 깊은 상처
- 자신이 죽은 사람이라고 생각

[그림 7-10] 달리와 어린 시절의 고향 바닷가 풍경

모님의 방에는 죽은 형의 사진이 걸려 있고 그것은 거울에 비치는 실상처럼 달리 자신을 혹사시켜 결국에는 자신이 '죽은 사람'이라고 생각하게 되었다.

달리가 생애에 걸쳐 보여 준 기행이라고도 말할 수 있는 자기 현시욕과 강한 자기애는 어렸을 때부터의 기억이 만든 결과라 할 수 있다. 최초의 초등교육은 아버지의 생각으로 동네 가난한 학생들이 다니는 공립학교에 간 것이다. 항상 자신을 중심으로 돌아가는 세계에서 작은 왕과 같았던 소년시대의 상황이 달리에게는 매우 불안정하고 외로웠다.

1921년, 17세에 어머니가 암으로 사망하여 달리는 큰 충격을 받게 된다. 다음 해인 18세에는 마드리드의 산페르난도 왕립미술 아카데미에 입학하게 되고 여기에서의 영화감독이 되는 루이스 부뉴엘이나 시인 가르시아 등 재능을 가진 친구들과의 만남은 달리만의 독자의 예술을 발전시키는 기초를 다지고 새로운 분야에 눈을 뜨게 한 계기가 되었다. 1929년에는 친구인 부뉴엘과 함께 제작했던 영화 〈안달루시안의 개〉가 파리의 초현실주의자들로부터 인정을 받아 달리와 부뉴엘은 그룹에 정식으로 들어가게 된다. 또한 이 시기에 달리는 운명의 여인 갈라를 만나게 되는데 10세 연상이라는 나이 차와 상관없이 두 사람은 정열적인 사랑에 빠진다. 1934년 1월, 달리와 갈라는 정식으로 결혼하고 1940년, 독일군의 파리점령을 계기로 달리와 갈라는 미국으로 망명하여 이후 8년에 걸쳐 미국 생활을 하게 된다. 미국에서 영화나 무대미술, 상업디자인 등 화려하고 다방면에 걸친 활동을 하여 확고한 지위를 갖게 되고 재력을 모은다. 제2차 세계대전 종결 후, 1948년에 귀국하게 되고 귀국 후의 달리는 갈라를 성모로 세우고 '종교화'나 '원자회화'를 계속 제작하였으며 각국에서 열린 그의 전시는 성공을 거둔다.

그러나 이러한 정열적인 활동도 1960년대 이후가 되면 자유연애를 하는 갈라의 낭비를 조달하기 위한 금전적 의미가 더 커지게 된다. 70세가 된 1974년에는 고향 피게레스의 극장을 개장하여 달리 극장미술관이 개관했지만 1982년에 갈라가 죽자 달리도 급속히 쇠약해졌다. 1986년에는 심한 화상을 입고 와병생활을 하게 되었고 1989년 1월 23일 달리는 극장미술관, 갈라치아의 탑에서 84년의 생애를 마감한다.

2) 시기별 구분과 대표작

(1) 초기작품 시기(1904~1928)

달리의 작품은 일반적으로 네 개의 시기로 구분하는데, 첫 번째 시기인 미술 수업기는 당시 새롭게 주목받았던 인상파나 세잔, 피카소와 브라크의 큐비즘, 미로의 추상화 등, 동시대 화가에 의한 최신의 것으로부터 멀리는 신고전주의, 바로크 회화 등의 고전 수법을 계속 시도했던 시기이다. 이것은 자기의 표현을 모색하면서도 묘사기술을 연마하기 위한 '모방의 시대'였지만 거장들의 화제나 모티브를 인용했던 작품은 만년까지도 계속해서 제작하였다.

이 시기의 그림인 〈창가에 선 소녀〉(1925)는 유일한 혈육인 동생 마리아를 그린 작품으로 여기에는 〈기억의 고집〉과 똑같은 풍경이 보인다. 앵그르의 신고전주의 기법을 답습한 작품으로 데생의 중요성을 강조하여 사실적으로 그리고 있다. 동생 안나 마리아는 어머니

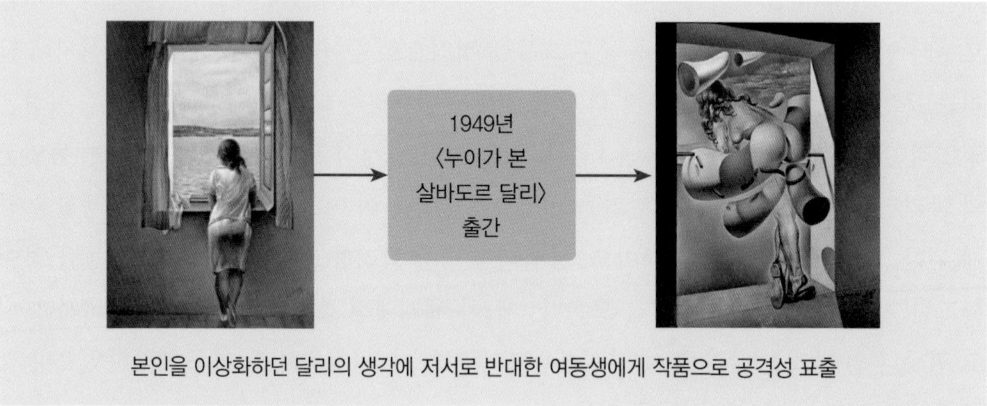

[그림 7-11] 살바도르 달리, 〈창가에 선 소녀〉, 1925년/〈자기 순결의 뿔에 의해 자동 능욕을 당하는 젊은 처녀〉, 1954년

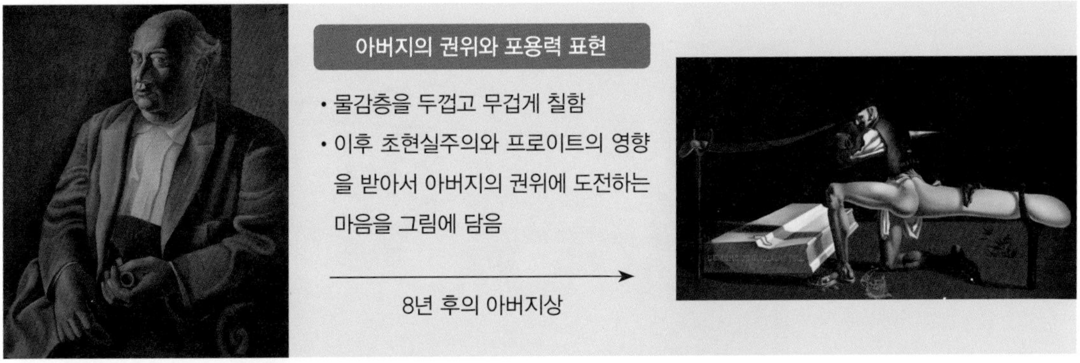

[그림 7-12] 살바도르 달리, 〈아버지의 초상〉, 1925년/〈윌리엄 텔의 수수께끼〉, 1933년

의 죽음 이후 어머니를 대신할 정도로 이상화하여 이 작품 이외에도 여러 작품에서 나타난다. 그러나 자신을 신비스럽고 이상화시키려고 했던 달리의 이야기와 다른 〈누이가 본 살바도르 달리〉를 1949년에 출간한 이후부터는 연을 끊고 1954년에는 똑같은 포즈의 처녀상을 분해시키는 그림으로 발표하여 누이에 대한 공격성을 표출하고 있다.

또한 암으로 죽기 몇 달 전 죽음의 그림자를 간직한 〈화가 어머니의 초상〉(1920)이 있고 아버지를 그린 〈아버지의 초상〉(1925)이 있다. 아버지는 절대적으로 권위적이면서도 모든 걸 안은 큰 산처럼 느끼게 하도록 물감층을 두껍고 무겁게 칠했다. 이후 초현실주의와 프로이트의 영향을 받은 달리는 자신의 삶 속에 짙은 그림자처럼 드리워져 있던 아버지의 권위에 도전하며 진정한 영웅을 꿈꾸는 자신의 마음을 당시의 그림(〈윌리엄 텔의 수수께끼〉, 1933년) 속에 담게 된다.

(2) 초현실주의 시대(1929~1948)

1929년, 25세의 달리는 초현실주의 그룹에 들어가고, 얼마 되지 않아 '편집광적 비판방법'을 시도한다. 또한 이 시기에 만난 갈라는 여성경험뿐만 아니라 강박관념마저 가지고 있었던 달리의 세계를 크게 변화시킨다. 또 그녀에 의해서 알게 된 죽음과 에로티시즘의 매력은 달리의 제작활동에 막대한 영향을 미쳤다. 이 시기의 작품에는 달리에 있어 공포의 대상이었던 '성'과 '죽음'이 매혹적인 욕망의 대상으로 변화하고 있는 모습이 나타난다.

〈욕망의 수수께끼-나의 어머니, 나의 어머니, 나의 어머니〉(1929)에서 태아와 같은 작은 머리로부터 늘어진 물체가 화면 전체에 걸쳐 넓어지고 있다. '어머니'라고 연속해서 쓰

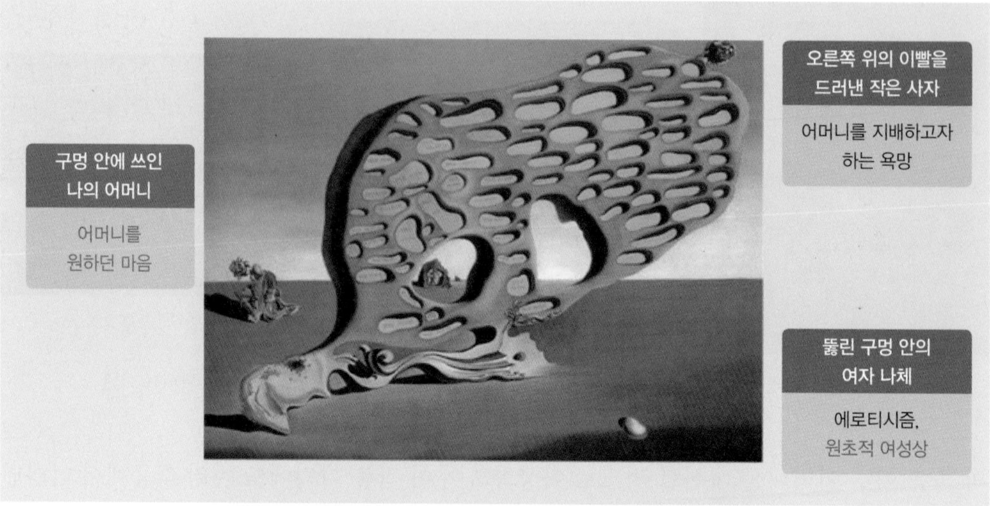

[그림 7-13] 살바도르 달리, 〈욕망의 수수께끼–나의 어머니, 나의 어머니, 나의 어머니〉, 1929년

여 있고 잃어버린 어머니를 찾는 달리의 뜨거운 시선이 웅덩이를 만들었다. 더욱 강한 시선은 구멍을 뚫어 그 구멍에서는 원경에 여자의 나체가 보인다. 나체는 에로티시즘과 동시에 원초적 여성상으로 나타나고 위쪽에 이빨을 드러낸 공격적인 작은 사자는 어머니를 지배하고자 하는 달리의 욕망을 느낄 수 있다.

구멍마다 쓰인 '나의 어머니'라는 말에서 어머니를 절절히 원하던 그의 마음이 느껴지지만 구멍의 중간까지만 그 단어가 쓰여 있다. 이것은 갈라를 만나면서 그동안 부족했던 어머니에 대한 욕구가 채워졌기 때문이라고 볼 수 있다. 무의식적으로 그려진 어머니에 관한 생각이 기괴하게 나타난다. 어머니를 전체적으로 보지 않고, 한 가지만 집중적으로 보는 '편집광적 성격'을 가지고 그림으로 대상화하였다. 이것을 객관화시키고 편집광에 대한 비판적인 방법을 통해 자신의 욕망을 그림으로 표현했다. 즉, 욕망에서 헤어나오지 못하는 것이 아닌 욕망을 직시하는 능력이 생긴 것이다. 이는 갈라를 만나고 난 이후의 일이다. 다음에 설명하는 〈기억의 고집〉 등의 그림은 달리가 자신의 욕망을 해소했기 때문에 자신을 직면하고 그림을 그릴 수 있었다.

〈기억의 고집〉(1931)은 꿈속 이미지들처럼 무의식을 표현한 작품으로 자연의 법칙에 구애받지 않는 묘한 자태의 그림이다. 이 그림은 원래 그려져 있던 창밖의 바다풍경에 순식간에 스쳐 갔던 우연한 영상을 계획 없이 그린 작품이다. 어느 날, 갈라를 포함한 친구들

[그림 7-14] 살바도르 달리, 〈기억의 고집〉, 1931년

과 식사를 마친 후 머리가 아팠던 달리를 제외하고 일행들이 시내에 나간 후, 홀로 남은 달리가 식사 후 녹아 버린 치즈를 보다가 방을 나왔다. 그 후 작업실에 들러 거기에 그려져 있던 바다 그림을 보면서 불을 끈 순간 스쳐 간 찰나적 영상을 순식간에 그린 것이다. 짧은 외출을 하고 돌아온 갈라가 완성된 이 작품을 보고 '기억의 고집'이라고 제목을 붙였다고 한다. 제작과정에서 살펴본 바와 같이 이 작품은 의식이 지각한 현실을 의식의 법칙인 인과율과 시간성에 맞게 객관적으로 재현한 것이 아니라 무의식의 상태를 무의식의 기호와 원리로서 주관적으로 표현한 것이다. 치즈와 같이 흐물흐물 녹아내리는 시계의 이미지는 발표 당시 너무나 충격적이었기 때문에 녹는 시계는 달리의 대명사가 되었다. 결국 이 그림의 배경인 항구의 풍경은 이미 그렸던 것이고 나머지는 나중에 짧은 시간에 덧그려져, 순간의 영감으로 무의식을 표현한 것이다.

여기에는 과도하게 오래 지속된 엄마의 돌봄 때문에, 유년기 이후 현실의 냉정한 요구들에 당황하며 적응할 수 없었던 달리 자신이 황량한 나뭇가지와 구부러진 시계로 상징되어 나타나고 있다. 녹는 시계는 멈춰 버린 시계로, 이것은 활동을 끝낸 것, 즉 죽음을 상징하고, 옆으로 중앙에 누운 사람의 얼굴 같은 물체는 '음울한 유희', '대자위자'에서도 나타나는데 피게레스의 기암괴석([그림 7-10])에서도 보이는 '내면의 자화상'이라 할 수 있다. 왼쪽의 상자 위에 놓인 회중시계에는 개미가 무리지어 있다. 달리는 개미 떼를 여러 번 그리

▲ 밀레, 〈만종〉, 1857~1859년

- '만종'을 처음 본 후 유년시절로 돌아가는 느낌과 마음 깊은 곳의 공포를 느껴 현혹됨
- 이 작품의 땅속에는 죽은 아이가 묻혀 있을 것이라고 생각
- 강박관념에 의한 것처럼 시리즈 작품 제작
- 오이디푸스 콤플렉스의 고뇌, 거세에 대한 은유, 부모 관련 대상관계의 갈등이 보임

▲ 살바도르 달리, 〈황혼의 격세유전〉, 1933년경

[그림 7-15] 밀레의 〈만종〉과 달리의 〈황혼의 격세유전〉

고 있지만 시간을 상징하는 시계에 개미 떼가 있는 모습은 종말을 암시한다. 아버지를 상징하는 무기질의 상자에서 올라온 왼쪽의 올리브 나무는 이미 시들어 있어 생명의 끝을 암시하고 있다. 마른나무 안에 보이는 장방형의 물체는 달리 집 앞에 있는 부두의 이미지로 붕괴된 종말 세계로부터의 여행을 상징한다. 〈기억의 고집〉이란 제목에서처럼 오랫동안 지속되어 온 무의식의 기억을 외부로 표현하여 떠나보내고 싶어 하는 화가의 욕망이 느껴진다.

〈황혼의 격세유전〉은 밀레의 〈만종〉을 오마주한 작품으로, 이 시리즈를 통해 자신이 일찍 죽은 형의 대신으로 살았나 하는 달리의 의문과 고뇌가 나타나고 있다는 점에서 달리와 부모의 초기 관계의 어려움과 그 승화 과정을 알 수 있다.

달리가 밀레의 그림과 연관된 것은 학교 복도의 난간을 장식하고 있던 〈만종〉의 복제그림을 처음 보았을 때이다. 그림을 본 순간 달리는 유년 시절로 되돌아가는 것 같은 느낌과 마음 깊은 곳의 공포를 느껴 현혹되었다고 한다. 달리는 이 작품의 땅속에는 죽은 아이가 묻혀 있을 것이라 말하면서 일종의 강박관념에 의한 것처럼 1933년부터 1934년에 걸쳐 집중적으로 시리즈 작품을 제작한다. 여기에는 오이디푸스 콤플렉스의 고뇌나 거세에 대한 은유도 보이지만 부모와 관련한 대상관계의 갈등도 나타난다. 두 사람의 남녀는 성행위를 상징하고 있고 여성은 성교 후에 수컷을 잡아먹는 암컷 사마귀의 광기를 내포하고 있다는가, 그들의 기도는 발밑에 묻힌 유해에 바쳐지고 있다는 독자적 해석을 전개하고 있다. 이 작품에서 그레우스 곶의 기암 풍경을 배경으로 서 있는 두 사람의 남녀는 달리의 부모라 할 수 있다. 그리고 두 사람이 기도를 올리는 것은 달리가 태어나기 전에 죽은 형의 유해를 향한 것으로, 형을 대신하는 존재로서 태어났던 달리의 도망칠 수 없는 죽음에의 공포가 진하게 표출되고 있다.

(3) 원자적 신비주의 시대(1949~1962)

달리는 전쟁이 끝난 후, 가톨릭에 귀의했고 1948년에는 8년여의 미국 생활을 끝내고 스페인 포트리가트에 돌아온다. 가톨릭 개종 후 달리는 르네상스의 고전적 미학을 방불케 하는 종교화를 그리게 된다. 기하학을 기초로 하여 더 넓은 조화와 개념을 추구한 수리적 이론을 종교화 속에 집어넣은 것이 '기하학적 종교화'이다. 달리는 고향에서 갈라의 사랑을 받으면서 그림을 그리며 지내는 것이 유일한 소원이었다. 그러나 1940년대 중반이 되자, 갈라는 젊은 남자들과 혼외교제를 하고 달리는 그것을 못 본 체하며 화실에서 오로지 그림을 그려 나간다. 게다가 갈라는 점점 탐욕스럽게 되어, 계약한 작품을 그릴 때까지 달리를 화실에 가두게 되고, 돈이 되지 않는 일은 달리가 창작 의욕을 보여도 방해하는 일이 자주 있었다. 그렇지만 달리는 갈라를 가장 사랑하는 여성으로, 성스러운 존재로 아름답고 신비스럽게 그리고 있다. 적어도 작품 속에서만큼은 처음 만났을 때처럼, 자신을 사랑하는 갈라 그대로의 모습으로 성스러운 고귀함을 주고자 했다.

[그림 7-16] 살바도르 달리, 〈레다 아토미카〉, 1949년

이 시기의 작품으로는 갈라를 주인공으로 무중력의 신화 세계를 표현한 〈레다 아토미카〉(1949), 성녀(聖女) 갈라를 그리는 효시가 되었던 〈포트리가트의 성모〉(1950) 등이 있다.

(4) 후기 작품 시대(1963~1989)

달리의 정열적인 활동은 1960년대 이후가 되면 갈라의 낭비를 조달하기 위한 금전적 의미가 더 커지게 된다. 게다가 판화를 찍기 전에 사인만 한 종이를 대량으로 화상에게 판매한 것이 발각되면서 작품에 대한 신뢰와 평가는 급격히 떨어져 여러 가지로 힘든 시기를 보내게 된다. 70세에는 고향 피게레스의 극장을 개장하여 달리 극장미술관으로 개관한다.

▲ 살바도르 달리, 〈죽은 형의 초상〉, 1963년

▲ 살바도르 달리, 〈페르피냥역〉, 1965년

➡ 후기 그림을 통해 죽은 형의 강박관념에서 해방되어 자신의 존재의의를 내세움

[그림 7-17] 달리 후기 시대의 작품

1982년에 갈라가 먼저 죽자 달리는 급속히 쇠약해졌고 1986년에는 심한 화상을 입게 되고 1989년 1월 23일에 숨을 거둔다.

이 시기의 작품으로는 불길한 형의 망령이 안개처럼 없어지도록 점의 집합으로 형의 얼굴을 만든 양자적 작품 〈죽은 형의 초상〉(1963)이 있다. 이렇게 형의 망령에서 해방되어 새로운 살바도르로 탄생하는 것을 표현한 또 다른 작품 〈페르피냥역〉(1965) 등을 통해 태어나면서 가졌던 죽은 형의 강박관념에서 해방되고 자신의 존재의의를 내세운 작품을 이 시기에 그리게 된다.

3) 작품의 주제 및 심리의 이해

(1) 타인 대신 받은 사랑의 후유증

형의 죽음으로 달리의 어머니는 상실감이 컸고 달리를 양육하는 데 있어서 극진한 돌봄으로 아이가 원하는 것은 무엇이든 들어주고 자기 고집대로 행동하도록 놔두었다고 했지만 달리는 형의 대신이 아닌가 하는 의심으로 어린 시절을 힘들게 보냈다고 하는 '타인 대신 받은 사랑'을 회상하고 있다.

결과적으로 달리는 양육자로부터의 본능욕구의 과도한 충족으로 자기애 상태에 고착되었다. 나중에 성인이 되자 달리는 자신을 전적으로 배려하지 않는 냉정한 외부세계에 대해 당황스러움을 느끼고 유년기의 자기애적 만족상태로 퇴행하는 현상을 보이기도 했다. 이에 그는 현실에 대해 초현실 그림으로 대응하고, 38세부터 자신을 이상화한 자서전을 출판하면서 자기의 존재가치와 능력을 과시하는 자기애적 발언을 하였으며, 이러한 경향은 그림에도 반영되었다.

(2) 갈라와의 만남

달리가 무의식에 묻어 있던 수치, 애착, 분노, 우울을 비로소 작품으로 표현할 수 있었던 것은 예술가들의 욕망대상이던 갈라에게서 최초대상의 결함을 보충해 주는 강력한 만족을 체험하였기 때문이다. 이를 통해 이전의 실패감과 무의식의 문제를 직면할 수 있게 됐으며 이에 휘둘리지 않고 스스로 조절할 수 있는 능력도 얻게 됐다.

[그림 7-18] 살바도르 달리의 어머니

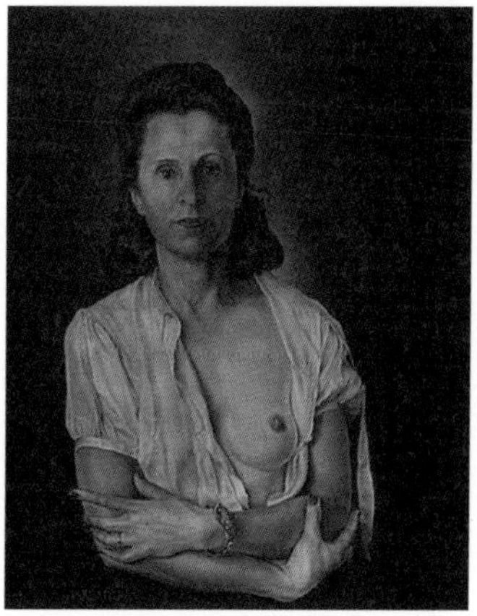

[그림 7-19] 갈라

(3) 아버지

아버지는 일찍 세상을 떠난 어머니에게서 채우지 못한 정신적 결핍을 보충해 준 강한 힘을 지닌 인물이고, 우울하고 텅 빈 자기를 강하게 응집시키고 지지해 주는 이상적 자기대상인 동시에 결합하고 싶은 욕망대상이었다. 그러나 달리에게 아버지는 공포증의 시작이었고 어머니와 자기 사이를 갈라놓고 거세하는 매우 무서운 상상의 아버지([그림 7-20])였으며, 억압하고자 하는 아버지에게 어렸을 때부터 강한 반발을 반복했다. 달리의 생애에

[그림 7-20] 달리, 〈윌리엄 텔의 수수께끼〉, 1933년

[그림 7-21] 달리, 〈세 번째 그린 프로이트 초상〉, 1938년

서도 힘으로 누르려고 하는 권위적인 것을 적대시하여 절대 양보하지 않았던 것은 이러한 아버지에 대한 콤플렉스가 자리하고 있다.

(4) 프로이트

달리가 실제로 찾아가 만나기도 했던 프로이트의 정신분석학에서 에너지를 흡수하여 심리적 현실은 고통스러운 외부 현실을 감당하게 하는 대단한 힘과 가치를 지닌다고 하였으며 억압된 무의식의 표현을 강조했다.

3. 르네 마그리트

1) 마그리트의 생애

르네 마그리트(Rene Magritte, 1898~1967)는 1898년 11월 21일 벨기에 남부, 에노주의 작은 마을 레시누에서 태어났으며 어린 시절, 아버지는 행상에 나가 집에 없고 어머니는 신경쇠약에 힘들어했다. 마그리트는 동생들과 함께 심한 장난을 반복하여 동네에서 악동으로 불렸지만 10대의 마그리트는 그림 그리기만은 관심을 보여 회화교실에 다니고 있었다. 마그리트는 어렸을 때의 추억을 거의 말하고 있지 않지만, 그중에 하나는 묘지에서 화가와

마그리트의 생애

1898년 11월 21일 벨기에 남부 레시누 태생
1912년 2월 어머니의 죽음
1916년 왕립 미술 아카데미 진학, 조제트와 재회
1922년 6월 조제트와 결혼
1927년 파리로 이주
1930년 여의치 않은 사정으로 브뤼셀로 돌아옴
1939년 독일의 점령하에 억압된 나날 보냄
1965년 뉴욕 근대 미술관 마그리트 대 회고전 개최
1967년 브뤼셀의 자택에서 생을 마감

만난 일이었다. 어느 날, 친구였던 소녀와 놀고 있던 묘지의 지하 납골당에서 무거운 문을 열고 지상으로 나오자, 브뤼셀에서 온 화가가 이젤을 펼치고 그림을 그리고 있었다. 아름답게 그려진 그림을 본 마그리트는 화가란 무엇인가 초월적인 힘을 부여받고 있는 것 같은 느낌이 들었다고 한다. 그렇지만 마그리트의 소년시대에 일어났던 가장 큰 사건은 어머니의 죽음이었다. 1912년 2월 24일 새벽, 신경쇠약에 힘들어했던 마그리트의 어머니 레지나가 근교의 샌플 강에 투신한 것이다.

〈연인들〉에서처럼 마그리트의 그림에서 빈번하게 나오는, 얼굴이 보이지 않는 인물상은 강에서 발견된 잠옷을 뒤집어쓴 어머니의 죽음과 관련되어 있다고 전해진다. 1916년 10월에는 브뤼셀의 왕립 미술 아카데미에 다니게 되고 이때 아내인 조제트를 우연히 7년만에 재회하여 1922년 6월에 결혼하고 마그리트가 죽는 1967년까지 45년에 걸쳐 부부로 산다. 마그리트에게 처 조제트는 아내 이상의 여자이고 마그리트의 생애에서 가장 중요한 모델이 되었다. 항상 그림자와 같이 남편을 따르는 그녀는 마그리트의 예술에도 영향을 미쳐 마그리트와 브르통과의 불화의 계기가 되었던 것도, '바슈(vache)' 양식을 그만두었던 것도 조제트에 대한 배려가 커다란 이유였다

[그림 7-22] 르네 마그리트, 〈연인들〉, 1928년

고 한다.

브뤼셀에서 초현실주의 화가로 활동을 시작했던 마그리트는 1927년에 파리로 이주한다. 그러나 파리에서 개인전을 개최하려는 꿈을 이루지 못하고 계약화랑으로부터의 경제적 지원도 끊어져 3년 만에 다시 브뤼셀에 돌아오게 된다. 그렇지만 이 시기는 마그리트의 생애에서 가장 정열적으로 작품을 제작했던 기간으로, 그의 회화는 데 키리코와 에른스트의 영향권을 서서히 벗어나 사물과 언어와 이미지의 관계성을 고찰하는 독자적인 방향으로 전개된다.

1939년 9월, 제2차 세계대전으로 많은 초현실주의자가 미국에 망명하지만, 마그리트는 벨기에에 머물러 친구들과 함께, 독일의 점령하에서 억압된 나날을 보낸다.

마그리트는 오랫동안 달리나 에른스트에게 가려져 있다가 1960년대 이후부터 국제적인 화가로 알려지게 되었다. 특히 1965년 12월 뉴욕의 근대미술관에서 열린 그의 대 회고전은 미국의 팝 아티스트에게 큰 관심을 불러일으켰다. 그는 1967년 8월 15일 로테르담의 보이만스 미술관에서 회고전이 열리는 기간에 브뤼셀의 자택에서 69세의 일기로 생을 마쳤다.

2) 시기별 구분과 대표작

(1) 초기시대(1898~1925)

1916년부터의 아카데미 재학 시절 작품에는 인상파와 입체파의 영향이 보이지만, 1920년에 미래파의 화집을 보고 큰 충격을 받는다. 1923년에는 데 키리코의 〈사랑의 노래〉 도판을 발견하게 되는데 이것은 그의 눈에 계시로 비쳤다. 키리코 작품의 포에지(Poesie/詩想)는, 전통적 회화의 진부한 효과를 대신하는 것이었다. 이 시기의 대표작으로는 큐비즘 수법으로 그린 〈女〉(1923) 등이 있다.

(2) 초현실주의 시대 제1기(1925~1930)

데 키리코와 초현실주의 화가 에른스트의 영향으로 1925년경부터 초현실주의적 작품을 그리기 시작하여 1926년에는 최초의 초현실주의 작품 〈길 잃은 기수〉를 발표한다. 1930년대까지의 작품에는 인간의 심적 에너지의 많은 부분을 '무의식'에 뿌리를 둔 성적충동(리비

- 1916년부터 작품에 인상파와 입체파의 영향이 보임
- 1920년 미래파 화집에 큰 충격
- 1923년 데 키리코의 〈사랑의 노래〉를 발견, 마그리트의 눈에는 계시로 비침
- 데 키리코 작품의 포에지는 전통적 회화의 진부한 효과를 대신한 것

▲ 데 키리코, 〈사랑의 노래〉, 1914년

▲ 르네 마그리트, 〈女〉, 1923년

[그림 7-23] 초기시대 마그리트 작품과 데 키리코의 작품

도)에 의해서 해석하고자 하는 경향이 강하다.

1927년, 파리로 이주하여 초현실주의자들과 교류를 하면서 그의 회화는 데 키리코와 에른스트의 영향권을 벗어나 사물과 언어와 이미지와의 관계성을 고찰하는 독자적인 방향으로 전개되기 시작한다. 이 시기의 작품으로는 꿈속에서나 볼 수 있는 화면을 구상하여 그림을 보는 관객들의 마음속에 있는 무의식의 욕구들을 해방시키려는 의도로 그린 〈바닷가의 남자〉(1926), 죽음과 에로스를 표현하고자 키스하는 남녀를 그린 〈연인들〉(1928), 조용한 서스펜스 〈위협받는 살인자〉(1926), 폭력으로서의 콜라주로 저항하는 나체의 여자를

- 사물과 이미지와 이름의 관계를 다시 묻는 문제작
- 언어와 인식 사이의 관계에 대한 작품
- 작품의 발생 근원은 데카르트의 '나는 생각한다. 고로 존재한다.'라는 철학 논의로부터의 회의론에서 시작
- 사물과 사물의 이미지, 사물의 이름의 연결은 우의적이며 서로 분리도 가능
- 새로운 관계 설정 시 놀라운 시적 효과가 생김을 표상

[그림 7-24] 르네 마그리트, 〈이미지의 배반〉, 1929년

그린 〈거인의 시대〉(1928), 사물과 이미지와 이름의 관계를 되묻는 문제작 〈이미지의 배반〉(1929) 등이 있다.

〈이미지의 배반〉은 사물과 이미지와 이름의 관계를 다시 묻는 문제작으로 언어와 인식 사이의 관계에 대한 작품이다. 이 작품의 발생 근원은 데카르트의 '나는 생각한다. 고로 존재한다.'라는 철학 논의이다. 나는 정말 존재하는 것일까, 어떻게 내가 존재한다고 말할 수 있는가, 종이에 그려진 이미지는 아닐까 하는 회의론에서 시작된 것이다. 이 작품은 사물과 사물의 이미지, 사물의 이름의 연결은 우의적인 것으로 서로 분리도 가능하다는 것, 그리고 이 세 개가 새로운 관계를 설정할 때 놀라운 시적 효과가 생긴다는 것을 표상하고 있다. 마그리트가 쓴 작품의 해설에는 '이것은 종이에 그려진 이미지로 진짜 파이프가 아니다. 따라서 파이프가 아니다.'라고 하여 인간은 구조의 법칙에 따라 사고하고 진술할 수 있는 존재라는 것을 보여 주고 있다.

(3) 초현실주의 확립기(1931~1942)

마그리트 독자의 예술이 최초로 완성을 본 시기로 그의 탐구대상이 언어와 이미지 관계로부터 세계 그 자체의 수수께끼와 신비로 변해 간다. 화가의 시선은 눈에 보이는 일상적인 사물의 감추어진 이미지에서 시적인 차원을 찾는다. 그 사물을 문제로 붙잡고 그것에 대한 해답을 제시하는 '문제와 그 해답'이라고 하는 방법론을 찾은 것이다. 이것은 일상적인 사물이 던지고 있는 수수께끼를 하나의 문제로 생각해서 거기에 대응하는 해답을 제시

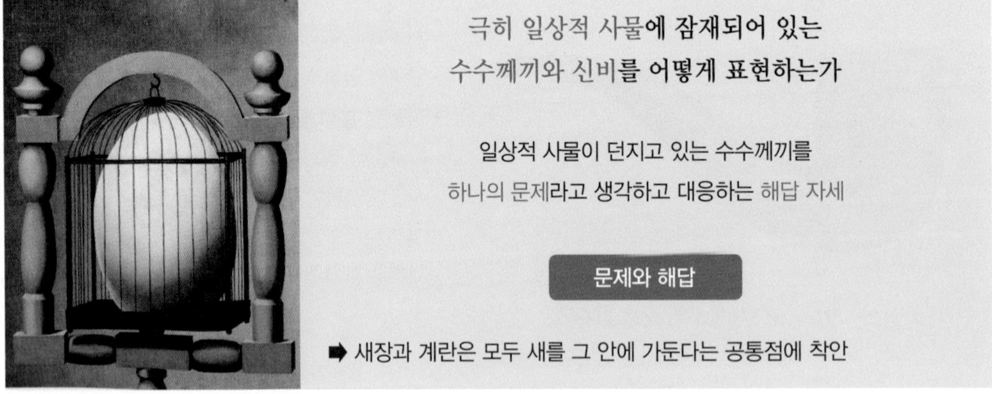

[그림 7-25] 르네 마그리트, 〈친화력〉, 1933년

하는 것으로 1933년의 〈친화력〉이 그 계기가 되었다. [그림 7-25]는 새장 안에 거대한 계란이 그려진 작품이다.

이 시기의 마그리트는 고립된 현실적 물체의 논리를 뒤집음으로써 서로 재미있게 결합시키고 명쾌하게 묘사하여 매혹적인 환상의 세계를 표현하였다. 일상 세계의 사물묘사 뒤에 숨어 있는 본질을 보는 예리한 시각을 통해서 마그리트 독자의 예술이 최초로 완성되었다. 일상적인 사물이 던지고 있는 수수께끼를 하나의 문제로 생각해서 거기에 대응하는 해답을 제시하는 것으로 이 작품이 계기가 되었다. 새장과 계란은 모두 새를 그 안에 가둔다는 기묘한 공통점을 가지고 있기 때문이다. 이와 같이 마그리트가 생애를 통하여 찾은 것은 극히 일상적인 사물에 잠재하고 있는 수수께끼와 신비를 어떻게 표현하느냐 하는 과제였다. 그 과제를 사물의 문제로 잡고 그것에 대한 해답을 제시하는 '문제와 해답'이라고 하는 방법론을 찾은 것이다. 여기에 일상적인 사물의 감추어진 이미지에서 시적인 차원을 찾았던 시기이다.

(4) 모색의 시대(1943~1948)

르누아르풍과 바슈의 시대로 전쟁의 억압감에서 해방되고자 했던 현란한 색채구사와 형태를 특징으로 하고 있다. 독일 점령으로 브뤼셀에서 억압된 힘든 나날을 보내던 마그리트는 그러한 현실과는 정반대의 매혹이나 쾌락을 회화에서 실현하고자 하는 욕구를 표현했다. 르누아르로 대표되는 인상파 스타일에 기초한 유연한 필촉과 밝은 색채에 의한

- 독일 점령하의 브뤼셀에서의 억압된 힘든 시기의 작품
- 전쟁의 억압감에서 해방되고자 했던 현란한 색채 구사와 형태가 특징
- 억압된 현실과 정반대의 매혹이나 쾌락을 회화에서 실현하고자 하는 욕구가 그림 속의 불안한 몽상을 이끎
- 전쟁으로 인한 사회적 변동과 그 과정에서의 무차별적인 폭력과 광기가 이성에 대한 불신 조장

[그림 7-26] 르네 마그리트, 〈제1일〉, 1943년

작품군이다.

이러한 그의 과감한 화풍 전환은 1947년의 초현실주의 국제전에 초대가 취소되는 사태를 맞이하자, 파리에서의 첫 개인전인 1948년 포브르화랑에서의 전시회에서 더욱 거칠고 도발적인 작품을 발표하게 된다. 마그리트는 야수라는 의미의 포브를 비틀어 '암소'라는 의미의 '바슈' 양식으로 초현실주의 파리 작가들을 당황하게 하는 것이 목적이었다고 한다. 그러나 '바슈' 양식의 작품을 출품했던 파리에서의 개인전이 실패로 끝난 뒤, 마그리트는 1930년대에 확립된 종래의 양식으로 되돌아간다. 이 시기의 대표작으로는 태양 빛 아래에서 생명의 환희를 표현한 〈제1일〉(1943) 등이 있다.

(5) 마그리트의 회귀(1949~1967)

이 시기에 다시 '마그리트다움'으로 돌아가지만 그 전보다 주제나 모티브는 스케일이 커지고 투명감이 있는 표현으로 심화되어 간다. 특히 1950년대 이후 익명의 신사들은 마그리트의 만년 작품에 많이 나타나고 얼굴의 모습은 조금씩 달라져 보여도 마그리트의 또 다른 자화상으로 보는 견해가 많다. 이것은 누구라도 해당되는 익명성이 작자 자신을 배후로 감추는 페르소나로서의 기능을 하고 있기 때문이다. 이 시기의 대표작으로는 마술사로서의 자화상을 그린 〈마술사〉(1952), 신사들의 공중부유를 그린 〈골콩드〉(1953), 숲속을 산책하는 말을 탄 여자의 뒤섞인 공간을 그린 〈백지 위임장〉(1955) 등이 있다.

[그림 7-27] 르네 마그리트, 〈마술사〉, 1952년

[그림 7-28] 르네 마그리트, 〈골콩드〉, 1953년

3) 작품의 주제 및 심리의 이해

(1) 어머니의 죽음

마그리트 작품의 주된 주제 중 하나는 우울증을 가진 어머니로부터의 양육과 갑작스러운 자살일 것이다. 이 부분은 달리와의 비교를 통하여 자세히 살펴보고자 한다.

(2) 어릴 때의 세 가지 기억

첫 번째가 요람 가까이에 있었던 커다란 나무상자로 그의 그림에 무겁고 나무결이 진 상자의 이미지는 계속해서 나타나고 있다. 아마도 행상를 하던 마그리트 아버지의 행상도구로 여겨진다. 두 번째는 살던 집의 지붕에 우체국의 배달을 담당하던 기구가 떨어져 사람들이 집 아래로 내려왔는데 그때 사람들이 가죽으로 만든 바지, 자켓, 헬멧 등의 복장으로 무장을 하고 있었던 기억이다. 세 번째는 열두 살 때 신발가게를 하던 할머니 집에 놀러가서 들어갔던 납골당 입구에서 그림을 그리는 화가를 목격했을 때 경이와 신비감을 느꼈다고 기억하는 것이다. 이 어릴 때의 기억들은 그의 작품에 반영되어 나타난다.

(3) 전쟁의 경험

전쟁의 억압감에서 해방되고자 사용했던 현란한 색채와 형태를 특징으로 하고 있다. 독일점령으로 브뤼셀에서 억압된 힘든 나날을 보내던 마그리트는 그러한 현실과는 정반대의 매혹이나 쾌락을 회화에서 실현하고자 하는 욕구를 표현했다. 그러나 이는 그림 속의 불안한 몽상을 이끌었던 요소였으며 전쟁으로 인한 사회적 변동과 그 과정 속에서의 무차별적 폭력과 광기는 그에게 이성에 대한 불신을 조장하게 했다.

전쟁의 경험은 지금까지와는 다른 새로운 은유 사회체제에 저항하는 방법을 찾게 했고 사물과 사물, 주체와 주체 사이의 경계를 허무는 그림으로 시적 운율을 가미한 매혹적인 절규와 비명을 표현하게 했다.

마그리트는 이러한 주제를 통하여 논리적이며 철학적인 근거를 바탕으로 끊임없이 존재에 대한 고민과 의문을 제기하고 그것을 그림을 통해 시각적으로 표현하였다. 단순히 보이는 것을 묘사하는 것이 아니라 사물들의 가시적인 형태에 가려져 보이지 않는 것을 발견하고, 잠재적인 것을 가시화시켜 실제에 대한 새로운 해석을 할 수 있는 길을 제공하였다.

그의 회화는 눈에 보이는 것을 재현하는 것이 아니라 눈에 보이지 않는 것, 숨겨진 것을 드러내는 데 있다. 작품을 통해 실제로는 있을 수 없는 상황을 그려 내는 것은 많은 사람의 마음속에 의식되어 있지 않더라도 확실히 존재하는 어떤 욕망을 만족시키기 위해서이다. 가장 일상적인 사물에 강렬하게 생명력을 불어넣기 위해 그것들 사이에 새로운 질서를 만들어 강하게 호소하였다.

4. 달리와 마그리트의 비교

1) 트라우마

프로이트는 인간이란 어린 시절에 체험한 상처나 박탈, 좌절을 훗날 공상과 백일몽을 통해 간접적으로 만족시키려 하며 작가의 작품도 이러한 욕구충족의 한 통로가 된다고 보았다.

(1) 달리

달리의 트라우마는 죽은 형에서 비롯되었다고 볼 수 있다. 달리의 부모는 형의 이름을 물려줄 만큼 달리를 통해 죽은 형을 잊지 않고자 했다. 어린 달리는 이러한 부모에 불안을 느껴 사랑받기 위해 노력했고 자주 아프거나 괴상한 행동을 해서 부모로부터 관심받으려 하였다. 그러한 자식의 불안을 알고 있던 어머니는 그 보상으로 달리가 원하는 것은 무엇이든 들어주었다. 그중에서도 8세까지 대소변을 침대에서 해결하도록 허용한 어머니의 과잉 배려는, 일반적으로 3세경에 전환되는 '자기애착' 상태를 8세까지 연장해 경험하게 한다. 달리의 부모가 제공한 이러한 과잉보호는 어린 달리의 본능 욕구를 과도하게 충족시켜 줌으로써 자기애 상태에 고착되어 나중에 자신을 전적으로 배려하지 않는 냉정한 외부세계에 대하여 당황스러움을 느끼게 만든다. 게다가 욕구를 과잉충족시켰던 어머니의 이른 죽음은 자기와 내적 대상 혹은 자기와 외적 대상 간의 관계에 대한 혼란을 초래하였고, 현실에서 불편감과 고독이 심해질 때마다 자신을 이토록 불행하게 만든 무책임한 양육자에 대해 큰 원망감을 갖게 하였다.

또한 부모의 과도한 보살핌이 과연 죽은 형이 아닌 달리 자신이 받은 것인가에 대한 모호함으로 인해 '내가 과연 온전히 살아 있는 존재인가. 아니면 죽은 존재인가?'라는 근본 물음을 반복해 던지며 죽음이 찾아오는 그날까지 현실과의 진정한 관계를 끊임없이 보류할 수밖에 없었다. 이와 같은 최초 대상에게서 '그 자신으로 관계 맺지 못한' 대리 존재 경험은 자기 존재에 대해 수치감을 느끼며 자존감을 추락시킨다. 달리에게서 보이는 자기현시욕과 자기애적 특성은 추락한 자존심의 보상이다. 이것은 달리가 어른이 된 후 '나 자신을 미치도록 사랑한다.'라고 자서전에 쓰고 주위의 칭송과 돌봄을 받지 않으면 자기가 공허해지고 위축되며 평범한 현실에는 동화되어 만족하기 힘든 자기애 성격자의 언어를 갖게 되는 배경을 이루고 있다. 달리는 죽은 형에게서 벗어나지 못하는 갈등을 그림을 통해 표현하였고, 그의 그림에서 반복된 주제들에는 무의식이 좀처럼 사라지지 않는 유년기의 불안과 상처들로 가득 차 있다.

(2) 마그리트

마그리트의 생애에서 우울증을 가진 어머니로부터의 양육과 갑작스러운 자살은 마그리트에게 치명적 외상으로 무의식에 영향을 주었고 평생 우울증에 시달렸다고 마그리트의 연구자 Gablik(1970)은 언급하고 있다. 프로이트에 의하면 사랑하는 사람이 자신을 버리고 떠나면 상실에 대한 슬픔과 분노를 느끼고 이 분노 감정이 향해질 대상을 잃은 상태에서는 도덕적 억압 등으로 원활한 표출이 좌절되면서 무의식 속으로 잠복하게 되어 그 비난은 자기 자신에게 향한다. 이렇게 분노가 반전되면 자기비난을 하게 되고, 결국 자기가치감의 손상과 더불어 자아기능을 악화시켜 우울증으로 나타난다.

어머니 레지나의 자살에 대하여 당시의 지역 사람들은 모두 남편 레오 폴 때문이라고 말하고 있다. 레오 폴은 대단한 플레이보이로 여기저기 애인을 만들고 경마에 빠진 무신론자였다. 게다가 자식들은 지역에서 악명 높은 '불량 삼형제'로 근처에 있는 사람들로부터는 자녀들 때문에 고통받고 있다는 말만 듣는 어머니에게 아마도 신앙심만이 그녀를 지탱했을 것이다. 그러던 어느 날, 아버지 레오 폴이 자식들을 불러놓고 레지나 앞에서 십자가에 침을 뱉을 것을 강요한다. 자식들은 아버지가 말한 대로 하였고 어머니가 유일하게 기대고 있던 신앙이 거기에서 무너진 것이다. 어머니 레지나를 자살로 몰아간 '십자가의 침' 사건은 또 하나의 사건의 배경으로도 설명된다. 공산주의자이자 무신론자인 앙드레 브르통은 마그리트의 처 조제트의 십자가 목걸이를 보고 화를 냈고 마그리트도 화난 얼굴로 '집에 가자.'고 말하며 두 사람은 브르통 집을 나온다. 십자가를 모독했던 브르통의 태도가 어머니를 죽음으로 몰아갔던 불길한 날의 기억을 환기시킨 것이다.

마그리트는 자신의 상처를 이해하기 위해서 어머니의 죽음과 그에 따른 심리적 외상을 상징적으로 나타내고 있고 이것은 창조적 원천으로서 결국 그림을 그린다는 것은 자기 자신을 긍정적으로 찾아가는 탐색 과정이며 하나의 치유 과정으로 이해된다.

2) 무의식의 표현기법 비교

〉〉 달리 편집증적 비평방법

- 달리는 자신의 편집증을 확장된 상상력으로 간주
- 인간에게 내재된 광기가 갖는 무한한 상상력의 가능성을 예술창조의 수단으로 승화
- 이중 이미지를 이용한 편집증적 비평방법이 실체적 형태 갖춤

➡ 하나의 대상을 2중, 3중 다른 이미지로 보는 병적인 착각을 이용해 이미지를 중복하여, 보는 이에게 환각과 착각 유도

〉〉 마그리트 데페이즈망

- 자동기술법, 편집광적 꿈의 세계 탐구에는 동조하지 않음
- 자동기술에 의한 수동적 해결을 거부하고 사물들을 왜곡 없이 정확히 묘사
- 데페이즈망 기법을 이용해 병치 · 결합하면서도 일상생활의 오브제를 이질적 요소로 만듦

➡ 기존의 재현체계와 의사소통을 거부하고 말/사물, 언어/사고 사이의 의미관계 변경

(1) 달리: 편집광적 비평방법

달리의 어린 시절, 부모의 과잉보호는 자기애 상태에 고착시켜 나중에 자신을 전적으로 배려하지 않는 냉정한 외부세계에 대하여 당황스러움을 느끼게 했다. 달리는 이러한 대상관계 설정의 혼란스러움과 갈등을 그림으로 표출하고자 했다. 달리는 어린 시절 자신의 존재를 죽은 형과의 동일시를 통하여 이중영상기법을 탄생시키는 계기를 만들었다. 그 후 갈라를 통해 이전에 죽은 형이 또 하나의 달리였듯이 또 하나의 자신을 찾게 된다. 갈라는 달리의 가장 무서운 만성적인 정신착란증, 환상적 방랑, 편집증에서 일반적인 법칙을 끌어내었다. 일반적으로 현대 정신의학에서 편집증은 만성적으로 고정된 고도의 체

계적 망상이 특징적으로 나타나는 상태이다. 달리는 이러한 편집증을 확장된 상상력으로 간주했으며 인간 누구에게나 내재된 광기가 갖는 무한한 상상력의 가능성을 획득하여 예술창조의 수단으로 승화시켰다. 이 시기부터 이중 이미지를 이용한 편집증적 비평방법이 실체적 형태를 갖추게 되었다. 이것은 하나의 대상을 2중, 3중의 다른 이미지로 보는 병적인 착각을 이용함으로써 이미지를 중복하여, 보는 이로 하여금 환각과 착각을 유도한다. 달리가 주로 쓰고 있는 이 기법은 사실적으로 치밀하게 그린 일상적인 사물에 아주 의외의 환상적인 해석인 이중 이미지를 사용하여 잠재의식의 세계를 표출시키는 방법이다. 시각의 변환에 의해서 나타난 꿈이나 환각과 같은 것을 좋아했던 달리는 그것을 작품으로 현실에 환원하고 있다.

(2) **마그리트: 데페이즈망**

마그리트는 브르통이 제창하는 자동기술법이나 편집광적인 꿈의 세계탐구에는 동조하지 않았다. 자동기술에 의한 수동적 해결을 거부하고 사물들을 왜곡시키지 않고 정확히 묘사하면서 데페이즈망(depaysement) 기법을 이용하여 병치시키고 결합하였다. 동시에 일상생활의 오브제들을 생소한 이질적인 요소로 만들어 기존의 재현체계, 의사소통을 거부하고 말과 사물, 언어와 사고 사이의 의미 관계를 바꾸어 놓았다. 그는 키리코 등의 형이상학적 회화와 일맥상통하는 공간의 변조, 이질적 사물의 결합, 물체의 변형기법을 사용해 무의식의 세계를 표출하고자 했다. 마그리트는 헤겔의 변증법과 데페이즈망 기법에 심취하였으며, 이를 통해 무의식의 세계와 현실의 세계를 재인식하고자 하였다. 자동기술법이 자동적으로 무의식적 사고의 움직임을 기록하는 수동적이고 우발적인 방법이라면, 데페이즈망은 이상적이고 상식적인 맥락에서 벗어난 요소들을 결합하는 방법이다. 이를 통해 시각적 충격을 주며, 이미 지각하고 있는 경험적 이미지를 뒤엎어 낯설음의 효과를 낸다. 이는 고도의 철학적 사고하에 능동적으로 이루어진 무의식의 현실과 대상관계 인식에 대한 탐구방법이라고 할 수 있다.

마그리트는 데페이즈망을 구체적으로 다음과 같은 특징으로 표현하고 있다. 첫째, 인식의 창조를 위한 형이상학적 명상이다. 둘째, 무의식에 가두어 두었던 어머니 죽음에 대한 외상기억을 가려진 얼굴, 얼굴 없는 인체, 나무판의 무늬결을 한 여체와 같은 해부학적 왜곡과 변경을 통해 표현함으로써 자신의 심리적 고통을 표출하였다. 셋째, 일상의 언어가 사고를 가장하는 방법에 의문을 제기하여 단어나 문장을 역설적으로 그림에 통합시키는 동시에 기호체계인 단어나 그림으로 혼란의 범위를 더욱 확장시킨 언어의 유희를 들 수 있다.

3) 주제별 작품 비교

비교하고자 하는 주제는 아동기의 정신적 외상에 절대적 영향을 주었던 '아버지'와 '어머니', 무의식의 의식화에 단초가 되었던 '기억', 그들이 무의식의 표현방법으로 자주 사용하였던 '변신'과 '예감'이다. 이러한 공통 주제를 통하여 내면과 무의식의 표현이라는 동질성과 각자의 독자적인 이질성을 살펴보고자 한다.

(1) 어머니

인간은 태어날 때부터 최초 양육자인 어머니와 관계를 형성하고 적극적으로 관계를 맺고자 하지만 생애초기의 관계 형성에 문제가 생기면 내면세계와 외부세계를 구별하지 못하고, 좋고 나쁨에 대한 분리된 양극적 사고를 형성하게 된다. 이런 개인은 다시 어머니와의 행복한 하나 됨의 상태로 돌아가고자 하는 강한 욕구를 가진다. 달리는 아득한 어머니의 기억을 떠올리는 갈라를 만나면서 갈등을 어느 정도 해소하지만 마그리트는 해결하지 못한 어머니의 양가감정을 작품에 표현하고 있다.

▲ 살바도르 달리, 〈욕망의 수수께끼–나의 어머니, 나의 어머니, 나의 어머니〉, 1929년

- 최초 양육자인 어머니와 적극적으로 관계 형성하려 함
- 그러나 생애 초기의 관계 형성에 문제가 생길 경우

➡ 내면/외부 세계 구별 못하고 좋고 나쁨이 분리된 양극적 사고 형성

➡ 다시 어머니와의 행복한 하나 됨의 상태로 돌아가고자 하는 강한 욕구를 가짐

달리 갈라를 통해 갈등 해소

마그리트 그리워하지만 양가감정을 작품 통해 표현

▲ 르네 마그리트, 〈아른하임의 영토〉, 1962년

[그림 7-29] 달리와 마그리트의 어머니를 테마로 한 작품

① 달리의 〈욕망의 수수께끼〉(1929): 어머니여, 어머니여, 어머니여

어머니라는 존재가 어떠한 존재였는지 의문을 제기하는 작품으로 어머니를 부르는 태아로 달리 자신을 표현하고 있다. 어머니와 함께하고 싶고 애정 관계를 누리고 싶어 하는 오이디푸스적 욕망이 드러나 있다. 위쪽에 이빨을 드러낸 공격적인 작은 사자 또한 어머니를 지배하고자 하는 달리의 욕망이다. '나의 어머니'라고 적은 글들에서 강박적인 면을 알 수 있고 '나의 어머니'를 절반도 못 적은 것으로 보아 달리의 가슴속에 다 채워지지 못한 어머니를 느낄 수 있다. 어머니는 달리에게 포근한 안식처를 제공하고 듬뿍 사랑을 주었지만, 그 사랑은 죽은 형과 나눠 갖는다는 느낌이었다. 이러한 달리에게 어머니의 사랑은 목마름인 동시에 완벽한 이상향이었다. 달리는 이 작품을 1929년 여름 직후에 그리는데, 갈라와 만난 이후의 일이다. 이것은 욕망대상이던 갈라에게서 최초대상의 결함을 보충해 주는 강력한 만족을 체험하였기 때문일 것이다.

② 마그리트의 〈아른하임의 영토〉(1962): 어머니의 추억

산은 날개를 펼친 독수리이고 엄마 새가 되어 알을 지키고 있는 광경으로 보이고 흰색과 회청색을 기조로 한 모노크롬에 가까운 색채는 냉기를 전하고 있다. 날개를 활짝 펼친 새의 형상을 한 거대한 산은 든든하게 알을 지켜주는 듯 보이지만 거리감 때문인지 알을 따뜻하게 품어 주기는 어려워 보인다. 마그리트의 형제를 상징한다고도 하는 좁은 난간에 놓인 연약한 알들은 언제 떨어져 깨질지 모르게 위태로워 보인다. 마그리트에게 어머니는 새 모양의 산과 같은 존재로, 어머니에 대하여 마그리트가 마음 깊이 그리워하면서도 동시에 원망하는 양가감정을 갖고 있음을 느낄 수 있다.

'어머니'를 테마로 했던 작품에서 태아 모습의 달리가 자신의 내면적 자아상을 통하여 어머니와 함께하고 싶은 욕망과 공격성을 표현하였다면, 마그리트의 그림에서는 다가갈 수 없는 겨울 산 모습의 날개를 펼친 어미 새로 어머니를 표현하면서 어머니를 마음 깊이 그리워하면서도 원망하는 양가감정을 반복된 연작으로 표현하고 있다.

(2) 아버지

① 달리의 〈윌리엄 텔의 수수께끼〉(1933): 아버지의 모습

레닌의 얼굴을 한 식인귀신의 아버지를 표현한 작품이다. 기형적인 아버지의 전체적인 형상은 윌리엄 텔이라는 문학적인 인물과 레닌이라는 정치적 인물로 표현되었다. 아버지의 추방령으로 인해 고향인 카다케스로 갈 수 없었던 달리는 아버지를 강압적으로 지배하는 인물이자 그의 사랑하는 여인 갈라를 아버지 발 옆의 호두 속에 그려서 잡아 삼켜 버릴 것 같은 인물로 묘사하였다. 그런 아버지를 공산주의자인 레닌처럼 막강한 힘을 가지고 권위적이며 자신을 억누르는 존재와 기괴한 모습의 아버지로 재현함으로써 그에 대한 공격성을 표현하고 있다.

② 마그리트의 〈레디메이드의 꽃다발〉(1957): 아버지와 어머니의 대비

마그리트 작품에는 검은 중절모를 쓴 남자가 자주 나타난다. 그 남자는 마그리트 자신의 모습이라고 자주 언급된다. 그러나 마그리트 자신이 중절모를 쓴 사진을 찍은 것은 유명해지고 난 50년대 이후이다. 중절모의 진짜는 아버지의 모습이다. 아버지는 플레이보이이며 낭비가 심하고 신을 무서워하지 않는 사람이었다. 마그리트는 돌아가신 아버지의 뒷모습을 이태리 거장 보티첼리의 대표작 〈봄〉에 나와 있는 여신상과 함께 그려 이 작품을 마무리했다. 중절모의 뒷모습이 아버지라면, 여신의 모습은 어머니 레지나의 모습으로 여겨진다.

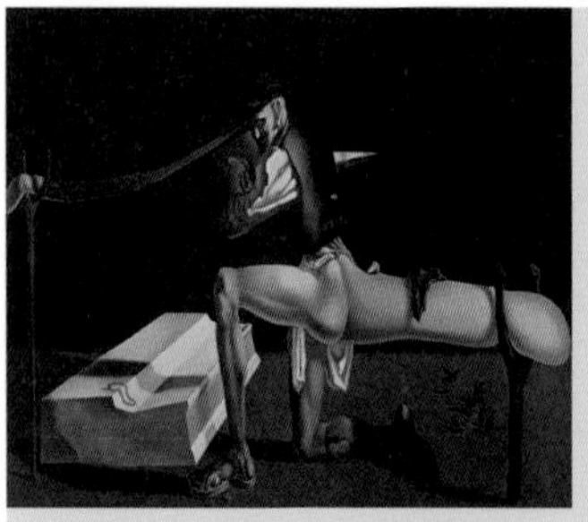

▲ 살비도르 달리, 〈윌리엄 텔의 수수께끼〉, 1933년

마그리트 작품의 중절모를 쓴 남자▶
–마그리트 본인이라고 알려졌지만 사실 아버지의 모습
아버지의 뒷모습을 보티첼리의 '봄'의 여신상과 함께▶
그려 마무리
여신상 – 어머니▶
◀ 달리는 아버지를 강압적으로 지배하는 인물이자 사랑하는 갈라(발 옆 호두 속에 위치)를 잡아 삼켜 버릴 것 같은 인물로 묘사
◀ 막강한 힘을 가지고 권위적이며 자신을 억누르는 기괴한 존재로 아버지에 대한 공격성 표현

▲ 르네 마그리트, 〈레디메이드의 꽃다발〉, 1957년

[그림 7-30] 달리와 마그리트의 '아버지' 테마 작품

뒷모습의 아버지 이미지는 어딘지 모르게 어둡고, 밝게 표현된 봄의 여신 어머니의 이미지와 대비되고 있다. 그의 작품에는 이와 같은 어두움과 빛의 대비가 다양한 형태로 표현되고 있다. 마그리트가 비뚤어졌던 배경에는 유년기에 경험했던 아버지의 경제적 불안정, 아픈 어머니 등이 주된 원인으로 거론된다.

'아버지'를 테마로 하는 그림에서 달리는 일찍 세상을 떠난 어머니에게서 채우지 못한 정신적 결핍을 보충해 줄 강한 힘을 지닌 인물로 생각했던 아버지가 갈라를 만난 이후 틀어지게 된다. 이러한 아버지와의 관계를 레닌의 얼굴을 한 식인귀신의 기괴한 변형을 통해 두려움과 모욕을 공격적으로 표현하고 있다. 마그리트는 뒷모습의 아버지와 어머니의 대비를 통하여 힘들었던 유년기의 아버지를 관조하고 있다.

(3) 기억

① 달리의 〈기억의 고집〉(1931): 무의식의 기억

꿈속 이미지들처럼 무의식을 표현한 작품으로 자연의 법칙에 구애받지 않는 그림이다. 의식이 지각한 현실을 의식의 법칙인 인과율과 시간성에 맞게 객관적으로 재현한 것이 아니라 무의식의 상태를 무의식의 기호와 원리로서 주관적으로 표현한 것이다.

〈기억의 고집〉에는 과도하게 오래 지속된 엄마의 돌봄 때문에, 유년기 이후 현실의 냉정한 요구들에 당황하며 적응할 수 없었던 달리 자신(황량한 나뭇가지, 구부러진 시계)이 있다. '기억의 고집'이란 제목에서처럼 오랫동안 지속되어 온 무의식의 기억을 외부로 표현하여 떠나보내고 싶어 하는 화가의 욕망이 느껴진다.

② 마그리트의 〈빛의 제국〉(1954): 밤과 낮의 기억

이 그림은 밤과 낮의 화해와 결합을 '기억'으로 그린 작품이다. 등불이 켜진 밤의 야경과 낮의 푸른 하늘의 조합은 있을 수 없는 부조리한 세계이면서 보는 자의 기억에 직접적으로 호소한다. 밤과 낮을 동시에 표현한 작품은 〈빛의 제국〉에 한하지 않고, 예를 들면 〈하늘의 새〉, 〈신비의 장애〉(1961년)와 같이 적지 않게 그려졌다. 밤과 낮의, 빛과 어둠의, 천계와 지상의 화해와 결합은 회화로서만 실현할 수 있는 관념이고 보편적이고 영원

◀ 무의식의 상태를 무의식의 기호와 원리로 표현
밤과 낮의 화해와 결합을 기억으로 그림▶
밤의 야경과 낮의 푸른 하늘의 조합▶
– 부조리한 세계이면서 보는 자의 기억에 직접적 호소
회화로서만 실현 가능한 관념▶

▲ 살바도르 달리, 〈기억의 고집〉, 1931년

▲ 르네 마그리트, 〈빛의 제국〉, 1954년

[그림 7-31] 달리와 마그리트의 '기억' 테마작

의 테마이다.

이와 같이 기억을 테마로 하는 그림에서 달리는 그동안 지속되어 온 무의식의 기억을 갈라를 만난 이후 적극적으로 작품을 통하여 외부로 표현하고자 하는 시도가 엿보인다. 이것은 갈라와의 만남으로 그동안 무의식에 묻어 있던 수치, 애착, 분노, 우울을 비로소 작품으로 표현할 수 있게 된 것이다. 반면에 마그리트는 기억 속의 밤과 낮을 화해와 결합을 통하여 조용하고 신비롭게 기억의 무의식을 표현하고 있다.

(4) 변신

① 달리의 〈나르시스의 변모〉(1937): 달리와 갈라가 융합한 새로운 나르시스

새로운 나르시스의 그림으로 이 나르시스는 달리 자신이고 갈라는 에코로 보이지만 그의 시(詩)에 의하면 계란으로부터 싹이 핀 수선화 꽃인 새로운 나르시스는 결국 갈라이고 달리 자신은 사랑에 부서져 그 실체를 잃어버리면서 새롭게 재생한 에코인 것을 시사하고 있다(Galliemin, 2004). 왼쪽 전경의 나르시스와 오른쪽의 돌로 된 손 사이에는 8명의 사람이 그려져 있다. 이것은 남녀의 마음이 변모해 가는 모습을 군상으로 나타낸 것이다. 오른쪽 안쪽의 좌대에 서 있는 인물은 묶은 머리형에서 전경의 니르시스와 동일인물임을 알 수 있다. 그러나 본래 좌대에 서 있는 인물은 석상(石像)이기 때문에 그는 석화(石化/죽은 모습)로 변모할 것을 암시하고 있다. 이와 같이 달리는 배경에서 전경으로 이미지가 변모하는 모습을 시간 계열적으로 묘사하여 모티브의 미래를 암시하였다.

[그림 7-32] 살바도르 달리, 〈나르시스의 변모〉, 1937년

② 마그리트의 〈붉은 모델〉(1935): 발과 신발의 결합이 낳은 전율

나무판 벽 앞 지면에 놓인 한 켤레의 오래된 노동자의 신발, 반 고흐의 유명한 작품을 생각하게 하는 모티브이지만 크게 다른 것은 신발의 앞이 인간의 발로 변신하고 있다. 그 변신에 의해 우리가 현실을 이해하는 것에 대한 의문을 제시한다. 잘 보지 않고 무조건 믿어버리는 무서움을 표현한 것이다. 악몽과 같은 이미지는 마치 초현실주의적이다. 마그리트에게 이 작품은 신발이라고 하는 문제에 대한 해답을 의도하는 것이었다.

'변신'을 테마로 하는 그림에서 〈나르시스의 변모〉는 달리와 갈라가 융합하고 변신하여 새로운 나르시스로 스스로 변신해 가는 적극성을 보인 반면, 마그리트의 〈붉은 모델〉에서는 발과 신발의 결합이 낳은 변신의 전율을 관조적으로 보여 주고 있다.

[그림 7-33] 르네 마그리트, 〈붉은 모델〉, 1935년

(5) 예감

① 달리의 〈내란의 예감〉(1936): 전쟁의 암운

달리의 생애는 전쟁의 연속이었다. 그러한 정세 속에서도 달리는 정치적 관심은 갖지 않는다고 하는 신조에 충실했다. 그러나 실제로는 그 불온한 공기를 누구보다도 민감하게 느껴 극히 싫어했다. 이 작품은 스페인 내란 발발 6개월 전에 그려져 다가올 전쟁에 대한 비난과 분노가 넘친다. 세계가 제2차 세계대전으로 향하는 중에 달리는 선천적으로 가지고 있었던 '예감'의 능력을 구사하여 파멸로 향하는 세계에 경종 울리기를 이어 나갔다. 여기에는 인간의 우매함에 대한 분노를 푸른 하늘과는 어울리지 않는 황량한 대지로 보여 주고 하얀 연체생물 같은 물체로부터 늘어난 손은, 노인의 가슴을 움켜쥐어 그 얼굴은 고통에 이지러져 있다.

- 스페인 내란 6개월 전의 그림으로, 다가올 전쟁에 대한 비난과 분노
- 선천적으로 가지고 있던 '예감'의 능력 구사
- 회화 속에서 파멸로 향하는 세계에 경종 울림

[그림 7-34] 살바도르 달리, 〈내란의 예감〉, 1936년

② 마그리트의 〈대가족〉(1963): 희망의 예감

흐린 하늘, 어두운 파도의 풍경, 그러나 하늘에는 거대한 날개를 펼친 새의 실루엣이 출현하고 있다. 실루엣은 하얀 구름이 뜬 푸른 하늘을 품고, 그 밑의 바다에는 선명한 하늘의 푸름이 조금 반영되어 있다. 이 새는 머리의 형태를 볼 때 마그리트의 작품에서 자주 등장하는 비둘기라 생각되며 평화의 아이콘으로 여겨진다. 뚜렷한 머리는 이 세계를, 꼬리 부분은 저 세계를 의미한다. 평화와 희망을 염원하고 예감하는, 푸른 하늘을 품은 비둘기의 실루엣을 처음으로 그린 것이 1940년의 '귀환'이었고, 이 그림을 그렸던 1963년경에는 미국과 소련이 쿠바에서의 분쟁으로 핵전쟁 직전까지 가는 등 세계는 전쟁의 불안을 느끼고 있었다. 이 작품에서 불길한 풍경 속에 출현하는 푸른 하늘로서의 비둘기는 현재의 불안한 전쟁 위험을 이겨 내고 예감되는 평화의 상징적 의미와 관계가 있다.

달리가 자신의 촉을 통한 예감으로 전쟁의 암운과 위기감을 예고했다면, 마그리트는 현재의 암울한 상황 속에서 비둘기를 통하여 희망의 상징과 예감을 보여 주고 있다.

[그림 7-35] 르네 마그리트, 〈대가족〉, 1963년

4) 작품의 표현양식 비교

표현양식인 구도와 색, 선과 형태, 공간표현 및 원근법을 통한 비교에 있어서도 일관적이고 독자적인 조형언어의 사용을 보이고 있다. 먼저, 구도 사용에 있어서 달리의 주된 구도가 사선, 호선, S자 구도, 역삼각형 등의 역동적 구도인 반면, 마그리트의 주된 구도는 삼각형, 수직수평, 대칭 등의 안정적 구도이다.

색채 사용에 있어서는 달리의 주요색이 노랑, 갈색, 고채도의 파랑, 주황, 흰색 등 고채도의 난색 계열인 반면, 마그리트의 주요색은 저채도의 파랑, 흰색, 검정, 회색, 녹색, 갈색 등의 한색 계열이었다. 이것은 주목성과도 연계되어 드러내기 좋아하는 달리와 익명성에 숨고자 하는 마그리트의 특성을 그대로 보여 주고 있다.

선과 형태에서도 달리는 곡선의 둥근 형태인 반면, 마그리트의 주된 형태는 수평, 수직의 직선 형태를 이루고 있다. 공간표현이나 원근법에서도 달리는 주로 근경, 원경을 사용하여 현실과는 다른 신비로운 공간을 표현하고 있는 반면, 마그리트는 원근법의 모든 요소인 근경, 중경, 원경이나, 원경이 없이 근경, 중경을 사용하여 현실감을 더하고 있다. 이것은 공간을 재현하는 원근법의 측면에서 볼 때, 근경, 중경, 원경의 사용은 자연스러운 현실의 재현인 반면, 근경과 원경만을 쓰게 되면 일상적인 공간보다는 신비롭고 초자연적적인 공간이 보이는 원리에 기초한 것이라고 할 수 있다.

〈표 7-1〉 **색채 사용의 차이**

달리	고채도의 난색 계열 (노랑, 갈색, 고채도의 파랑, 주황, 흰색) → 드러내기 좋아함
마그리트	저채도의 한색 계열 (저채도의 파랑, 흰색, 검정, 회색, 녹색, 갈색) → 익명성에 숨고자 함

5) 삶의 태도

작가가 살아가는 태도와 관련된 특성으로 비교해 본 결과는 다음과 같다. 첫째, 주제별로 살펴본 주요 작품의 표현 내용에서, 달리는 대상에 대하여 공격적인 표현으로 적극성을 보인 반면, 마그리트는 관조하는 방식으로 무의식을 표현하는 소극적인 면을 보이고 있다.

이러한 대비는 삶의 태도에서도 확인할 수 있다. 달리는 자기의 존재가치와 능력을 과시하는 자기애적 발언과 태도를 보이지만, 마그리트는 우울과 관련된 태도를 보이면서 익명성을 추구하고 있다.

〈표 7-2〉 **삶의 태도의 차이**

달리	• 공격적인 표현으로 적극성을 보임 • 자기애적 발언과 태도
마그리트	• 관조하는 방식으로 소극성을 보임 • 우울 관련 태도 • 익명성 추구

실습활동 무의식의 표현(마블링, 데칼코마니)

■ 진행 순서–데칼코마니

(1) 마음에 드는 색을 고른다.

(2) 우연의 효과 자체를 향유하는 손의 움직임에 따라 종이에 물감을 묻힌다.

(3) 상대방의 작품이나 자신의 작품을 서로 접고 누른 후 펼친다.

(4) 이미지를 바라보고 무의식을 의식화시켜 본다.

■ 참고작품 1

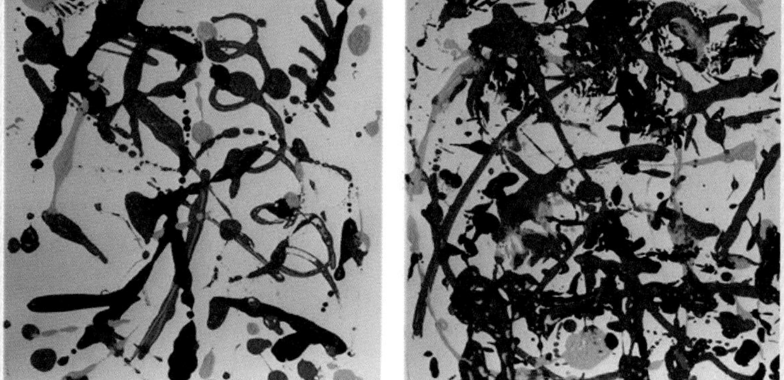

■ 진행 순서–마블링

(1) 마음에 드는 색을 고른다.

(2) 넓은 접시에 마블링 물감을 떨어뜨리고 효과를 위하여 흔든다.

(3) 물감의 기름과 물의 분리로 우연의 효과 자체를 향유하는 손의 움직임에 따라 종이에 물감을 묻힌다.

(4) 물감을 묻혀서 뒤집는다.

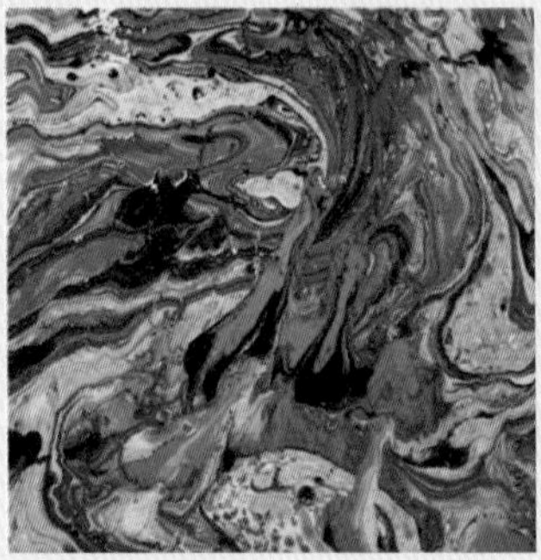

(5) 이미지를 바라보고 무의식을 의식화시켜 본다.

■ 참고작품 2

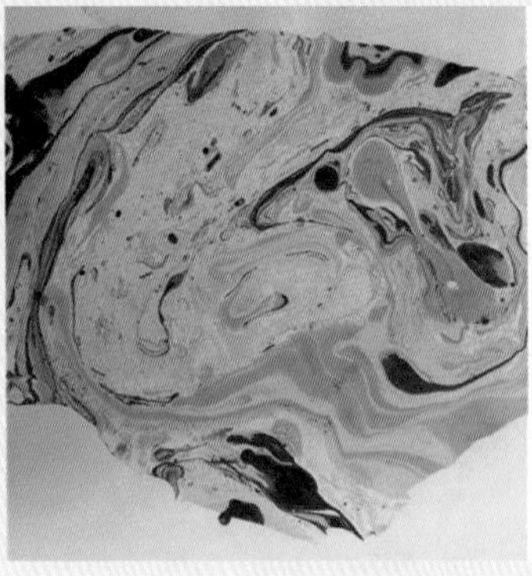

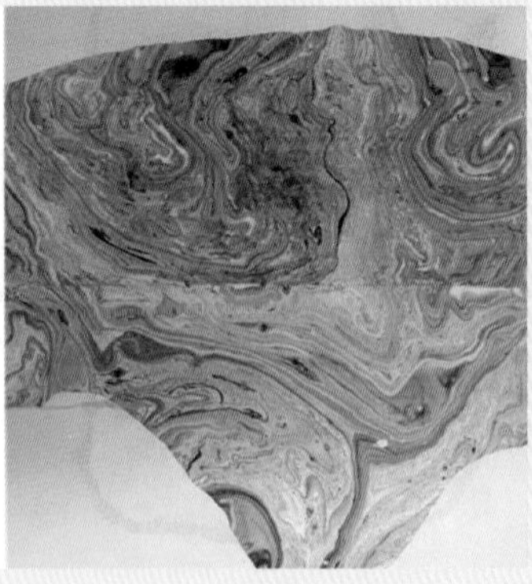

제8장

추사와 대원군의 묵란화를 통해 본 한국화 감상

1. 한국화의 이해

한국화와 서양화는 시각예술의 한 분야로서 조형을 매개로 생각이나 느낌을 전달하고 있지만 그 감상에는 또 다른 차원의 기준이 있다. 예를 들어, 한국화나 서양화가 모두 자연을 주제로 하고 있다 하더라도 전통적인 서양화는 자연을 하나의 존재로 보고 그것의 외형적 아름다움을 사실적이면서도 객관적으로 묘사하여 자연을 재창조한다. 반면에 한국화는 인간의 사유를 통해 형성된 사상이나 정서를 자연이라는 매체로서 사의적으로 표현하기 때문에 그 표현의 의도가 출발부터 다르다고 할 수 있다.

그러므로 그림을 그릴 때 소재의 재현적 측면보다는 화의(畫意)에 따라서 그에 적합한 소재를 선택하여 사의적 의미 전달에 힘썼던 선조의 그림을 이해하기 위해서는 당시 미술에 대한 제반 지식과 가치관을 살펴보아야 한다. 이것은 당시의 그 작가가 무엇을 표현하기 위해 그림을 그렸는가를 살펴보는 것이다. 이를 위해서는 전통미술이 지니고 있는 의미와 상징성에 대해 동양적 자연관과 미관을 바탕으로 올바른 시각을 정립해야 할 것이다.

한국화는 사물과 자신을 동화시키는 '물아일체(物我一體)'를 주장하며 서양이 지닌 객관적인 것보다는 사물을 자기화시키고 대변해서 그리고자 했다. 전통적 서양화가 기본을 원근법에 두고 자신과 사물과의 거리를 측정한 것은 객관성 등의 서양철학과 연계성이 있다. 즉, 서양화가 사실적이라면, 한국화는 사의적으로 사물의 객관적인 묘사에 의미를 두지 않았다고 할 수 있다.

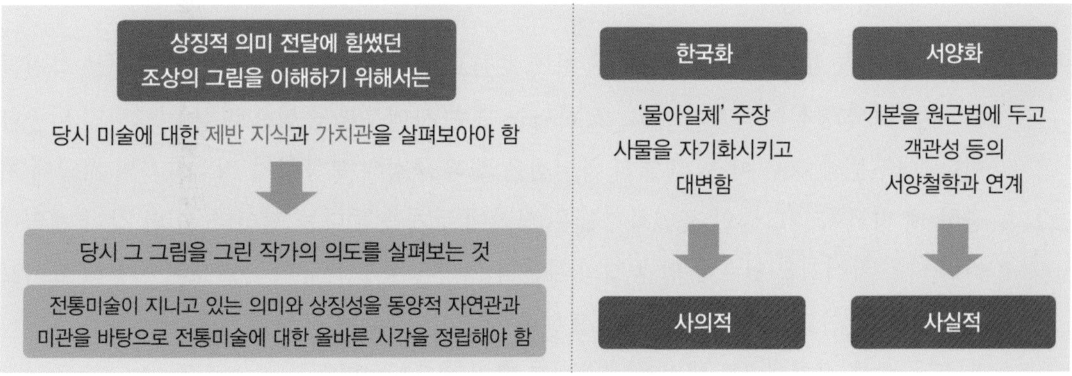

[그림 8-1] 한국화와 서양화의 표현 차이 1

이것은 한국화가 속한 동양의 미술이 뜻을 중시했다는 것으로, 재료나 매체와도 관련이 있다. 한국화 붓은 끝이 뾰족해서 실제 형태에는 존재하지 않는 선을 그리기 적당하며, 검은 먹색은 사물을 사실적으로 묘사하는 것보다 내면을 묘사하는 데 적당하다. 반면에 서양화의 붓은 넓적하고 뭉툭해서 면을 그리기 적당하고 다양한 색의 물감은 보이는 대로 사물의 색을 표현하기 적당하다. 그림을 묘사의 기준으로 보면, 한국화는 열등한 그림이 될 수 있지만, 기준을 바꾸면 다른 의미와 가치를 지닌다. 한국화는 뜻에 의미를 두어 사물의 겉모습을 묘사하기보다는 그림 속에 함축된 의미를 찾아내고자 했다. 이러한 의미를 통해 한국화를 감상해야 우리의 전통그림에 대한 본격적이고 진정한 감상이 가능할 것이다.

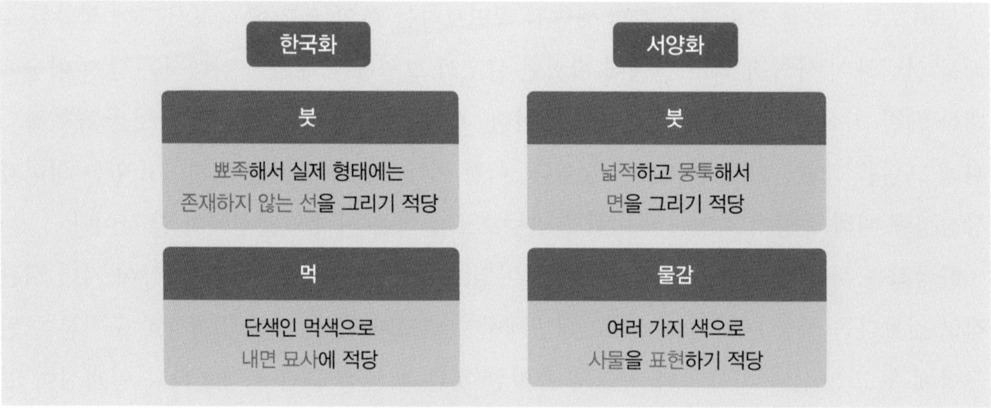

[그림 8-2] 한국화와 서양화의 표현 차이 2

1) 한국 전통회화의 흐름

한국의 전통회화는 대체적으로 두 가지 흐름으로 나타나는데 하나는 직업 전문 화원들에 의한 채색 중심의 북종화이고, 또 하나는 일반 사대부를 중심으로 한 먹그림인 남종화이다. 대부분의 경우 이 두 계열의 차이점은 채색 중심의 북종화가 직업화가의 기교에 치중한 데 비하여 먹그림인 문인화가들은 정신에 무게를 둔다는 점이다. 이와 같이 계열에 따라 다소 차이점은 있으나 먹 중심의 사군자 그림은 동양 특유의 예술로서 사물의 묘사보다는 우리 선인들의 생각과 감정을 표현한 그림이다. 이는 격한 감정을 해소하고 표현하는 등 다양한 심리상태를 대변하는 소재로 널리 애용되었다.

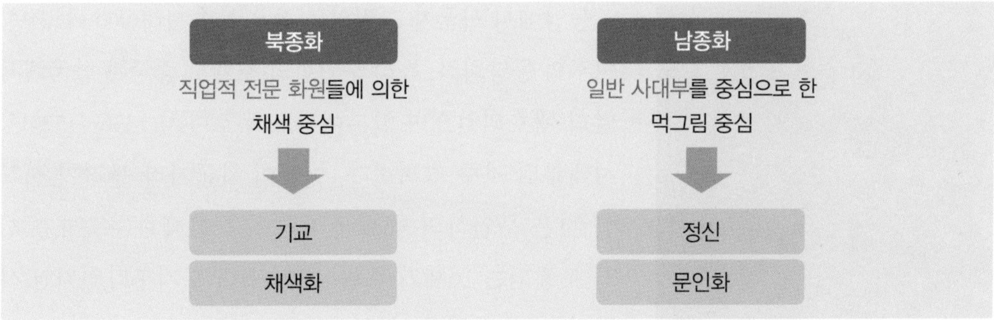

[그림 8-3] 한국 전통회화의 흐름

사군자(四君子)란 매화(梅), 난초(蘭), 국화(菊), 대나무(竹) 등의 네 가지 식물을 일컫는다. 이것을 그린 사군자 그림은 소재가 함축하고 있는 상징성 때문에 예로부터 많이 그려졌다. 이른 봄의 추위를 무릅쓰고 제일 먼저 피는 매화의 맑은 기상, 깊은 산골짜기에서 홀로 향기를 퍼뜨리며 피는 난초의 고결함, 가을의 찬 서리에도 허리를 굽힐 줄 모르고 늦게까지 피는 국화의 정절, 곧은 줄기로 겨울이 되어도 푸르름을 잃지 않는 대나무의 절개 등의 특성이 고결함과 지조, 높은 소양을 갖춘 인물들에 비유되어 왔다.

사군자 그림은 네 가지 식물을 닮게 그리는 것으로부터 시작하긴 하였지만 더 중요하게 생각한 것은 그림의 뜻, 즉 그림을 통해 나타나는 작가의 인격과 생각, 정서를 표현하는 데 더 중점을 두었고 그 내면이 나타나도록 노력하였다.

따라서 사군자 그림에 나타난 조형언어의 심리를 분석해 보는 것은 우리 선인들이 느꼈던 가치관과 일상생활에서 느껴지는 희로애락의 다양한 심리상태, 그에 대한 해소방법을 이해하는 데 큰 의의가 있다.

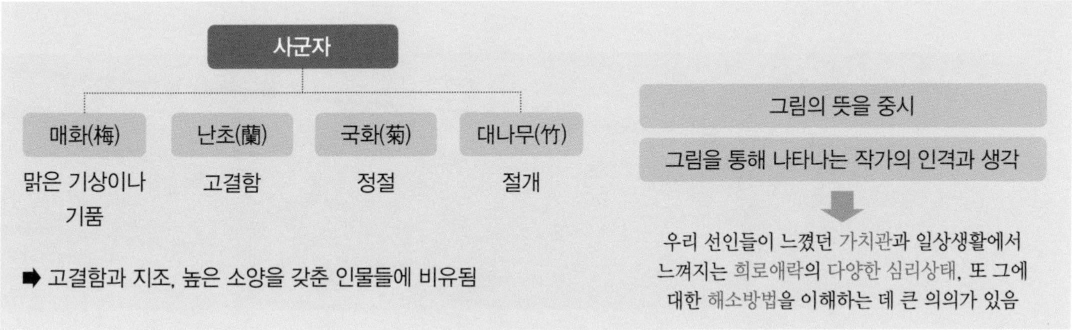

[그림 8-4] 사군자의 의미

[그림 8-5] 문동의 묵죽화

동양에서 사군자 그림의 시작은 북송시대(960~1124년) 이후의 동양회화, 특히 문인화의 소재로 중국과 한국에서 널리 애호되었으며 일본에서도 무로마치(1336~1573년) 시대부터 자주 그려졌다. 이들이 사군자라 불리기 시작한 것은 문인화의 득세에 따라 수묵화훼화(水墨花卉畵)가 부흥되는 16세기 무렵의 명(明)대 후기부터였지만 사군자 그림의 역사 자체는 그보다 훨씬 오래전이며 수묵화가 발달되기 이전에는 구륵진채법으로 인물화의 배경이나 화조화의 한 부분으로 묘사되었다. 사군자 그림은 네 가지가 동시에 그려진 것은 아니고 대나무와 매화가 먼저 그려지고 난초, 국화의 순으로, 단순하고 그리기 쉬운 대상부터 나타나기 시작한다. 대나무 그림은 수묵화로 그려지기 이전에 선을 그리지 않는 몰골법 채색화로 그려진 것을 당대분묘인 협서성 장회태자묘 벽화에서 볼 수 있다.

대나무 그림의 기원은 촉의 이부인이 달밤에 창문에 비치는 대나무 그림을 그대로 베껴서 그렸다는 설로부터 시작되는데 사대부의 주요 화목이 된 것은 북송의 소동파(1037~1101년)와 문동(1019~1079년)의 활약에 의해서이다.

매화 역시 묵매가 출현하기 이전에는 화조화의 일부로서 채색화로 그려졌지만 묵죽이 등장하는 비슷한 시기에 묵매가 등장한다. 묵매의 시작은 대나무와 마찬가지로 화광중인이 달밤 창문에 비치는 그림자를 베껴서 그렸다고 하는데 본격적인 기법의 확립은 남송의 양무구에 의해서이다. 난(蘭)과 국(菊)은 매(梅)나 죽(竹)에 비하여 발달되는 시기가 늦다.

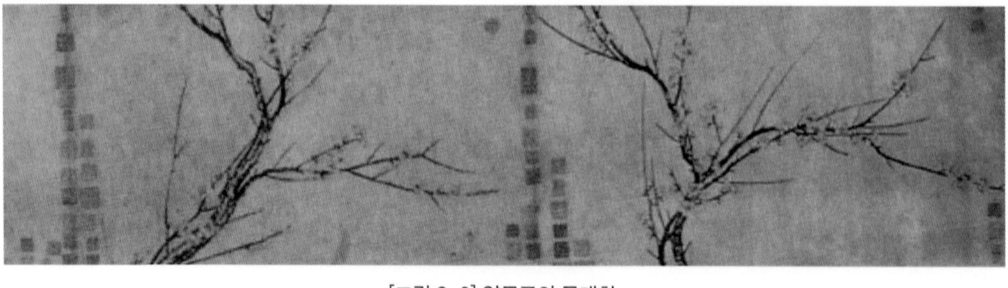

[그림 8-6] 양무구의 묵매화

묵란을 잘 그린 최초의 화가는 조맹견이었으나 원대초기 정사초(1239~1310년)에 가서야 문인화의 소재로 뚜렷이 나타난다. 국화는 원대에도 홀로 다루어지기보다는 대나무나 바위의 배합으로 나타나는 예가 많으며 청대 말이나 근세에 와서야 단일 소재로 다루어졌다.

이와 같이 수묵 사군자 그림은 북송대(北宋代)에 이르러 새로운 지식계층으로 부상된 문인 사대부들의 취향과 밀착되어 대나무와 매화를 선두로 독립되었고 원, 명대를 거치면서 문인화의 대표적 화목으로 성행했다.

우리나라에서 발견된 최초의 사군자 그림은 고려 왕건릉으로 알려진 무덤벽화에 소나무, 대나무, 매화가 등장하는 벽화일 것이다. 그러나 사군자 식물이 우리와 접하게 된 것은 그보다 훨씬 이전이며 실제로 매화가 한국에 들어온 것은 선사시대부터로 사군자 식물의 모습이 각종 생활용품이나 민화 등에 다양하게 나타나고 있다. 사군자 그림은 대나무와 매화를 시작으로 그려지기 시작하였으며 이것은 당시의 지도층들이 문인적 · 학자적 성향을 기본 속성으로 삼으면서 자신의 삶에 대한 모델을 북송의 문인 사대부들을 통해 구하고자 한 것에서 비롯된다.

문인화의 회화사조가 우리나라에서 시작된 것은 12세기 고려화단에 전래되어 김부식이 묵죽(墨竹)을, 정지상이 묵매(墨梅)를 최초로 그리게 되면서부터이다. 그 후 고려 후기와 조선 시대에 걸쳐 문인 사대부의 삶을 확충하고 심의(心意)를 표출하는 매체로 크게 유행하였다.

예로부터 우리 조상들의 군자에 대한 인식은 그 신분성보다는 고매한 품성에 의한 인격적 가치로서 존경되었기 때문에 사군자를 그릴 때도 대상물의 외형보다 그 자연적 본성을 나타내는 것이 더 중시되었다. 사군자 그림은 외형의 단순한 재현이나 형식의 답습이 아니라 대상물이 자라고 성장하는 자연의 이치와 조화의 정신을 깊이 생각하면서 그려진 것이라 할 수 있다. 이때 느껴진 자신의 감정과 뜻의 표출인 사의성(寫意性)을 통해 조형의 가치가 추구되었다.

사군자 그림은 수묵화의 중심 사상과 핵심적 의미를 지니고 있는 사의화(寫意畵)의 정수이면서 동양회화의 대표적 화목의 하나로 성행하였으며 마음을 수양하고 삶을 풍요롭게 해 주는 매체로 널리 다루어졌다. 이것은 사군자가 그림뿐 아니라 동양의 문화와 정신의 본질적 가치와 의의를 집약시킨 하나의 표상으로 전래되어 왔음을 말해 준다.

▲ 매화

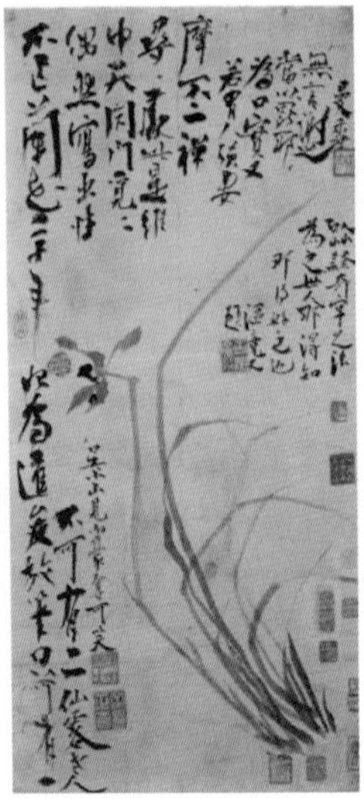

▲ 난초

▲ 국화

▲ 대나무

2) 한국화 매체에 대한 이해

사군자 그림이 수묵화를 배우는 데 기초가 되는 까닭은 난잎에서 선의 변화, 매화에서의 구성능력, 국화잎에서 먹색의 농담, 대나무 줄기에서의 필력 등을 배울 수 있는 적절한 소재이기 때문이다. 뿐만 아니라 옛 선인들의 자연에 대한 마음가짐과 표현방법을 파악할 수 있는데 이를 위해서는 한국화 매체인 붓, 먹, 벼루, 화선지를 말하는 문방사우의 이해가 무엇보다도 중요하다. 특히 서로의 궁합이 중요한데 먹의 강도는 벼루의 강도와 맞아야 먹색이 좋고 그 입자는 화선지의 입자와 궁합이 잘 맞아야 한국화의 중요한 표현요소인 번짐과 스밈 현상이 잘 일어난다. 또한 붓털의 질과 조합이 일정해야 먹물이 잘 머물러 작가의 의도대로 먹의 농담이 잘 조절된다.

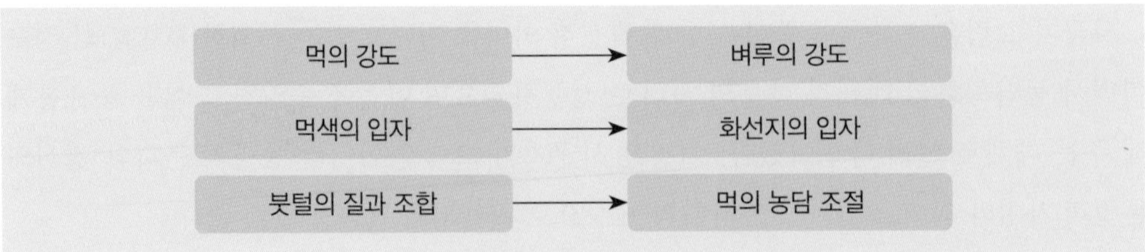

[그림 8-7] 문방사우의 이해와 서로의 궁합

(1) 붓

붓은 그리는 사람의 손을 대신하거나 그리는 사람의 의지를 전달하는 중요한 도구로 많은 종류가 있으며 털의 질, 형, 크기에 따라 용도도 다르다. 서양화 붓이 면을 칠하는 데 적당하게 발전했다면 한국화 붓은 선을 긋는 데 적당하게 만들어져 있다. [그림 8-8]과 같이 끝이 점으로 모아지도록 되어 있지만 윗부분의 털이 아래에도 모아지도록 털 한 올의 위는 두껍고 아래는 가는 모양의 것이 사용된다. 작가의 표현욕구가 팔을 거쳐 손을 통하면서 붓은 손의 일부로 느껴지고 그 마음은 붓끝에까지 연결된다. 이렇게 만들어진 붓끝이 움직이면서 선이 만들어지는 것이다. 물체의 선은 인간의 시각작용이 만들어 내는 가상으로 사물의 표현은 묘사가 아닌 해석의 의도를 가지고 출발하는 것이며 붓은 여기에 적당하게 만들어졌다. 우리가 알아보고자 하는 추사 김정희도 귀양살이 하는 어려운 생활이었지만 완벽한 붓이 아니면 시작하지 않았다. 지, 필, 묵에 대하여 매우 까다로웠으며 특히 붓의 종류와 성질을 잘 알 뿐 아니라 쓰고자 하는 글씨의 성격에 따라 붓을 골라 쓰는 섬세함이 있었다. 동생 명희가 기껏 장만해 제주도로 보내온 대필들을 모두 용도에 맞지 않는다는 이유로 돌려보낼 정도였다. 추사는 명필은 붓을 가리지 않는다는 말을 싫어했으며 이 말은 당시 사람들이 붓에 대해 너무 까다롭게 굴기 때문에 나온 말이었다. 예로부터 붓은 그리는 사람의 신체의 일부로 여겨, 다 쓰고 난 붓은 그냥 버리지 않고 모아 두었다가 무덤을 만들어 주는 풍습이 있었다.

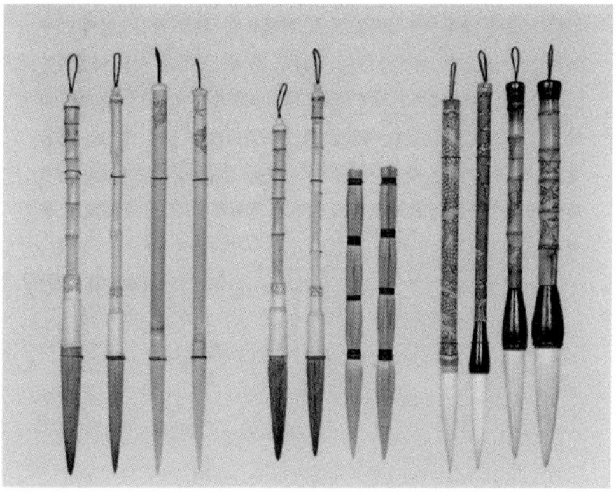

[그림 8-8] 여러 가지 붓
출처: 한국의 지식콘텐츠(https://www.krpia.co.kr).

[그림 8-9] 여러 가지 먹
출처: 국립중앙박물관(https://www.museum.go.kr).

(2) 먹

먹은 사물이 탈 때 나오는 불완전연소의 그을음과 아교를 잘 섞어 일정한 형태로 굳힌 것이다. 먹에 쓰이는 주된 그을음은 소나무를 태워서 만든 송연묵과 오동의 기름이나 유채씨의 기름을 태워 만든 유연묵 등이 있다. 먹의 질은 그을음의 종류, 채취방법, 아교의 질이나 조합방법, 제품화 후의 시간 경과 등에도 영향을 받는데 아교는 최대한 적게 쓰면서도 점도가 좋아야 먹물에 포함된 아교의 양이 적어지면서 번쩍거림이 덜해 진한 먹색을 표현할 수 있다. 또한 그을음이 아교와 균일하게 분산되어 있지 않으면 퍼지지 않고 뭉치기 쉽기 때문에 먹을 만드는 사람은 조합에 신경을 쓴다.

- 그을음과 아교를 섞어 일정한 형태로 굳힌 것
- 소나무를 태워 만든 송연묵과 오동의 기름이나 유채씨의 식품의 기름을 태워 만든 유연묵이 있음

먹의 질

그을음의 종류

채취방법

아교의 질이나 조합방법

제품화 후 시간 경과

[그림 8-10] 사군자 그림의 매체에 대한 설명–먹

(3) 벼루

벼루는 먹을 가는 도구로 좋고 나쁨은 먹과의 상생에 있다. 단단한 먹을 무른 벼루에 갈면 먹과 같이 벼루도 갈려 먹물에 섞이게 되며 그 반대가 되면 먹의 입자가 거칠어 아름다운 먹색이 나오지 않는다. 먹을 갈게 하는 것은 벼루의 표면에 있는 돌의 결정 입자로 이것을 봉망이라 부르는데 돌의 재료에 따라 여러 가지의 형이 있다. 벼루가 거칠면 먹은 잘 갈리지만 먹물이 걸쭉해지고 너무 미끄러우면 먹이 잘

[그림 8-11] 여러 가지 벼루
출처: 경주취연벼루박물관(https://inkstonemuseum.modoo.at/).

갈리지 않는다. 밀도와 균일성이 뛰어난 입자의 벼루에 먹을 갈면 먹이 벼루에 달라붙는 것처럼 되며 예리한 칼로 싹둑 자른 듯 반듯한 단면이 되면서 맑고 진한 먹이 얻어진다.

벼루는 기와, 도자기, 수정, 옥, 구리, 대나무 등의 재료로 만들어지는데 돌이 많이 사용되며 우리나라에서는 삼국시대부터 본격적인 벼루가 만들어졌다.

(4) 한지

종이는 그림의 바탕재로 내구성이 뛰어나고 수명이 길고 보관이 용이하며 값이 싸다는 이유로 가장 많이 애용되고 있다. 종이는 중국에서 개발된 이후 우리나라에서는 7세기 이전부터 사용되었던 것으로 알려져 있다. 그중에서도 한지는 내구성이 뛰어나며, 주로 닥나무의 껍질을 주원료로 만들어진다. 한지와 양지의 차이는 제작과정에서부터 다른데 양지는 나무를 다 분쇄해서 얇게 만든다면, 한지는 닥나무 껍질을 두드려서 얇게 만드는 도침을 통해 만든다. 이렇게 함으로써 재료의 원추형세포가 살아 있어 먹이 번지게 되고, 번짐이 있어야 시간과 물에 대한 표현이 가능하다. 또한 세포가 그대로여서 훨씬 질기고 오래가며 그 구조의 차이는 [그림 8-12]와 같다.

- 그림의 바탕재로 내구성이 뛰어나고 수명이 길며, 보관이 용이하고, 값이 저렴함
- 중국에서 개발된 이후 우리나라에서는 7세기 이전부터 사용
- 닥나무 껍질이 주원료

양지	한지
나무를 분쇄해서 얇게 만듦	닥나무 껍질을 두드려서 얇게 만드는 도침을 통해 만듦

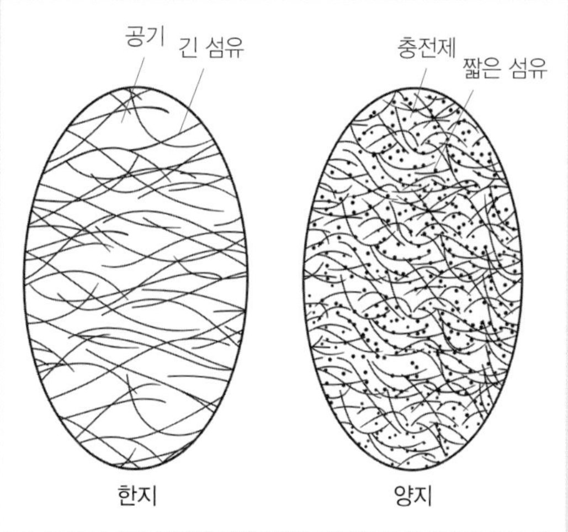

[그림 8-12] 한지, 양지의 구조

2. 사군자 그림의 조형언어

1) 점과 선

사군자 그림의 기본적인 구성요소는 점과 선이다. 매화와 대나무는 주로 직선과 점을 이용하며 난초와 국화는 곡선과 점을 주로 사용한다. 그래서 선인들은 매화와 대나무는 화를 다스릴 때, 난초와 국화는 즐거움과 기쁨을 표현할 때 주로 그렸다. 이것은 직선과 곡선의 심리적 특성을 사용했기 때문이다.

기본적인 사용도구인 모필의 특성에서도 그 특징을 찾을 수 있겠지만 더욱 중요한 것은 회화작품의 내용을 구체적으로 존재하게 하는 점과 선이라는 외적 형태 자체보다는 이들 요소 속에 살아 있는 힘과 긴장, 억양이다. 선의 원천은 점을 끌고 가는 힘으로서, 정지된 점으로부터 내적으로 움직이는 긴장과 운동에서 생겨나는 것이다.

여기에 추가되는 것이 아름다움을 향한 의지이다. 어떤 것이 아름다움인가는 시대나 사회에 따라 다르지만 일반적으로는 아름다움을 어느 정도의 감각적인 억양이라고 생각할 때 조형은 항상 그러한 억양으로 전개된다. 인체나 사물들로부터 얻어진 유기적인 선이나 형태, 유연한 관능적인 선이나 조화된 형태, 색 등도 우리의 감각을 자극한다. 이렇게 자기표현으로서의 조형 충동의 시작이라 할 수 있는 선(線)은 점이 가진 정적인 요소에서 역동적인 것으로 비약하는 이차적인 요소이다. 크게 직선과 곡선으로 나누어지며 그 종류는 [그림 8-13]과 같다. [그림 8-13]의 선의 종류를 살펴보면, ①은 직선이고 ②는 곡선이며 ③과 ④는 기하학적인 선으로 일정한 관성을 갖는다. ⑤와 ⑥은 자유로운 선으로 불균형을 이루면서 선의 리듬과 강약이 생긴다.

또한 같은 선이라도 한국화에서는 물기와 시간에 의해 [그림 8-14]처럼 선에 변화를 줄 수 있다. ①은 굵기가 일정한 선이고, ②는 굵기에 변화를 준 선이며, ③은 선을 긋는 시간을 최대한 느리게 그은 선이고, ④와 ⑤는 긋는 시간을 점차 줄인 선이다. 이와 같이 사군자 그림에서는 선의 굵기와 물기, 시간에 따라 선이 변화하는데 그러한 다양한 선을 통하여 그리는 사람의 마음이 조형언어로 표현될 수 있다.

이와 같이 선은 한국화에 있어서 매우 중요한 조형요소이며 단순한 윤곽만의 설명이 아

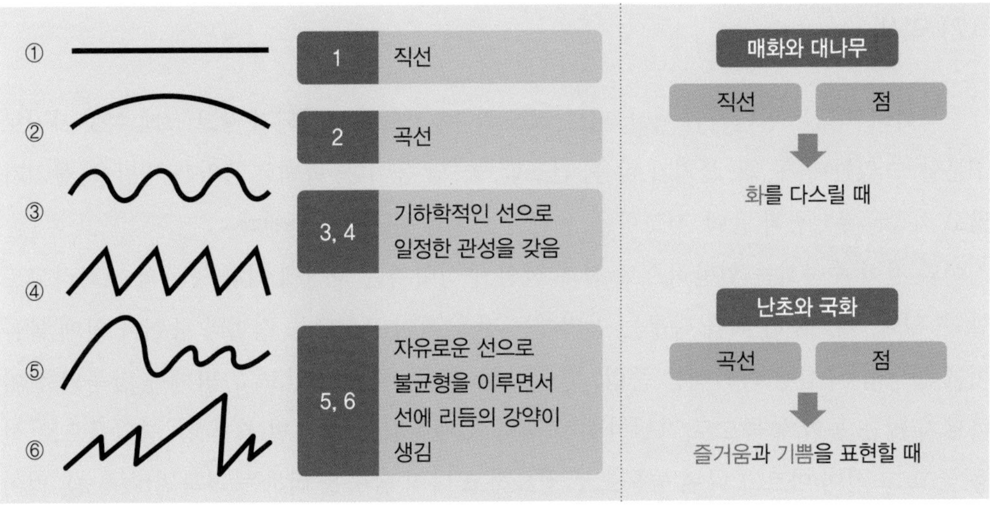

[그림 8-13] 선의 종류와 사군자의 선

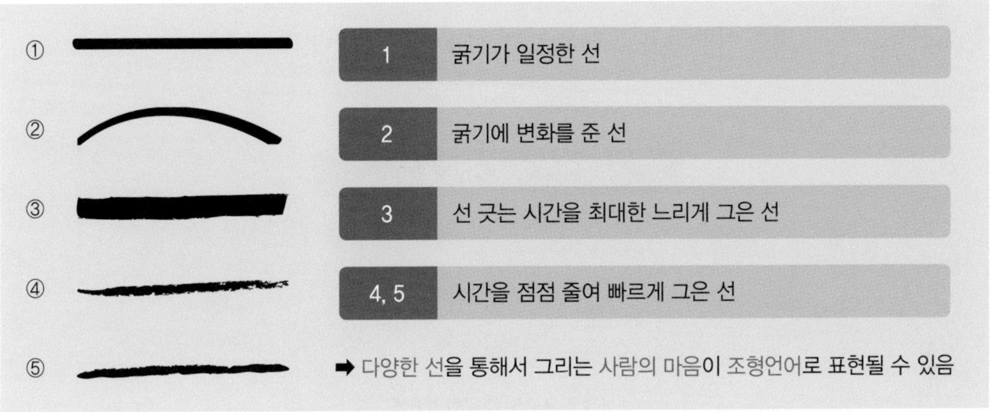

[그림 8-14] 굵기와 시간에 따른 선의 변화

닌 대상의 구조나 입체, 색채나 음영을 포함한 것으로서, 독자의 의지로서의 표현(表現)이 되어야 한다. 또한 억양, 경쾌한 운동감 등의 표현이 가능하며 이러한 선의 비밀은 모필(毛筆)이 중요한 역할을 한다고 할 수 있다. 동양에서는 선 그 자체에 생명력을 부과하여 서예나 문인화 등의 각종 양식의 훈련을 통해 인격과 학문의 수양을 표출하는 수단으로 사용하였다.

2) 먹색

수묵화의 먹색은 일반적인 색상, 명도, 채도의 3속성으로 표현되지 않고 크게 여섯 가지로 구분할 수 있는데 흑, 백, 물기가 많음, 건조함, 농, 담 등이다. 흑백은 음양과 명암을, 물기가 많고 적음은 푸르름과 윤택, 건조함을, 농담은 요철과 원근을 나타낸다.

이와 같이 수묵화는 일반적으로 점과 선의 구성이지만 먹색에 의한 농담의 조화라고도 할 수 있다. 예로부터 먹을 다루는 방법에는 점을 찍어 표현하는 점법과 종이나 천에 물들이는 선염법, 주름을 나타내는 준법, 붓으로 문지르는 찰법이 있고 그 밖에 중담묵의 선이 마르지 않는 동안 농묵으로 가필하여 번짐의 효과를 내는 발묵법(潑墨法), 중담묵으로 선을 긋고 그 선이 마르고 나면 농묵으로 점묘하고 다시 담묵을 더하는 파묵법(破墨法), 먹이 마르고 나면 다시 먹을 더해 가는 적묵법(積墨法) 등이 있다. 이러한 수묵화는 먹과 붓을 이용하여 화선지 위에 주로 점과 선으로 생각과 느낌을 표현하는 우리 민족의 전통회화로 우리 전통의 맛과 멋을 이해하고 표현하는 데 적절한 양식이라 할 수 있다.

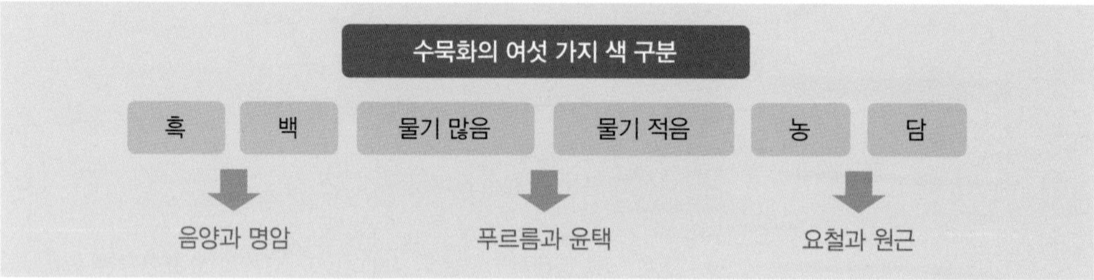

[그림 8-15] 수묵화의 6색

〈표 8-1〉 **먹을 다루는 방법**

점법	점을 찍어 표현
선염법	종이나 천에 물들임
준법	주름을 나타냄
찰법	붓으로 문지름
발묵법	중담묵의 선이 마르지 않는 동안 농묵으로 가필, 더해서 번짐의 효과를 냄
파묵법	중담묵으로 선을 긋고 그 선이 마르기 전에 농묵으로 깨뜨려 농담을 조정하는 기법
적묵법	먹이 마르고 나면 다시 먹을 더해 감

3) 수묵화의 원리

수묵화는 먹과 종이와 붓과 물이 서로 화합하여 그리는 사람의 생각과 느낌을 표현하는 것으로 다음과 같은 원리가 있다. 첫째, 수묵화에서는 먹과 물의 농도가 중요하다. 먹이 얼마만큼의 물과 혼합되는가에 따라 멀고 가까움, 무거움과 가벼움, 거침과 부드러움이 나타난다. 둘째, 붓의 역할로서 붓을 어떻게 잡고 움직이는가에 따라 긋는 선의 묘함과 신비함이 다양하게 나뉜다. 셋째, 시간에 따른 번짐으로 물의 양, 화선지에 머무르는 시간에 의해 모세관 현상과 삼투압 현상으로 번짐 현상이 일어난다. 수묵화는 먹과 붓을 이용하여 화선지 위에 주로 점과 선으로 생각과 느낌을 표현하는 우리 민족의 전통회화로 우리 전통의 맛과 멋을 이해하고 표현하는 데 적절한 양식이다.

1 먹과 물의 농도가 중요

- 먹이 얼마만큼의 물과 혼합되는가에 따라 멀고 가까움이 나타나고, 무거움과 가벼움이 나타나며 거친 것과 부드러움이 나타남

2 붓의 역할

- 붓을 어떻게 잡고 움직이는가에 따라서 긋는 선의 묘함, 신비함 그리고 그것이 다양하게 나뉨

3 시간에 따른 번짐

- 물의 양, 화선지에 머무르는 시간에 의해 모세관과 삼투압 현상으로 번짐 현상이 일어남

사군자 그림

먹과 붓을 어떻게 써야 어떤 형상이 드러나는지 헤아려야 함

- 붓의 크고 작음, 빠르고 느림
- 먹의 짙고 옅음
- 공간의 빽빽함과 시원함
- 짜임새의 안정과 불안

[그림 8-16] 수묵화의 원리

4) 사군자 그림에 나타난 심리표현 분석

사군자 그림은 닮게 그리는 것으로부터 시작하였지만 더 중요하게 생각한 것은 그리는 그림의 뜻, 즉 그림을 통해 나타나는 작가의 생각과 느낌을 표현하는 것이었다.

(1) 매화

매화는 모든 꽃 중에서 가장 일찍 피어 새봄을 알리는 꽃으로 맑은 기상이나 기품을 상징한다.

[그림 8-17]은 신사임당(1512~1559)의 작품으로 초기 매화의 고전적 양식을 보여 주며, 흰 꽃과 듬성듬성한 이끼 점, 담담한 먹색 등은 단순하면서 안정감 있는 분위기로 여성적이고 부드러운 느낌을 드러낸다. 오달제(1609~1637)의 매화 그림([그림 8-18])은 대담한 구도와 필세로 힘찬 기세를 보여 준다. 29세의 나이로 청나라에 굴복하지 않고 싸울 것을 주장해 청나라에 잡혀간 후에도 회유와 고문에 굴하지 않고 저항한 오달제의 기세를 읽을 수 있다. 그림 하단을 압도하는 굵은 둥치에서 중간 굵기의 가지가 농묵에서 담묵으로 바뀌면서 힘차게 올라가고, 밑에서 수직으로 치솟아 오른 세 개의 가지에서도 대담한 필세와 기세가 나타난다. 그 기세와 어울리지 않는 화면 상단의 글씨는 후에 영조대왕이 내린 시를 후손이 쓴 것이다.

[그림 8-19]는 심사정(1707~1769)의 작품으로 홍건하고 짙은 먹을 듬뿍 묻힌 붓으로 단숨에 매화 줄기의 아름다움을 그린 작품이다. 심사정의 집안은 명문사대부 가문이었으나 할아버지가 극형을 당한 이후 역적의 자손으로 벼슬을 못한 채 평생을 그림에 힘썼다. 50세가 될 때까지 하루도 붓을 잡지 않는 날이 없어 굶고 헐벗는 괴로움과 오욕의 부끄러움도 잊어버릴 정도였다고 하는데 이 작품에서 그림에 대한 몰입과 격한 속도감이 드러난다.

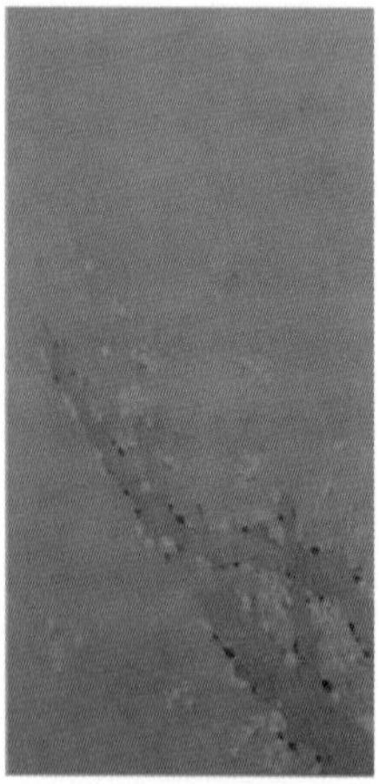
[그림 8-17] 신사임당의 매화 그림

[그림 8-18] 오달제의 매화 그림

[그림 8-19] 심사정의 매화 그림

[그림 8-20] 강세황의 매화 그림

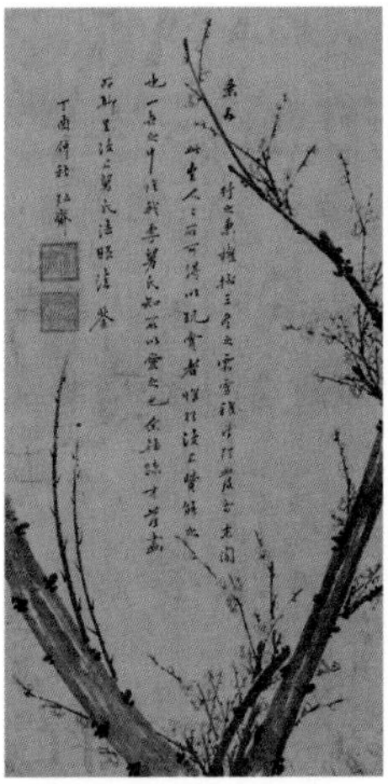

[그림 8-21] 정조의 매화 그림

[그림 8-22] 조희룡의 매화 그림

[그림 8-23] 조석진의 매화 그림

표암 강세황(1713~1791)의 매화 그림([그림 8-20])은 필치와 농담에서 차분함과 안정감을 보여 준다.

[그림 8-21]은 정조(1752~1800)의 작품으로 중앙을 비우고 양쪽으로 뻗어 오른 구도와 격하지 않는 필법 및 단아한 먹색은 왕으로서의 기품과 우아한 자태를 보여 준다. 반면, 우봉 조희룡의 작품([그림 8-22])은 분방한 감성의 폭발로 새로운 사회를 희망하는 기세와 개성을 보여 준다. 우봉은 추사 김정희의 화풍을 토대로 강렬한 표현법을 구사한 화가이며, 필법에 얽매이지 않는 자유분방함을 보여 준다. 이 작품도 물기 많은 큰 붓질을 통해 진한 농묵을 강한 파묵법으로서 거친 나무껍질의 질감을 표현했다. 여기 화제에 보이듯이 '매화는 본래 용이 서리고 봉황이 춤추는 듯 구불구불하고 쇠처럼 굳건하게 그리는 것이 제맛이다.'라고 한 것처럼 매화의 기상을 독특하고 효과적으로 표현하고 있다. [그림 8-23]의 조석진 그림은 사실적 묘사와 기교에 치우쳐 내면적 표현은 찾아보기 어렵다.

(2) 난초

우리나라에서 난초 그림은 사군자의 다른 소재에 비해서 다소 늦게 그려지기 시작하였는데 조선시대 18세기 후반에 와서야 본격적으로 성행한다. 조선 중기에는 이정, 이징, 이우 등의 작품이 보인다. 조선 후기에는 사군자의 다른 화목과 함께 폭넓게 유행하였으며, 이 시기의 작가로는 개자원화전의 기본 형식 화법으로 난초를 쳤던 표암 강세황

(1713~1791), 전통에서 벗어나 자신의 개성을 보여 주는 임희지(1765~?), 내면을 극명하게 드러내 독창적인 묵란화법을 이룩했던 추사 김정희 등이 있다. 추사의 묵란화는 이하응을 비롯해 조희룡(1789~1866), 소치 허련(1809~1892) 등 여러 화가에게 영향을 주어 조선 후기와 말기의 화단에서 묵란화가 크게 유행하는 계기가 되었다.

[그림 8-24]는 조선 중기 이징(1581~?)의 작품으로 고전적 단정함과 정연한 질서, 감성의 절제와 안정감, 엄숙함이 느껴진다. [그림 8-25]는 강세황의 그림으로 부드럽고 깔끔한 분위기가 완만한 곡선과 가는 잎새, 간결하고 능숙한 가운데 단아한 격조를 나타낸다. [그림 8-26]은 역관 임희지의 작품으로 감각적인 파격으로 난초 그림의 새로운 장을 열어 부드러움과 강렬함을 동시에 보여 준다. 난초 세 줄기가 수직, 수평, 사선으로 뻗어 오르면서 두께 변화의 다양함과 빠른 속도가 일필휘지의 생명력을 드러낸다. 임희지는 사대부가 아닌 정조, 순조 대의 역관이었지만 풍류로 많은 일화를 남기고 있으며 옛 법에 얽매이지 않고 자신의 마음과 개성을 유감 없이 보여 준 점이 특징이다.

[그림 8-27]은 조희룡의 작품으로 야생하는 난초를 풀 그리듯 그려 독자적 경지를 보여 주고 있다. 그의 난초 그림은 자연스러움을 추구했으며 시서화 삼절을 지향하였으나 누구의 양식도 따르지 않았다. [그림 8-28]은 추사 김정희(1786~1856)의 작품으로 사실성보다는 마음속의 깨달음을 간결한 필치로 서예(예서)를 쓰듯 표현했다. [그림 8-29]는 대원군 이하응(1820~1898)의 작품으로 시련과 극복으로 점철된 그의 삶처럼 힘차고 날카롭다.

[그림 8-24] 이징의 난초 그림

[그림 8-25] 강세황의 난초 그림

[그림 8-26] 임희지의 난초 그림

[그림 8-27] 조희룡의 난초 그림

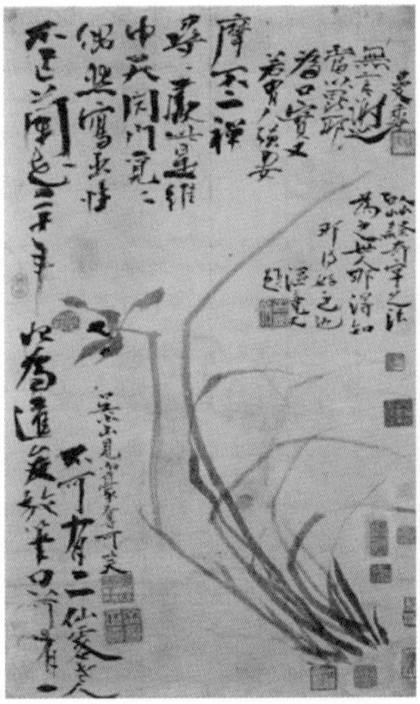

[그림 8-28] 김정희의 난초 그림

[그림 8-29] 이하응의 난초 그림

[그림 8-30] 김응원의 난초 그림

[그림 8-31] 민영익의 난초 그림

[그림 8-30]은 김응원(1855~1921)의 작품으로 기교가 넘쳐난다. 그는 대원군의 종복으로 어릴 때부터 따르며 난초 그림을 배웠다. 대원군의 죽음 이후 석파난법의 후계자로 이름을 떨쳤으며 이 작품은 당시 화단의 중심적 활동을 했던 1920년 자신의 기교를 자랑하는 듯한 현란함을 보여 주고 있다. [그림 8-31]은 민영익(1860~1914)의 작품으로 난초의 뿌리가 드러난 노근란을 그려 조국을 잃은 망명객의 회한을 표현했다. 그는 40대 중반에 일본이나 중국으로 떠돌며, 살아서 조국에 돌아오지 못한 비운의 인생을 살았다.

(3) 국화

국화는 가을의 찬 서리에도 허리를 굽히지 않고 늦게까지 피는 모습에서 군자의 정절을 표현한 소재이다.

[그림 8-32]는 심사정의 작품으로 사실성 넘치는 묘사로 뛰어난 묘사기량과 세련된 붓놀림을 보여 주어 깔끔하면서도 풍부한 사생 그림의 전형이다. [그림 8-33]은 윤제홍(1764~1840 이후)의 작품으로 유배와 복직의 연속이었던 그의 인생처럼 파격의 화풍을 보여 준다. 그는 일찍부터 관직에 나섰지만 42세에 유배를 당했다가 복직되고 1830년에 다시 삭탈관직을 당한다. 하지만 다시 복직되는 우여곡절의 부침을 반복했던 사대부 화가로

파격의 화풍을 보여 준다. [그림 8-34]는 강세황의 작품으로 단아하고 유려한 아름다움으로 담백하고 부드러우면서 그의 다른 사군자 그림에도 나타나는 것처럼 깔끔한 그만의 특징을 보여 준다. [그림 8-35]는 정조의 작품으로 안정감과 의연함, 기품을 보여 준다. 이 그림은 가운데 있는 바위 위에 국화와 풀이 위아래로 피어 있고 가운데 국화꽃이 균형을 잡아 주고 있다. 여러 모습의 국화꽃과 메뚜기는 다양한 정취를 느끼게 한다. 담담한 필치와 안정된 먹색의 배치는 왕으로서의 의연함과 담담함을 드러낸다. [그림 8-36]은 조희룡의 작품으로 파격적이고 대담하고 자유분방하며 속도감이 넘치는 작품이다. 화면 전체를 아우르는 구도와 다양한 먹색 및 유려한 필치에서 율동과 선율의 아름다움이 생동감을 불러일으킨다.

[그림 8-32] 심사정의 국화 그림

[그림 8-33] 윤제홍의 국화 그림

[그림 8-34] 강세황의 국화 그림

[그림 8-35] 정조의 국화 그림

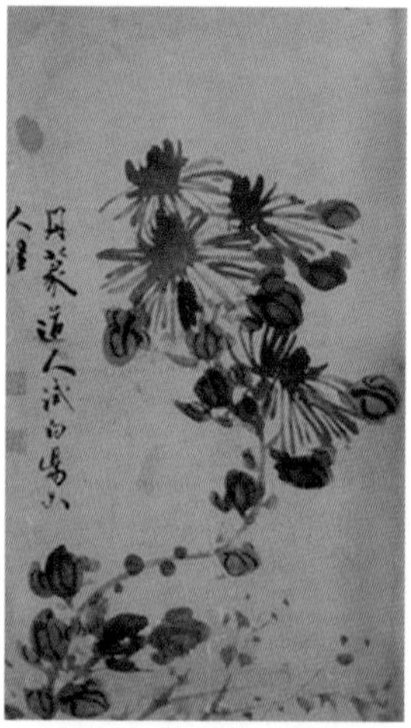
[그림 8-36] 조희룡의 국화 그림

(4) 대나무

대나무는 곧은 줄기로 겨울이 되어도 푸르름을 잃지 않는 모습에서 군자의 절개를 표현한 소재이다.

[그림 8-37]은 사육신의 한 사람이었던 박팽년(1417~1456)의 그림으로 곧고 정직한 필선에서 그의 침착하고 과묵한 성품이 그대로 드러난다. 이 작품은 설죽도로 눈으로 상징되는 현실의 어려움에도 꿋꿋하고 의연한 대나무의 속성과 기교를 부리지 않는 모습에서 그의 성품이 느껴진다. [그림 8-38]은 이정(1541~?)의 작품이며, 힘이 넘치는 강직함과 맵시 있는 부드러움으로 그의 뛰어난 조형감각을 보여 주고 있다. 이정은 세종의 현손이지만 그의 생애에 대해서는 알려진 바가 없다. 그러나 대나무 그림에 있어서는 당대의 명인이었음을 곳곳의 기록에서 알 수 있다. 이 그림은 풍죽으로 섬세한 운필로 뻗어 올라가는 댓잎의 날렵하고 맵시 있는 모습에서 바람이 느껴진다. 그의 그림에서는 꿋꿋한 기상을 느끼게 하는 엄숙함과 부드러우면서도 은은한 분위기가 함께 나타나 중국의 그림과는 다른 한국 대나무 그림의 특색을 보여 줬다는 면에서 높은 평가를 받는다.

[그림 8-39]는 강세황의 작품으로 다른 사군자 그림과 마찬가지로 깔끔함과 부드러움으로 단정함을 보여 주고 있다. [그림 8-40]은 임희지의 작품으로 마음 흐르는 대로 내갈

[그림 8-37] 박팽년의 대나무 그림

[그림 8-38] 이정의 대나무 그림

[그림 8-39] 강세황의 대나무 그림

[그림 8-40] 임희지의 대나무 그림

[그림 8-41] 김진우의 대나무 그림

긴 듯한 힘과 격렬함이 보인다. 그의 난초 그림에서 느껴지는 파격성이 여기에서도 나타난다. 댓잎은 뭉툭하면서도 끝이 갈라져 운동감이 느껴지고 먹색은 농담의 강한 대비로 강인함이 보인다. 게다가 중앙 부분에 뿌려진 먹물은 격렬함을 더해 그의 자유분방함을 드러낸다. [그림 8-41]은 김진우(1883~1950)의 작품으로 독립운동을 했던 그의 마음을 창칼 준법을 통해 일제를 향한 저항과 격정을 표현하고 있다. 3 · 1운동 이후 상해임시정부에서 활동하다가 귀국하던 중 체포당해 3년 동안 투옥되었는데, 감옥에서 맹물로 대나무 그림의 연습을 거듭했다고 한다. 그의 대나무 그림에서 나타나는 매서운 분위기는 창날이나 화살촉을 연상시키는 생김새, 쇠사슬을 연상시키는 대마디에서 기인한 결과이다.

(5) 사군자 그림의 심리적 의미

이제까지 살펴본 바와 같이 사군자 그림은 사물의 묘사보다는 작가의 내면적 표현에 더 어울리는 그림으로 먹색, 선, 공간, 속도, 물기 등의 요인으로 심리적 표현을 모색하고 있다. 예를 들면, 같은 대나무 그림에서도 자연스럽고 깔끔한 강세황의 그림([그림 8-39]의 부분), 격렬한 임희지의 그림([그림 8-40]의 부분), 매서운 김진우의 그림([그림 8-41]의 부분)에서 작가의 감정이 구체적으로 드러난다. [그림 8-39]의 부분에서 단정한 선과 일정한 먹의 변화를 통해 안정되고 침착함을 느낄 수 있는가 하면, [그림 8-40]의 부분에서는 즉흥적인

[그림 8-39]의 부분

[그림 8-40]의 부분

[그림 8-41]의 부분

필치와 자유분방한 필세, 격한 호흡을 통해 어디에도 얽매이지 않으려 했던 그의 일생이 보인다. [그림 8-41]의 부분에서는 날카로운 댓잎의 모양과 직선, 서로 어긋나면서도 굳건하게 붙어 있는 대의 마디를 통해 일제에 항거했던 그의 분노와 공격성을 엿볼 수 있다.

또한 선의 흐름만으로도 자연현상이나 분위기가 사의적으로 표현되고 있는데 난초 그림에서 [그림 8-25]의 부분과 [그림 8-28]의 부분, 대나무 그림에서 [그림 8-38]의 부분과 [그림 8-39]의 부분에서 살펴볼 수 있다. [그림 8-25]의 부분과 [그림 8-39] 부분의 강세황의 난잎과 댓잎을 [그림 8-28] 부분인 김정희의 난과 [그림 8-38] 부분인 이정의 댓잎 모양이 그려진 각도와 비교해서 살펴보자. 난초의 무게와 광합성 작용에 따른 앙세에 의하여 자연스럽게 드리워진 난잎과 댓잎의 모습과 외압인 바람에 의해서 올라가고 흐트러진 모습으로 자연현상의 느낌을 표현하고 있다. 이것은 사군자의 모습을 사실적으로 묘사하지 않아도 먹색과 선의 흐름에 의해서 그 느낌과 뜻을 충분히 전달하고 있다는 것을 보여 준다.

이와 같이 한국의 사군자 그림은 일반 사대부에 의하여 애호되었던 소재로 사실적이고 묘사적인 기교보다는 인생을 살아가면서 점철되는 다양한 감정과 가치관으로 표현하고자 했다. 특히 사군자 그림은 세계적으로도 동북아시아에만 존재하는 특이한 그림 양식으로

[그림 8-25]의 부분

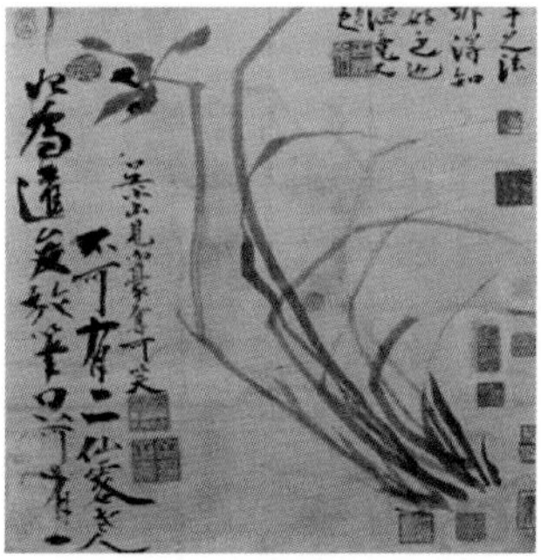

[그림 8-28]의 부분

[그림 8-38]의 부분

이 지역만의 특수성과 시각적 인습화의 형성과정과도 매우 밀접한 관계를 맺고 있다. 매체적인 입장에서 볼 때도 수묵화 재료와 도구는 먹과 붓을 이용하여 화선지 위에 주로 점과 선으로 생각과 느낌을 표현하는 우리 민족의 전통회화로 전통의 맛과 멋을 이해하고 표현하는 데 적절한 양식이다.

나아가 사군자 그림의 제작과정이 문제를 해결하고 강렬하거나 비참한 감정을 해소하며 외상적인 상실이나 경험으로부터도 회복되는 것을 추사 김정희와 홍선 대원군 이하응의 사군자 그림, 특히 묵란화를 비교해서 살펴보고자 한다.

3. 추사 김정희의 묵란화

1) 추사의 생애

추사 김정희(1786~1856)는 1786년(정조 10) 6월 3일 충청도 예산 용궁리에서 경주 김씨 월성위 집안에서 태어났다. 본관은 경주로 아버지는 훗날 판서를 지낸 김노경(1766~1837)이고 어머니는 김제군수를 지낸 유순주(1746~1793)의 딸인 기계 유씨(1766~1801)이다. 추사의 집안은 조선 후기의 명문 가문으로 고조할아버지는 김홍경(1677~1750)으로 영의정을 지냈으며 증조할아버지는 김한신(1720~1758)으로 영조대왕의 둘째 딸인 화순옹주와 결혼하여 월성위에 봉해지면서 더욱 명문으로 발전하게 되었다.

후사가 없었던 월성위의 타계 후 조카 김이주(?~1797)를 양자로 들여 집안을 이어 가게 하였으니 그가 추사의 할아버지이다. 김이주는 외할아버지인 영조의 비호 아래 출세를 거듭하여 승지, 광주부윤, 대사헌, 형조판서 등 높은 벼슬을 지냈으며 아들을 넷 낳아 집안을 안팎으로 크게 일으켰다. 그의 장남이 김노영(1757~1797)으로 추사의 양아버지이고 막내인 김노경이 추사의 생아버지이다.

추사의 생애는 일반적으로 3단계로 구분하는데 1기는 1786년부터 1809년 24세까지로

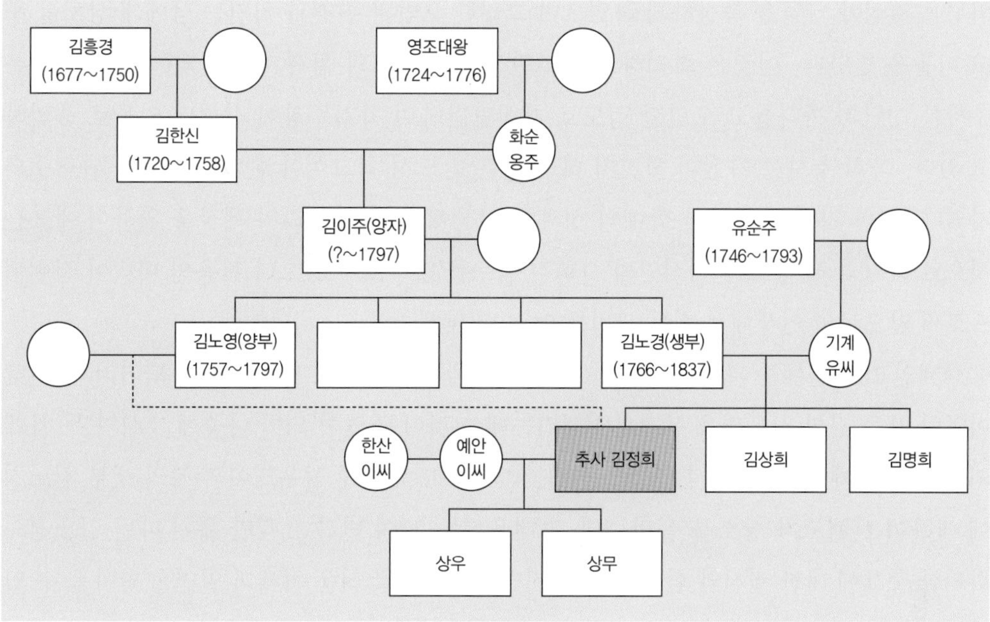

[그림 8-42] 추사의 가계도

아버지와 연경을 다녀왔던 시기이고, 2기는 1840년 제주도 유배를 가기 직전까지이며, 3기는 유배와 해배를 반복하던 말년까지이다. 추사는 명문 가문에서 귀공자로 곱게 자랐지만 8세 때 월성위 집안의 종손이 되기 위해 김노영의 양자로 들어가게 되고 12세 때 양아버지 김노영, 할아버지 김이주, 할머니, 사촌형 등의 죽음이 이어지면서 많은 심리적 충격을 받게 된다.

15세 때 한산 이씨와 결혼 후 어느 정도 안정되는 듯했지만 16세 때 어머니가 돌아가시고 스승인 박제가는 신유박해에 연루되어 유배를 간다. 20세 때(1805)에는 부친이 급제하여 집안에 경사가 생기는가 싶더니 부인 한산 이씨가 죽고 다음 해에는 양어머니마저 돌아가시면서 주위에 생부와 두 동생만 남게 되어 추사의 십대는 매우 불우한 시절이었다.

23세인 1808년에는 예안 이씨와 결혼하고 1809년 사마시(司馬試)에 합격하여 생부인 김노경의 자제군관 자격으로 연경에 가게 되어 중국의 문물과 석학들을 만나면서 인생의 전환점을 맞는다. 특히 중국의 대학자 옹방강으로부터는 '경술문장 해동제일'이라는 칭송과 함께 총명함을 인정받게 된다. 가슴 벅찬 북경의 60일을 경험한 추사는 많은 자극을 받았고 학예에 대한 새로운 의욕과 자신감을 가졌지만 한편으로는 혼자만의 경험과 감동으로 비평을 일삼아 남들을 속상하게 하였으며 그러한 오만과 편견과 치기는 남에게 상처를 주고 미움을 받았다. 이것은 화려하고 기고만장했던 중년의 삶까지 연결되어 많은 사람은 추사를 대단히 까다롭고 오만할 정도로 자신만만하며 자기주장이 강했던 인물로 증언하고 있다. 특히 추사는 자신이 하고자 하는 일은 반드시 최고여야 한다는 철저한 완벽주의자였다. 또한 자신이 체득한 학예의 성과를 세상에 널리 퍼뜨리며 세상을 위하여 애쓰는 것으로 학자의 사명 또는 지식인의 사회적 책무를 다하고자 했으나 관용의 미덕이 결여됨으로써 앞으로의 인생에서 힘든 고비를 여러 번 맞게 된다.

34세인 1819년에는 과거에 급제하고 41세 때에는 충청우도 암행어사가 되어 비인 현감이었던 안동 김씨 김우명을 봉고파직시키는데 이것이 악연이 되어 나중에 추사가 두 차례의 귀양을 가게 되는 결정적 역할을 한다. 45세인 1830년에 김우명이 추사의 생부 김노경에 대하여 탄핵코자 상소를 올리는데 그 내용에는 20여 년간 요직만 옮겨 다닌 김노경의 화려한 출세에 대한 질시와 함께 추사의 거만하고 고집스러운 처세의 일면을 찾아볼 수 있다. 그 후 1830년 아버지가 고금도에 유배를 가게 되었고 1833년에 해배되었다. 1840년에는 추사 김정희가 김우명과 김홍근의 상소로 생부인 김노경과 윤상도의 옥사가 재조사되면서 동지부사가 되어 북경으로 가기 직전 안동 김씨의 공격을 받아 제주도로 '위리안치'라는 귀양을 가게 된다.

1840년 10월 2일, 고문을 받은 몸으로 제주도 대정현에 도착하게 된 추사는 모진 고문과 여독으로 병고의 나날을 지내는데, 1842년에는 남편의 귀양 뒷바라지에 헌신적이고 40년

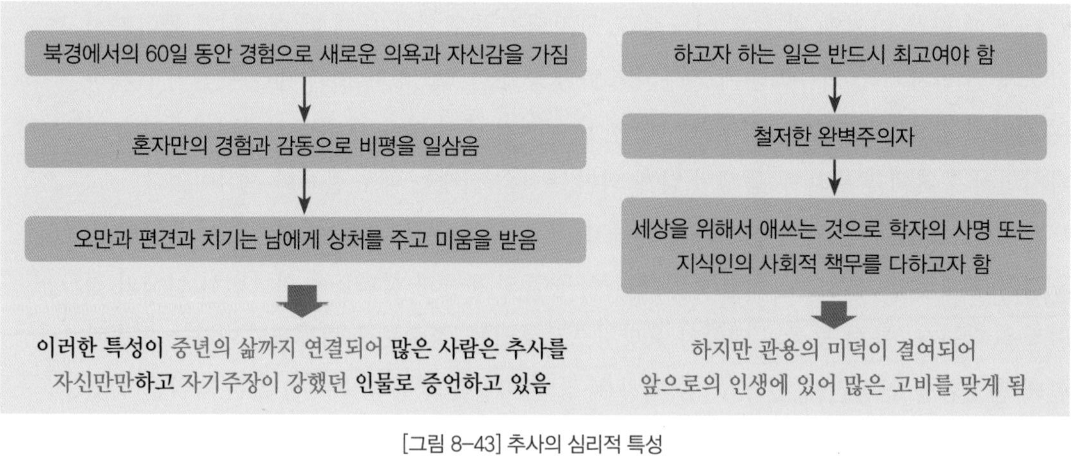

[그림 8-43] 추사의 심리적 특성

부부였던 예안 이씨마저 갑자기 사별하면서 추사는 인생의 허망함과 무상함을 느끼고 삶을 조용히 관조하면서 왕성한 독서열과 예술에 전념하게 된다. 1844년 세한도를 제작하였고, 1848년에 해배되어 예산의 고향집으로 돌아왔으며, 다음 해에 서울 용산의 강마을로 추정되는 강상(江上)으로 이사하였다. 이 시기에 30세이던 대원군과 만나 사제의 연을 맺으며, 그림과 글씨의 최고 명작을 남기게 되는 등 그의 예술세계에서 중요한 의미를 갖는 기간이다. 그러나 1851년 다시 북청으로 유배될 뿐만 아니라 항상 그를 위해 헌신적이었던 두 아우는 향리로 방출되고 그를 끝까지 따랐던 애제자 조희룡과 오규일은 섬으로 귀양을 가게 된다.

1852년에 해배되어 아버지의 별당이 있는 과천으로 거처를 옮기면서 대원군과 재회하는 만년의 추사는 귀공자로 태어나 빼어난 기량으로 학문과 예술에서 명성을 날리고 가문에 힘입어 출세가도를 달리며 완당바람을 일으키던 중년이나 제주나 북청으로 귀향살이 가서 외로운 나날을 보내던 유배시절과는 또 다른 고적한 나날을 보내게 된다. 이러한 평범한 생활 속에서 추사는 오히려 삶의 평범성과 보편적 가치를 몸으로 깨달으며 자신의 인생과 예술 모두를 원숙한 경지로 마무리하였는데 이것은 10년 귀향살이의 긍정적 성과로 1856년 10월 10일 71세로 세상을 떠날 때까지 이어졌다.

2) 시기별 구분과 대표작

추사의 묵란화는 대부분의 작품이 제작연도가 적혀 있지 않아 정확한 시기를 알기가 쉽지 않다. 그렇지만 묵란화의 의도와 사군자 그림의 일반적 특성인 사실성에서 상징성으로의 흐름을 생각해 보면 그의 목표의식 속에서 제작 순서의 흐름이 읽힌다. 바꿔 말하면 변화 흐름을 살펴보면 그 제작의도를 보다 확실히 알 수 있게 된다는 뜻이다. 여기에서는 제작의도와 더불어 환경 및 장소, 시기별 변화 등의 복합적 요인을 토대로 묵란화의 변화과정을 세 시기로 분석해 보았다.

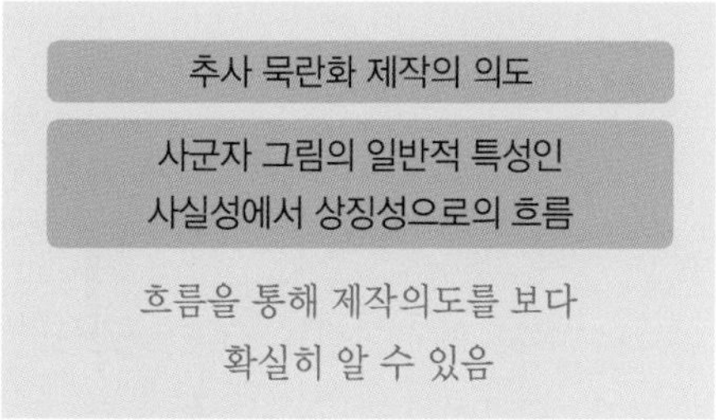

[그림 8-44] 추사 묵란화의 시기별 구분 기준

첫 번째 시기는 제주도로 유배 가기 전 1840년까지의 시기로, 난초의 정법과 사실적인

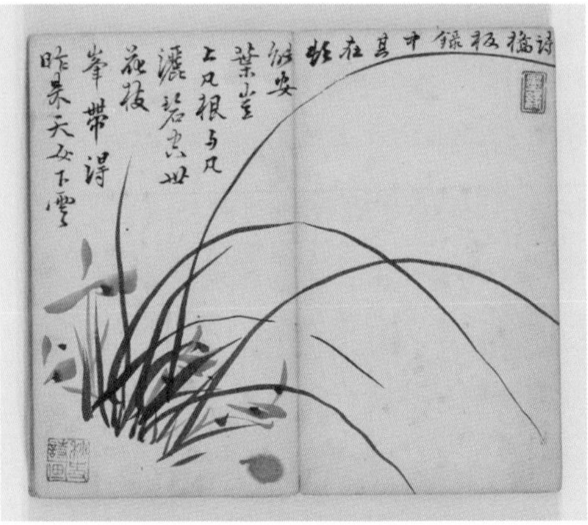

[그림 8-45] 김정희, 〈난맹첩〉

필법이 보이는 시기이다. 이 시기의 작품은 〈난맹첩〉([그림 8-45])에서 보이는데 40대에 제작된 듯하며 중국 청나라의 양주화파 영향이 나타난다. [그림 8-46]은 오세창이 편집한 근역화휘에 실려 있는 그림으로 추사의 그림 중 가장 정법에 가까운 그림이다. 삼묵법으로 표현한 농묵의 잎에 담묵의 꽃, 삼전법에 의한 난잎 굵기의 다양한 변화, 가지런한 가운데 제각기 다른 방향으로 필세가 뻗어 나간 모습이 그렇다. 더욱이 오른손잡이는 왼쪽에서 오른쪽으로 그리는 것이 일반적인데 이 그림은 어려운 좌란으로 오른쪽에서 왼쪽으로 나아가 그의 능숙함을 과시하고 있다.

두 번째 시기는 1840년부터 1848년까지의 제주도 유배시절로 내면화를 시도하여 파격적인 필법을 모색하던 시기이다. 이 시기의 작품은 권돈인과 아들 상우에게 그려 준 작품으로 주로 삼묵법이 아닌 담묵으로만 그려져 사실적인 묘사보다는 내면적인 표현을 시도하고 있다. 일반적인 난초의 아름다운 외형보다는 자연스러움과 자유스러움을 담묵 주조로 하여 물기와 시간 변화의 선으로 표현하고 있다. 꽃은 물기를 머금은 느린 선으로, 윤택함과 무게를 표현하고, 잎은 재빠른 선으로 날렵함과 가벼움을 표현하고 있다

〉〉 첫 번째 시기

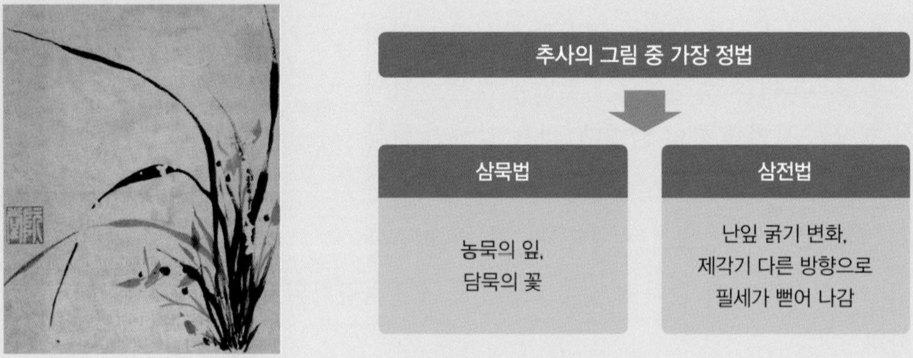

[그림 8-46] 김정희, 〈묵란〉

》 두 번째 시기

- 1840년부터 1848년까지의 제주도 유배시절
- 내면화의 시도로 파격의 필법을 모색하던 시기

담묵 주조로만 그려 내면적 표현 시도

자연스러움과 자유스러움을
담묵 주조로 하여
물기와 시간 변화의 선으로 표현

[그림 8-47] 〈증번상촌장난〉, 1848년(63세)

》 세 번째 시기

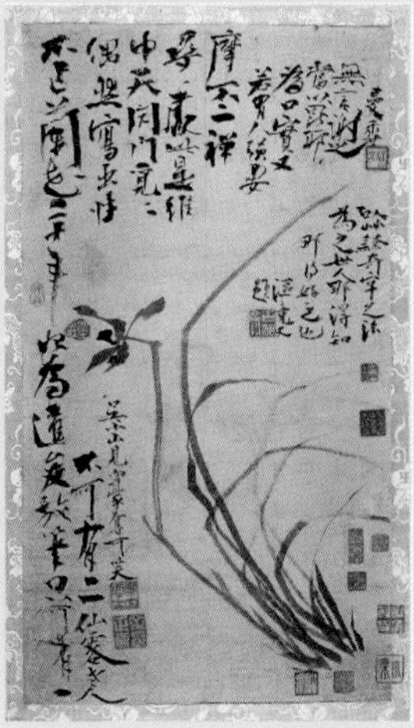

- 제주도 유배가 풀려난 이후 강상 시절을 포함했던 시기
- 난초 그림을 본격적으로 그리고자 함

오른쪽 아래에서 대각선 방향으로 뻗어 오른 담묵의 난잎 줄기

바람을 맞아 한쪽으로 치우친 난의 초탈한 경지

그로 인한 스산한 분위기와 바람

선(禪)의 경지를 난을 통해 표현한 것

글과 그림과 글씨가 어울린 문인화의 경지

[그림 8-48] 김정희, 〈불이선란도〉

([그림 8-47] 참조).

세 번째 시기는 제주도 유배가 풀려난 이후 강상 시절을 포함한 시기로, 뜸했던 난초 그림을 본격적으로 그리고자 했던 때이며, 이때 그린 난초 중의 하나가 불이선란도(不二禪蘭図)이다([그림 8-48]). 이 작품은 오른쪽 아래에서 대각선 방향으로 뻗어 오른 꺾이고 굽고 휘

고 구부러진 담묵의 난엽 열두어 줄기에 화심만 농묵으로 강조한 담담하고 아주 간결한 구도이다. 바람을 맞아 한쪽으로 치우친 난의 초탈한 경지를 드러내고, 그로 인한 스산한 분위기와 바람이 느껴진다. 불이선이란 유마경(維摩經) 불이법문품에 나오는 내용으로 모든 보살이 선열에 들어가는 상황을 설명하는데 마지막의 유마만은 아무 말도 하지 않았다는 것이다. 이에 모든 보살은 말과 글로 설명할 수 없는 것이 진정한 법이라고 감탄했다는 내용으로 이 작품은 말로 설명할 수 없을 정도로 뛰어난 난초 그림이 되었다는 의미이다.

추사의 그림은 산수화와 난초 그림뿐이지만 묵란화를 그림의 영역이 아닌 글씨의 영역이라 생각했다. 따라서 난초를 그림의 영역에 빠지게 하는 것은 마귀의 길에 떨어지는 것이라 하였다.

이 당시 추사가 글씨와 그림에서 새롭게 발견한 경지는 괴(怪)의 가치였고 파격의 시도, 즉 개성의 구현이었다. 그러나 결코 의식적인 것이 아니라 자연스럽게 우러나와야 하며 이것을 허화(虛和)라고 했다. 이는 사람들이 추사체를 설명하여 괴상하다고 한 것은 기를 말함이고, 그럼에도 아무런 잘못이 없다고 한 것은 운이 있기 때문이라 한 것과 같은 의미이다. 그렇게 해서 얻어 낸 경지가 허화이다.

불이선란도는 이러한 마음의 비움에서 제작되어 추사가 추구했던 난초 그림의 이상을 구현했을 뿐만 아니라 보편적 가치를 가진 개성적 표현을 보여 주면서 더 이상 사리를 따지고 치열하게 대결하던 그 옛날의 추사가 아닌 마음을 비우고 세상을 너그럽게 받아들이는 추사의 모습을 보여 주고 있다.

4. 대원군 이하응의 묵란화

1) 대원군의 생애와 시대별 작품

대원군 이하응(1820~1898)은 조선왕조 제26대 왕 고종(재위 1863~1907)의 생부로서 1820년 12월 21일 서울 안국동에서 영조의 현손인 남연군 이구(1788~1836)의 넷째 아들로 태어났다. 이하응의 가계를 살펴보면, 영조의 아들 사도세자가 세자빈 홍씨에게서 얻은 아들이 정조이고 궁녀 숙빈 임씨에게서 얻은 세 아들 중 둘째 아들이 은산군이었다. 은

산군이 후사가 없어 인조의 셋째 아들인 인평대군의 5대손 병원의 아들을 양자로 삼았는데 그가 바로 이하응의 친부인 남연군 구(球)이다. 이하응은 네 형제 중 막내로서 위로 세 형이 있었고 가계로 볼 때 실세한 왕족이긴 했지만 그 당시 얼마 안 되는 왕족 가운데 혈통이 분명한 왕족이었다. 그러나 척족 세도 앞에서 이미 무력해진 왕손이었기 때문에 내심으로는 야심을 키워 가면서도 표면적으로는 무능한 왕족으로 살아야 했다.

그의 성장과정에 대해서는 알려진 바가 없어 정치활동을 중심으로 그의 집권기에 중점을 두고 대체로 3단계로 나누는데 1단계는 고종 즉위로 비롯되는 1차 집권(1864~1873), 임오군란을 통한 2차 집권(1882. 6. 10.~ 7. 12.), 갑오경장 때의 3차 집권(1894. 6. 21.~10. 21.)이 그것이다. 그러나 예술창작이나 화풍변화 측면에서는 4단계로 구분하는데 1기는 1820년부터 1862년인 43세까지로 집권 전 불우한 청년기를 보내며 추사 김정희에게 경도됐던 시기이며 이때

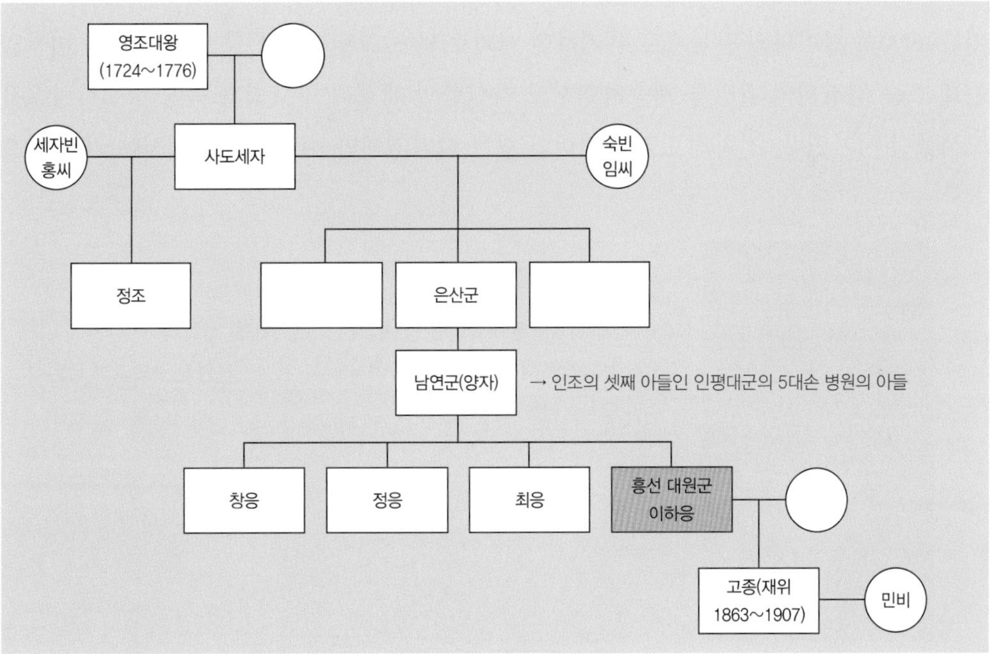

[그림 8-49] 대원군의 가계도

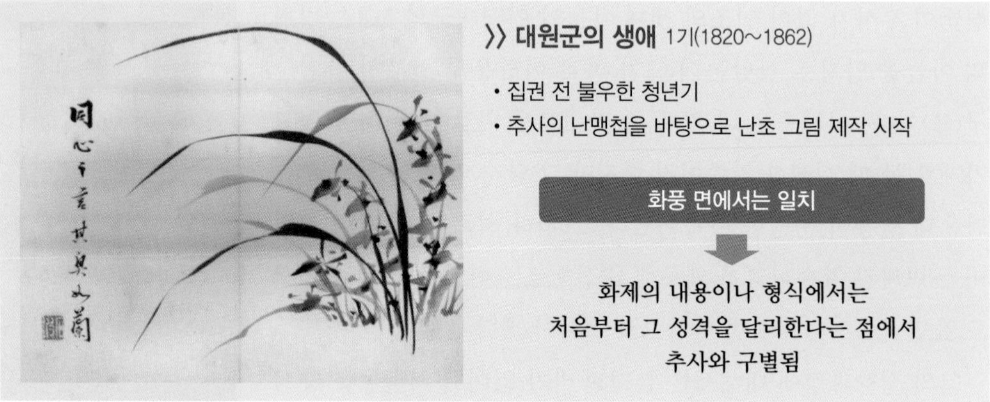

[그림 8-50] 이하응, 〈묵란첩〉

의 작품은 추사의 난맹첩을 바탕으로 이하응의 묵란첩이 남아 있다. 화풍 면에서는 기본적으로 일치하지만 화제가 전혀 없다는 점에서 필묵법에서는 스승의 가르침을 철저히 따랐지만 화제의 내용이나 형식에서는 처음부터 그 성격을 달리한다는 점이 추사와 구별된다.

제2기는 1864년부터 1882년까지로 그의 나이 44세부터 62세까지이다. 이때는 1차 집권기(~1873)와 민비와의 갈등으로 은거하던 시기로 난초 그림의 괄목할 만한 발전을 이루었는데 스승 김정희의 필법을 계승하면서도 자신만의 개성적 구도법과 특징적 묘사방식을 모색했던 시기였다. 정치적으로는 견디기 힘든 시기였지만 예술적인 면에서는 가장 중요

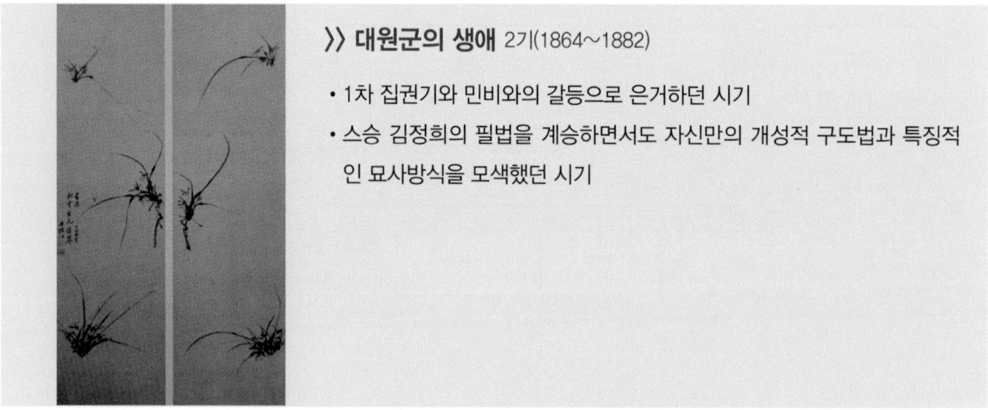

[그림 8-51] 〈군란도〉, 1874년(55세), 10폭 병풍(부분도)

한 창작기라 할 수 있다. 이 시기의 난초 그림은 [그림 8-51]에서와 같이 노근란을 중심으로 한 군란화 형식, 배경적 요소와 함께 그린 석란화 형식, 종축의 총란화 형식으로, 그중에서도 석란화 형식은 석파란이라는 그의 전형적인 형식으로 발전하게 된다.

제3기는 1882년 7월부터 1885년 8월까지로 임오군란 때 잠시 재집권했으나 청군의 개입으로 중국 천진 보정부로 연행되어 3년간의 유폐생활을 했던 시기이다. 기간은 짧지만 묵란화의 변화 시기로서 창작생활 면에서 중요한 의미를 갖는다. 보정부에서의 4년여의

〉〉 대원군의 생애 3기(1882. 7. ~ 1885. 8.)

- 청군의 개입으로 중국 천진 보정부로 연행되어 3년간의 유폐생활을 했던 시기
- 묵란화의 변화 시기로 창작생활 면에서 중요한 의미를 가짐

[그림 8-52] 제3기 석란도, 1884년(65세)/1885년(66세)

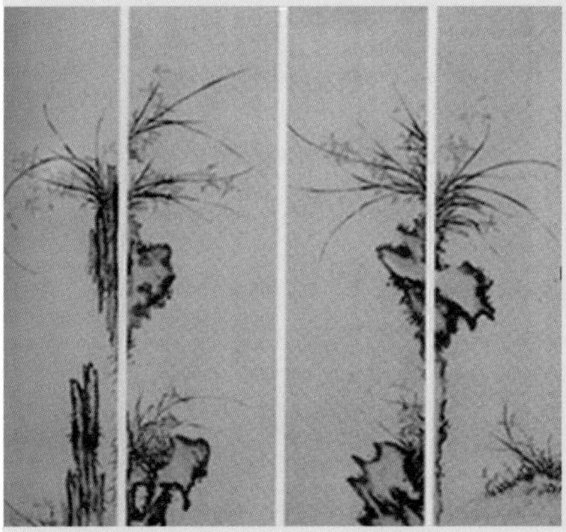

〉〉 대원군의 생애 4기(1885. 9. ~ 1898. 2.)

- 청으로부터 귀국한 후에 정권에 더욱 집착해서 민비와 보다 대립하게 된 말년
- 중국에서 귀환 후 거의 10년간 운현궁에 유폐됨

1894. 6. 21. ~ 10. 21.	3차 집권 용산 공덕리 아소정에 유폐
1895	재기를 노리지만 실패하고 양주 직곡에 은거
1898. 2.	79세를 일기로 운현궁에서 생을 마감

➡ 집권기를 제외한 시간은 예술가로서의 삶

[그림 8-53] 제4기 석란도, 10폭 병풍(부분도), 1887년(68세)

유폐기간 동안 안으로 한을 삭이며 난초를 치면서 세월을 보냈고 석란화를 주로 그렸다. 특히 귀국 직전에 제작된 석란화에서는 난엽이 힘차게 위로 향하는 등 운필에 힘이 넘치며 정치적 재기의 의지를 보여 주기도 한다.

제4기는 1885년 9월부터 1898년 2월까지로 청으로부터 귀국한 후 정권에 더욱 집착하여 민비와 보다 대립하게 된 말년이다. 그의 나이 66세부터 79세까지에 해당한다. 이하응은 중국에서 귀환한 후에도 거의 10여 년간 운현궁에 유폐되었다가 1894년 청일전쟁을 앞두고 3차 집권(1894. 6. 21.~10. 21.)을 하게 되나 일본에 이용만 당하고 용산강 공덕리 아소정에 유폐당하고 만다. 1895년 다시 재기를 노리지만 실패하고 양주 직곡에서 은거하였으며, 1898년 2월 79세를 일기로 운현궁에서 생을 마감했다.

이와 같이 이하응은 역사의 전환기에 집권하여 과감한 정책을 펼쳤던 정치사적 인물이지만 그의 생애는 정치일선에서 활약했던 10여 년간의 집권기를 제외하면 나머지 시간은 은거 혹은 유폐 상태로 보냈고 그러한 기간에 많은 묵란화를 제작하여 예술가로서의 생을 살았다.

2) 대원군의 묵란화 형식과 대표작

대원군 이하응은 평생 동안 난초만을 다루었는데 그가 사군자 중에서도 묵란만을 고집했던 것은 정갈하고 고귀한 자태와 그윽한 향기를 지닌 난의 생태를 흠모했기 때문이다. 나아가 난의 품격을 군자의 덕에 비유했던 문인들의 전통을 계승하여 어려운 시기를 맞을 때마다 난초를 그림으로써 자신의 자세를 가다듬으려 했던 것으로 여겨진다.

그의 묵란화 형식은 크게 군란화, 총란화, 석란화 세 종류로 나뉜다. 군란화([그림 8-51])는 세로의 긴 화면에 배경 없이 몇 포기의 묵란들을 겹치지 않게 배열한 그림으로 스승인 추사에게서는 보이지 않는 것이며 청대 화풍을 수용하여 발전시킨 이하응 특유의 묵란화 구성법이다.

총란화([그림 8-55])는 언덕을 배경으로 난이 무리지어 피어 있는 정경을 그린 구성법으로 추사는 가로의 횡폭을 그렸지만 이하응은 주로 세로의 종축을 주로 그렸다. 석란화([그림 8-54])는 말년까지 계속된 그의 대표적 화면 구성법으로 바위를 배경으로 난을 배치한 그림이다.

》 대원군의 작품

석란화

바위를 배경으로 아래, 위에 난을 배치한 그림

1885년

정치적 실패 반복에도 야심을 버리지 않음을 표출

- 주로 괴석 중심의 석란화
- 돌의 불변성과 부동성은 지조와 절개를 지닌 동양의 선비 정신을 보여 주는 것

↓

1889년

난초처럼 향기롭고 돌처럼 꿋꿋하여
서로 영원히 저버리지 말자는 맹세를 보여 줌

[그림 8-54] 석란화의 의미

대원군 이하응이 난을 그리기 시작한 것은 대략 20대 후반에서 30대 초반으로 추측되는데 추사로부터의 본격적인 사사 시기는 김정희가 제주도 유배에서 돌아온 이듬해인 1849년 무렵으로 보인다. 김정희의 난맹첩을 성실한 태도로 임모했던 묵란첩이 보이고 있는데, 추사의 난맹첩에는 모든 화면에 화제가 있는 데 반하여 대원군의 묵란첩에는 화제가 전혀 없다는 면에서 대별성을 보여 주고 있다. 그러나 추사의 영향에서 벗어나 개성적인 화풍을 나타내기 시작하는 것은 1차 실각 후 직곡산방 시절이다.

1872년 노근란을 중심으로 한 군란화를 처음 제작하게 되는데 난엽과 뿌리가 과장되게 표현됨으로써 격한 감정이 나타난다. 이것은 성인을 맞이한 고종과의 정치적 갈등을, 노근란은 정치적 입지를 상실한 자신의 처지를 땅을 잃은 모습으로 표현한 듯하다.

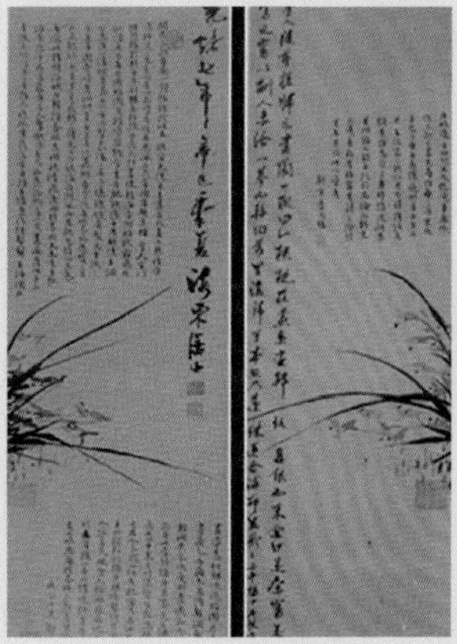

》 총란도

- 1881년 제작
- 1882년 북경에서 다시 사 온 그림에 잃어버린 진주를 다시 찾은 심정을 추서

[그림 8-55] 이하응, 〈총란도 대련〉

이와 같이 정치일선에서 물러난 이하응은 정계복귀의 야심과 울분을 안으로 삭이며 묵란화에 심취하게 된다. 총란도 대련([그림 8-55])은 1881년 제작되었으나 1882년 여름 북경에서 지인이 다시 사 온 그림으로 잃어버린 진주를 찾은 심정을 추서한 작품

이다.

이 추서 직후 임오군란의 주동자로 지목받아 중국으로 피랍되어 장래가 불투명한 억류생활로 병고에 시달리는 등 시련을 겪게 되지만 8개월의 시간이 흐른 후 질병의 고통과 가슴속의 한을 승화시킨 묵란화를 그리기 시작한다.

1885년 청에서 귀환한 후에도 생을 마감할 때까지 재집권을 위해 부단히 노력했지만 실패하고 이러한 정치적 실패가 반복되었음에도 재기의 야심을 버리지 않았고 그런 심리상태를 묵란화로 표출하였다. 이 시기에는 주로 괴석 중심의 석란화를 그리는데 돌의 불변성과 부동성은 지조와 절개를 지닌 동양의 선비정신을 보여 주는 것으로 1889년에 제작된 작품의 화제에서 난초처럼 향기롭고 돌처럼 꿋꿋하여 서로 영원히 저버리지 말자는 맹세를 보여 주고 있다.

이와 같이 그의 묵란화는 그의 수기의 방편이었고 자신의 심경을 토로하는 수단이었다. 그는 정치적 야심 때문에 일생 동안 집권과 하야를 반복했으나 생애의 암울한 시기를 맞을 때마다 강인하면서도 격조 있는 묵란화를 제작하였다. 그 과정은 추사가 제주도 유배생활을 통해 추사체를 창안했던 것과 마찬가지로 고난을 예술로 승화시킨 정신력의 소산이다.

5. 추사와 대원군의 묵란화 비교

난초 그림이 수묵화를 배우는 데 기초가 되는 까닭은 난잎이 선의 변화와 구성능력, 꽃과 잎의 대비에서 보이는 농담 등의 구사 능력을 배울 수 있는 적절한 소재이기 때문일 뿐만 아니라, 옛 선인들의 자연에 대한 마음가짐과 표현방법을 파악할 수 있기 때문이다. 그것은 예전의 우리나라 작가들은 사물을 그릴 때 닮게 그리는 것으로부터 시작하긴 하였지만 더 중요하게 생각한 것은 그리는 그림의 뜻, 즉 그림을 통해 나타나는 작가의 생각과 느낌을 표현하는 데 더 중점을 두었고 그 뜻이 나타나도록 노력하였다.

이와 같은 그림을 제대로 감상하기 위해서는 우선 제작의도를 살펴봐야 할 것이다. 어떠한 의미로 무엇을 위해서 그림을 그렸는지 알기 위해서는 작가가 살았던 시대의 주된 사상과 정신이 무엇이었는지를 헤아리면서 작가는 그 세상을 어떻게 보고 어떤 느낌을 표현했는지 파악해야 한다.

그것이 쓸쓸함인지, 화풀이인지, 넉넉한 즐거움인지, 아니면 저항의 거친 숨결이 포함된 분노인지는 작가의 삶과 시대에 비추어 알 수 있을 것이다. 어떤 시대에 어떤 생각으로 그렸느냐에 따라 기운의 방향과 속뜻이 다르므로 그린 사람의 마음을 탐구하고 알아보는 것이 중요하다. 여기에서는 묵란화에 나타난 추사 김정희와 대원군 이하응의 조형심리를 인생과 작품 특징을 통하여 비교분석해 보기로 한다.

1) 난초 그림의 역사적 고찰

사군자 그림 중에서 여기서 살펴보고자 하는 추사와 대원군의 난초 그림은 문자향(文字香)과 서권기(書卷氣)를 추구하는 문인화의 전형적 성격을 반영했던 소재이다. 깊은 산골짜기에서 홀로 향기를 품고 있는 난은 세속의 명리를 떠난 고결한 선비의 자세에 비유되어 군자적 삶을 지향하던 문인 사대부와 은일 문사 사이에서 자주 그려졌고 완상의 대상이 되었다.

중국에서는 난초가 그림의 소재가 되기 이전에 고대 시문에서부터 그 미덕이 찬양되었다. 공자의 『공자가어』 재액 편을 보면 난초가 산골짜기에서 사람이 없다고 해서 향기를 발하지 않는 것이 아니듯이 군자가 역경에 처했다고 해서 절개를 바꾸지 않는다고 비유하였다. 특히 의란조 편은 공자가 위나라에서 뜻을 이루지 못하고 고국인 노나라로 돌아오는 길에 깊은 계곡을 지나다가 잡초 속에서 고고하게 피어 향기를 토하고 있는 난초를 보고 지었다는 거문고 곡조인데 자신의 불운한 처지를 잡초 속의 난에 의탁하여 비유하였다.

이 외에도 『공자가어』 육본 편에 보면 난이 있는 방에 들어가 있으면 난향을 의식하지 못하지만 그의 몸에 난향이 배어들어 결국 향기를 풍길 것이라 하여 군자와 사귀다 보면 자기도 모르는 사이에 군자와 같은 인품을 갖게 된다고 하였다. 옛 문인들은 난을 통해 자신의 의사를 표현하기도 하고 난을 가까이 두고 사랑함으로써 세속에 오염되거나 훼절하는 것을 스스로 방지하고자 했다. 이 경우 난에 대한 사랑은 식물 자체에 대한 사랑이 아니라 인격도야의 상징이었던 것이다.

이와 같이 난초가 사람들로부터 거론되기 시작한 것은 매우 오래되었지만 군자의 벗이 되고 문인 정신과 한층 밀접한 관계를 맺으면서 묵란화로 표현된 것은 북송대에 와서이다. 기록상으로 나타나는 최초의 묵란화가는 북송의 미불(1051~1107)이라고 하지만 원대초

[그림 8-56] 정섭, 춘란도

기 정사초(1241~1318)에 가서야 문인화의 소재로 뚜렷이 나타난다. 정사초는 몽고족인 원에게 송나라가 망하자 뿌리가 드러난 노근란을 그려 몽고족에게 빼앗긴 서러움과 상실감을 표현하였다.

난초 그림은 북송대(北宋代)에 이르러 새로운 지식계층으로 부상된 문인 사대부들의 취향과 밀착되어 독립되었고 원, 명대를 거치면서 문인화의 대표적 화목으로 성행했다. 명대 묵란화의 전통은 청대로 이어져 더욱 활발하게 제작되었는데 상투적 화법에서 벗어나 자유분방한 화풍을 보여 주고 있으며 특히 양주팔가 화가들의 개성적 난그림은 유명하다. 이들 가운데 정섭과 나빙은 추사와 대원군의 묵란화풍이 형성되는 과정에서 중요한 영향을 끼쳤다.

2) 추사와 대원군의 인생 및 환경

이상에서 살펴본 바와 같이 묵란화의 역사 속에서도 추사 김정희와 흥선대원군 이하응은 우리나라의 묵란화 분야에서 가장 중요시되는 인물들이다. 특히 그들은 역사의 전환기에 파란 많은 생애를 살았던 정치인들로서 인생 및 환경의 어려움과 정치적 시련기를 맞이할 때마다 묵란화와 글씨를 통하여 삶의 격정을 예술로 승화시켰다.

(1) 추사 김정희

추사 김정희는 조선의 명문가에서 태어나 신동이라는 촉망과 귀여움을 받고 자랐지만 여덟 살 무렵에 친부모를 떠나 백부인 김노영의 양자로 들어간다. 월성위 집안의 큰집에 뒤를 이어 갈 아들이 없자 막내동생인 김노경의 큰아들을 입양한 것이었다. 이로써 추사는 월성위 집안의 종손이 되었지만 이즈음부터 추사는 어린아이로서 견디기 힘든 시련을 겪게 된다. 어려서 생부를 떠나 양자로 들어간 사실부터가 어린아이에게는 적지 않은 심리적 충격을 주었고 큰아버지를 아버지라 부르고 친아버지를 작은아버지라 부르며 대갓집 종손으로서의 엄한 예법과 체통을 강요받았다.

게다가 1797년 7월 4일, 추사가 12세 되던 해에 양아버지 김노영이 갑자기 세상을 떠나고 뒤이어 할아버지 김이주마저 타계하고 말았다. 이것은 추사가 월성위궁 집안의 주인이 되어 큰 장례를 두 번이나 치르게 된 것이었다. 이러한 가정의 흉사는 계속 이어져 할머니와 사촌 형이 타계한 후 얼마되지 않은 1802년, 추사가 16세 되던 해에 친어머니 기계 유씨가 불과 36세의 나이로 갑자기 세상을 떠나게 되었다. 어머니 기계 유씨는 남편과 자식에 대해 정성과 애정을 다하는 전형적인 조선의 여인이었다고 하는데 추사가 어린 나이에 자애로운 어머니를 잃은 아픔과 슬픔은 이루 말할 수 없었으리라 짐작된다. 그해에 15세 무렵부터 글을 배웠던 스승 박제가는 신유박해에 연루되어 모진 고문 끝에 함경도로 유배를 간다. 1805년, 추사가 20세가 되던 해에는 아버지가 과거에 급제하였지만 15세부터 결혼하여 같이 살았던 부안 한산 이씨가 나이 스물에 갑자기 타계했다. 아내를 잃은 추사의 불행은 여기에 그치지 않았다. 아내가 죽은 바로 그해 함경도로 유배갔던 박제가가 풀려났지만 이내 세상을 떠나고 말았다. 추사로서는 모든 게 허망하고 쓸쓸했을 뿐이다. 이듬해 1806년에는 양어머니인 남양 홍씨마저 서거했다. 이제 추사 주위에 남은 일가 친척은 친아버지와 명희와 상희 두 동생밖에 없었다. 이때 나이 21세로 추사의 젊은 시절은 가정적으로 매우 불행했다고 할 수 있다.

1809년, 추사가 24세 되던 해에는 과거에 급제하여 출세할 수 있는 사회적 토대를 만들고 동지부사로 선임된 아버지를 따라 중국 연경에 가게 되었다. 이때 당시 중국의 석학인 옹방강으로부터 칭송을 받고 가문에 힘입어 출세가도를 달리며 완당바람을 일으켰지만 이것이 이후의 인생에 영향을 미치게 된다.

젊은 시절에 경험한 가족들의 잇따른 죽음으로 누구와도 애착관계를 형성하지 못했다. 자기대상을 느껴야 할 시기에 추사에게는 정서적으로 안정되도록 의지하고 신뢰할 애착대상이 없었으며, 추사 자신의 감정을 솔직하게 표현할 수 있는 대상이 존재하지 않았다. 이것은 세상에 대해 신뢰하기 어려웠음을 의미하며 자기 자신의 경험만이 모든 판단의 기준이 되어 남의 의견을 수용하거나 관계 맺기가 쉽지 않았을 것이다. 추사의 암행어사 시절에 지금의 공주 비인의 현감에서 파직하게 만들었던 안동 김씨 일족인 김우명의 상소에서 추사의 이러한 일면을 엿볼 수 있다. 여기에는 항상 반론을 가지고 남의 말을 믿지 않으며 부정하면서 남을 궁지에 몰아붙이기 잘했던 추사의 독선적이고 거만했던 태도에 대한 증오심이 나타난다. 이러한 고집스러운 처세는 정쟁의 배후로 지목되어 납득할 수 없는 죄목으로 제주도에 위리안치되는 혹독한 귀양생활을 야기하였고 그 후 또다시 북청으로 유배되는 시련의 삶을 살게 하였다.

그러나 많은 시련을 겪고 난 북청 시절의 추사는 더 이상 사리를 따지고 치열하게 대결하던 그 옛날의 추사가 아니었다. 오히려 세상을 너그럽게 받아들이며, 출세하는 것이 얼마나 부질없고 자연인으로 자연 속에 파묻혀 사는 것이 매우 큰 인간적 가치임을 발견하기에 이른다.

(2) 흥선 대원군 이하응

흥선 대원군 이하응 또한 혹독한 안동 김씨 세도하에서 무능한 왕족행세를 하며 살아야 했다. 낭인으로 떠돌면서 김정희 문하에서 글씨와 묵란을 익혔으며 세인들에게 무시당하던 청년 시절에 이미 추사로부터 극찬받기도 하였다. 당시 이하응을 대면했던 사람들의 표현에 의하면 그는 작은 키로 체구는 작았으나 원기가 있고 눈은 항상 번득번득하여 보기에 무서우며 무엇이라 형언하기 어려운 넘볼 수 없는 위엄이 있었다고 한다. 말은 지혜롭고 교묘하며 여러 사람과 어울리면서도 중후한 격조를 보였고 이해타산에는 실리적이어서 허례허식을 몰랐다고 한다. 이렇듯 그는 다면적 성향의 인물로 그의 인물됨에 대해서는 평하는 사람의 입장에 따라 다르지만 그들이 내린 평의 공통점은 그가 비범한 인물이라는 것이다.

그러나 그의 행적은 30대까지 알려진 바가 거의 없어 성장기에 어떤 교육을 받았는지에 대해서는 더욱 불확실하다. 알려진 후의 그의 평가는 크게 두 가지로 대별된다. 좋게 평가하는 사람들은 쾌활한 성격의 소유자로 과감한 실천력과 집권을 향한 야심을 겸했던 정치가이며 재물을 탐내지 않고 소탈했던 점을 높이 산다. 반면에 나쁘게 평하는 사람들은 그가 잔악한 성격의 소유자였음을 강조한다. 그는 정치가로서의 면모와 함께 선비로서의 자세를 동시에 부각시키고자 하였으며 난초 그림도 그 일환으로 시작되었다고 볼 수 있다. 파란만장한 그의 정치적 부침 속에서 10년의 집권 후 복권과 유폐를 반복하면서, 임종 때까지 정치에 미련을 버리지 못하고 난초를 치며 고독과 좌절의 삶을 살았다. 그의 난초 그림에는 이러한 울분과 내면이 표출되었던 것으로 보인다.

3) 추사와 대원군의 만남과 관계

추사와 대원군의 만남은 추사가 제주도 귀양에서 풀려나 지금의 서울 용산인 강상에 머문 첫해였다. 추사는 64세, 대원군은 30세 때의 일로 아직 대원군이 되지 못하고 파락호로 떠돌이 생활을 하며 안동 김씨의 감시로부터 위장하고 다닐 때였다. 대원군은 영조의 현손인 남연군의 아들이었고, 영조의 사위인 김한신의 후손인 추사는 서로 내외종 간의 먼 친척이었다.

이하응이 대원군이 된 것은 1863년으로 추사가 세상을 떠난 지 8년 뒤의 일로 그림을 배우기 위해 1850년에 추사를 찾아온 것은 안동 김씨를 안심시킬 마음도 있었던 것이다. 이렇게 스승과 제자로 만난 추사와 대원군의 관계는 얼마 안 되어 추사가 다시 북청으로 유배를 가게 되어 일시 중단된다. 그러나 이때 추사가 그려 준 난보가 대원군 난초 그림의 기본이 되었음을 대원군의 난맹첩을 통해 알 수 있다.

1. 추사의 가르침이 대원군 난초 그림의 기본이 되었음을 난맹첩을 통해 알 수 있음
2. 난초 치는 법은 예서를 쓰는 법과 가까워 반드시 문자향과 서권기가 있는 다음에야 얻을 수 있다고 함
   - 인위적 기교를 넘어 손과 정신이 분리되지 않는 상태에서 나오는 고고한 예술을 원함
   - 그림의 재주가 아닌 '학문'이 난초 그림을 좌우함
3. 난초를 그릴 때는 자기의 마음을 속이지 않는 데서 출발해야 하고, 반드시 생각을 진실하게 하고 마음을 바르게 하는 데서 출발해야 함
4. 난초 치는 법 두 가지
   - 세 번 꺾는 삼전법
   - 인품을 갖춘 교양

인품과 교양
지식과 필법
끊임없는 수련
→
천재도 결국은 노력이고 아무리 9,999분에 이르렀어도 나머지 1분만은 성취하기 어렵다. 이 마지막 1분은 웬만한 인력으로 가능한 것이 아니나 그렇다고 해서 인력 밖에서 나오는 것도 아니다.

[그림 8-57] 추사의 가르침

추사는 난초 치는 법은 예서를 쓰는 법과 가까워서 반드시 문자향과 서권기가 있는 다음에야 얻을 수 있다고 하여 인위적 기교를 넘어 손과 정신이 분리되지 않는 상태에서 나오는 고고한 예술을 원했다. 따라서 난초를 그릴 때는 자기의 마음을 속이지 않는 데서 출발해야 하며 반드시 생각을 진실하게 하고 마음을 바르게 해야 비로소 시작의 기본을 얻게 될 것이라 하였다. 그는 난초 치는 기법을 두 가지로 말하는데 바로 세 번 꺾는 삼전법과 인품을 갖춘 교양이다. 이것은 인품과 교양과 지식, 필법 그리고 끊임없는 수련으로, 천재도 결국은 노력이며 아무리 9,999분에 이르렀어도 나머지 1분만은 성취하기 어렵다. 이 마지막 1분은 웬만한 인력으로 가능한 것이 아니나 그렇다고 이것이 인력 밖에서 나오는 것도 아니라고 대원군을 가르치고 있다.

4) 추사와 대원군의 비교

추사와 대원군이 사군자 중에서도 묵란을 고집했던 것은 난초의 정갈하고 고귀한 자태와 그윽한 향기를 지닌 난의 생태를 흠모했기 때문일 것이다. 나아가 난의 품격을 군자의 덕에 비유했던 문인들의 전통을 계승하여 어려운 시기를 맞을 때마다 묵란을 그림으로써 자신의 자세를 가다듬으려 했던 것으로 여겨진다. 그러나 이러한 공통점에도 불구하고 작품과 삶의 자세에서 차이점이 나타나는데 그들의 대표작을 통하여 구체적으로 살펴보자.

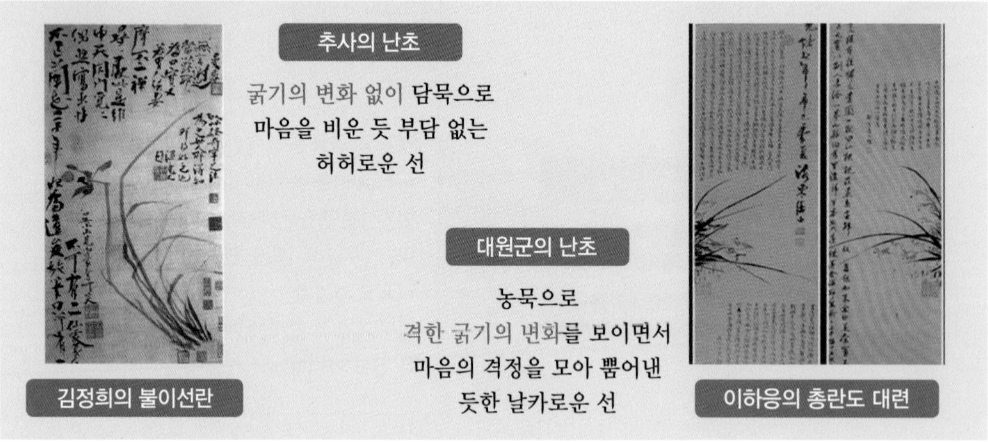

[그림 8-58] 선의 차이

추사 김정희의 〈불이선란도〉와 홍선대원군 이하응의 〈총란도 대련〉은 같은 소재인 난초의 선이 매우 다른 느낌을 주고 있다. 추사의 난초가 굵기의 변화 없이 담묵으로 마음을 비운 듯 부담 없는 허허로운 선이라 한다면, 대원군은 농묵으로 격한 굵기의 변화를 주면서 마음의 격정을 모아 뿜어낸 듯한 날카로운 선을 보여 주고 있다.

대원군은 난초를 그릴 때는 자기의 마음을 속이지 않는 데서 출발해야 하며 반드시 생각을 진실하게 하고 마음을 바르게 해야 비로소 시작의 기본을 얻게 된다는 추사의 가르침을 묵란화 화제로 인용하면서 일생 동안 견지했던 것을 생각하면 난초를 치는 기본적인 자세는 두 사람 모두 같았을 것이다. 그럼에도 선의 다른 느낌은 추사가 난법의 근원을 예서에 둔 반면, 대원군은 붓을 세워 길게 삐치는 초서의 장별법에 두고 있는 기법의 차이(〈표 8-2〉 참조)일 수도 있지만 보다 근원적인 것은 인생을 대하는 태도의 다름일 것이다.

〈표 8-2〉 **한자 서체의 종류**

종류	설명	느낌	시기	서체
전서	갑골문에서 출발한 고문(古文)	중후함 권위적	고대	
예서	전서의 번잡함에서 탈피	장식적	진나라	
해서	정자체	단정함	한나라	

행서	해서를 조금 흘려서 이어지듯 쓰는 서체	자유로움 비정형	한나라	
초서	행서보다 더욱 흘려서 이어지듯 쓰는 서체	변화가 있음 긴장감 날카로움	진나라	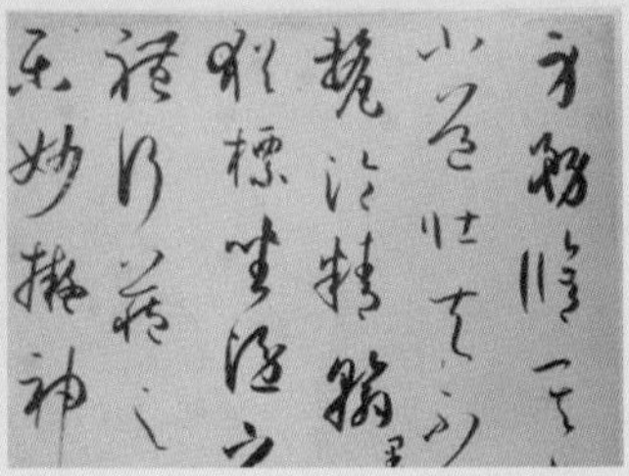

그림 출처: 위키백과(https://ko.wikipedia.org).

추사는 제주도 유배에서 자신을 바라볼 수 있는 시간을 가졌고, 젊은 시절에 사물과 치열하게 대결하고 현상을 좇다 보면 자신이 그것을 추구하는 것이 아니라 오히려 현실에 쫓기고 있었다는 것을 깨달았다. 이것은 유배에서 돌아오는 길에 초의선사와 나눈 대화에 나오는 내용으로 이 당시 추사는 인생의 허망함과 무상함을 느끼고 삶을 조용히 관조하면서 살고자 하였을 것이다. 〈불이선란도〉는 이러한 생활을 했던 강상 시절에 그렸던 작품으로 삶을 관조하는 자세를 보여 주고 있다.

반면에 대원군은 정치적 실패가 반복되었음에도 불구하고 생을 마감할 때까지 재집권을 위해 재기의 야심을 버리지 않았고 그런 심리상태를 묵란화로 표출하였으며 정신 자세를 가다듬었다. 〈총란도 대련〉을 그렸을 시기는 62세인 1881년으로 정치일선에서 물러나 정계복귀의 야심과 울분을 안으로 삭이며 묵란화에 심취했던 때이며, 이 작품에서도 그 당시 가졌을 마음의 격정과 칼날의 날카로운 느낌을 읽을 수 있다.

이러한 느낌은 이들이 선호한 구도에 있어서도 나타나고 있다. 추사의 대부분의 난초 그림이 가로의 안정감 있는 구도를 선호한 반면, 대원군은 종축의 수직선을 강조함으로써 세로의 긴장감과 격한 느낌을 표현하고 있다.

우리 사군자 그림은 예로부터 전문적인 화가들보다는 일반 사대부에 의하여 애호되었던 소재로 묘사적인 기교보다는 인생을 살아가면서 점철되는 다양한 감정표현과 가치관을 드러냈다. 그것은 한국화가 미술의 영역 중에서도 조형언어를 통한 외부세계의 관심이나 묘사보다는 개인의 내면에서 나오는 이미지를 표현하고 발달시키고자 하는 특성을 중시한다고 생각할 때, 사군자 그림의 형성과정은 이 지역만의 특수성과 시각적 인습화가 형성되었던 과정과도 매우 밀접한 관계를 맺고 있다. 묵란화를 포함한 사군자 그림은 수묵화의 중심사상과 핵심적 의미를 지니고 있는 사의화(寫意畵)의 정수이면서도 동양회화의 대표적 화목의 하나로 성행하였을 뿐만 아니라 마음을 수양하고 삶을 풍요롭게 해 주는 소재로 우리 선인들이 즐겨 다루었다.

우리 선조들은 묵란화를 그리면서 당시의 가치관과 일상사의 다양한 심리상태 및 내적 경험을 표현했을 뿐만 아니라 마음에 위안을 받고 스트레스를 감소하며 삶의 문제나 힘겨운 상황 등을 초월하는 방법 중 하나로 향유했다. 이것은 추사 김정희와 홍선대원군 이하응의 작품에서 살펴본 바와 같이 묵란화의 제작과정을 통해 정서적 갈등을 해결하고 외상적인 상실이나 경험으로부터도 회복되었다는 것을 알 수 있다. 조형언어가 우리만의 시각적 관습화에서 이루어진 독특한 것이라 생각할 때 묵란화의 조형심리 고찰은 한국인의 조형을 통한 심리표현 유형 및 특성 파악에 도움이 될 것이다.

실습활동 수묵을 이용한 감정표현- '희, 로, 애, 락'

(1) 수묵의 여러 기법 체험-번지기, 흘리기, 구기기, 갈필 등

(2) 삼묵법 사용-농묵, 중묵, 담묵을 각각 다른 접시에 담아 농담을 느낄 수 있도록 체험

〉〉 수묵의 여러 기법 체험

먹그림 기법

- 번지기
- 흘리기
- 구기기: 화선지를 구김
- 갈필: 붓에 물기를 빼서 한 번 칠함

➡ 감정과 어떻게 연계되었는지 살펴볼 수 있음

사군자의 그림에 대한 형태에 너무 얽매이지 않고

재료가 주는 희로애락의 느낌을 체험

매란국죽을 넘어선 그 소재가 갖고 있는 감정을 볼 수 있을 것

– 수묵화 재료 사용방법

먹과 화선지를 이용한 한국화의 기법적 특성은 먹과 종이와 붓과 물이 서로 화합하여 그리는 사람의 생각과 느낌을 표현하는 것이다. 먹의 농담 표현이나 번짐 등을 이용한 감정표출을 유도하여 희, 로, 애, 락 등의 내면적 느낌이 표출될 수 있도록 활동한다.

– 먹색과 감정표현방법

* 앞서 제시한 사용방법을 기본으로 희로애락의 감정표출을 해 보도록 한다.

① 기쁨, 즐거움-윤필과 활달한 곡선을 사용하여 표현

② 분노-주로 갈필과 빠른 속도, 화선지의 구김을 이용하여 표현

③ 슬픔-화선지와 먹의 번짐을 이용하여 표현

* 참고작품은 저자가 미술 전공 대상 학생들에게 미술치료 수업 시 한국화 매체를 이용한 여러 기법을 체험시킨 후, 희, 로, 애, 락에 대한 느낌을 자의적으로 표현하도록 한 것이다. 그림과 같이 감정에 따라 기법의 공통성을 보였다.

■ 참고작품

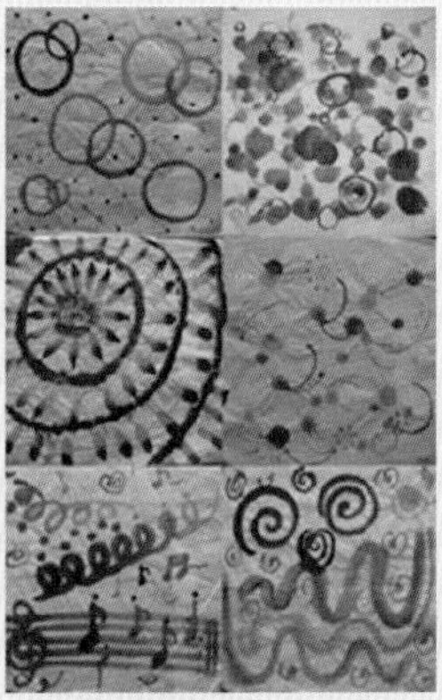

▲ 기쁨, 즐거움
윤필(물기가 듬뿍 먹은 붓)

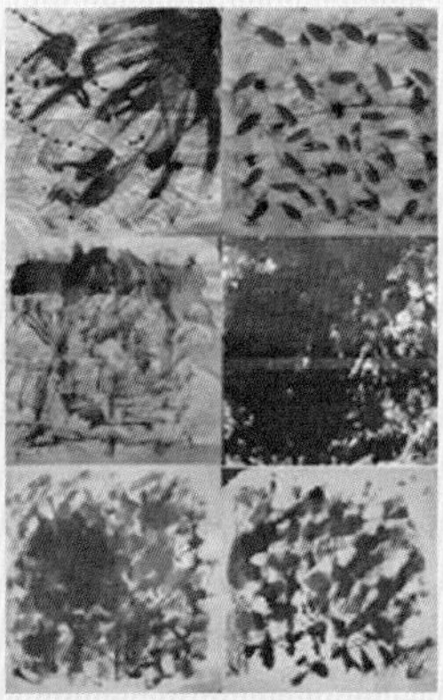

▲ 분노
갈필(붓에 물기를 빼서 선을
그은 거칠거칠한 필)

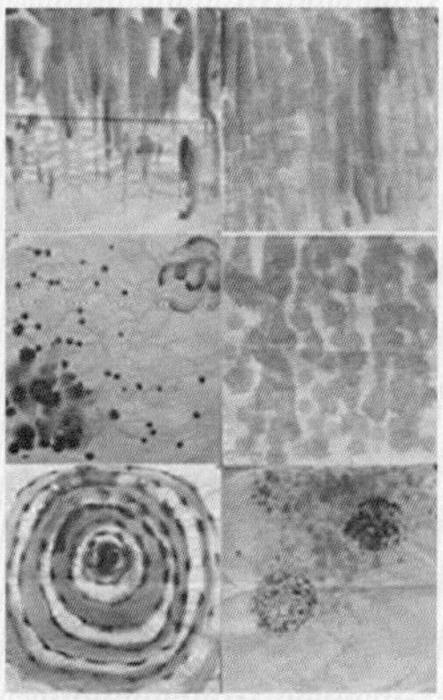

▲ 슬픔, 분노
화선지와 먹의 번짐(눈물과
같은 번짐 이용)

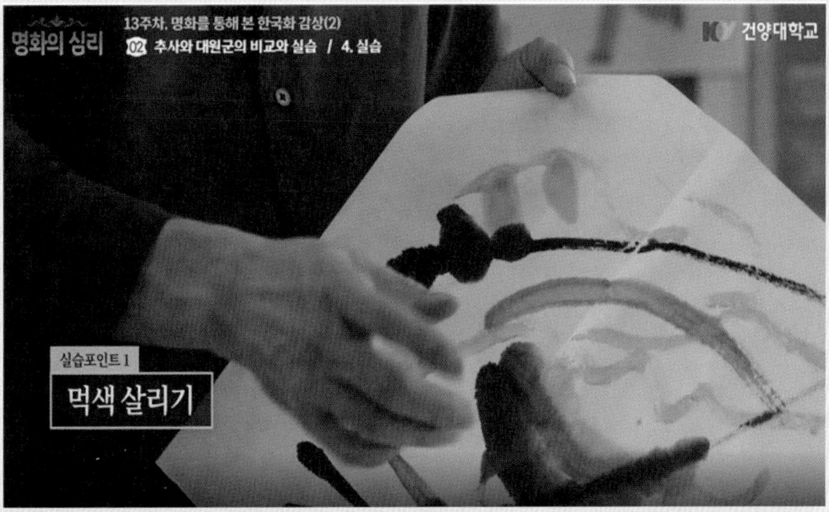

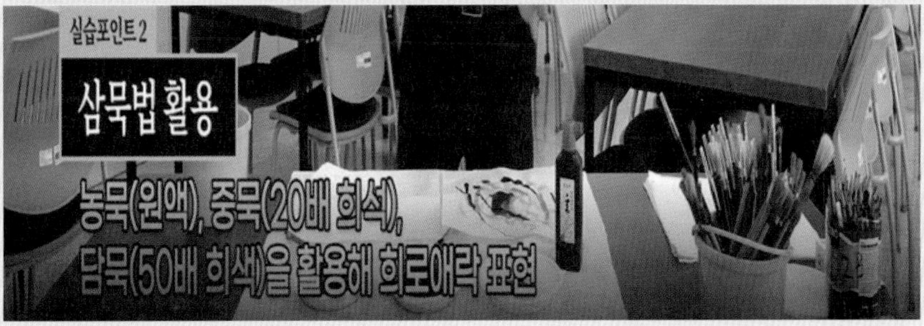

제9장

민화를 통해 본 한국인의 심리연구

1. 민화란

한국의 민화가 언제부터 시작되었는가를 정확하게 알려 주는 자료는 없다. 그러나 이 책의 도입 부분에서 언급한 바와 같이 인간의 본능적 욕구인 현실과 교류하고픈 욕망과 자기를 표현하고자 하는 조상들의 욕구로부터 시작되었으리라 추정된다. 구체적으로는 선사시대의 반구대 암각화나 고구려 벽화, 백제시대의 벽돌 문양에서 민화의 요소가 나타난다. 특히 고구려 고분 벽화에서 벽과 천장을 그림으로 채웠다는 사실 자체가 우리의 전통사회에서 집 안팎에 그림을 그려 붙였던 생각과 비슷하고 그림의 내용과 양식이 민화적이다. 이와 같이 우리의 민화는 고구려 벽화, 고려시대 불화에서 이어진 우리의 전통 색깔 그림이지만 현재 우리가 보는 민화들은 최대한 거슬러 올라가도 남아 있는 대부분이 300년 이내의 조선시대 그림을 일컫는다.

이러한 우리의 민화는 일상에서의 생활습속에 따라 제작된 대중적인 실용화로 민족의 신앙, 소원, 일상생활과 정치, 사회의 질서 유지를 목적으로 한 교화(敎化), 주거공간의 미화(美化)를 위한 장식, 민중의 미의식에 직결되는 작품들이라 할 수 있다.

따라서 민화를 제대로 감상하기 위해서는 서양의 자연관이나 미관과는 다른 오랜 시간에 걸쳐 이루어진 민화가 속하는 지역적, 시대적 미관에 입각하여 살펴보아야 할 것이다. 즉, 민화가 지니고 있는 의미와 상징성을 동양적 자연관과 미관을 바탕으로 감상하고 해석하여야 한다. 민화의 해석은 구도나 공간구성, 색채나 형태 등의 형식적 요소와 작품의 의미 등을 포함한 내용적 요소로 나누어 볼 수 있다.

▲ 호랑이와 까치

▲ 모란도

▲ 약리도

▲ 봉황 그림

▲ 문자도

2. 민화의 형식

1) 색채

민화에는 다양하고 화려한 색이 사용되고 있다. 그 의미를 살펴보면 색은 사람의 시각적 체험을 구성하는 요소로서 동양에 있어서도 처음에는 주위에 있던 색깔 있는 사물과 재료를 이용하여 여러 가지 자기표현이나 흔적을 남기기 시작했을 것이다. 당시는 지금처럼 화학안료의 발달로 인한 많은 색채의 사용이 가능해지기 이전으로, 주재료를 자연에 의존했기 때문에 그 시대 및 지역에 따라 고유의 색채들이 있었다. 이러한 고유의 색채들은 전통적 의미를 가지면서 자연 조건과 조화를 이루며 독자적 특성을 보여 주고 있다. 이와 같은 전통적 의미의 색채는 사용방법에 있어서 오래도록 전수되어 온 내용을 의미하는 것으로, 색채는 미적 대상으로서뿐만 아니라 상징의 대상으로 사용되어 왔으며 나라와 각 시대에 따라 사람들이 색채를 통해 어떤 의미를 나타내고자 했는지를 짐작할 수 있다.

우리나라는 고대로부터 음양오행 사상에 근거한 색채문화를 지녀 왔으며 전통 색채는

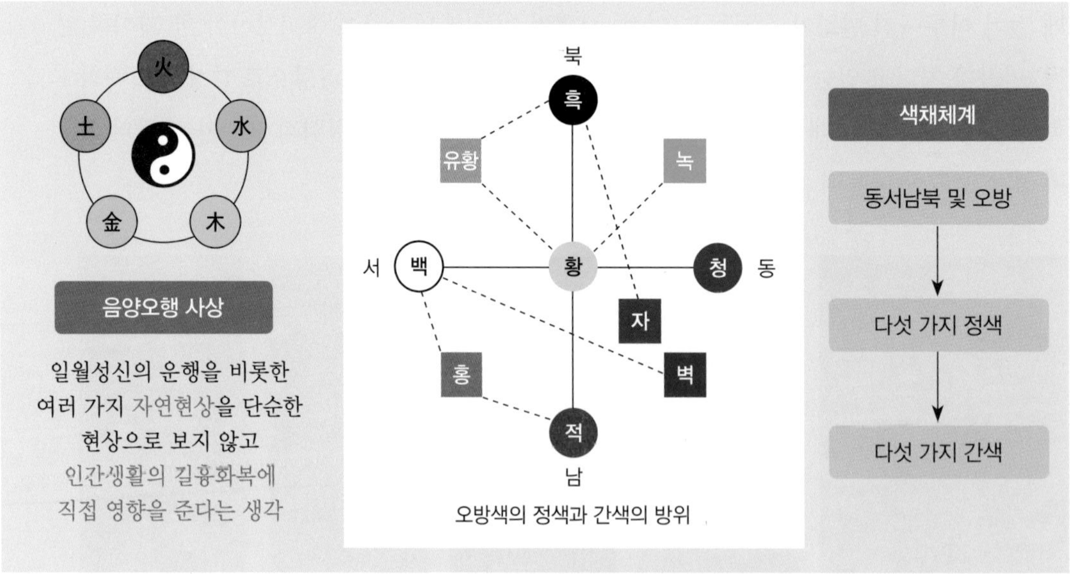

[그림 9-1] 음양오행사상

생활 속에서 아름다움을 추구하는 요소로 사용되었을 뿐 아니라 음양오행 사상을 표현하는 상징적 의미의 표현수단으로 이용되어 왔다. 음양오행설은 고대의 모든 철학과 사상을 지배해 온 것으로 색채에 있어서도 적절하게 사용됨으로써 우주의 질서를 유지하고 화평을 얻는다고 생각하였다. 이러한 음양오행사상의 색채체계는 동서남북 및 오방으로 이루어진다. [그림 9-1]처럼 오방에는 각 방위에 해당하는 다섯 가지 정색이 있고 각 정색에는 다섯 가지 간색이 있다. 정색의 동쪽은 청색, 서쪽은 백색, 남쪽은 적색, 북쪽은 흑색, 중앙은 황색이다. 간색으로는 동방의 청색과 중앙의 황색 사이에 녹색이 있고, 동방의 청색과 서방의 백색 사이에는 벽색, 남방의 적색과 서방의 백색 사이에는 홍색, 북방의 흑색과 남방의 적색 사이에는 자색, 북방의 흑색과 중앙의 황색 사이에는 유황색의 다섯 가지가 있으며 모든 간색은 음의 색이다.

불교의 사찰과 궁궐에서 사용되던 단청은 이러한 오방색을 사용하는 대표적인 예로서 다섯 가지 오방색을 방위와 위치에 따라 완벽한 조화를 이루도록 계획되었다. 민화도 오채를 배합해서 이루어지며 이 오채는 음양오행의 개념으로 자연의 순리에 순응하고자 하는 개념에서 만들어진 것이며 여기에서의 색채 사용은 대상을 재현하기 위한 요소로 사용되기보다는 상징적 의미전달의 기능이 강했다고 할 수 있다([그림 9-2] 참조).

민화에서는 이러한 오방색을 사용하여 색상의 대비와 조화, 균형과 비례를 중시하였는데, 예를 들면 그림의 한 부분을 돋보이기 위해 보색과 아울러 반대색을 대담하게 사용하였다. 이것은 대상의 색을 재현하는 것보다 그림 안에서 색의 질서를 세우기 위해 주관적인 색가를 더 중요시했고 음양오행에 의한 조화를 우선시했기 때문일 것이다.

민화

↓

오채	음양오행의 개념으로 자연의 순리에 순응하고자 하는 개념에서 이루어진 것
색채 사용	상징적 의미전달의 기능이 강함
소재	표현하고자 하는 뜻에 맞게 음이 같은 사물을 쓰는 방법으로 상징적 의미로 대상을 그리고 있음

[그림 9-2] 민화의 색채와 소재의 의미

2) 선과 형태

(1) 선

대부분의 민화는 선과 색으로 이루어지는데 자연물에는 없는 선을 오히려 중심으로 표현한 것은 사물의 재현보다는 상징과 표현에 중점을 둔 형식인 것이다. 많은 민화의 선은 두툼하고 힘차며 모난 데가 없고 부드럽다. 그렇기 때문에 민화의 형태는 너그럽고 원만하여 이것이 민화의 친화력, 동화력의 원인이 된다.

(2) 평면성

한국화는 전통적인 서양화와 다르게, 대상의 형태를 빛에 의한 입체감 있는 스푸마토 기법의 묘사보다는 선에 의한 존재론적 사물 파악으로 평면적인 느낌과 상징적 표현에 의미를 두고 있다. 특히 민화는 사물의 상징적 표현으로 눈앞에 있는 사물의 입체적 묘사가 아닌 작가의 뜻을 전달하는 데 의미를 두었다. 따라서 감상을 하는 데 있어서도 재현이나 묘사의 정도를 살피는 것보다는 전체적 조화와 의미 전달에 주목하는 것이 작가와 공감할 수 있는 민화감상이 될 것이다.

3) 공간구성

(1) 다시점

민화는 전통적인 서양화와 다르게, 사실적이고 객관적 표현을 위한 원근법에 의한 공간구성인 하나의 시점(mono focas)보다는 다시점(poly focas)을 사용하고 있다. 이것은 사물과 공간을 본 대로 재현하기 위해 필요한 하나의 시점에서 공간과 거리를 측정하는 데 의미를 두지 않았기 때문이었다. 서양에서도 후기인상주의 이후 대상의 객관적인 묘사에서 벗어나 주관적인 의미를 부여하고자 했을 때 나타났던 특징 중 하나가 다시점이다. 이것은 서양회화의 흐름에서 19세기 이후 후기인상주의의 세잔이 대상의 본질적인 표현을 위해서, 혹은 표현주의 뭉크가 대상의 외적 표현보다는 인간의 삶의 내용을 표현하고자 했을 때와 같이 내적이고 주관적 의미를 표현하고자 사용했던 구성이다. 민화에서도 다시점이 사용된 것은 대상이 가지고 있는 사실적 묘사보다는 의미와 상징성을 빌려 주관적인 자신

▲ 다시점/책거리 그림

▲ 평면성/모란도와 이태리 정물화

의 의사를 표현하는 데 주안점이 있었기 때문일 것이다. 여기에서 그림의 대상은 단순히 사실적 표현의 대상에 머물지 않고 상징적으로 해석되었으며 화가의 의도를 상징하는 존재로 표현하였다. 민화에서 대상은 사물 하나하나의 상징적 의미를 담아, 현 위치에서의 재현을 염두에 두지 않았기 때문에 시점의 통일은 중요하게 생각하지 않았던 것이다.

(2) 균형과 대칭

민화는 전통적인 서양화처럼 인간의 시각에 의한 객관적 재현보다는 음양오행에 의한 조화의 이치를 중요시하여 균형과 대칭을 화면에 적극적으로 사용하고 있다. 이것은 그림을 대상의 재현보다는 음양오행에 의한 원리와 조화를 염두에 두고 그렸기 때문이다. 동양에서 음양오행은 우주와 인생을 바라보는 사유의 틀로 일상생활에도 영향을 줄 뿐만 아니라 그림에도 색상의 사용이나 사물의 배치 등 여기에 순응하는 원리의 수단으로 제작되었다.

▲ 일월오봉도

3. 민화의 내용

민화를 제대로 감상하기 위해서는 서양의 자연관이나 미관과는 다른 민화가 속하는 지역적, 시대적 미관에 입각하여 살펴보아야 한다. 즉, 민화가 지니고 있는 의미와 상징성을 동양적 자연관과 미관을 바탕으로 감상하고 해석하여야 한다. 민화가 그려진 당시 우리나라는 전술한 바와 같이 인생과 세상을 바라보는 생각의 틀이 음양오행이었다. 일월성신의 운행을 비롯한 여러 가지 자연현상을 단순한 현상으로 보지 않고 인간 생활의 길흉화복에 직접 영향을 준다는 생각을 하였고 미술도 예외는 아니었다.

민화는 대상에 관심을 가지고 그렸다기보다는 표현하고자 하는 뜻에 맞게 동음이자의 방법이나 상징적 의미로서의 대상을 그렸다. 민화는 읽는 그림이고 도상을 통해 이야기를 펼쳐 내는 의미를 지닌 상징체계로 그 의미를 모르면 본래 그림이 지닌 뜻을 알 수 없고 감상하는 데에도 한계가 있다. 따라서 그 의미에 대해서는 나름대로의 약속이 있었고 그 약속을 알아야만 그림의 감상과 해석이 가능해진다. 민화 속의 상징적 도상은 하나의 기호이자 언어였으며 역사와 문화라는 관습적 기반 위에서 형성된 사회적 가치의 한 형태로 특정 소재를 통해 영생(永生), 불사(不死), 기복(祈福) 등을 상징적으로 표현하였다. 그림을 보면서 구체적으로 설명해 보기로 하자.

1) 호랑이 그림

호랑이는 용이나 봉황처럼 상상의 동물이 아닌 현실로 접할 수 있는 동물이긴 하지만 그림을 그리는 의도나 용도에 따라 호랑이가 지니는 상징성이 서로 다르기 때문에 그것을 그리게 된 옛사람의 생각이나 이유를 먼저 이해해야 한다.

(1) 까치 호랑이 그림

[그림 9-4]는 기쁜 소식이라는 희보사상을 그림으로 나타낸 것이다. 중국에서 비롯된 그림으로 작호도가 아닌 작표도([그림 9-3] 참조)로 시작되었지만 한국에서 표범에서 호랑이로 바뀐 것이다. 따라서 호랑이의 용맹성을 그렸다기보다는 호랑이의 시작인 표범의 표

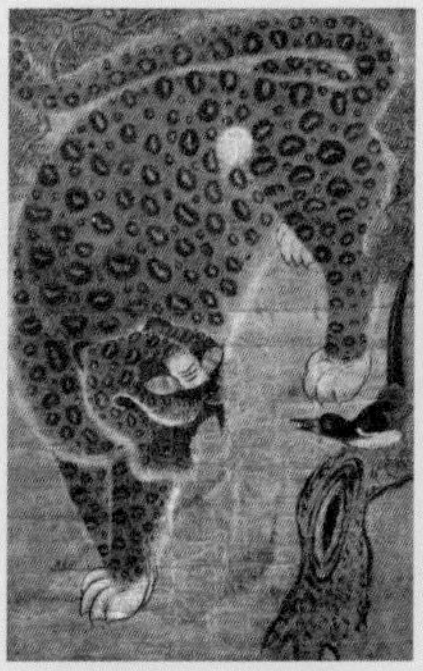
[그림 9-3] 작표도

[그림 9-4] 민화의 까치 호랑이

[그림 9-5] 민화의 벽사용 호랑이

벽사용 호랑이

- 귀신으로부터 지키기 위해서 호랑이의 용맹성을 빌려서 성취하고자 했던 그림
- 호랑이 그림을 대문에 붙이는 풍속
- 일반적으로 대나무를 배경으로 하고 있음

자와 동음이자인 고할 보(報)의 의미로 소나무와 까치를 합하여 새해를 맞이하여 좋은 소식을 기원하는 내용인 신년보희(新年報喜)의 그림이다.

(2) 벽사용 호랑이

벽사(辟邪) 호랑이는 희보 호랑이와 다르게 무섭게 그려지지만 묘사를 중요하게 생각하지 않았던 민화에서 정확하게 구분하기는 어렵다. 벽사용 호랑이는 귀신으로부터 자신을 지키기 위해서 호랑이의 용맹성을 빌려 성취하고자 했던 그림으로 예전에는 매년 정초가 되면 궁중을 위시하여 민가에서도 호랑이 그림을 그려 대문에 붙이는 풍속이 있었다. 벽사용 호랑이는 일반적으로 대나무를 배경으로 한다. 이는 고사에서 비롯되는데 어떤 사람이 귀신을 두려워하자 누군가가 대나무를 태우면 큰소리에 귀신이 도망갈 것이라는 조언에 기인한 것이다. 동양에서는 이를 계기로 새해가 되면 벽사의 의미로 폭죽놀이를 정례화시켰다.

2) 용 그림

용은 신비와 초능력을 가진 복합적인 개념의 동물로 상상의 존재이지만 외형의 배후에 숨어 있는 선인들의 욕망과 정서의 이해, 새로운 가치와 의미를 찾아볼 수 있게 한다. 용은 동양 사람들에게 신령의 걸물이며 권위의 상징이었다. 임금이 즉위하는 것을 용비라 하고

- 신비와 초능력을 가진 복합적인 개념의 동물
- 외형의 배후에 숨어 있는 선인들의 욕망, 정서의 이해와 새로운 가치와 의미
- 신령의 걸물이고 권위의 상징

- 만물조화의 능력을 갖춘 영험과 신비의 상징
- 비와 번개와 천둥을 몰고 다닌다고 생각
- 지상의 물과 하늘의 연못을 연결하는 역할
- 궁궐이나 절의 천장에 연못이 그려져 있음

절대능력과 수호의 능력

길상과 벽사를 기원

[그림 9-6] 민화의 용 그림

임금의 얼굴을 용안, 임금이 앉는 자리를 용상이라 하여 궁중 복식제도나 의례와 관련해서도 용의 도상학적 중요성이 강조되었다. 특히 용은 만물조화의 능력을 갖춘 영험과 신비의 상징으로 비와 번개와 천둥을 몰고 다닌다고 생각했다. 하늘에 천정(天井/천장의 원어로 추정)이 있어 지상의 물과 하늘의 연못을 연결하는 역할을 용이 한다고 하여 궁궐이나 절의 천장에 연못이 그려졌다. 이와 같이 용은 인간이 할 수 없는 생명과 관련한 일을 하는 절대적인 존재로 여겨 용의 그림은 절대능력과 수호의 능력, 길상과 벽사를 기원할 때 주로 사용되었다.

3) 화조 그림

▲ 백로

▲ 학

▲ 봉황

▲ 원앙

▲ 닭

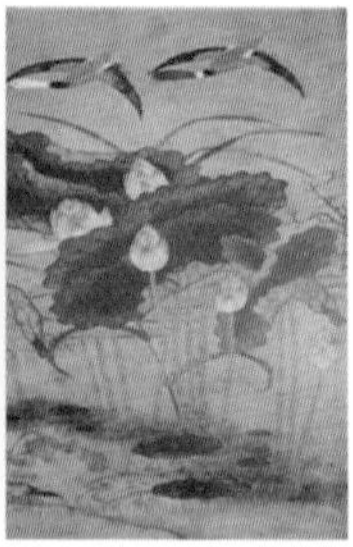
▲ 기러기

전통의 화조(花鳥) 그림은 서양의 경우처럼 자연과 꽃과 새가 가지는 자연의 아름다움을 빌려 새로운 예술미를 창조하고자 하는 것이 아니고, 자연과 예술에 공통된 조화의 이치에

따라 꽃과 새를 그리며 감상자는 한 폭의 화조화가 지니는 예술미를 대자연 자체와 동일한 것으로 완상하며 거기에서 자연의 도를 느껴 보는 것이다. 화면의 꽃과 새는 자연조화의 진상을 함축적으로 표현하기 위한 수단임과 동시에 결과이며, 서로 동(動)과 정(靜), 음(陰)과 양(陽)의 대비와 조화를 극대화시킬 수 있는 소재로 선택된 것이라 할 수 있다. 특히 여기에서 볼 수 있는 새 그림은 세속적(世俗的)인 의미가 강한 그림들로서 가정의 화목과 신분상승의 욕망, 노후의 안락과 장생불사(長生不死) 등의 현실적 염원이 특정한 새나 식물들이 지니고 있는 명칭이나 속성에서 상징적으로 표현한 일상생활 속의 길상화(吉祥畵)라고 할 수 있다.

(1) 백로 그림

백로를 소재로 하고 있는 그림들은 일반적으로 연(蓮)과 갈대를 배경으로 그려지는데 여기에서도 동음이자의 원리가 작동하고 있다. 여기에는 백로 한 마리가 뜻에 맞는 그림으로, 한 마리의 백로(一鷺)와 연밥(蓮果)이 일로연과(一路連科)로 동음이자화하여 한번에 연이어 과거에 급제하라는 축원의 의미가 담겨 있기 때문이다.

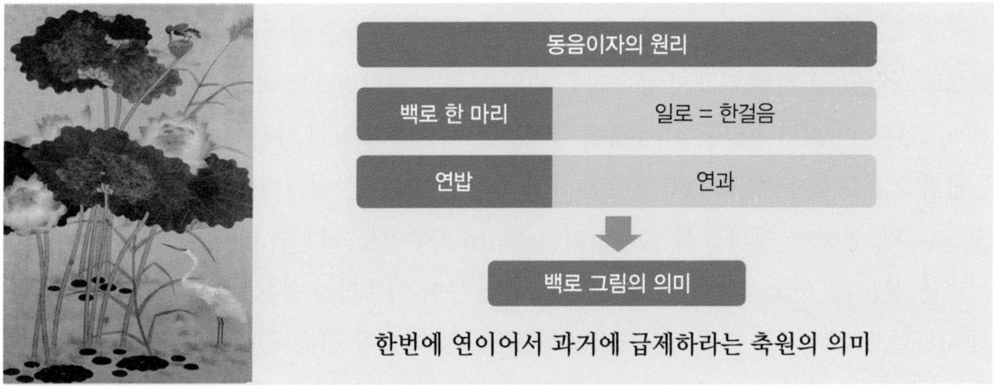

[그림 9-7] 민화의 백로 그림

(2) 학 그림

학 그림은 일반적으로 소나무를 배경으로 하는데 장수를 의미하여 [그림 9-8]에서처럼 십장생의 다른 사물인 돌이나 불로초를 의미하는 영지와 함께 그려지는 경우가 많다.

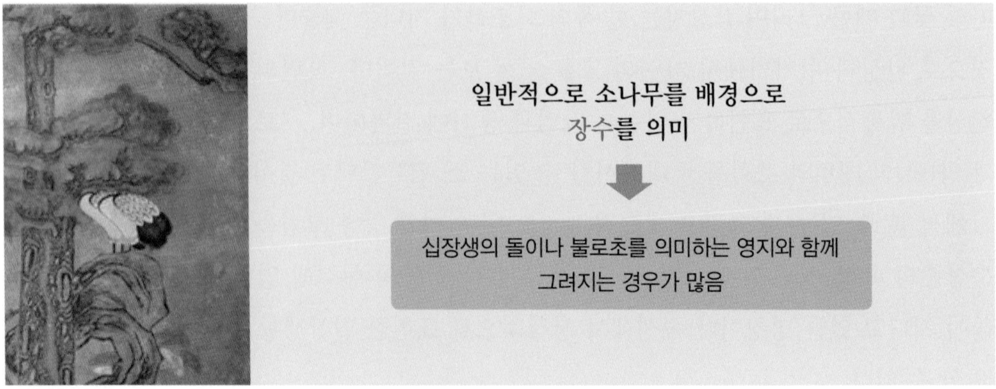

[그림 9-8] 민화의 학 그림

(3) 봉황 그림

100년의 평화가 지속되면 나타난다는 상상의 새인 봉황을 이용하여 복되고 평화스러운 하루하루를 맞고 싶은 염원을 표현한 그림이다. 일반적으로 배경에는 오동나무를 그리는데 여기에는 수컷인 봉과 암컷인 황이 그려지고 오색의 빛에 오음의 소리를 낸다고 한다. 전쟁이 많았던 우리나라에서 특히 많이 그려졌으며, 역대 대통령의 문장도 봉황일 뿐만 아니라 국보인 백제금동대향로에서도 그 의미를 찾아볼 수 있다.

국보 제287호인 백제금동대향로는 다리를 대신하여 머리를 들어 올린 용을 조각하여 받침으로 삼았고 그 위에 74개의 봉우리를 지닌 산을 표현하였으며 꼭대기에는 봉황 한 마리가 서 있다. 5마리의 원앙은 이 봉황을 정점으로 시선과 동작이 향하고 있고, 5인의 악사는 봉황의 오음(五音)을 연주하며, 첩첩이 싸인 산봉우리에는 현실세계에 실재하는 호랑이, 사슴, 코끼리, 원숭이, 멧돼지 등 39마리의 동물, 16명의 인물, 나무와 바위, 산 사이로 흐르는 시냇물, 물고기, 연꽃, 낚시터가 된 잔잔한 물결 등이 어우러진 별천지가 펼쳐진다. 동물들의 다양한 모습과 풍부한 이야깃거리는 향로의 아름다움을 더욱 돋보이게 한다. 꼭대기 봉황의 머리에서 꼬리로 이어지는 부드러운 곡선형의 동세는 변화 있는 형태의 미묘한 움직임이 발산하는 매력으로 인해 감상자의 시선을 잡아끄는 아름다움을 보여 준다.

이 향로의 원래 용도는 냄새를 제거하는 일상적 용도나 제사용이었겠지만 그 용도를 넘어선 아름다움의 극치를 보여 주고자 정성을 다했던 우리의 조상들은 어떠한 생각과 의미를 후대사람들에게 보여 주고자 했던 것일까. 우선, 향로에 사용되고 있는 상상의 동물인 봉황과 용은 옛날 우리 조상들이 관습적으로 사용한 상상의 동물로만 생각하기 쉬우나 그

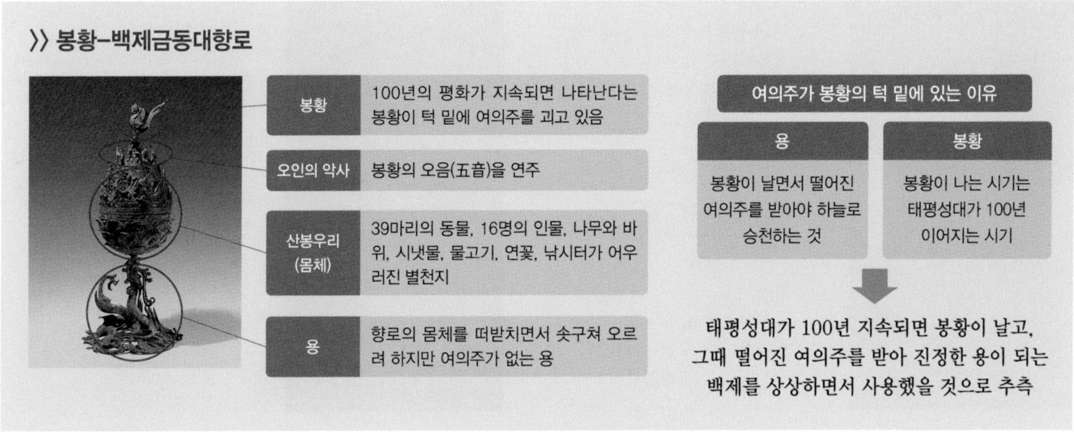

[그림 9-9] 봉황 그림-백제금동대향로

배후에 깔린 정서와 사상을 이해하지 못하면 단순히 본다는 것에 머물 뿐, 향로의 가치와 의미를 찾지 못할 것이다. 인간이 상상의 동물을 만들어 내는 것은 그들의 변화무쌍하고 초월적인 능력에 의탁하여 인간의 욕구와 정서를 대변하고 있기 때문일 것이다.

봉황은 용과 학 사이에서 태어났다는 상상의 새로, 성인이 출현하여 천하태평이 100년 지속되면 나타난다고 한다. 맨 아래의 용 또한 신비와 초능력을 지닌 복합적인 개념의 동물로 인간의 끝없는 욕구가 만들어 낸 상상의 동물이다. 비록 상상의 동물이지만 백제금동대향로의 아름다움은 향로의 몸체를 떠받치며 솟구쳐 오르는 용의 꿈틀거리는 형상에서 더욱 실감 나게 고조되는 느낌이다. 그러나 여기에서 궁금한 것은 용의 입에 있어야 할 여의주가 왜 봉황의 턱 밑에 있을까 하는 것이다. 용은 여의주를 받아야 진정한 용으로 다시 살아나는데 그러기 위해서는 봉황이 날면서 턱 밑에 있는 여의주를 떨어뜨리고 그것을 용이 받아 하늘로 승천해야 한다. 하지만 봉황이 나는 때는 태평성대가 이어지는 시기뿐이다. 백제의 지도자들은 이 향로를 사용하면서 향을 피워 산 사이로 안개와 구름을 만들어 봉황이 날아오르는 모습과 날면서 떨어뜨린 여의주를 받아 진정한 용이 되는 모습을 연상하면서 백제의 태평성대가 100년 이상 지속되기를 기대하면서 향로를 만들고 사용했을 것이다.

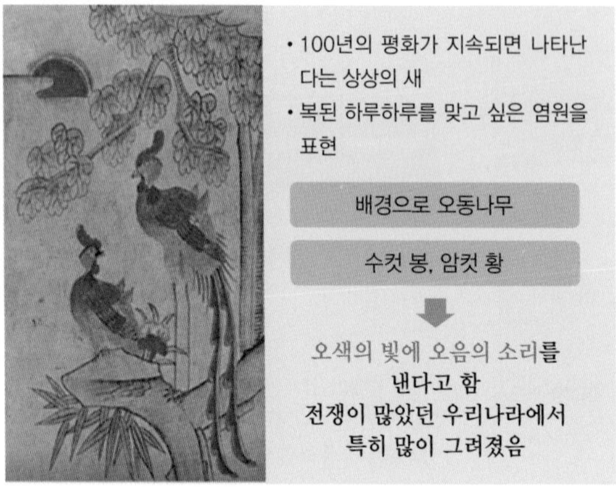

[그림 9-10] 민화의 봉황 그림

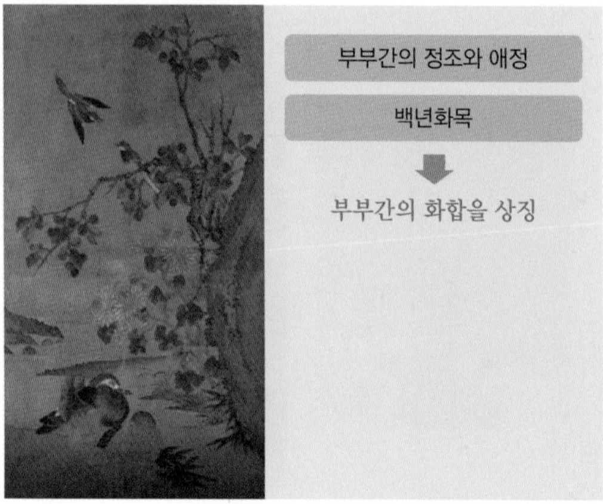

[그림 9-11] 수컷인 원과 암컷인 앙

(4) 원앙 그림

원앙은 수컷인 원과 암컷인 앙이 한 쌍으로 어느 한쪽을 잃더라도 새로운 짝을 얻지 않는다고 하여 부부간의 정조와 애정, 백년화목으로 애호되던 새이다. 따라서 원앙 그림은 부부간의 화합을 상징한다.

(5) 닭 그림

닭은 주역의 동남쪽에 해당하는 동물로 동남쪽은 여명이 시작되는 쪽이며 희망찬 출발이나 상서로움의 상징으로 간주되었다. 또한 맨드라미와 같이 그려지면 관상가관(冠上加冠)

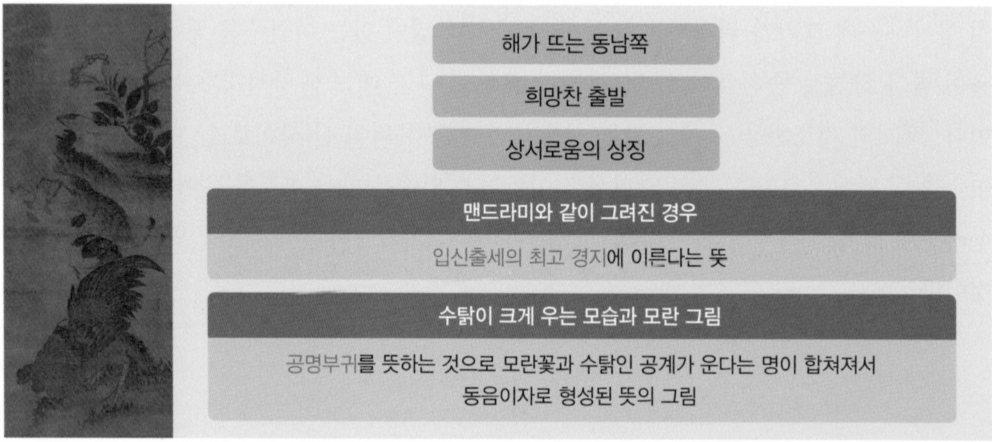

[그림 9-12] 민화의 닭 그림

으로 그것은 닭의 볏과 그것을 닮은 맨드라미의 모양을 이른 말이다. 이것은 관 위에 관을 더한다는 말로 입신출세의 최고 경지에 이른다는 뜻이다. 이 외에도 수탉이 크게 우는 모습[鳴]과 모란의 그림은 부귀공명을 뜻하는 것으로 부귀를 뜻하는 모란꽃과 수탉인 공계가 운다는 명이 합쳐져서 동음이자로 형성된 것이다.

(6) 까치 그림

까치는 예로부터 즐거운 소식을 전해 준다 하여 희작으로 불렸으며 두 마리의 까치는 쌍희의 뜻이고 소나무와 함께 그리면 소나무가 장수의 의미로 해석되어 노부부의 장수를 축원하는 그림이 된다.

(7) 기러기 그림

기러기와 갈대 그림은 노안도(蘆雁圖)라 하는데 노안은 노후의 안락(노안/老安)이라는 뜻과 동음이자화하여 선택된 소재이다. 또한 기러기는 안서로 해석되어 소식을 전해 주는 새, 또는 부부금슬이 좋은 새로 알려져 노후안락과 인간의 행복, 상서로움이 혼재된 길상화이다.

(8) 모란 그림

꽃 중의 왕[花中之王]이라고 일컫는 모란은 부귀를 상징하는 꽃으로 바위와 함께 그리면 영원한 부귀(부귀장생/富貴長生)의 기원을 의미한다.

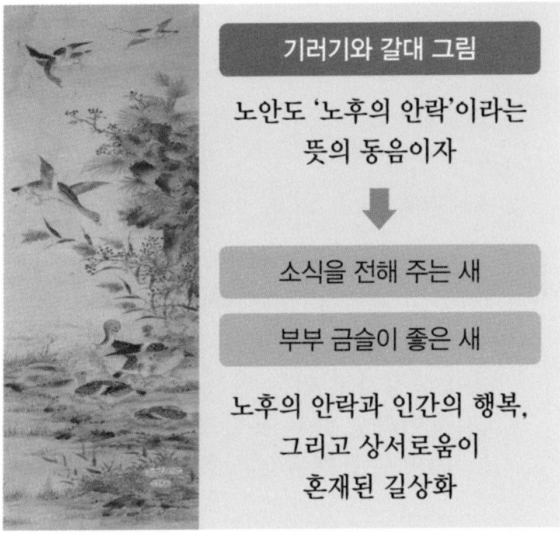

[그림 9-13] 민화의 기러기 그림

[그림 9-14] 민화의 모란 그림

4) 꽃병 그림

민화의 꽃병 그림은 서양화의 정물화와는 다른 의미로 대상이 지니고 있는 의미나 상징성을 용도에 맞춰 취사선택하여 그 의미를 강조하고 우화적으로 표현한 그림이다. 화병(花甁)은 꽃을 꽂아 두는 용기(用器)로서의 기능과 보병(寶甁)의 발음과 같은 보평(保平)의 동음이자이다. 보병을 다른 사람에게 선물로 주는 것은 '평안이 당신과 함께 하소서.'라는 덕담과 기원을 의미하는 것이며 화합과 평안의 상징물로 생각했다.

[그림 9-15] 화병에 공작 깃털을 꽂은 양식

(1) 화병에 공작 깃털을 꽂은 양식

화병에 몇 개의 공작털을 꽂아 놓은 모습을 그린 그림으로 관리의 관식에 의해 관직을 상징하는 표상으로 여겨졌다. 따라서 보병에 공작털을 그린 그림은 문관으로 높은 관직에 오르기를 염원하는 길상적 의미가 담긴 그림이다.

(2) 화병에 살구꽃을 꽂은 양식

살구꽃은 급제화라 불리며 관계등용의 상징적 의미를 지닌 꽃으로 인식되어 왔다. 이것은 옛날의 과거인 전시가 매년 음력 2월로, 살구꽃이 만발하는 시기였던 것에 연유하고 있다. 주로 서책과 같이 그려지는데 이것은 화병에 담긴 평

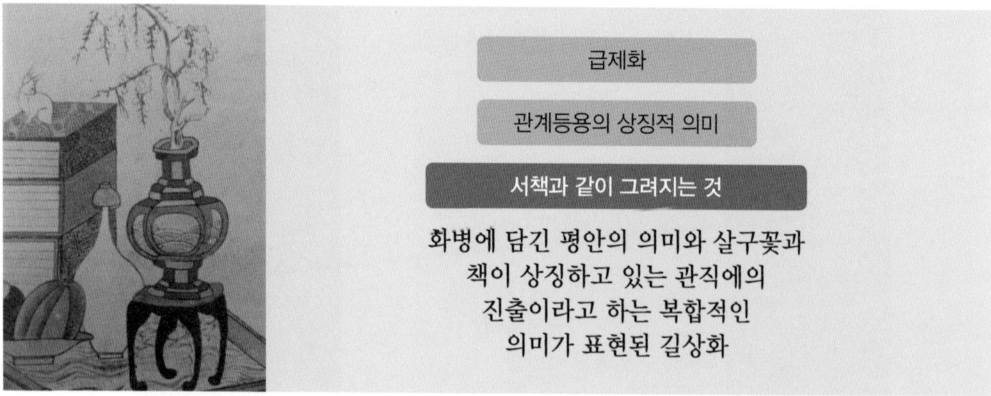

[그림 9-16] 화병에 살구꽃을 꽂은 양식

안의 의미와 살구꽃과 책이 싱징하고 있는 관직에의 진출이라고 하는 의미가 복합적으로 표현된 길상화라 할 수 있다.

(3) 화병에 연꽃을 꽂은 양식

연꽃과 연밥은 연생귀자를 뜻하여 아들을 많이 낳는 것을 기원하는 의미이다. 화병에 연꽃을 꽂은 양식은 아들을 많이 얻어 집안이 평안하기를 염원하였던 옛사람들의 소박한 염원이 담긴 그림이다. 생생한 연을 뜻하는 생연을 거꾸로 읽으면 연생이 되고 연밥을 귀자라고도 부르므로 연생귀자(連生貴子)가 되는 것이다.

(4) 화병에 모란꽃을 꽂은 양식

모란꽃을 화병에 꽂아 놓은 그림은 모란꽃이 지니고 있는 부귀의 뜻과 보병이 지니고 있는 평안의 의미가 결합되어 집안이 평안하면서 부귀와 영화가 늘 함께하기를 소망하는 부귀보평(富貴保平) 뜻이 담겨 있는 그림이다.

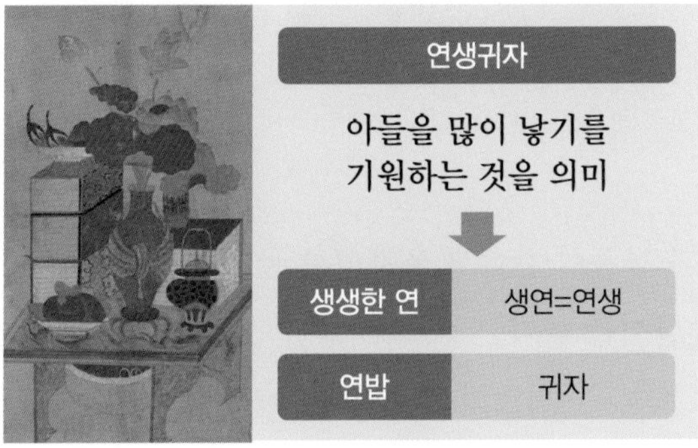

[그림 9-17] 화병에 연꽃을 꽂은 양식

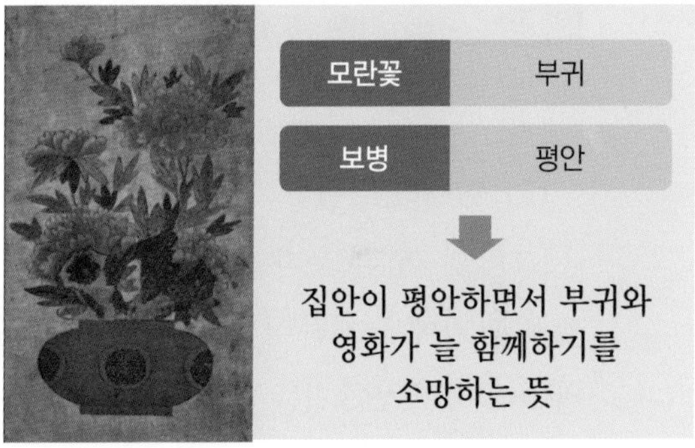

[그림 9-18] 화병에 모란꽃을 꽂은 양식

5) 물고기 그림

물고기의 객관적 형태를 충실하게 묘사하는 데 그림의 의도가 있는 것이 아니라, 물고기와 관련된 성현들의 사상, 그에 얽힌 이야기와 현세구복(現世求福)적인 염원을 상징적으로 표현하거나 우주 만상의 이치와 섭리를 고기의 생태와 속성을 빌려 설명하는 것이 목적이다.

(1) 잉어 그림

중국 황하강의 용문을 뛰어넘어 용이 된다는 등용문의 설화에 나오는 물고기의 생태와 속성을 이용한 작품으로 열악한 환경에 굴하지 않고 성공하고자 하는 염원을 표현한 그림이다. 온갖 고초를 겪으면서도 장원급제를 통해 출세하려고 면학에 힘쓰는 선비들을 잉어에 비유하고 과거에 급제하여 높은 관직에 오르는 것을 잉어가 변해 용이 되어 가는(어변성룡, 漁變成龍)에 비유하였다.

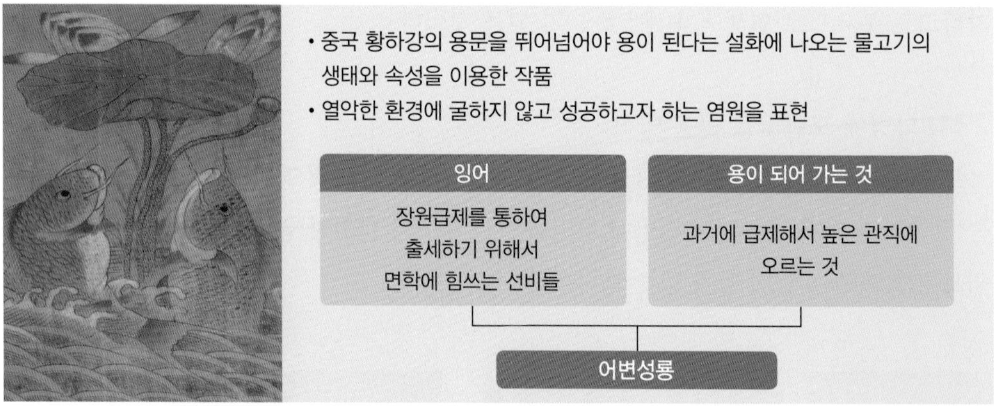

[그림 9-19] 민화의 잉어 그림

(2) 쏘가리 그림

[그림 9-20]은 쏘가리의 궐이 궁궐의 궐과 발음이 같아서 쏘가리를 궁궐로 생각하고 이것을 과거에 급제하여 대궐에 들어가 벼슬살이를 한다는 의미로 그린 것이다. 또한 낚싯바늘에 꿰인 쏘가리는 벼슬자리를 놓치지 않는다는 의미의 그림이다.

(3) 세 마리의 물고기 그림

세 마리의 물고기를 뜻하는 삼어는 세 가지 여가시간을 뜻하는 삼여(三餘)와 같은 의미로 사용되었다. 이것은 삼국지에 나오는 일화로 어떤 사람이 동우에게 배움을 청하니 동우는 책을 백 권만 읽으면 저절로 뜻이 통한다고 하자 농사일이 바빠서 책 읽을 시간이 없다고 했다. 이에 동우는 물고기 세 마리가 그려진 삼어도를 보여 주면서 농사를 짓지 않는 세 가지 여가시간인 밤과 겨울, 그리고 흐린 날을 이용하면 책 백 권을 읽을 수 있다고 한 것에서 연유된 그림이다.

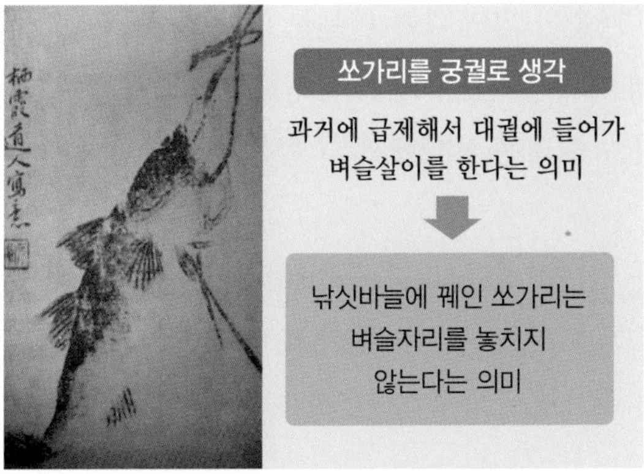

[그림 9-20] 민화의 쏘가리 그림

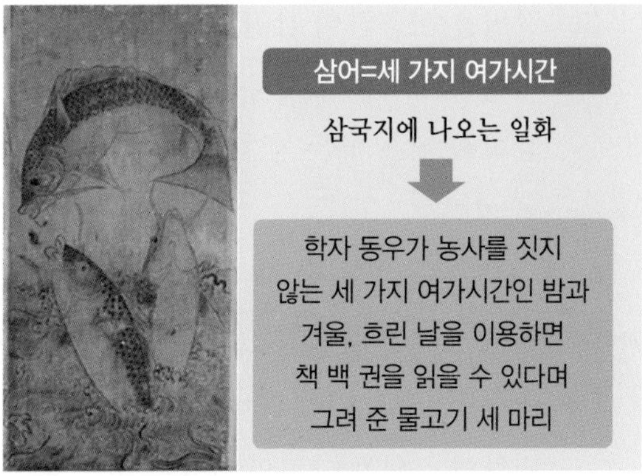

[그림 9-21] 민화의 세 마리 물고기 그림

6) 소나무 그림

소나무 그림은 외형이나 색채의 묘사를 통한 객관적 자연이라기보다는 관조와 사색을 거쳐 인간적으로 해석된 자연의 모습으로, 물아일체 사상(物我一體思想)이나 시화일체 사상(詩畵一體思想)에 근거한 그림이다.

(1) 지조와 절개의 소나무 그림

추운 겨울에도 시들지 않는 상록수의 생태와 속성이 인간적으로 해석되어 소나무가 지조나 절개의 상징으로 탈바꿈한 그림으로 추사 김정희의 〈세한도〉가 이러한 맥락에서 이해될 수 있다. 이 그림은 추사 김정희의 생애에서 설명한 바와 같이 1844년 '윤상도의 옥'의 배후로 지목되어 제주도 귀양살이를 할 때 자신을 위해 헌신해 주는 역관 이상적을 기리며 그린 작품이다. 스산한 겨울 분위기에 몇 그루의 소나무와 잣나무가 서 있는 모습을

[그림 9-22] 김정희, 〈세한도〉

갈필을 사용하여 감필법으로 그렸다. 추운 겨울이 되면 다른 나무는 잎이 시들어 낙엽이 되지만 소나무와 잣나무는 푸른빛이 여전하여 구별되는 속성을 상징한 그림으로, 추사가 요직에 있을 때는 보지 못하던 제자의 진가가 어려운 상황에서 더 발현된다는 의미가 담겨 있다.

이러한 내적 표현은 비교를 해 보면 더욱 명확해진다([그림 9-23] 참조). 대상의 관찰에 의해 그려진 사실적 그림인 서양화의 나무 그림, 비가 온 뒤의 안개와 대기를 그린 일본의 소나무 그림, 이와 대비되는 보다 내면화된 추사의 소나무 그림, 장수의 상징으로 보이는 민화의 소나무 그림의 특성이 비교되어 두드러져 보인다.

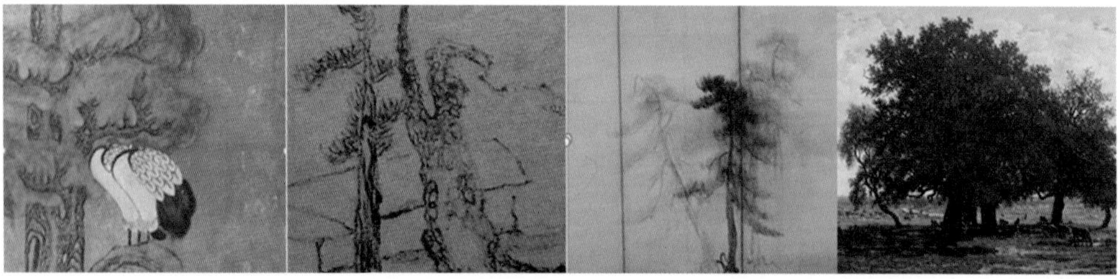

[그림 9-23] (왼쪽부터) 민화의 소나무, 추사의 소나무, 일본화의 소나무, 서양화의 나무

(2) 장수 염원의 소나무 그림

불로장생(不老長生)의 절실한 염원을 상징화한 그림으로 소나무는 장수의 상징으로 즐겨 선택되었다. 일반적으로는 바위와 함께 그려 송석도라는 제명으로 오래 살고자 하는 세속적인 욕망을 기원하였다.

7) 윤리문자 그림

문자도는 교화용 그림으로, 글자를 그림으로 그려 아이들과 문맹인 민중을 위한 계몽 수단이었다. 유교적 전통사회에 있어 인간과 사회윤리의 기본이 되는 덕목인 효제충신예의염치(孝悌忠信禮義廉恥) 등 여덟 가지 문자를 회화적으로 표현하였다. 인간다운 인간이 되기 위하여 부모를 공경하고 형제간에 우애 있고 화목하며, 사람 사이의 믿음을 존중하고 예의 바르며, 언제나 검소, 절제하면서 명분을 잃지 말며 자신과 남에게 부끄러

효제충신예의염치
여덟 가지 문자를 회화적으로 표현한 그림

- 부모를 공경하고
- 형제간에 우애 있고 화목하고
- 사람 사이의 믿음을 존중하고 예의 바르며,
- 언제나 검소, 절제하면서 명분을 잃지 말고
- 자신과 남에게 부끄러운 생각이나 행동을 해서는 안 된다는 것

예의염치(禮義廉恥)	인간관계에 바탕을 두고 있는 수행의 도리
효제충신(孝弟忠信)	자기조절과 관련된 인간의 도리

↓

서예와 다른 점

글자와 관련된 이야기나 동식물을 곁들여 회화성이 두드러지게 나타나고 있는 것

[그림 9-24] 윤리문자 그림

운 생각이나 행동을 해서는 안 된다는 것이다. 예의염치(禮義廉恥)가 인간관계에 바탕을 두고 있는 수행의 도리라면 효제충신(孝悌忠信)은 자기조절과 관련된 인간의 도리를 말하고 있다.

이러한 문자도는 한자의 조형성을 바탕으로 한 동양 특유의 문자예술이라 할 수 있지만 글자와 관련된 이야기나 동식물을 곁들여 회화성을 두드러지게 나타나고 있는 것이 서예와 다른 점이다.

(1) 효(孝) 자 그림

주로 삼강행실도나 오륜행실도에 나오는 효행의 상징적 사례들을 효(孝) 자와 같이 그린 그림이다. 잉어 그림은 잉어를 먹고 싶어 하는 계모를 위해 얼음판에서 기도를 했더니 잉어가 튀어 올랐다는 왕상의 효행을 의미한다. 죽순을 그린 것은 맹종의 효행을 말하는 것으로, 겨울에 죽순이 먹고 싶다는 어머니의 죽기 전 소원에 대밭에 가서 펑펑 울었더니 눈물이 녹은 대밭에서

삼강행실도나 오륜행실도에 나오는 효행의 상징적 사례를 효자와 같이 그린 그림

잉어	왕상의 효행
죽순	맹종의 효행
부채	황향의 효행

[그림 9-25] 문자도-효(孝)

죽순이 나왔다는 이야기이다. 부채 그림은 여름에 부채질로 어머니의 침구를 식혀 드리고 겨울에는 먼저 침구에 들어가 따뜻하게 데워 드렸다는 황향의 효행을 말한다.

(2) 제(悌) 자 그림

제는 형제간의 도리를 말하는 것으로 형제간에 서로 도우며 우애롭게 살아야 한다는 덕목으로 여기에는 할미새와 산앵두나무가 등장한다. 할미새는 형제의 우애를 상징하는 새로 걸어갈 때 꼬리를 흔들고, 날아갈 때 계속 우는 것이 매우 급한 일에 서로 경계하며 서로 돕는 듯하여 형제간의 급한 어려움을 상징하는 것을 간주했기 때문이다. 산앵두나무는 꽃받침이 서로 함께 모이면서 환하고 밝게 피므로 형제간에 우애 있는 것에 비유하였다.

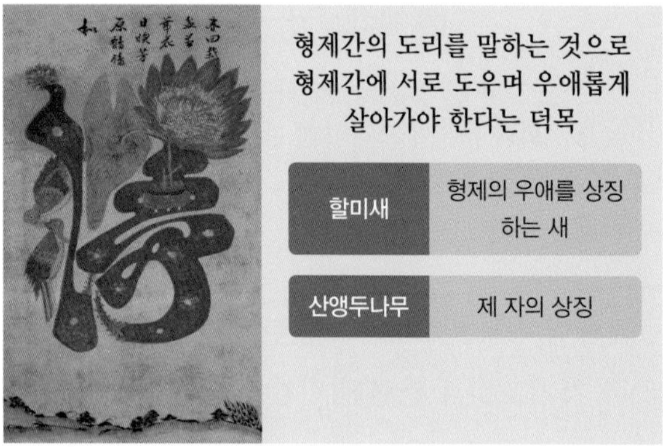

[그림 9-26] 문자도-제(悌)

(3) 충(忠) 자 그림

하늘의 명에 따라 임금이 나아갈 길을 바로 인도한다는 의미를 가진 그림으로 여기에는 용, 잉어, 대나무, 새우나 대합 등이 등장한다. 잉어와 용은 어변성룡의 의미로 과거에 합격하여 궁궐에 들어가야 충성이 가능하다는 의미이고 대합과 새우는 화합의 의미이다. 이것은 새우 하의 발음이 화합의 화와 발음이 유사하고 대합의 합은 합(合)의 발음과 같은 데서 연유된 것이다. 전체적으로 군신이 화합해야 나라에 충성할 수 있다는 의미이다.

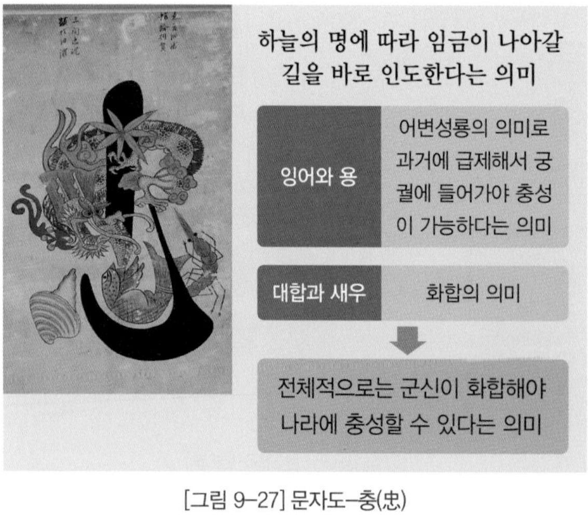

[그림 9-27] 문자도-충(忠)

(4) 신(信) 자 그림

신은 원래 인언위신의 뜻으로 사람과 사람 사이에 오가는 말은 믿음이 있어야 한다는 데서 나온 것이다. 여기에는 항상 새가 편지를 물고가는 모습이 그려져 있는데 이 새는 흰 기러기이다. 한나라 때 소무라는 사람이 흉노에 사신으로 갔다가 억류되었을 때 자신은 변심하지 않았다는 믿음을 알려준 새이며, 의리와 믿음의 상징으로 신(信) 자에 항상 그려진다.

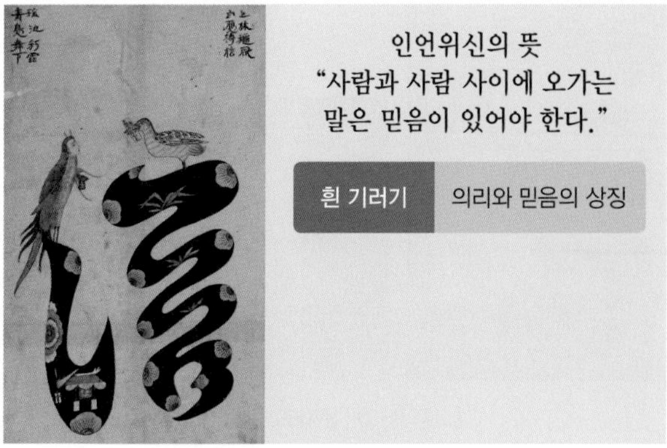

[그림 9-28] 문자도-신(信)

(5) 예(禮) 자 그림

예를 그린 그림에는 거북이가 책을 등에 메고 있는 모습이 그려진다. 한무고사에서 등장하는 거북이의 등에 글이 쓰여 있었는데 여기에 천하를 다스리는 아홉 가지의 법이 적혀 있었다. 그중 여섯 번째의 삼덕이 예의 기본이 되는 것으로, 이와 관련하여 서책을 등에 진 거북이가 예의 상징물로 선택된 것이다.

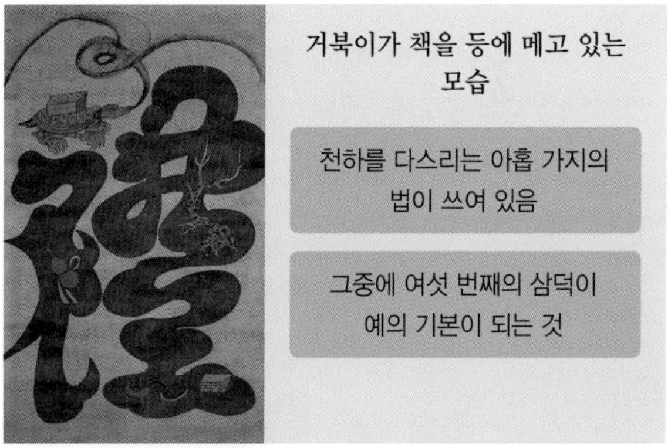

[그림 9-29] 문자도-예(禮)

(6) 의(義) 자 그림

삼국지에 등장하는 유비, 관우, 장비의 도원결의가 복숭아 밭을 배경으로 그려지지만, 때로는 복숭아꽃만 그려 도원결의를 상징적으로 표현하기도 한다. 여기에는 두 마리의 새도 그려지는데 이것은 물수리 한 쌍으로 의로움은 혼자보다는 둘 이상이 상

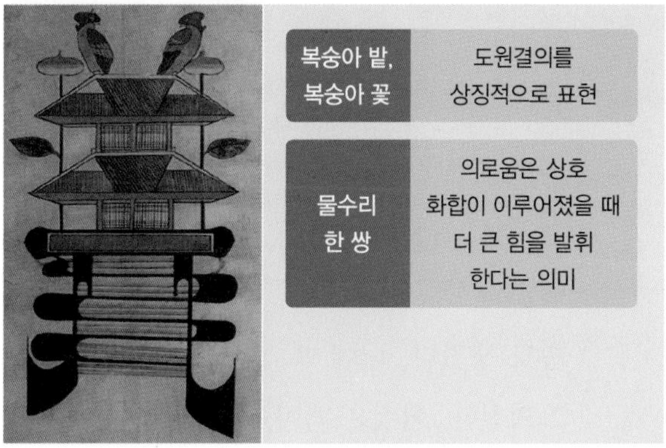

[그림 9-30] 문자도-의(義)

호화합했을 때 더 큰 힘을 발휘한다는 의미이기도 하다.

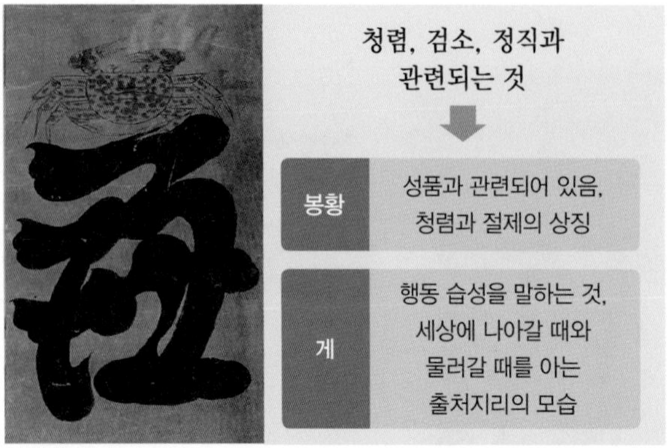

[그림 9-31] 문자도-염(廉)

(7) 염(廉) 자 그림

염은 청렴, 검소, 정직과 관련되는 것으로 염 자 그림에는 봉황이나 게가 그려진다. 봉황이 등장하는 이유는 성품과 관련이 있다. 봉황은 살아 있는 벌레는 먹지 않고, 살아 있는 풀은 뜯지 않으며, 모여 살지 않고 어지럽게 날지 않는다. 오동나무가 아니면 앉지 않고 대나무 열매가 아니면 먹지 않아 청렴과 절제의 상징으로 여겨진다. 게의 등장은 행동 습성을 말하는 것으로, 게가 앞으로 나아갔다가 뒤로 물러서는 전진후퇴를 반복하면서 먹이를 찾는 모습에서 세상에 나아갈 때와 물러날 때를 아는 출처지리의 모습을 보여 준다고 생각했기 때문이다.

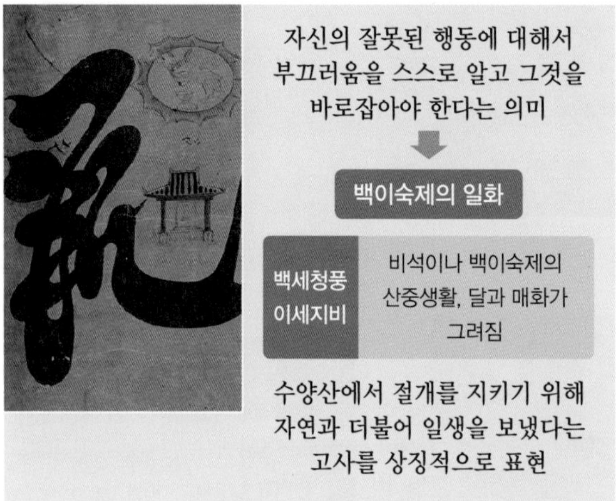

[그림 9-32] 문자도-치(恥)

(8) 치(恥) 자 그림

치는 자신의 잘못된 행동에 대하여 부끄러움을 스스로 알고 그것을 바로잡아야 한다는 의미로 백이숙제의 일화와 연계된다. 백이와 숙제는 주나라 무왕에 의하여 그들의 은나라가 망하자 주나라의 곡식 먹기를 부끄러워하며 고사리만 캐어 먹으면서 수양산에 숨어 살았지만 무왕이 신하로 쓰고자 하였다. 이에 응하지 않자 산에 불을 질러 나오게 하였는데도 나오지 않고 불에 타 죽었다는 일화에서 한식에 찬밥을 먹는 풍습도 생겼다. 이에 백세청풍 이세지비라는 비석이나 백이숙제의 산중생활, 달과 매화가 그려진다. 이것은 백이숙제가 수양산에서 절개를 지키기 위하여 달과 매화, 즉 자연과 더불어 일생을 보냈다는 고사를 상징적으로 표현하고 있는 것이다.

연습문제 다음 문자도를 해석해 보시오.

4. 민화를 통해서 본 한국인의 심리

1) 서양회화와의 비교

동양이나 서양이나 그림의 역사를 거슬러 올라가면 모두 사실의 재현에서 시작된다. 하지만 그 뒤에 그림의 기법이나 사상을 고민하는 회화정신이 싹트기 시작하면서 다른 길을 걷게 된다. 특히 한국화는 사물과 자신을 동화시키는 '물아일체'를 주장하며 서양화에서 추구했던 객관적인 묘사보다는 사물을 자기화시키고 대변해서 그리고자 했다. 전통적 서양화가 사물묘사의 기본을 원근법에 두고 자신과 사물과의 거리를 측정한 것은 객관성 등의 서양철학과 연계성이 있다. 즉, 서양화가 사실적 묘사로 사물을 물체로 보고 관찰, 분석하기 시작하는 것으로부터 출발했다면, 한국화는 사의적 표현으로 사물의 객관적인 묘사에 의미를 두지 않았다. 그러나 정도의 차이가 있을 뿐 그 속에 사회가 가진 생각과 사상, 분위기가 반영되어 있다.

민화가 그려지던 당시의 우리나라는 인생과 세상을 바라보는 생각의 틀이 음양오행이었다. 일월성신의 운행을 비롯한 여러 가지 자연현상을 단순한 현상으로 보지 않고 인간생활의 길흉화복에 직접 영향을 준다는 생각을 하였고 미술도 예외는 아니었다.

특히 임진왜란과 병자호란을 거친 후 18세기 후반에 이르러 조선사회는 불안한 시대적 상황 속에서 민중은 의지의 대상이 필요했고 세속적 욕망에 매달리게 되었다. 대중이 바란 것은 인생의 가장 궁극적이고 인간적인 소망으로 세상의 한복판에 인간을 놓고 모든 자연현상이나 자연물의 상태나 속성을 인간화시키면서 그 결과를 인간사와 결부시켜 해석하는 것이었다. 따라서 자연은 자연 자체라기보다는 인간의 눈과 사고를 거쳐 해석된 인간화된 자연이며 인간이 지닌 사상이나 정서를 표현하는 데 봉사하는 하나의 매체로 대신하였다.

2) 민화의 의미

따라서 민화는 사물을 묘사하는 데 의미를 두지 않고 대상이 가지고 있는 의미와 상징성을 빌려 의사를 표현하는 데 의미를 두었다. 또한 단순한 사실적 표현의 대상에 머물지 않고 인간적으로 해석된 자연이며 화가의 의도를 상징하는 존재로 표현하였다. 즉, 모든 자연물은 현실로 존재하고 있는 것이라 하더라도 화면에 표현된 자연물은 이미 본래의 자연이 아니며 화가의 생각과 느낌을 매개하는 상징물인 것이다.

구체적으로 민화는 덕담과 이상적인 생활에 대한 기원을 염원한 작품들로 특히 자신과 타인을 위한 염원과 기원으로 스스로의 가치와 효용성을 높이고자 하였다. 이와 같이 민화에는 이상적인 생활에 대한 염원, 부귀와 평안을 기원하고 교훈이 되는 내용 등을 소재로 하여 우리 민족의 생활과 멋, 풍자와 해학의 감정이 잘 담겨 있다고 할 수 있다.

3) 민화에 나타난 심리의 이해

예술은 시대와 사회를 비추는 거울이며 징표가 된다는 점에서 한국 민화에는 우리 전통사회의 모습과 한국인의 심리가 잘 나타난다. 특히 민화의 경우에는 미적인 공감대가 개개인으로서의 작가나 감상자가 아니라 폭넓은 대중을 상대로 이루어진다는 차이가 있다. 이에 대해 이우환은 '모두가 서로 다른 것을 갖겠다는 욕구보다는 같은 것, 비슷한 것을 갖는다는 데에서 한층 더 기쁨을 느낀다. 서로 닮았다는 데에서 안도감을 찾으며 서로의 생각이 일치하고 있다는 것이 확인될 때 감동한다.'고 말했다. 이러한 민화에서는 어두움의 그림자를 찾기 어려우며, 밝고 명랑하고 솔직함이 그림에 나타나는 것은 세상을 즐겁게 노래하면서 살던 행복한 사회이었기 때문일 수도 있었겠지만, 빈궁한 생활 속에서도 즐거움을 찾고자 하는 낙관주의적 사고방식에서 연유한 것이다.

민화는 한국 사회와 대중의 행복과 평화, 수복강녕에 대한 소망과 욕구를 나타내면서 어려움과 고달픈 인생살이에서 언제나 웃음을 찾고 남을 위해 웃어 준 낙천성이 담겨 있다. 민화에서의 꿈속 같은 아름다움도 세상이 어둡고 괴로워서 꿈을 찾은 것이라거나 바랄 수 없는 것을 환각 속에서 찾았다기보다는 그림을 그린다는 일이 바로 꿈이었기 때문이다. 또한 민화의 삿된 것을 쫓거나 물리치는 것을 기원한 일부 내용은 불안과 정신적인 갈등으로 생기는 어려움을 예방, 치료하자는 데 목적이 있었으며 병에서 해방되려는 기원과 희망은 무병장수, 나아가서는 장생불사하고자 하는 내용으로 이어진다.

이와 같이 민화 속의 심리적 표현은 사물의 의미와 상징성을 이해하는 것으로부터 시작되고 그림을 그리거나 장식한 의도를 파악하는 첩경이다. 그렇게 함으로써 민화 속에 숨어 있는 선인들의 욕망과 정서를 이해할 수 있으며, 민화의 새로운 가치와 의미를 찾아볼 수 있다.

실습활동 한국 채색화의 모사

한국화에 있어서 가장 좋은 학습방법 중의 하나는 전이모사로, 작품의 외형을 닮게 그리는 것보다 그린 사람의 심정이 되어 작품에 내재되어 있는 여러 가지 의미에 대하여 추체험하는 것이다.

▲ 모사재료 및 도구

1) 준비활동

▲ 영인본을 이용한 밑그림

2) 제작과정

(1) **밑그림 그리기**: 트레이싱지를 그림 위에 놓고 연필로 선묘한다.

(2) **밑작업 후 선묘하기**: 한지에 반수(아교물+백반)를 한 후 밑그림을 베껴 중묵으로 선묘한다.

(3) **밑 칠하기**: 마무리의 발색을 좋게 하기 위한 것으로 호분과 황토를 칠하여 바탕 만들기를 한다.

(4) **밑색 칠하기**: 칠하고자 하는 색에 호분을 섞어 마무리색의 발색을 좋게 한다.

(5) **마무리하기**

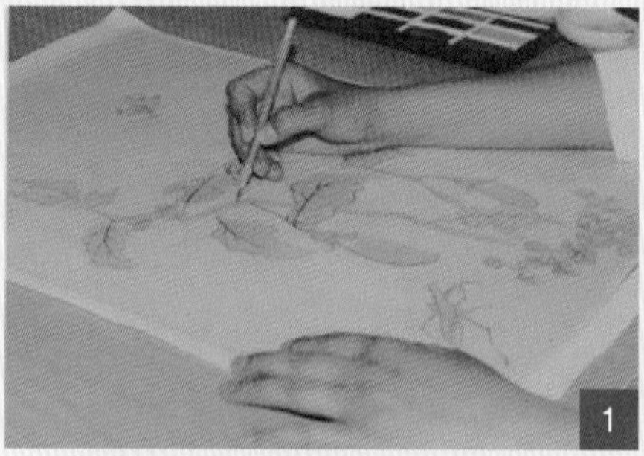

▲ 선묘하는 모습

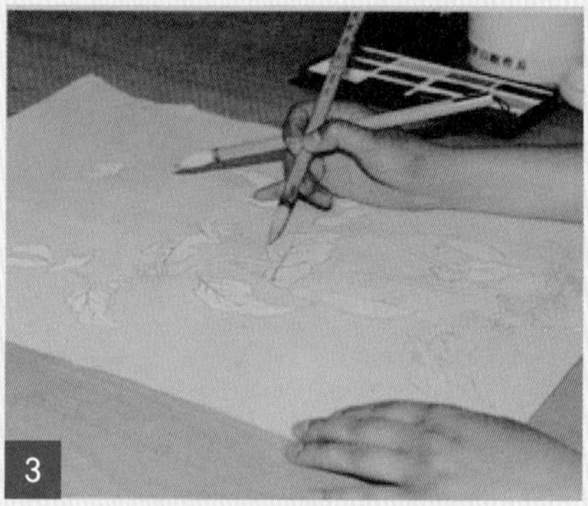

3) 채색과정

4) 완성작/덧칠에 의한 마무리

■ 참고작품

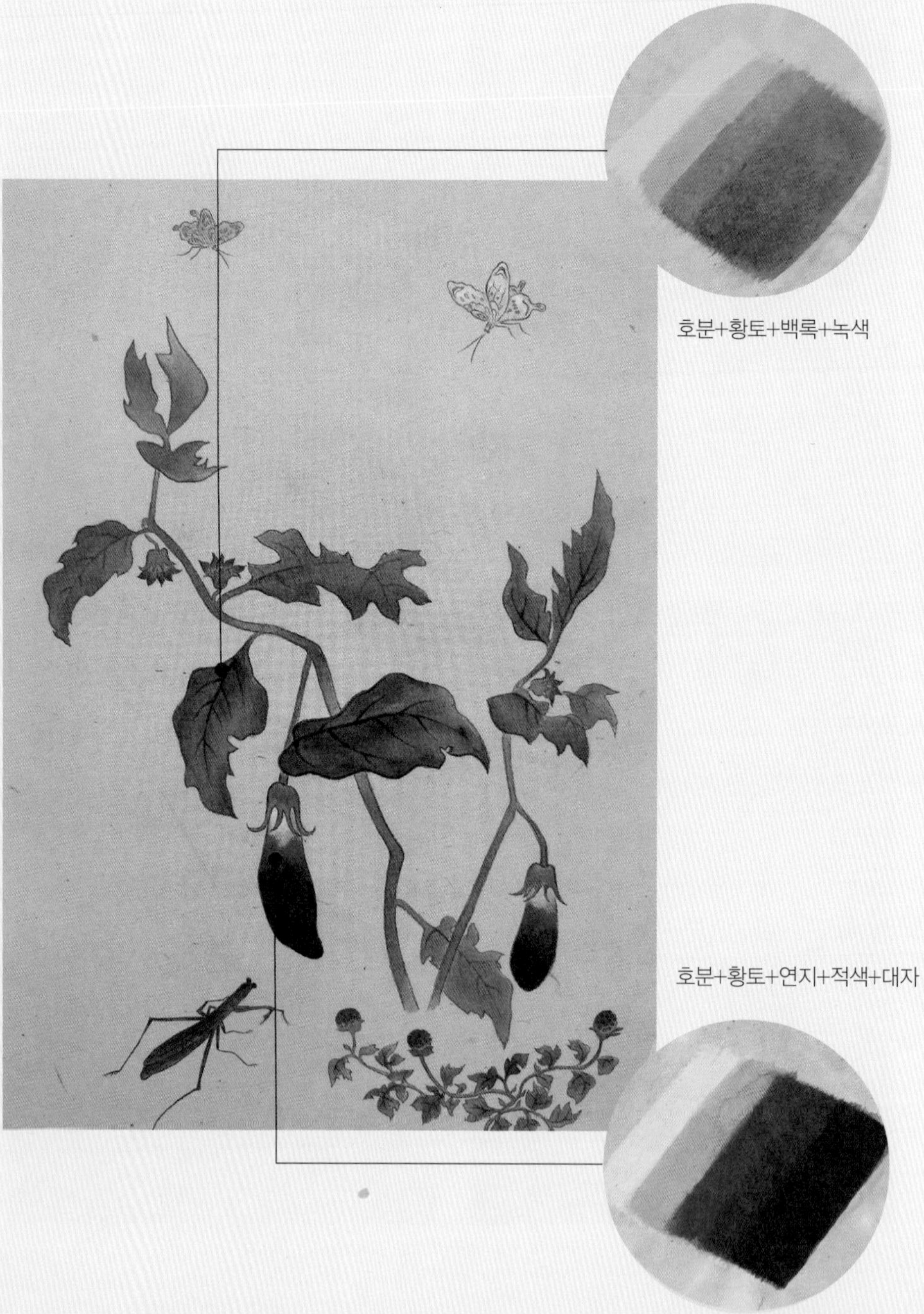

맺는말

지금까지 명화 속의 심리를 살펴보았습니다. 이 책에서 그림에 심리라는 인간의 특성을 부여한 것은 그림을 작품으로만 대하지 말고 작품을 만든 작가의 마음과 소통하는 것에 주안점을 두고 싶었기 때문입니다. 우리가 그림을 본다는 과정은 먼저 작가가 그림에 자신의 생각과 느낌을 표현하고 감상자는 그림을 통해서 작가의 마음과 소통을 해야 감동과 공감이 일어나는 구조입니다. 따라서 작품은 작가와 감상자가 소통하는 매개체이고, 감상자는 작품을 보고 있지만 작가의 마음을 이해해야 공감이 일어나며, 그 훈련을 우리가 흔히 명화라고 하는 강력한 보편성을 가진 작품을 통하여 시도하였습니다.

이 책은 이해와 소통, 체험으로 구성하였고, 미술과 인간의 기본적 이해와 미술의 역사를 알아보며 형과 색을 통한 조형언어 소통능력을 가질 수 있도록 하였습니다. 이것을 기반으로 명화의 수동적인 감상만이 아닌 작가의 심리를 이해하고 오감을 활용한 공감 체험을 경험하고자 했습니다. 구체적으로는 고흐와 뭉크의 작품 비교를 통해 부모의 역할을 알아보았고, 달리와 마그리트의 그림 비교를 통해서는 무의식 표현의 동질성과 차이점을 살펴보았습니다. 또한 추사 김정희와 대원군 이하응의 묵란화 비교를 통해 한국화를 감상하였고, 민화를 통해서는 그동안 알아보았던 서양회화와 비교도 해 보았습니다.

이는 작가들에 대한 입체적이고 포괄적인 시각을 제공하고 그림을 통해서 작가의 마음을 이해하고 더 나아가서는 체험할 수 있도록 하고자 했던 것입니다. 인간이라는 감상자 자신을 '원초인'의 시점에 두고 명화와 어떻게 소통하고 체험하는지에 대한 가이드 역할과 명화를 자신의 눈으로 확인하고 체험하고자 했습니다. 물론 이러한 시도가 바로 만족할 만한 결과로 이어지리라고 생각하지는 않습니다. 그러나 이런 식으로 명화를 감상하면 앞으로 감상만이 아닌 체험으로 이어지고 그것이 무엇보다 동기유발로 연결된다면 첫 번째 목적은 달성된 것입니다.

두 번째 목적은 명화감상을 통해서 감상자의 역할과 의무에 대해서 다시 한번 생각해 보는 것입니다. 우리는 이 책을 통해서 작품의 제작과정과 감상구조에 대하여 살펴보았습니다. 그것은 먼저 작가가 그림에 자신의 생각과 느낌을 표현하고 감상자는 그림을 통해서 작가의 마음과 소통을 해야 감동과 공감이 일어나는 구조라고 할 수 있습니다. 그러나 작가의 창작과정에서 빠지지 않았던 것은 '주문자의 역할'입니다. 이 역할은 시대의 변화에 따라 왕실이나 교회, 감상자, 작가 본인이기도 합니다. 어느 시대에나 이 역할은 매우 중요하며 명화가 태동하는 원동력이 되기도 합니다. 우리가 살펴보았던 빈센트 반 고흐도 예외는 아니었습니다. 생전에는 동생 테오의 역할이 컸고 사후에는 테오의 부인 요한나의 노력이 지금의 고흐를 만들었습니다. 1890년 7월 29일 고흐가 사망한 이후에 1891년에 테오가 사망했지만 1892년 요한나의 노력으로 네덜란드, 암스테르담에서 고흐의 회고전을 열게 되었습니다. 1914년에는 세 권의 편지집을 발간하면서 고흐를 본격적으로 알려지게 했습니다. 그 후 경제적 어려움에도 작품을 판매하지 않고 관리함으로써 1935년 뉴욕 근대미술관 등 다섯 개 도시의 미국전과 1937년 파리만국 박람회에서의 대규모 회고전으로 지금의 빈센트 반 고흐를 만들었고 현재까지 우리에게 작품을 통하여 감동을 주고 있습니다. 이번 시도를 통하여 명화를 만드는 역할에도 동참해 주시기를 기대하며 마무리할까 합니다. 감사합니다.

참고문헌

강우방(2001). 한국미술 그 분출하는 생명력. 서울: 월간미술.

강홍구(1994). 미술관 밖에서 만나는 미술이야기 1, 2. 서울: 내일을 여는 책.

고혜정(2015). 고흐의 자화상에 나타난 영혼에 관한 연구. 창원대학교 교육대학원 석사학위논문.

권용준(2005). 명화로 읽는 서양미술사. 서울: 북하우스.

김갑숙(2008). 초등학생의 부모애착과 새둥지화 반응특성에 관한 연구. 미술치료연구, 5(3), 129-144.

김광우(2017). 뭉크, 쉴레, 클림트 표현주의의 대가들. 경기: 미술문화.

김광우(2018). 고흐와 고갱. 경기: 미술문화.

김동연, 정순영(2001). 에드바르드 뭉크의 작품에 나타난 불안과 죽음의 상징적 이미지에 관한 연구. 미술치료연구, 8(1), 1-27

김미경(2010). 색채치료. 서울: 학림.

김병모(1992). 뭉크론: 작품의 표현성과 내적성향을 중심으로. 조선대학교 대학원 석사학위논문.

김상근(2011). 르네상스 명작 100선. 서울: 연세대학교 출판부.

김선현(2011). 심리학, 명화 속으로 떠나는 따뜻한 마음 여행. 서울: 좋은 책 만들기.

김선희(2009). 미술치료사의 관점에서 대상관계이론을 중심으로 본 박수근의 작품세계. 미술치료연구, 16(1), 137-147.

김수영(2008). 살바도르 달리 작품 속 미술치료적 의미 고찰. 한양대학교 일반대학원 석사학위논문.

김순자, 기정희(2013). 양극성 장애의 극복과정으로서의 고흐의 작품세계. 예술심리치료연구, 9(2), 49-71.

김시욱(2008). 살바도르 달리 작품 속 미술 치료적 의미 고찰. 한양대학교 교육대학원 석사학위논문.

김영기(2000). 한국미의 이해. 서울: 이화여자대학교 출판부.

김옥경(2009). 고흐의 실편백나무 표현에 대한 미술치료적 고찰. 한국프랑스학논집, 66, 239-258.

김용권(2008). 민화의 원류 조선시대 세화. 서울: 학연사.

김용훈(1998). 색채 메커니즘. 서울: 법문사.

김정숙(2004). 흥선대원군 이하응의 예술세계. 서울: 일지사.

김정희(1995). 뭉크의 회화성에 나타난 색채 심리와의 상관성 연구. 조선대학교 대학원 석사학위논문.

김지열(1991). 초현실주의 회화에 있어서의 데페이즈망에 관한 연구. 이화여자대학교 대학원 석사학위논문.

김철순(1995). 한국민화논고. 서울: 예경.

김해성(1991). 현대미술을 보는 눈. 서울: 열화당.

김현애(2002). 예술가의 작품에 나타난 미술 치료적 표현연구: 뭉크, 고흐, 뒤뷔페를 중심으로. 세종대학교 교육대학원 석사학위논문.

김호삼(2003). 초현실주의 회화의 꿈 이미지 분석: 데 기리코, 달리, 마그리트를 중심으로. 홍익대학교 교육대학원 석사학위논문.

나카야 요헤이, 후모토 고이치(2016). 보다의 심리학. (김정운 편역). 경기: 21세기북스.

류승희(2016). 빈센트와 함께 걷다. 경기: 아트북스.

류예지(2002). 1930년대 초현실주의 회화에 나타난 상상표현에 관한 연구. 이화여자대학교 대학원 석사학위논문.

문기라(2009). 촉진적 환경을 통한 모자상호작용향상 집단미술치료 사례연구. 미술치료 연구, 16(1), 129-144.

문미원(2007). 현대미술을 통한 불안심리표현의 조형성 연구. 대구대학교 대학원 박사학위논문.

문지숙, 최외선, 이경순(2004). 정신분열증 환자의 회화에 나타난 화면구도 및 색채적 특성에 관한 연구. 미술치료연구, 11(1), 1-21.

민경환(2011). 성격심리학. 경기: 법문사.

민병산 역(1978). 동양의 마음과 그림. 서울: 새문사.

박계숙(1997). 폴 고갱 회화의 조형성 연구. 동아대학교 교육대학원 석사학위논문.

바나미(2011). 르네 마그리트의 작품에 나타난 말과 기수, 빌보케의 상징분석. 영남대학교 일반대학원 박사학위논문.

박덕흠(2001). 폴 고갱. 서울: 재원.

박명미(2009). 인간 이미지를 통한 자아정체성 표현연구. 숙명여자대학교 대학원 석사학위논문.

박미진, 오승진(2013). 에드바르트 뭉크의 자화상에 나타난 미술치료적 의미 연구. 예술심리치료,

9(1), 191-211.

박영택(2020). 민화의 맛. 경기: 아트북스.

박완용(2002). 한국채색화기법. 서울: 재원.

박완용(2006). 추사와 대원군의 묵란화에 나타난 조형심리 고찰. 미술치료연구, 13(2), 429-450.

박완용(2020a). 살바도르 달리와 르네 마그리트의 작품 비교분석 연구. 예술심리치료연구, 16(3), 192-221.

박완용(2020b). 자아개념과 자기 치유적 관점에서 본 빈센트 반 고흐의 자화상 작품분석연구. 예술심리치료연구, 16(1), 189-218.

박완용(2021a). 대상관계론적 관점에서 본 빈센트 반 고흐와 살바도르 달리의 작품 비교연구. 예술심리치료연구, 17(2), 29-56.

박완용(2021b). 자화상을 통해 본 빈센트 반 고흐와 에드바르 뭉크의 내면 표현에 관한 비교연구. 미술치료연구, 28(1), 225-248.

박완용(2021c). 해바라기 그림을 통해 본 빈센트 반 고흐와 폴 고갱의 관계와 심리적 갈등에 대한 고찰. 예술심리치료연구, 17(4), 359-387.

박용숙(1978). 한국화의 세계. 서울: 일지사.

박용숙(1990). 회화의 방법과 구도. 경기: 집문당.

박용숙(1993). 한국미술의 기원. 서울: 예경.

박우찬(2002). 미술은 이렇게 세상을 본다. 서울: 재원.

박우찬(2011). 미술 과학을 탐하다. 서울: 소울.

박우찬(2012). 서양미술사 속에는 서양미술이 있다. 서울: 재원.

박우찬(2018). 고흐의 눈, 고갱의 눈. 서울: GA 책자.

박윤희(2016). ETC 모형에 기반한 미술치료의 신경과학적 접근. 서울불교대학원대학교 박사학위논문.

박정미(2004). 미술 치료학적 관점에서 본 회화작품 연구: 뭉크의 유화작품을 중심으로. 경성대학교 교육대학원 석사학위논문.

박정선(2011). 르네 마그리트의 데페이즈망에 내재된 미술치료적 요인에 관한 연구. 대구대학교 재활과학대학원 석사학위논문.

박지현(1993). 후기 인상주의 회화의 상징성(象徵性)에 대한 연구: 고갱, 고흐 회화의 비교 · 분석을 중심으로. 曉星女子大學校 大學院. 忠南大學校 大學院 석사학위논문.

서정록(2001). 백제금동대향로. 서울: 학고재.

서지형(2006). 속마음을 들킨 위대한 예술가들. 서울: 시공사.

손유진(2004). 초현실주의의 데페이즈망 기법을 통한 무의식의 세계연구. 계명대학교 교육대학원 석사학위논문.

신경남, 이근매(2001). 빈센트 반고흐의 생애와 작품에 나타난 색채 심리. 미술치료연구, 8(2), 129-144.

신명희(2003). 고갱회화에 있어서의 原始主義 연구. 동아대학교 대학원 석사학위논문.

안을선(2018). 해바라기 이미지로 나타낸 환유의 회화적 표현. 계명대학교 대학원 석사학위논문.

오광수(1988). 추상미술의 이해. 서울: 일지사.

오주석(2003). 한국의 미 특강. 서울: 솔출판사.

왕백민(1993). 東洋畵 構圖論. (강관식 역). 서울: 미진사.

유봉자(2017). 자화상에 나타난 자아투영-뭉크, 고흐, 렘브란트를 중심으로. 유럽 문화 예술학 논집, 15, 55-75.

유홍준(2002). 완당평전 1, 2. 서울: 학고재.

유홍준, 이태호(2002). 문자도. 서울: 대원사.

윤범모(1999). 한국미술의 자생성. 서울: 한길아트.

윤열수(2022). 알고 보면 반할 민화. 경기: 태학사.

윤정숙(2003). 미술치료의 관점에서 본 Munch의 작품세계연구. 인천대학교 교육대학원 석사학위논문.

윤정은(2010). 자화상을 통한 고흐의 자아표현 연구. 인천대학교 교육대학원 석사학위논문.

윤철규(2020). 조선그림과 서양명화. 서울: 마로니에북스.

윤혜정, 전순영(2017). 정신분석관점에서 본 살바도르 달리의 편집증적 비평시기의 회화작품 연구. 미술치료연구, 24(3), 631-651.

이경성(1981). 미술이란 무엇인가. 서울: 일지사.

이선영(2011). 고갱의 종합주의. 관동대학교 일반대학원 석사학위논문.

이선옥(2005). 선비의 벗 사군자. 경기: 보림.

이승현(2004). 뭉크 회화의 표현주의적 성격연구. 신라대학교 대학원 석사학위논문.

이어령(2003). 매화. 서울: 생각의 나무.

이우환(1977). 이조의 민화. 서울: 열화당.

이정인(2009). 자화상을 통한 표현 중심의 미술 교육 연구: 고등학교 2학년 학생 중심으로. 숙명여자대학교 교육대학원 석사학위논문.

이주경(2003). 에드바르드 뭉크의 작품에 나타난 여성의 상징적 이미지에 관한 연구. 조선대학교 대학원 석사학위논문.

이주헌(2008). 50일간의 유럽미술관 체험 1, 2. 서울: 학고재.

이창재(2010). 예술작품과 정신분석. 서울: 학지사.

이하준(2019). 그림도 세상도 아는 만큼 보인다. 서울: 이숲.

이향숙, 박성옥, 정영선, 류진아, 황미영, 이기영, 서명원, 강은주(2011). 아동 상담 이론과 기법. 서울: 양서원.

임두빈(2004). 한 권으로 보는 서양 미술사 이야기. 서울: 가람기획.

전순영(2009). 정신분석적 관점에서 본 르네 마그리트의 작품에 나타난 아동기 트라우마의 상징적 이미지 재현. 미술치료연구, 16(5), 861-881.

정병삼 외(2002). 추사와 그의 시대. 서울: 돌베개.

정양모(1996). 한국의 미 18, 화조사군자. 서울: 중앙일보사.

정여주(2006). 미술치료의 이해. 서울: 학지사.

정예진(2004). 정신분석적 미술치료 관점에서 본 프리다 칼로의 자화상 분석. 원광대학교 동서보완의학대학원 석사학위논문.

정옥분(2009). 발달심리학. 서울: 학지사.

정우영(2002). 르네마그리트의 회화에 나타난 일상성의 파괴에 대한 연구. 홍익대학교 일반대학원 석사학위논문.

정유석(2009). 예술가들의 이상심리. 서울: 랜덤하우스 코리아.

조선미(1995). 화가와 자화상. 서울: 예경.

조용진(1996). 동양화 읽는 법. 서울: 집문당.

조혜원(2010). 자화상을 통한 내면의 연구: 연구자의 작품을 중심으로. 대진대학교 대학원 석사학위논문.

주보연(2010). 분석 심리학적 관점에서 본 르네 마그리트 회화의 심상연구. 영남대학교 환경보건대학원 석사학위논문.

중앙일보(2013. 8. 6.). 세계인이 가장 사랑하는 미술품은 반 고흐 '별이 빛나는 밤'.

지상현(2010). 뇌, 아름다움을 말하다. 서울: 북하우스.

지호상(1993). 빈센트 반 고흐의 초상화에 관한 연구. 단국대학교 교육대학원 석사학위논문.

천성문, 이영순, 박명숙, 이동훈, 함경애(2015). 상담심리학의 이론과 실제. 서울: 학지사.

최규진(2013). 미술치료에서의 치료적 관계유형 소고. 미술치료연구, 20(5), 865-883.

최병식(1993). 미술의 이해. 서울: 숙명여자대학교 출판부.

최연욱(2016). 반 고흐를 좋아하는 사람이라면 꼭 알아야 할 32가지. 서울: 소울메이트.

최열(2000). 사군자감상법. 서울: 대원사.

최외선 외(2019). 마음을 나누는 미술치료. 서울: 학지사.

최인호(2005). 폴 고갱(Paul Gauguin) 회화에 나타난 자아 개념. 이화여자대학교 대학원 석사학위 논문.

최정민(2004). 르네 마그리트에 있어서의 데페이즈망의 가상성. 홍익대학교 일반대학원 석사학위 논문.

최학보(1991). 달리와 마그리트의 작품구조 비교연구. 동아대학교 일반대학원 석사학위논문.

킴바라 세이고(1978). 동양의 마음과 그림. (민병산 역). 서울: 새문사.

하용득(1999). 한국의 전통색과 색채심리. 서울: 명지출판사.

한국미술치료학회(2000). 미술치료의 이론과 실제. 대구: 동아문화사.

허균(1995). 전통미술의 소재와 상징. 서울: 교보문고.

허선욱(2016). 르네 마그리트의 철학적사유와 회화작업의 의미. 건국대학교 예술디자인 대학원 석사학위논문.

허유(2001). 사군자의 세계. 서울: 재원.

홍창호(2012). 미술감상법. 경기: 양서원.

ごうでらつかさ(2012). もっと知りたい Gogh. 東京: 東京美術.

高階秀爾(1978). 명화를 보는 눈. (오광수 역). 서울: 우일문화사. (원저 1972 출판).

高階秀爾(2019). Goghの 眼. 東京: 青土社.

郭書瑄(2009). 그림을 보는 52가지 방법. (김현정 역). 서울: 예경.

今道友信(1980). 東洋の 美學. 東京: TBS. 브리타니카.

吉田敦彦(2013). 名畫에서 읽고 解釋하는 그리스 神話. 東京: 世界文化社.

金原省吾(1978). 東洋의 마음과 그림. (민병산 역). 서울: 새문사.

金澤弘, 岩崎巴人(2003). 蘭竹の 描法と 名畫. 東京: 秀作出版社.

內田廣由紀(2009). 構圖 Essence. 東京: 視覺DESIGN研究所.

內田廣由紀(2009). 配色の 基本. 東京: 視覺DESIGN研究所.

內田廣由紀(2009). 配色の 源泉20. 東京: 視覺DESIGN研究所.

德田良仁(1977). 狂熱の 衝擊. NHK日曜美術館 第2輯. 東京:學習研究社.

東山紘久(2008).子供の心 百科. 東京: 創元社.

藤村克裕(1999). 造形の基礎學び.東京: 角川書店.

六人部昭典(2012). もっと知りたい Gauguin. 東京: 東京美術.

末永照和(2000). 20世紀の 美術. 東京: 美術出版社.

末永照和(2004). 20세기의 미술. 東京: 미술출판사.

末永蒼生(2003). 色彩心理. (박필임 역). 서울: 예경.

末永蒼生(2004). 우리 아이는 왜 태양을 까맣게 그렸을까. (최바울 역). 서울: 국일미디어.

木下長宏(1999). Goghの 自畵像の告白. 東京: 二玄社.

木下長宏(2014). Goghの 自畵像 紀行. 東京: 中央公論新社.

木下長宏(2016). *The history of self-portrait*. 東京: 五柳書院.

尾崎彰宏(2013). Goghが 挑んだ 魂の 描き方. 東京: 小學館.

福滿葉子(2015). *Rene Magritte*. 東京: 東京美術.

山田五郎(2018). 西洋繪畵 巨匠들의 對決. 東京: 幻冬舍.

山田玉雲(2005). 水墨畵の 構圖. 東京: 秀作社.

山脇惠子(2005). 색채심리. 東京: NATSUME出版.

山脇惠子(2010). 색채심리. 東京: NATSUME出版.

森耕治(2013). *Magritte*. 東京: まる社.

森美樹(2016). *Gogh and Gauguin*. 東京: 東京都美術館.

三浦佳世(2018). 名畵の 秘密. 東京: 岩波書店.

衫浦京子. 金丸隆太(2012). 投映描畵法 Test Battery. 東京: 川島書店.

三浦篤(2012). 名畵에 감추어진 이중의 수수께끼. 東京: 小學館.

霜田靜志(1967). 藝術と 藝術家の 心理. 東京: 造形社.

西岡文彦(2003). 五感으로 사랑하는 名畵鑑賞術. 東京: 講談社.

西岡文彦(2004). 名畵の 見方. 東京: 寶島社.

西岡文彦(2006). 명화를 보는 방법. 東京: 宝島社.

西岡文彦(2018). 名畵の 讀方. 東京: 寶島社.

船本弘毅(2011). 한 권으로 아는 名畵와 聖書. 東京: 成美堂出版.

城一夫, 橋本実千大(2013). 색으로 읽고 해석하는 名畵의 歷史. 東京: PIE.

小林重順(2002). 造形構成の 心理. 東京: 다비드社.

小山清南(1980). 繪畵空間の 圖學. 東京: 東京美術.

小澤基弘. 渡邊晃一(2003). 繪畵の 敎科書. 東京: 日本文敎出版.

深澤孝哉(1982). 色の 技法. 東京: 出版社.

岩井寬(2004). 色と形の深層心理. 東京: 日本放送出版協會.

友部直(1979). 세계의 미술21 미술과 인간. 朝日新聞社.

日本文敎出版編輯部(2009). 미술의 기본. 東京: 日本文敎出版.

田中久美子(2018). 名畵 讀解力. 東京: MdN.

正田倫顯(2017). Goghと聖る物. 東京: 新教出版社.

井出洋一郎(2008). 繪畵를 보는 방법, 즐기는 방법. 東京: 日本文藝社.

早坂優子(1997). 構圖の 源泉 20. 東京: 視覺DESIGN研究所.

早坂優子(2008). 繪畵の 技法. 東京: 視覺 DESIGN 研究所.

仲谷洋平. 藤本浩一 編著(2002). 미와 조형의 심리학. 北大路書房.

仲川與志(2019). 繪畵の變革. 東京: 秀和system.

中村俊(2014). 感情の 腦科學. 東京: 東洋書店.

千足伸行(2008). 西洋繪畵 읽을 때 66가지의 키워드. 東京: 東京美術.

村上勝彦(2005). 藝術と 心理學. 大阪: 아니마2001.

村松和明(2016). *Salvador Dali*. 東京: 東京美術.

村田孝次(2006). 生涯發達 心理學 入門. 東京: 培風館.

秋田麻早子(2022). 繪を見る技術. 東京: 朝日出版.

澤田瑞也(2009). 感情の發達と障害. 京都: 世界思想社.

布施英利(2010). 美の方程式. 東京: 講談社.

後藤文子(2018). Munchの招待. 東京: 朝日新聞出版.

Arnheim, R. (1983). 미술과 시지각. (김춘일 역). 서울: 홍성사.

Caruncho, D. R. (2015). *Salvador Dali*. Dosdearte Ediciones: Barcelona.

Christoph, G., & Darren, P. (2015). Magritte事典. (野崎武夫 譯). 大阪: 創元社.

Cole, A. (1997). 명화이야기: 색채. (지연순 역). 서울: 디자인하우스.

Collins, B. (2005). *Gogh and Gauguin*. (이은희 역). 서울: 다빈치. (원저 2002 출판).

Corey, G., & Corey, M. S. (2011). 전 생애 발달과 적응. (이은경, 이지연, 장미경 역). 서울: 시그마프레스. (원저 2007 출판).

Cumming, L. (2018). 자화상의 비밀. (김진실 역). 서울: 아트북스. (원저 2009 출판).

Freud, S. (2014). 모나리자를 사랑한 프로이트. (김성환 역). 서울: 새로운 현재.

Gablik, S. (2000). 르네마그리트. (천수원 역). 서울: 시공사.

Gailliemin, J. L. (2004). 달리, 초현실주의를 넘어서. (伊藤俊治 역). 東京: 創元社. (원저 1973 출판).

Hall, J. (2018). 얼굴은 예술이 된다. (이정연 역). 서울: 시공사. (원저 2014 출판).

Hamilton, H. G. (2020). 대상관계 이론과 실제(*Object relations theory in Practice*). (김진숙, 김창대, 이지연 공역). 서울: 학지사. (원저 1990 출판).

Horikoshi, K. (2021). 미술감상 제대로 하기. (허영은 역). 서울: 시그마북스.

Kandel, E. R. (2017). 예술, 무의식, 뇌(須田 年制、須田ゆり譯). 東京:九夏 社. (원저 2012 출판).

Kandinsky, W. (1980). 예술에 있어서 정신적인 것에 대하여. (권형필 역). 서울: 열화당.

Kandinsky, W. (1994). 점, 선, 면. (차봉희 역). 서울: 열화당.

Little, S. (2006). ...ism으로 해석하는 미술. (藤野優哉 譯). 東京: 新樹社.

Mahler, M., Pine, F., & Bergman, A. (1975). *The psychological birth of the humaninfant: Symbiosis and individuation*. New York: Basic Books.

Munch Museum (2018). *Edvard Munch*. Oslo: Munch Museum

Parsons, M. J. (2015). 繪畫の見方. 東京: 日本文藝社.

Rotonchamp, J. (2019). 안녕 고갱. (정진국 역). 서울: 글씨미디어.

Rubin, J. A. (2005). 이구동성 미술치료. (주리애 역). 서울: 학지사. (원저 1987 출판).

Sun, H. D. (2003). 내 삶에 색을 입히자. (나선숙 역). 서울: 예경.

Susan, N. H. (2011). 에트킨슨과 힐가드의 심리학원론. (이진환 외 역). 서울: 박학사. (원저 2010 출판).

Takashi, S. (2010). 명화를 결정짓는 다섯 가지 힘. (홍성민 역). 서울: 뜨인돌.

Ulrich, B. (2005). 에드바르드 뭉크. (반이정 역). 서울: 마로니에북스.

Winkler, W. (1973). 現代藝術の心理. (小見山実 역). 東京: 金剛 出版社. (원저 1969 출판).

국립중앙박물관(https://www.museum.go.kr)

경주취연벼루박물관(https://inkstonemuseum.modoo.at)

위키백과(https://ko.wikipedia.org)

한국의 지식콘텐츠(https://www.krpia.co.kr)

찾아보기

[인명]

[내용]

ㅂ

ㅅ

저자 소개

박완용(朴完用 / Park, Wan Yong)

중앙대학교 및 동 대학원 졸업

개인전 29회(서울, 도쿄, 베이징, 뉴욕, 오사카, 지바, 시드니, 오키나와 등)

예술치료 수련감독(한국예술심리치료학회), 미술치료 전문가(한국미술치료학회)

예술요법사(일본 예술요법학회), 보건학 박사(원광대학교 대학원 예술치료 전공)

현 건양대학교 심리상담치료학과 및 상담대학원 예술치료전공 주임교수

한국예술심리치료학회 학회장

마음으로 보고 눈으로 느끼는
명화 속의 심리 이해
The Psychology of Famous Painting

2023년 12월 20일 1판 1쇄 인쇄
2023년 12월 30일 1판 1쇄 발행

지은이 • 박완용
펴낸이 • 김진환
펴낸곳 • ㈜ 학지사
04031 서울특별시 마포구 양화로 15길 20 마인드월드빌딩
대표전화 • 02-330-5114 팩스 • 02-324-2345
등록번호 • 제313-2006-000265호

홈페이지 • http://www.hakjisa.co.kr
인스타그램 • https://www.instagram.com/hakjisabook

ISBN 978-89-997-2838-9 03180

정가 25,000원